主题公园创新前沿

——2019中国主题公园研究院理论与实践文集

The Frontier of Theme Park Innovation: Theory and Practice Collection of the Institute of Theme Park Studies in China, 2019

林焕杰　主编

中国财经出版传媒集团

图书在版编目（CIP）数据

主题公园创新前沿：2019 中国主题公园研究院理论与实践文集/林焕杰主编．—北京：经济科学出版社，2019.12

ISBN 978 -7 -5218 -1143 -8

Ⅰ.①主… Ⅱ.①林… Ⅲ.①主题 - 公园 - 文集 Ⅳ.①G246 -53

中国版本图书馆 CIP 数据核字（2019）第 281491 号

责任编辑：于海汛　陈　晨
责任校对：杨　海
版式设计：齐　杰
责任印制：李　鹏

主题公园创新前沿
——2019 中国主题公园研究院理论与实践文集
林焕杰　主编
经济科学出版社出版、发行　新华书店经销
社址：北京市海淀区阜成路甲 28 号　邮编：100142
总编部电话：010 -88191217　发行部电话：010 -88191522
网址：www.esp.com.cn
电子邮件：esp@esp.com.cn
天猫网店：经济科学出版社旗舰店
网址：http://jjkxcbs.tmall.com
北京季蜂印刷有限公司印装
787 ×1092　16 开　20.75 印张　380000 字
2019 年 12 月第 1 版　2019 年 12 月第 1 次印刷
ISBN 978 -7 -5218 -1143 -8　定价：80.00 元

主题公园创新前沿

——2019 中国主题公园研究院理论与实践文集

编写委员会

主　　编　林焕杰

副 主 编　楼嘉军　梁增贤　胡少鹏

编写人员（排名不分先后）

郭洪钧　于　雨　丁　亮　凃国勇　方宝庆
李　彬　郭柏峰　匡红云　李慧华　印小强
王旭光　李昌霞　高依晴　谭　亮　孙　恬
埃迪·米尔曼（Ady Milman）

Prologue | 序言

2019年前后，是一个全球经济发展遇冷的不平常的时期，但是旅游经济往往在传统产业走向周期性衰退的过程中扮演着拯救危局的重任：不管是地方政府还是投资企业都会把目光转向包括娱乐业在内的服务经济。实际上，党的十九大提出的人民日益增长的美好生活需要和不充分不平衡的发展之间的矛盾将成为新时代国家发展的工作重心这一战略部署，也与旅游业、目的地生活方式的构建存在着紧密的关系，或者说是时代赋予文化和旅游业的一项历史使命。

从行业内部情况来看，中国主题公园产业发展已经进入了新的时代，一方面，国际品牌主题公园纷纷布局中国，迪士尼乐园从香港布局到上海，占领中国最主要的经济中心城市，环球影城、六旗、默林娱乐等，也以各种合作方式积极落户中国；另一方面，中国民族品牌主题公园成长迅速，已经进入爆发期。华强方特加快二、三线城市布局，已经建成了25个乐园，计划发展50个以上；长隆集团走出广州，布局珠海和清远。华侨城旗下的欢乐谷，更是早已布满中国主要一、二线城市，并衍生新的产品系列——卡乐星球；其他企业也在纷纷孵化自己的品牌，如恒大童世界、融创乐园等。中国主题公园产业已经成为该领域全球增长最快的市场。

一系列分析和研究表明（正如林焕杰先生等在本书各章揭示的那样），中国主题公园产业的转型升级和短时期的集中迸发，主要是由以下两大因素造成：

一是地方政府的积极推动和商业资本的青睐追逐。文化和旅游部门合署后，文旅融合实质性加快，发生了一系列化学反应，推动了主题公园同时对影视、动漫、演艺等多种文化形式、内容与旅游产业的一体化整合。加之主题公园具有高科技、高附加值、高游客量以及地标性等标签，很容易成为地方政府和商业资本青睐的文旅投资项目。

二是民族主题公园企业的积极探索和创新。中国主题公园产业发展的历史只有30多年，与欧美发达国家上百年的发展积累相比，我们在主题孵化、主题化能力建设和品牌价值提升方面还有很大的差距，呈现给游客的主题体验仍缺乏系统设计和主题深度。近年来，在与欧美品牌主题公园同台竞争中，中国主题公园一线实践企业通过不断创新和积累，加上管理人才的发展进步，其开发和管理水平有了很大提升，早已突破了所谓“721定律”，即全国主题公园产业70%处于亏损状态，20%持平，只有10%左右盈利的现象。中国主题公园的整体成活率和成功率都得到了大幅度提高，成就了许多像长隆、方特等经营业绩良好的民族品牌。这个能力的提高绝不是通过短时间政府政策引导和资本巨额投入能够实现的，而是需要长时期的探索和创新积累，建设一支庞大的、跨学科、跨领域的创新人才大军才能实现。

在看到中国主题公园朝气蓬勃发展的同时，我们也要注意到其仍然存在很多的不足。例如，中国主题公园产业不仅缺乏系统的研究力量，企业也没有很好地建立研究创新体系，政府、学界和企业之间各自取得的宝贵经验没有建立通畅的积累和交流渠道，而高校和科研机构仅有的成果也难以直接转化。

为努力改变上述种种不足，适应中国主题公园产业发展的需要，在林焕杰博士的倡议下，国内外相关单位和专业人士纷纷积极响应和支持成立中国首家主题公园专业研究机构——中国主题公园研究院，汇聚主题公园理论研究的著名学者和具有丰富实践经验的行业专家、专业工程师、职业管理人，共同推动中国主题公园产业的健康持续发展。借助这样一个主题公园研究平台，策划、组织研究力量，进行积极的探讨和深入的研究，并最终形成本书展现的研究成果，应该是一件值得支持和称道的事迹。

作为最早有机会拜读到本书内容的读者，我深切地感到，本书所收录的十多篇文章的作者，都是中国主题公园产业一线科研、开发和管理的实践者，他们能够在这个快速增长的骄躁年代，还能沉下心来冷静地进行理性思考和写作，非常难能可贵。他们来自主题公园产业创新前沿的不同领域，有的长期专注主题公园科学研究，有的精于主题公园开发管理实践创新，还有的“冷眼旁观”地批判性反思产业发展。有学者、有管理者、有实践者、有教育者，基本代表了中国主题公园的创新前沿，他们从各自视角出发，探讨了最新的创新实践成果，非常值得向广大读者推荐。

从文章的选题可以看出，创新和体验是两大关键词，每篇文章都回答了当前主题公园开发的关键问题。林焕杰博士提出了中国主题公园创新体验设计的发展方向和具体实践要点；楼嘉军教授和高依晴评估了主题公园网络营销的有效性和针对性；梁增贤教授测算了中国适宜开发的区域级和城市级主题公园的城市区位，指导主题公园选址布局；著名文化人郭洪钧解释了民族文化内容与产品体验设计的联结；主题建筑师于雨运用峰终定律建立了主题公园场景设计一般路径；华强方特的丁亮总裁从华强方特实践出发，提出了建设民族品牌主题公园的总体路线；锦绣中华的涂国勇提出了如何通过柔性动态运营实现主题体验的方法和路径；国际策划和主题公园营销专家方宝庆和胡少鹏探讨了主题公园的统筹管理和体验营销；国际著名主题公园学者埃迪·米尔曼（Ady Milman）教授实证建立和解释了主题公园游客体验与游客满意度之间的关系；李彬博士初步探讨了传统文化知识产权（IP）如何转化为游客体验；郭柏峰基于自身众多实践案例，指出了花卉主题公园开发和运营的一般路径和方法；匡红云教授实证研究了主题公园品牌熟知度与游客行为意向的关系；李慧华、谭亮、孙恬用季高集团的实践经验，探讨了无动力乐园发展创新的模式；印小强分析了如何在主题公园中实现文旅融合；王旭光和李昌霞探讨了新时期主题公园发展投资的创新模式。

本书不同于“阳春白雪”的学术专著，也不是“经世致用”的具体经验，而是特别遴选那些能够常年游走于学界和企业界之间，具有丰富主题公园开发和管理一线经验和独立思考研究能力的专家学者之作，寄希望能够为产业发展和理论发展建立可靠的桥梁和具体的指导，是一本当代难得的主题公园研究专著。

北京大学城环学院旅游研究与规划中心　主任

国际旅游研究院　院士

国际旅游学会　创会主席

2019 年 8 月 6 日

Preface | 前言

中国主题公园研究院是国内首家以主题公园为研究对象的专业机构，汇聚了主题公园理论研究的著名学者，具有丰富实践经验的行业专家以及规划、建筑设计、动漫、音效技术、机械设计等方面的专业工程师。研究院秉承“聚合精英、共襄盛举”的理念，着力研究国内外主题公园兴衰沉浮的规律和产业演变的态势，引导企业和地区的主题公园开发、管理和营销，为地区旅游经济的发展建言献策，立志推动中国主题公园产业的健康发展。

本书是中国主题公园研究院一年来组织专家学者、行业专家、企业家对主题公园的产业、业态、策划、设计、游客体验、管理营销等方面进行研究的成果。这些成果反映了这些专家学者在中国主题公园实践和理论上的探索，成为中国主题公园领域创新前沿的一个缩影。

本书立足于回答来自实践的迫切理论问题。过去30年，中国主题公园行业处于一个风云激荡的发展年代。主题公园领域风起云涌、日新月异、目不暇接、大浪淘沙，迅猛的发展，激烈的变迁，遇到了大量的问题。作为实践型的行业研究机构，中国主题公园研究院以研究、解决实践问题为己任。研究院的团队中，既有主题公园领域的著名专家学者，又有来自主题公园实践第一线的设计者、建设者、经营者、亲历者。他们殚精竭虑，出谋划策，为主题公园的发展探寻解决方案，对实践中的前沿问题有敏锐的认知，又强烈地感受到这些前沿问题带来的理论挑战。他们在实践中运用理论，又在实践中检验理论，尝试在理论和实践的交互撞击中辨别关键的前沿问题，尝试为问题提出切实可行的答案，尝试将对问题的思考提升到理论的高度，提炼有指导意义的规律。

主题公园在中国经过30年的发展和行业内不断的整合，已经从原来的自然风光、微缩景观、都市娱乐阶段进入了高科技多元化发展阶段，并逐渐向国际化靠拢。到目前为止已涌现出了一批品牌化程度高、科技含量高、品牌识别度高的主题公园。与此同时，强烈的投资冲动、迅猛的发展也使主题公园存在诸多问题，如公园建设贪大求多、主题选择雷同、现代技术利用少、高水平游乐项目缺乏、公园管理紊乱、盈利模式单一、客源本地化、行业内恶性竞争、经营失败等。另外，与发达经济体主流的主题公园模式相比，我国主题公园还呈现出更加多样化的特点，不但处于不同发展阶段的公园在市场中并存，而且它们之间在规模、地理位置、主题设计、经营方式等方面的差距更大。在这一背景下，沿袭发达国家主题公园的演进道路，因循成熟公园的主题创设理念，照搬名牌公园的成功经营模式，已难以满足中国主题公园千帆竞发、逐浪前行的发展需要。本书力图把握新趋势，研究新问题，提出新的解决方案。在主题公园网络营销领域，高依晴、楼嘉军揭示了个性化、互动性及体验式的新趋势。在主题公园所依托的城市环境方面，梁增贤提出了中国城市开发主题公园适宜性的评估模型。埃迪·米尔曼（Ady Milman）从主题公园游客体验因素入手，分析游客满意度的测定，并提出提高游客满意度的途径。方宝庆、胡少鹏分析了中国主题公园开发的基本要素和关键要素，提出了主题公园创新开发的步骤以及经营理念。涂国勇研究了网络评论与主题公园体验质量之间的关系，探索了推动运用网络评论提升主题公园体验的途径。

本书努力书写中国故事。源远流长、博大精深的中华文化深刻地塑造了人民的民族性格、消费习惯、审美趣味。主题公园在中国的移植、扎根、生长、繁荣，始终不能脱离中华文化的沃土。西方成功品牌的辉煌故事，能不能在这片古老的土地上重演？本土的品牌能不能超越模仿、复制的老路脱颖而出，别开生面，以独特的创新秀于世界主题公园之林？这些都取决于对中国文化这一背景主旋律的把握。本书致力于识别、提炼、升华中华文化的密码，以拨动同胞的心弦，激励民族的愉悦感、美感、自豪感。郭洪钧从文化内容构建和形象故事植入的角度诠释了主题公园 IP 的密码。于雨在主题公园沉浸场景下探索中国文化密码，分析了中国化叙事的构建方法。李彬通过分析华强方特 IP 上游、中游、下游的开发、运营、拓展和体验感知测量，探索了主题公园的传统元素 IP 开发路径。匡红云分析了熟悉度对上海迪士尼乐园潜在游客旅游意向的影响，强调上海迪士尼产品创新中采用的中国元素，以引起中国游客的共鸣，提升迪士尼产品与中国游客自我形象的一致性，以达到促进参观意向的最终结果。

本书还“开疆拓土”，寻求突破主题公园研究的视野和边界。中国主题公园的大戏，在中国改革开放的背景下拉开序幕。巨大的经济转型和结构变迁，规定了主题公园演化的轨迹。地方追求经济发展的冲动，推动了主题公园的投资浪潮。房地产的空前热潮，促成了主题公园项目和房地产项目的联姻。所有这些，使得中国主题公园的研究，必须在成熟的市场经济体主题公园研究视野之外，审视更多的变量。中国主题公园研究院擅长于从区域经济与主题公园的关系出发，促进两者之间的良性互动，并探索主题公园与房地产的契合点，培养协同增效、互为促进的关系。在本书中，作者们还从其他角度拓展主题公园研究的视野。丁亮从设备、特种电影、特种剧场、骑乘项目的高科技运用出发，研究了打造沉浸式体验的途径。印小强在文化与旅游融合发展的背景下，讨论了主题公园的发展趋势。郭柏峰将花卉的特点以及花卉产品的生产和经营之道融入主题公园的分析，探寻花卉主题公园的开发与经营。李慧华、谭亮、孙恬分析了产业标准、人口结构和城市化趋势，提出了户外无动力乐园等五大创新类型。王旭光、李昌霞通过对中国主题公园进行需求端和供给端的经济学分析，提出了以文化旅游为产品的文化—经济—旅游的综合体，实现主题公园对其他产业的关联带动。

本书是业界的实践者与学界的思想者合作交流的产物，旨在缩短从实践创新到理论创新之间的差距。作为一个初步的尝试，错误和不足在所难免，敬请读者批评指正，并欢迎大家为中国主题公园的研究出谋献策，共同推动主题公园产业快速、健康和可持续地发展。

林焕杰

2019 年 9 月 20 日

Contents | 目录

体验经济时代主题公园的市场模式创新

林焕杰*

体验经济时代对各消费行业造成了巨大的冲击。首当其冲的就是旅游产业中以游玩体验为根本的主题公园行业。现今，主题公园作为当今最重要的一种旅游业态已经受到体验经济的深刻影响。然而，不少主题公园的管理者只是将主题公园作为一个提供服务并收取门票的特定场所，缺乏从体验经济的视角去审视主题公园的体验经济特征，本文拟对主题公园的体验营销模型作出初步的探索。

一、体验经济的内涵与特征

体验经济最早出现于1999年美国战略地平线LLP公司的共同创始人约瑟夫·派恩和詹姆斯·吉尔摩撰写的《体验经济》一书中，此书中体验定义为“企业以服务为舞台，以商品为道具，以消费者为中心，创造能够使消费者参与，值得消费者回忆的活动”。

（一）体验经济的内涵

体验经济是指满足人们的各种体验的一种全新的经济形态。它是人类经济生活经历农业经济、工业经济、服务经济后进入的一个新阶段，即体验经济阶段。这一四阶段式的划分正好对应着马斯洛理论关于人们需求的五层次划分，即生理需要、安全需求、社会需要、尊重需要以及最高层次的自我实现的需要。

---

* 林焕杰，博士、教授、博士生导师，中国主题公园研究院院长，上海交通大学海外教育学院客座教授、主题公园研究所所长、北京师范大学政治学与国际关系学院兼职教授、博士生导师，新西兰奥塔哥大学商学院DBA导师，菲律宾国立雷省科技大学兼职教授、博士生导师；主题公园、旅游景区实战者和理论研究学者；主持或参与过国内外若干大型主题公园和旅游景区项目的策划、规划设计、工程建设管理及运营管理工作。

农业经济时代，即产品经济时代，是大工业时期没有形成前的主要经济形式，实际上是一个自给自足的时代，当时的商品处于短缺期，即供不应求阶段，谁控制着产品或制造产品的生产资料，谁就主宰市场，统治经济。此阶段产品交换并不发达。农民能有多余的粮食或野货换点食盐就十分稀罕了，各国为控制食盐资源打了几百年战争，直至海盐技术的开发。当时人们的最大需求就是满足生理的基本需要，养活自己和家人。饥饿的人们能吃上一顿饱饭其实就是一种深刻的体验，但正是因为每一口食物都是体验，因此体验本身在当时反而不是稀缺性的经济提供物。

工业经济时代，即商品经济时代，工业化的不断加强，商品不断丰富以至于出现过剩，进入了供大于求的阶段。市场竞争加剧导致市场的利润不断稀薄直到发生亏损。这是人类历史上首次摆脱饥饿和物资匮乏的年代。这个时代的突出特征是农业初级产品已不再是国家的主要经济份额，由于生产效率大幅上升工业制成品的供应丰富，人们终于摆脱了吃了上顿没下顿的威胁，满足了基本的安全需求。虽然丰富的物资供应，终于让我们可以每餐有能力吃饱，但对大部分人来说食物只是一种维持生命的物质，尚没有达到体验美味的层次。

也称作后工业化时代的服务经济时代，是从商品经济中分离出来的。服务经济时代注重商品销售的客户关系，向顾客提供额外利益，体现个性化形象。此阶段由于商品产量更大且基本趋同，以至于商品本身已经难以提供给我们任何感觉，大家都能喝得起两杯豆浆，让客户剩一杯豆浆产生的安全感已经不能形成企业利润。相反企业发现，改进豆浆送到客户手上的过程、喝豆浆使用的杯子的个性化以及豆浆店的不同设计风格却可以用来满足客户的社会需求。因此服务一下子就成为一种很经济的无形产品了，当服务叠加在有形商品上时尤其具有杀伤力。比如就“海底捞”而言的火锅本身不重要，重要的是在“海底捞”吃火锅整个过程的感受。与一般情况下的豆浆消费不一样，在高雅的环境及贴心的服务下消费一杯豆浆，能让客户明显有了某种存在感并在其中找到了“自尊”的感受。此种情景下，同样的一杯豆浆能获得数倍的溢价。

体验经济继承了服务经济的理念，并且对其进行了升级。体验经济强调企业应致力于提升顾客感受性满足的程度，重视消费过程中的自我体验。无论是商品经济还是服务经济，都是先形成肉体的直接感受，然后再升华为心智的快感。但是在体验经济时代，却是先寻求自我心智的塑造与超越，然后再促使肉体进行感受，这就是所谓体验。凡是能够从心智上设计，并通过肉体感受的经济活动，就是体验经济的构成部分。

正如凯鲁亚克（1922）说的那样：“最好的老师是亲身体验，而不是被他人扭曲的观念。”体验是亲身经历，直接感受，体验让我们在行动中认知，并在记忆中留下深刻印象。如果不体验，没人能讲得清：来自电风扇的风跟山谷中的清凉风有什么区别，在游泳池游泳与大海中游泳有哪点不同。约瑟夫·派恩和詹姆斯·吉尔摩（2002）在《体验经济》中就论述了作为价值主张的体验与企业商业的关系，他们写道：“对什么收费，你就是什么类型的公司。如果对初级产品收费，则你就是产品企业；如果你对有形产品收费，则你就是商品企业；如果你对你的行动收费，则你是服务企业；如果你对你和顾客相处的时间收费，则你就是体验企业。”非常清晰地导出了体验经济的真谛。

（二）体验经济的特征

体验经济是一种全新的经济形态，它的提出展示了经济社会发展的方向，孕育着消费方式及生产方式的重大变革，适应体验经济的快慢将成为企业竞争胜负的关键。概括起来体验经济具有十个特征，如表 1 所示。

表 1　体验经济的特征

特征	特点	案例
终端性	关注如何将产品送到消费者手中	“最后一公里”的服务
差异性	为消费者提供差别化的服务	主题公园为游客提供量身定制的纪念品
感官性	重视为消费者提供全感官体验	影院里的 4D 电影
知识性	为产品或服务赋予文化的内涵	主题公园为游乐设施设立主题，增加文化元素
延伸性	为消费者提供延伸服务	“海底捞”为顾客提供的各种各样延伸服务
参与性	通过增加消费者的参与机会，提升消费者的服务体验和服务评价	企业各种各样的 DIY 服务，如海鲜食客自己到海产市场选择食材，让餐厅加工
补偿性	为顾客提供反馈渠道，鼓励投诉行为	中国移动的信号盲点找茬活动
经济性	致力于为消费者提供高性价比的产品和服务	经济型酒店通过精简不必要的服务为顾客提供性比价更高的服务
记忆性	让消费者留下美好的回忆	主题公园为消费者免费提供与吉祥物合影的服务，并将照片打印出来给消费者
关系性	通过优质的服务实现顾客保留	迪士尼通过无微不至的服务实现了重游率神话

资料来源：笔者根据相关资料整理所得。

终端性。现代营销学注重的一个关键问题是“渠道”，即如何将产品送到消费者手中。如果说目前企业与企业之间的竞争已经转换为供应链与供应链之间的竞争的话，那么，体验经济强调的是竞争的方向在于争夺消费者。体验经济聚焦于消费者的感受，关注最焦点、最前沿的战斗。

差异性。要满足不同顾客的需求，企业就必须提供差别化的服务。实际上，在产品层次上也体现出个性化的趋势，例如，服装、鞋子的电脑测量制作；人们可以买印有明星头像的挂历，也可以要求制作印有自己家人头像的挂历等。总之，无论是产品还是服务，市场分层的极端是因人而异的个性化，是对标准化的哲学否定。

感官性。最狭义的所谓的“体验”就是用身体的各个感觉器官来感知，这是最原始、最朴素的体验经济的内涵。旅游是一种体验，坐在家里看电视风景片仅仅使用了眼睛，实际爬山眺望要用四肢；动感影院不仅要用眼睛更要用整个身体来感受；听音乐会与自己唱卡拉 OK 也有所不同。

知识性。消费者不仅要用身体的各个器官感知，更要用心来领会，体验经济重视产品与服务的文化内涵，使消费者能增加知识、增长才干。

延伸性。现代营销的一个基本理念是“为客户增加价值”，即认为企业所提供的产品与服务仅仅是顾客需要的某种手段，还必须向“手段—目的链条”的纵深扩展。因此，人们的精神体验还来自企业的延伸服务，这些服务包括相关的服务、附加的服务、对用户的服务，等等，例如，商场对大件物品送货上门；对耐用消费品的售后维修服务；产品的以旧换新和升级换代等。

参与性。消费者参与的典型是自助式消费，如自助餐、自助游、自己制作（DIY）、自己配制饮料、农场果园采摘、点歌互动等。实际上，消费者可以参与到供给的各个环节之中，例如，企业以市场调查的形式让消费者参与设计；日本政府曾发出通知，要求家电用品的说明书要有家庭主妇参与编写；有的电影在拍摄关键时刻由观众投票决定情节的走向等。

补偿性。在顾客参与方面还有参与监督。另外，企业提供的产品与服务难免有令消费者不满意的地方，甚至于会造成消费者的伤害或损失，这时需要企业制定的补偿机制。例如，许多企业通过 800 电话回答顾客问题和抱怨、接受投诉和征求意见；有的商场准备了专项基金用于对消费者损失的快速赔偿；有的商场在各个楼层都设立了退换货室，网上购物设置免费退换货期限，让消费者感到买得放心。显然，消费者的权益和意见是否得到了尊重，他们自己的体会最为深刻。

经济性。消费者的经济性表现在通过搜寻进行费用、最初购买价格、付款条件、使用中的消耗与维修费用等许多方面的比较。网上查询极大地降低了搜索费用。商家也可以采取多种营销模式进行营销，比如，“搭售”“买一送一”“买

100送30”“抽奖”等。

记忆性。以上特性都可能会导致一个共同的结果——给消费者留下深刻的记忆。“留下美好的回忆”是体验经济的结果性特征之一。例如，一位顾客在超市不慎将存包柜的钥匙丢失，服务员在核对包内东西后予以放行并收取了20元钱的钥匙成本，在商场拣到了钥匙后特意打电话通知那位顾客来取回20元；一位中国旅客在伦敦火车上遇到列车中途停车晚点40分钟，列车决定免费提供饮料，还提供免费电话让乘客通知家人和朋友，车中欢声笑语一片，其结果是将本来不愉快的事情变成了愉快的经历。

关系性。以上主要涉及的是一次性消费的情况，从一个长期的角度看，企业也要努力通过多次反复的交易使得双方关系得到巩固和发展。如同人们之间需要朋友的友情一样，企业与消费者也需要形成朋友关系，实现长期的双赢。例如，航空公司设计了会员积分奖励制度，消费越多回报积分越多。多重身份也是关系化的重要表现。

上述体验经济的十个特征只是分开介绍，实际上它们之间并不是完全孤立的，而是相互联系、相互结合的起作用。从过程看，有感官性、个性化、参与性等；从结果看是留下记忆；从长期看，是过程与结果的交替和反复，在加深关系的同时增强了记忆。

二、旅游与体验经济

（一）旅游的体验特征

旅游是一个古老的活动。作为一种社会行为，旅游在根本上是一种主要以获得心理快感为目的的审美过程和自娱过程，是人类社会发展到一定阶段时才产生的一种体验活动。以至于我国现代意义上的旅游产业，在产生之初就深受功利性影响，只关注旅游给当地带来的经济效益，能否带动周边经济的快速发展等问题。这种对旅游产业的粗浅认识显然与体验经济时代是格格不入的。

旅游需要休闲的状态，旅游需要自由的感受，旅游需要艺术的想象，旅游需要审美的情趣。阿尔卑斯山上山的公路上立着一块提示牌：“慢慢走，请欣赏”，这正道出了旅游的真谛，也道出了旅游经济就是体验经济的深刻内涵。日本著名美学家今道友信将审美知觉表述为“日常意识的垂直中断”，这也可以作为旅游状态的描述。真正的旅游者不应该是浮光掠影、走马观花、直奔目的地的匆匆过客，而应该是玩物适情、情与物游、品味全过程的体验者。这就需要我们在旅游景观的营造、旅游服务的提供等各方面充分地考虑人的休闲、审美与体验的需求。如何提升旅游景观的审美境界，如何提升旅游服务者自身的审美文化素质，如何引导旅游者的审美情趣，已是人文旅游刻不容缓的重要课题。

体验经济是从服务经济中分离出来的，旅游业是最具体验特质的服务业形式。在体验经济中，企业不再仅是销售商品或服务的核心产品本身，它提供的是最终体验并充满感情的力量，能给顾客留下难以忘却的愉悦记忆。从这个角度上说，旅游作为人们求新、求异、求奇、求美、求知的一种重要途径，本身就是一种体验经济。我们对旅游活动的休闲、审美与体验性质，应该有充分的认识。

近20年来，以主题公园为代表的旅游业业态所表现的体验经济特征越来越明显。体验一般被理解为“实际经历”或“通过实践来认识周围的事物”，但在派恩和吉尔摩的著作《体验经济》一书中，体验被赋予了新的含义，体验是一种围绕消费者来创造难忘经历和有价值的回忆的活动。根据这一描述，我们应该从两个方面理解体验经济条件下旅游与主题公园所创造的“体验”的特点。

1. 亲历性体验

亲历性体验是旅游所创造的体验都是在旅游者身临其境、亲身经历时所产生的体验。旅游活动实质上是旅游者经历体验的历程。旅游者从产生旅游动机到完成旅游的全过程是一种产生体验需求、完成体验的过程。旅游者在产生旅游动机时即开始注重收集旅游目的地的综合信息，包括旅游目的地自然的、社会的、经济的、文化的等诸多方面信息，收集主题信息、故事内容、游乐项目的体验感和刺激程度等，并对收集的信息进行比较分析。分析旅游目的地的原生形象，并通过自己的主动“神游”体验，形成对旅游目的地的引致形象；通过比较旅游成本、效益及可能获得的旅游经历和体验，或“神游”体验筛选出自己较为中意的旅游目的地，并做出出游的决策。一旦外出旅游，即脱离了原有的工作和生活状态，进入了旅游体验的进程。在从常住地到旅游目的地途中，仍在不断地打听、了解、憧憬旅游目的地的情形，以不断增加一种心理体验。到达旅游目的地后，通过游览观光当地自然风光和人文景观，参与文娱活动或节庆旅游活动，游玩体验主题公园，品味风土人情，享受旅游目的地所提供的餐饮、住宿、交通、购物等服务，亲身了解、体验当地的政治经济文化氛围，并结合自己以前积累的知识、经历等，对所游览的旅游目的地进行综合体验评估，形成自己对旅游目的地的复合形象。回到自己原住地仍会不断回味旅游经历和旅游体验，完成一次完整的旅游体验活动，为旅游目的地创造出旅游体验的经济效益和社会效益。而主题公园是旅游产业中体验经济特征最明显的旅游娱乐产品。很多旅游者就是通过主题公园的体验，依托特有的故事所打造出来的动人的游乐模式，让游客领略主题公园利用各种高科技所展现出来的，如飞行、潜水、穿越、战争等形式给游客模拟出亲历的体验感觉。

2. 价值性体验

价值性体验是旅游给予游客的体验，对游客具有积极意义，能够满足游客身体需求，尤其是精神需求的功能，令游客感到愉悦。可以说，现代旅游的发展正迎合越来越多的游客对体验价值的需求，向游客传递他们所喜欢的信息、价值观、文化、个性和诉求，使游客感受和认同旅游产品和服务的体验价值。无论是从旅游的概念内涵，还是从旅游业发展的目标；无论是从旅游规划设计，还是从旅游产品和服务的提供等多方面来看，不仅要了解并满足游客所重视的产品和服务的体验价值，更要采用创造融入体验的强势品牌或名牌的品牌策略，向游客传递价值、个性和诉求，通过创造需求、策划体验、引导消费、赢得青睐，使游客感受到旅游产品和服务的体验价值。由此可见，旅游体验的核心是创造并向游客提供各种具有价值的体验，即创造“有价值的顾客体验”。此时的“体验”是有特定含义的，作为现代旅游业，应在提供旅游产品和服务的同时，更要提供游客需要的体验。在这个舞台上，旅游者开始自己的、唯一的表演，即消费；当表演结束时，这种体验将给消费者留下难忘的愉快记忆。

体验经济突显了消费者的个性化消费和生产者据此采取的量身定制生产法则，是产业发展的必然趋势。产业发展变迁的历史，是传统社会的一级产业（农业经济）经工业革命之二级产业（工业经济），至目前以服务经济为主的三级产业结构。而体验经济则是产业发展、价值增值的最新方向。

主题公园作为人们求新、求异、求知、求乐的一种重要体验，本身就是一种旅游活动。首先从旅游的本质上看，体验是旅游的核心属性之一。旅游根本上是一种主要以获得心理快感为目的的审美过程和自娱过程，其本质在于审美和愉悦。旅游在时间和地域的跨越中，从那种与自己习惯的文化和环境存在差异的另样文化和环境的体验中，寻求审美和愉悦等精神享受的活动，而诸如美食、康体、探险等各种旅游，其实也是一种差异化体验。体验的结果也许是生理或心理的满足，但当离开那个特定时间和地域之后，留下的最终还是一种精神上的回忆享受。所以，旅游的本质属性就在于差异化体验中的精神享受。而主题公园则是强化游客体验感的一种最直接的化验形式。所以，主题公园在旅游行业的发展前景将会越来越大。

（二）体验经济时代旅游的新变化

1. 从数量到质量的转向

以前，你可能为自己去过全国各地众多知名景点而自豪。那么现在，在哪个知名度假区有过一周及以上的轻松度假才能成为夸耀的资本。因此，从走马观花式的“快游”到重视品质的“慢游”，是体验经济时代旅游的第一个新变化。

2. 品牌意识觉醒

无论是景区管理方还是旅游城市，都认识到了品牌的力量。从过去没有品牌意识，到现在主动寻找自己的特色，主动树立自身品牌，实现了很大的跨越。例如，从“好客山东”到“晋善晋美”，从“福来福往，清新福建”到“江南福地，常来常熟”。再从“诗画浙江”到“江西风景独好”，全国旅游省市都比较重视地方旅游品牌了。现在，但凡有点知名度的地方，无论是县级市还是乡镇，又或者是景区、休闲农庄等，都在树立自己的品牌。因此，从被动口碑相传到主动树品牌、推品牌，是体验经济时代旅游的第二个新变化。

3. 服务意识觉醒

当市场供求不能满足需求的时候，游客的感受可能不是第一位的。那么现在，是一个游客选择比较多的时代，那么谁能抓住游客的心，能调动游客的情绪，并给予游客较好的体验、较高的服务，谁才能获得竞争优势，才能生存乃至更好的发展。“裸心谷”一度那么火，就是因为游客可以真正在那里“裸心”，可以卸下装备，在这里轻松度假，且各类休闲体验服务，满足了社交、自我实现的需求。因此，服务意识觉醒、注重用户体验，是体验经济时代旅游的第三个新变化。

4. 强调品质、品牌、体验的关系

品质是基础，如果没有好的品质，再好的品牌很快也会被砸在手里。这里的品质指的是两个方面。硬件方面，在满足“吃住行游购娱”的基础上，不断发展“商养学闲情奇”，满足游客畅达、畅游，体验多样性。软件方面，以人为本，以客为尊，让游客感受到极度的尊重。游客到迪士尼去游玩，除了难忘的参与体

验，更让人忘不了的是服务人员的热情服务和各色美食，对游客的尊重和热情周到，感受到一个主题公园旅游娱乐发展的高水准。无品牌，无市场。未来，随着大众对品牌的更加重视，各个地方发展旅游必须注重品质，注重体验，树立起好的品牌，并增强其品牌粘性（老汤，2018）。因此，强调品质、品牌、体验的关系，是体验经济时代旅游的第四个新变化。

三、旅游体验的塑造原则和主题公园的体验设计

随着体验经济时代的到来，人们的旅游活动不再局限于传统的观光、休闲和购物，而是为了获得某种独特的体验，一般包括娱乐消遣体验、逃逸放松体验、文化教育体验、审美猎奇体验、置身移情体验等内容（A. J. Beeho，R. C. Prentice，1997）。由此而导致旅游活动的范式和内涵发生改变，旅游经营的中心任务不再是单纯提供旅游产品与服务，而是为游客塑造难以忘怀、记忆深刻的旅游体验，满足游客消遣娱乐、求知审美、自我实现等更高层次的需求。基于这种体验的旅游不仅独特美好、充满刺激、不可复制，还将深深留在游客的生活经历之中，值得旅游者多次回忆和品味。因此，从消费者与经营者两极对接模式来看，体验式旅游凸显了游客旅游消费的参与性和个性化，以及经营者根据主客体环境而采取"量身定制"的景点与项目开发原则（王兴斌，2003）。

旅游的本质属性在于从差异化体验中丰富精神生活，成为个人主体生命在时空维度和精神世界中的有机组成部分。旅游包含着体验性的诸多精神要点，有别于产品经济时代的旅游价值量的衡量是物质产品，服务经济时代旅游价值量的衡量是游客满意度。体验经济时代旅游价值量衡量的标准变为对旅游产品带给游客的体验内涵和收益上，体验价值是购买旅游产品的核心。

（一）塑造原则

体验经济时代，旅游体验塑造是旅游业经营者的中心任务，如何进行不同景区旅游体验的开发塑造，笔者认为应该坚持以下五条基本原则：

1. 主题性原则

主题是体验的基础和灵魂，鲜明的主题能充分调动游客的感官，触动游客的心灵，使之留下深刻感受和强烈印象，最终在消费者心智中形成品牌印记。如看

到世界之窗、民俗文化村、锦绣中华等主题公园的不同场景，人们立即就会有种身在现场的感受，因为它们都成功的通过塑造主题而在消费者心智中留下了品牌印记。按照主题性原则，应从景区的大环境到具体的服务氛围，从景物建筑、设施设备、服务用品和旅游纪念品的设计，到食、住、行、游、购、娱各环节的服务内容，用一条清晰明确的主线贯穿起来，全方位地展示一种情调、一种文化，使游客通过视觉、听觉、嗅觉、味觉和触觉，多层面、多角度地获得整体统一的美好体验，形成不可磨灭的印象。体验主题的确定必须把握资源和市场两个前提，根植于当地的地脉、史脉与文脉，挖掘出最具代表性的资源，在旅游市场体验需求的指引下，提炼、组合其中具有感召力和实践性的特色文化，并利用景观建筑、民俗风情、风物特产、历史传说、生产生活形态、文化形态等因素综合展现。

2. 差异性原则

差异性要求景区在体验物塑造时应力求独特，“人无我有、人有我优、人优我特”，时刻保持体验物与众不同的个性，不断为游客带来新鲜的旅游感受，满足其个性化和参与性的需求。差异性要求景区的环境、项目、活动与游客自己的生活环境有较大差异，要与竞争对手存在明显的不同。景区体验差异化的途径有两条：一是以市场先行者的身份率先进入某产品市场，推出新产品、新项目，并不断创新；二是推出的产品项目存在较高的进入壁垒，难以简单复制，如技术要求、企业文化、政策限制等，使其他竞争对手无法或难以进入，从而可以保持体验的独特性和唯一性。由于任何产品都要衰老，保持差异性或新鲜感的关键是要持续创新项目。西方国家对主题公园衰老问题的对策是每三年进行一次产品更新，而节庆表演节目则每年有 30% 的更新率。如几十年来迪士尼乐园创造快乐的主题虽没有改变，但动画明星、娱乐项目及制作技术却一直在与时俱进，从而成为主题公园中的“常青树”。

3. 参与性原则

参与性是加深游客体验的重要途径和措施，参与可使游客消除与景区景物之间的隔阂，增强亲切感和满足感。参与并通过互动和亲身经历，可更深入地体察自然的奥秘，了解历史文化之精神，获得更多的科学文化知识和心理满足。在整个旅游过程中，游客主要通过精神参与和身体参与两种途径获得景物体验。在体验景区规划和项目开发中，完善的景物讲解系统有助于提高游客的精神参与，使游客对景物的体验更加深刻；为游客创造尽可能多的直接参与项目，使体验更加直观形象、生动具体，增强游客与景点景物的感情联系，有助于提高旅游体验的质量和效果，而且在整个过程中游客参与的程度越强，所涉及的感官越多，就越令人难以忘怀。

4. 真实性原则

在体验式旅游的经营管理中，体验物的塑造应为游客获得真实体验创造条件，不管这种体验物是真实的还是人工臆造的，其体验塑造的真实性体现为游客"五官"感知。这就要求经营者在自然景物的开发中尽可能保持其自然本色；在历史遗迹开发中尽可能按历史文献恢复其本来面目。景区从业人员应把自己融入所扮演的角色中，为旅游者创造自然真实或历史真实的氛围。

5. 挑战性原则

适度的挑战性活动才能使游客真正忘却自我，以最大限度发挥自己的潜能，追求超越心理障碍时的成就感和舒畅感，这也是近几年极限运动不断升温的原因。漂流、蹦极、潜水、探险等极限运动多在野外或海中进行，游客在自然环境中体会天人合一的感觉，在不断挑战自我、突破极限中感受胜利的快乐。为了使游客在挑战自我中获得最优的旅游体验，在设计体验项目时应注重对"度"的把握。挑战性太低会缺乏足够吸引力，游客很难获得"畅"的快感；挑战性太高又容易产生挫败感，影响游客的体验质量和心情。因此，可开发设计不同等级的挑战性项目，使游客既能选择适合自己的挑战性项目，又可逐渐增加难度提高挑战性等级，胜利感和"畅"的体验也将逐渐增强，从而在挑战极限中获得最佳的旅游体验。

（二）主题公园的体验设计

作为一种新的经济形式，体验经济对主题公园旅游娱乐产品开发的意义在于体验经济是以需求为中心，强调需求结构升级，即从生存、发展升级到自我实现，以及从消费者角度出发考虑生产的经济形态。所以，在提供旅游体验服务的时候，要特别注意塑造原则。

主题公园的建设，要借助体验经济这一新的突破点推出体验服务，增加体验价值，必须进行如下体验设计：一是将体验主题化，"为一个参与性的故事撰写剧本"使参与者置身其中，提供丰富的、具有压倒力量的体验。并且这个主题应展示产品供给方的特色，有助于旅游者整合自己的体验感受，从而留下深刻印象和长久记忆。二是以正面线索塑造形象，同时还必须通过深化印象主题来实现，细节要尽力体现主题，时间、空间和物体的和谐统一都是深化旅游者印象的方法。三是去除负面因素，塑造形象不仅要展示正面线索，还要删除任何削弱、抵触、分散主题的服务。四是提供旅游商品，纪念品除了使体验的存留时间延长，还可将个人体验与他人共享，并且使产品价值增值。五是重视对游客的感官刺激，通过感官刺激支持并增强主题，所涉及的感官刺激越多，体验设计就越成功。

主题公园体验主题的打造需要注意几个方面：一是体验主题必须新颖，能打动游客；二是体验主题要与经营者的核心能力一致。创意好的旅游娱乐体验主题一般应包括具有诱惑力的主题，必须调整人们的现实感受，体验主题必须集空间、时间和事物于相互协调的现实整体；好的主题公园体验主题应该能够在园区内进行多景点、多情节布局，且体验主题必须符合主题公园本身的特色。

谢佐夫在《体验设计》中认为：体验设计是将消费者的参与融入设计中，是经营者把服务作为舞台，产品作为道具，环境作为布景，使消费者在商业环境过程中感受到美好的体验过程，体验设计以旅游者的参与为前提，旅游娱乐体验为核心，最终使游客在活动中感受到美好的体验。体验设计是不断发展的一种成长方式，是一个动态演进的关联系统化成长方式，也是情景体验经济的体验方式。在这个崭新的领域内，最需要的是富有创造激情和想象力的设计。体验设计的方法要从直接体验出发，就是旅游者的切身体验，涉及视觉、听觉、嗅觉、触觉等方面；从功能出发，首先是行，即支线功能的设计不能只强调交通，要使旅游者没到主题公园就感觉进入了主题公园，这样会减少其烦躁程度；其次是游线设计应通过多种手段营造多重效果，结合曲径通幽和豁然开朗两种方式，在设计过程中一切从旅游者的需求出发，研究旅游者所接触的情景，设计旅游体验，是旅游体验规划设计的总体理念，也是体验规划设计实际操作的核心。以上海迪士尼为例，上海地铁迪士尼线里面无论是窗户，扶手还是车厢里面的工艺品，都因其富有迪士尼特色而带给游客欢快的体验，使游客提前进入迪士尼童话世界，营造出美好的消费想象。

旅游体验规划设计的目标，对开发方来说就是要为旅游者营造个性的、独特的、美妙的旅游体验，为旅游者提供最适合的体验场所，满足旅游体验。主题公园通过塑造一流的体验场馆或游乐项目，提高旅游娱乐体验的质量，并使其具有可持续性而获得游客的喜爱。体验为经营者提升了商品和服务的附加值，从而取得较高利润的经济模式。对旅游者而言，在这个过程中，消费和服务不再是机械的交易过程，而是一种审美体验。在体验经济背景下游客在旅游娱乐过程中更加注重体验过程、享受新奇的感受，追求自我实现的最高需求层次，增强自我认知感和满足感。按照派恩和吉尔摩的观点，体验经济赋予旅游活动以融娱乐、教育、逃避、审美于一体的全新内涵。只有在旅游娱乐过程中具备了这四个条件，游客才能获得比较完美的体验感受。

因此，主题公园旅游娱乐产品在开发过程中要不断以市场为导向、以满足消费者体验为最高目标，就需要不断创新、融入体验设计、进行布局规划。目前旅游业提供给旅游者的主要是静态的居多，缺乏参与性、互动性、趣味性和娱乐性的旅游产品。旅游产品带给消费者的主要应是以精神层面的愉悦为特征的心理感受，所以旅游产品的设计要体现在产品体验化进程上。基于以上要求，主题公园产品的设计原则应遵循以下几个方面：

（1）在开发理念上，从满足旅游者需要向满足旅游者欲望和增加游客体验过渡。主题公园开发要重视旅游消费者的个性化及情感需求，应更加突出游客的深度参与性和互动性。虽然旅游者在消费旅游产品的过程中或多或少地参与其中，但是在体验经济时代，应突出体现游客的深度参与性。

（2）高度个性化，即通常所说的量身定制旅游产品和服务。在体验经济时代，文化多元化、意义多重化、对话渠道多样化。虽然支配性的文化可以通过各种媒体对大多数的受众产生影响，但是对文化体验却可能千差万别。作为承载文化底蕴的主题公园的消费过程，受到个性化服务的个体可以深入解读和体会这种文化内涵，畅游在自己无限的精神世界里。

（3）体验主题化，强化体验的品牌形象。主题鲜明的主题公园不仅是满足消费者自我实现高层次高品位的追求，树立消费者品牌忠诚度的途径，更是在当今旅游娱乐产品日渐丰富，且同质化趋势明显，市场竞争激烈的环境下赢得市场份额的重要方式。树立品牌忠诚和品牌高度要求主题公园开发广泛采用现代科技，科技旅游产品的开发将是旅游业适应体验经济的重要举措。在科技深入人类生活方方面面的今天，旅游行业作为体验经济的先导，在某些旅游娱乐产品的设计过程中融入高科技将是如虎添翼，必将对旅游业产生革命性的影响，也是未来开发体验式旅游产品的一项战略选择。

（4）主题公园规划的体验化设计要以差异性、参与性、真实性和挑战性为原则，从鲜明的主题、通过体验来强化主题、淘汰消极印象、利用旅游纪念品和整合多种感官刺激等五个方面来进行体验化设计。

四、主题公园的发展现状及困境分析

主题公园是为了满足旅游者多样化休闲娱乐需求和选择而建造的一种具有创

意性活动方式的现代旅游场所。它是根据特定的主题创意，主要以文化复制、文化移植、文化陈列以及高新技术等手段、以虚拟环境塑造与园林环境为载体来迎合消费者的好奇心、以主题情节贯穿整个游乐项目的休闲娱乐活动空间。主题公园一般具有某一特定的主题，融入高科技技术和多种创意性活动，是集休闲娱乐和基础设备于一体的现代旅游目的地。

（一）发展现状

我国主题公园在其发展的过程中一共历经五个阶段：萌芽阶段、发展阶段、提升阶段、完善阶段和全球阶段。

1. 萌芽阶段

影视基地和旅游相结合是萌芽阶段的突出特点。1983 年，由红楼梦拍摄基地打造的北京大观园正式开门迎客。在北京大观园之后，第二个《红楼梦》拍摄基地——荣国府在河北正定县建设完成。随着北京大观园的起步，西游记宫也开始在全国流行起来，但这种影视类的主题公园都是小规模工程，新奇不足，随着经济发展和其他旅游娱乐方式的崛起，这类主题公园日渐没落。

2. 发展阶段

这一阶段标志性的事件就是启动目前世界上最大规模的微缩景区“锦绣中华”的建设。1989 年华侨城集团的锦绣中华在全国掀起了一股新的浪潮，它是国内首家真正意义上的主题公园。开门迎客第一年就接待游客 300 多万人，1 亿元的投资也在一年之内得到回收，良好的经济效益和社会效益起到了很好的示范作用。[①] 一时全国各地出现 1000 多个游乐园、主题公园，但由于各种原因，大多数都以失败而告终。

3. 提升阶段

主题公园提升阶段的标志性事件是 1998 年开业的深圳欢乐谷主题公园。开业以来深圳欢乐谷先后五期滚动开发，使它一度成为我国投资规模最大、设施设

---

① 李强．中国第一个主题公园锦绣中华 30 周年［ED/OL］．（2019 - 11 - 23）．http：//sz. cnr. cn/szfwgb/szyw/20191123/t20191123_524869946. shtml.

备最先进的主题公园。近 20 年以来，深圳欢乐谷共接待海内外游客 1.8 亿人次①，使华侨城连续几年成为中国接待游客数量第一的旅游企业。

4. 完善阶段

欢乐谷之后，我国主题公园行业渐趋理性化。2008 年正式营业的芜湖方特很好地注入了当代计算机、数字模拟与仿真，数字影视等高科技技术与艺术，给游客带来了科幻、艺术等特色的文化娱乐体验。这一阶段是我国主题公园的完善阶段。

5. 全球阶段

随着 2016 年迪士尼在上海开业，我国主题公园发展进入全球阶段。除迪士尼之外，华强方特、杭州宋城也开始在国外规划布局，这些也都标志着主题公园的国际化时代的到来。

在国内主题公园从萌芽到全球化发展的整个时期，大批企业纷纷进入这一产业，迎来了主题公园建设热潮，竞争亦非常激烈。目前我国主题公园的数量多达 300 多个，未来十年还会迅速增加。这些主题公园为我国主题公园类型众多做了铺垫，它涵盖了历史、生态、游乐、科学、文化等门类。从分布区域来说，这些主题公园主要分布在长三角、珠三角、环渤海等沿海区域。目前大部分著名品牌的主题公园都集中在长三角，如迪士尼、欢乐谷、华强方特、宋城、海昌、恐龙园、横店影视城等。从分布现状上看，主题公园是从东到西呈三级阶梯式分布，东部沿海数量较多且规模较大，中部数量次之且规模不大，西部数量较少且主题公园规模较小。在 300 多个主题公园中，25% 的主题公园处于亏损的状态，22% 的主题公园达到持平，有 53% 的主题公园是还盈利的。② 在这些盈利的主题公园中，珠三角和长三角的二、三线城市主题公园发展势头相对较好，其中影视类主题公园发展最快。

（二）存在的问题

国内主题公园的发展已从最开始的盲目建设到现在能够理性开发，今后的发

---

① 崔新耀，王喜迎．第 1.8 亿名游客　欢乐谷 20 周年庆典月正式启动［ED/OL］．（2018－9－5）．http：//tj. people. com. cn/n2/2018/0905/c375366－32018387. html.

② 曹艺．2019 中国主题公园竞争力报告发布：超五成盈利［EB/OL］．人民日报客户端旅游频道．2019－11－23.

展潜力也十分巨大，但我国主题公园也将面临越来越大的竞争，亏损的局面依然存在，且还会扩大。因此，在主题公园的投资开发过程中还面临一些急需解决的问题，需要在发展的过程中逐步完善。

1. 同质化问题严重

国内300多个主题公园中40%都是器械类为主的，成功项目的示范效应使得许多新建项目追求短平快而盲目山寨和粗制滥造，缺乏独特性和品牌知识产权（IP），形成大量模式和内容大同小异的项目，同质化问题加上我国主题公园分布区域集中度非常高，这使得长三角、珠三角以及环渤海地区主题公园的竞争异常激烈，陷入差异化不足只能打价格战的低端死循环。此外缺乏鲜明的主题和特色也是主题公园发展的一大问题。经济效益的差异主要从城市的吸引力来体现。对于城市吸引力弱的城市，仅仅依靠主题公园基本的项目是很难吸引游客的，这就需要主题公园来打造自己的卖点，即所谓的主题。20世纪90年代末经历的主题公园死亡潮很可能在未来还会再次重演，洗牌之后行业集中度将大幅提升。

2. 文化缺失及滥用

文化的缺失及滥用也是国内众多主题公园失败的原因之一。我们都知道，文化是主题公园的核心和灵魂，只有在灵魂的基础之上不断地创新与发展，才能保证主题公园的长盛不衰。因此对于主题公园来说，在规划和开发的过程中文化的打造尤其重要。没有通过特色的文化设计而提供给游客的服务和体验必将导致主题公园失利。除此之外，对文化的滥用也给游客带来不好的观赏性和体验性。久而久之，主题公园就会由于经营困难而被迫退出市场。

3. 品牌建设力度不够，缺乏多元化开发

国内主题公园品牌建设力度不够，缺乏多元化开发。主题公园要想得到可持续发展，首先需要注重的就是品牌化建设。美国迪士尼乐园就是品牌化建设最好的案例，它凭借着唐老鸭和米老鼠的形象在世界各国赢得人们的青睐。而国内的主题公园，也急需树立一个属于自己主题公园的品牌形象，而不是只顾眼前的经济效益。因此树立长远目光，重视品牌建设，多元化开发是当前国内主题公园的当务之急。

4. 经营模式与体验经济不匹配

国内主题公园卖的是服务和体验，过度的商业化只会让游客对主题公园渐行渐远。因此主题公园不应该再以单一的门票收入作为盈利点，而是融入娱乐和体验，配以特色化服务、体验性消费、个性化购物来作为新的盈利模式。因为只有好的服务和体验才能给游客留下美好的印象，带动国内主题公园长期发展。

5. 国内市场强者出现

按游客接待量排名，2018 年华侨城集团占据全球第四，亚太第一的位置，华强方特集团排名第五，长隆集团排名第六位，这三家企业的游客量同比增长 15.1%、9.3%和9.6%。

五、体验经济与主题公园的市场模式创新

由于受到体验经济的启发，现在的主题公园无论是在景观设计上还是在互动方式的设计上，无论是在管理模式上还是在营销策略上，都越来越强调旅游者的感受以及体验的独特性。在体验经济时代，主题公园要寻求新发展，可从以下几个方面进行体验服务创新。

（一）主题化服务——体验经济下的景观与项目设计

鲜明的主题是主题公园的核心，服务主题是整体主题的重要组成部分和支持性因素。主题化服务在内容上围绕整体主题，在形式上表现整体主题，有利于为游客提供鲜明的体验引导，丰富其游园经历，提升整体主题体验价值。服务主题化体现在两个层面，即文化性和市场性。主题公园是一种创新型的文化产品，通过文化创意和策划性活动满足游客的体验需求，挖掘丰富的文化内涵来确立鲜明的服务主题，以丰富的文化手段来展现服务主题，才能使服务主题具有新意、深度和吸引力，体现出高品位，避免主题庸俗，从而创造较高的体验价值。服务主题化的根本目的是吸引游客，因此，研究人们的体验需求，掌握游客休闲观念的变化是服务主题设计的依据。有调查显示，随着人们休闲观念的变化，游客更希望主题向着寓教于乐的方向发展，在娱乐中接受历史、文化、科技等方面的教育。所以，服务主题必须寻求目标市场所乐意接受的文化内涵和表现形式，力求文化与时代兼具。

（二）表演式服务——体验经济下的互动方式

参与性是决定主题公园产品有效供给的基本条件，与静态观赏的服务相比，表演式服务更能使游客在参与的过程中获得娱乐、教育、审美、遁世的体验。具备参与性的服务产品，能形成感召力和亲和力，提升游客体验价值。表演式服务实际上就是以服务为游客体验营造剧场舞台，将服务主题和服务情景形成剧本，将环境氛围、服装、音乐、色彩组合成道具，由服务人员充当演员。各种形式的服务活动就是演出，并使游客参与到演出中来，获得最直接的体验感受。因此，主题公园的表演式服务策划可以参照戏剧表演形式，将一般的活动通过戏剧表演形式表达出来，给游客难以忘怀的体验。表演式服务的内涵如表 2 所示。

表 2　　表演式服务的内涵

表演式服务类型	内涵	形式
角色多元化	服务人员担当多样化角色以满足游客多样的需求	除了本职岗位角色外，还集保安员、服务员、导游员、管理员、宣传员多种角色于一体，按照不同游客需求，及时转换角色
表演剧本化	服务场景是一个剧场，服务表演的成功需要具有吸引力的剧本为基础	将游憩服务、综合性服务等服务项目设计成喜剧、杂技、魔术等，并使其具有情节性
人员融入性	作为服务的主题，体验经济时代要求服务人员必须融入主题公园所营造的体验氛围	服务人员掌握丰富的专业知识、过硬的服务技能和互动沟通能力，引导游客体会美在其中、乐在其中、轻松在其中、感悟在其中的滋味

资料来源：笔者根据相关资料整理所得。

（三）个性化服务——体验经济下的营销策略

体验具有个性化特色。越来越多的游客期望通过个性化的体验来实现自我。主题公园的服务对象是不同的社会角色，其体验需求必然存在差异。揣摩不同游客的审美特点、心理习惯、消费观念、兴趣爱好来量身定制服务产品，同一旅游项目也体现不同的服务侧重点。实现体验个性化，引起游客共鸣是主题公园服务创新的重要内容。

个性化服务的实施包括两个层面。一是做好标准化和规范化服务。这是优质服务的基础，能保证游客的基本满意度。例如，华强方特在营业前就编写了全套服务与管理制度体系，提升了管理与服务规范，从而保证了服务品质。二是讲求个性设计，深化个性服务。可以将主题公园所能提供的产品和服务，设计成一个综合服务模块，由游客根据各自的需求挑选组合，使游客在参与产品设计的过程中，强化体验，并最终通过服务的个性化满足差异化的偏好和需求。

（四）情感化服务——体验经济下的管理模式

主题公园是游客感受快乐、为游客制造体验的场所，面对面的服务形式决定了游乐服务具有情感密集型的特点。第一，情感化服务的实现，必须树立“以人为本”的经营管理观念，贴近市场，充分考虑到个体顾客的体验需求，充满人性温情地为游客创造情感体验，提升游客的体验价值。第二，情感化服务又是多元化的，通过细微化、延伸化、个性化、人文关怀等不断变化的服务，使游客产生愉悦、惊讶、激动、感动等情感体验，使被尊重的情感体验直达心灵。例如，深圳“锦绣中华”作为我国第一座主题公园，经过多年的发展形成了良好的服务口碑，在服务中充分体现了人性关怀和情感服务，“跟踪式清扫”“陪游式清场”等人本服务成为其成功经营的重要保证。第三，服务是游客亲切感与自豪感的重要来源。服务人员的热情友善、称职敬业，周到细致的人本化服务，能使游客处处感受到尊重与关心，产生愉悦、温馨的情感体验。一些知名的品牌主题公园，很注重员工服务观念的培养，因而在市场中体现出很强的竞争优势。主题公园的典范迪士尼乐园要求员工热情、真诚、礼貌、周到的服务客人，并且体现在各个细致入微的环节。例如，工作人员都说欢迎再来体验，而不是普通旅游景点的欢迎再来旅游，员工的目光必须与顾客的目光处于同一水平线上，如果客人是儿童，员工要微笑地蹲下为他服务；不直接对游客服务的员工也应注重培养他们的游客意识，如会计人员上岗前两三个月的每天早上上班时，都要站在大门口对所有进来的客人鞠躬、道谢。他们表现出的周到和人性化服务，绝非用“服务态度好”就能够形容的。服务观念在全体员工中的有效落实，为迪士尼赢得了良好的口碑。

六、总结

尽管国内主题公园面临各式各样的挑战与威胁，但依然有大多数主题公园走在这个行业的前端，那么这些主题公园的佼佼者凭借着什么立住了脚跟呢？选址、文化、创新、多元和品牌是必备的。首先，选址是基石，周边地区的客源市场、交通条件、区域经济发展水平是建设主题公园的根本。其次，文化是重点，它影响着客源的规模与布局，因而具备独特性、延展性、体验性的主题文化会对客源的规模与布局意义非凡。在文化的基础上，持续创新是运营主题公园的核心诉求，只有不断地创新才能得到更好的发展。主题公园要想长期走下去，还需要走多元化和品牌化发展战略。

国家文化和旅游局指出，“十三五”期间，我国将推广“景区 + 游乐”“景区 + 剧场”“景区 + 演艺”等景区娱乐模式；支持高科技旅游娱乐企业发展；有序引进国际主题游乐品牌，推动本土主题游乐企业集团化、国际化发展，提升主题公园的旅游功能。因此主题公园未来的发展趋势应该主要针对以下方面：

第一，应该尊崇原创，加深对原创业主资源和历史文化的挖掘和阐释。如海昌集团和华强方特，它们经过深度整合业主的品牌资源，提炼出经得起历史考验、经得起市场考验、经得起文化考验的文化主题，将我国主题公园的文化内在引入到一个新的高度。如宋城对宋文化的特色魅力的深度发掘，将中国文化史上对世界最具影响的精髓作了提炼研究。

第二，产业融合，如今产业融合已然是主题公园发展壮大的必然趋势。今后的主题公园除了触及旅游业，还将引入影视、体育、演艺、会展、餐饮、酒店、商业地产、高科技等多个行业来让企业存活、发展、壮大，最终在全球市场上达到利益最大化。产业融合不仅让旅游产业提升了体验丰富度，还会带动相关行业的发展，降低风险。

第三，高科技技术作为支撑，新一代的主题公园必将这些高、精、尖的技术大量应用到主题公园的科普文娱项目之中。

第四，随着国际化时代的到来，国内的品牌开始逐渐走出国门，国外的知名品牌也开始入驻国内。如 2016 年上海迪士尼的开业和华强方特在国外的战略布局。相信在体验经济时代，把准脉搏，坚持主题公园发展的模式创新，必将促进主题公园的飞速发展。

参考文献

[1] 董观志. 主题公园发展的战略性趋势研究 [J]. 人文地理，2005 (2).

[2] 刘滨谊，刘琴. 中国影视旅游发展的现状及趋势 [J]. 旅游学刊，2004 (6).

[3] 马勇，王春雷. 现代主题公园的竞争焦点及创新对策分析 [J]. 人文地理，2004 (1).

［4］彭红霞，李娟文．我国主题公园开发的误区与对策［J］．湖北大学学报（哲学社会科学版），2002（3）．

［5］马波．我国主题公园发展三论［J］．社会科学家，1999（1）．

［6］钟士恩，张捷，李莉，胡静．中国主题公园发展的回顾、评价与展望［J］．旅游学刊，2015（8）．

［7］郝美田，李静．国内外主题公园发展研究动态［J］．西部林业科学，2012（3）．

［8］王志稳．中国主题公园的开发研究［D］．上海：华东师范大学，2001．

［9］张芳．中国主题公园发展历程研究［D］．南宁：广西大学，2006．

［10］丁娟．主题公园型旅游地产盈利模式演化与创新研究［D］．武汉：湖北大学，2014．

［11］张雅坤．创意视角下影视主题公园的发展现状和前景分析［J］．旅游纵览，2017．

［12］董观志，李立志．近十年来主题公园研究综述［J］．商业研究，2006（4）．

［13］黎宏宝．国内主题公园创新发展的理论与实证研究［J］．苏州科技学院学报（社会科学版），2015（6）．

［14］徐春燕．我国主题公园现状及影响因素研究［D］．上海：华东师范大学，2010．

［15］缪芳．我国主题公园开发浅议［J］．企业导报，2011．

［16］赵曼丽．我国主题公园发展现状及对策研究［J］．时代报告（学术版），2013．

［17］杨瑾．论我国主题公园存在的问题及对策［J］．中国商界，2013．

［18］李娜．浅析国内主题公园的发展现状及趋势［J］．魅力中国，2017（12）．

［19］王兴斌．体验经济新论与旅游服务的创新［J］．桂林旅游高专学报，2003（14）．

［20］派恩二世，吉尔摩．体验经济［M］．夏业良，等，译．北京：机械工业出版社，2008．

［21］派恩二世，吉尔摩．体验经济［M］．毕崇毅，译．北京：机械工业出版社，2018．

国内主题公园网络营销现状比较分析

高依晴　楼嘉军*

网络形式已成为主题公园营销的新趋势和新平台。本文有关主题公园网站的选取，主要依赖于2012～2017年全球主题公园与博物馆报告中亚洲前20名主题公园排名中的中国主题公园。通过评价指标构建与数据分析，得到相关研究结论。一是从市场影响力看，尽管主题公园都拥有自己的网站，但是主题公园网站受众有限，与国际著名的主题公园网站相比，差距不小。二是从营销内容看，主题公园网站体现出较大的差异性。三是从网站建设看，近年来主题公园在网站功能优化、线上线下互动方面取得明显进步。总之，从发展趋势看，我国主题公园网站营销正在向个性化、互动性及体验式转变，这对国内主题公园网站建设与营销具有借鉴意义。

一、研究背景

（一）研究目的与意义

近年来，作为主题公园的一种营销手段，旅游网站在形式上，完成了由静态描述到动态展示的转变；在功能上，完善了从提供产品预订的销售服务向注重市场营销推广服务的转变。本文从主题公园网站建设入手，以时间为线索围绕网站营销特点及效果进行比较分析，希望可以对国内主题公园网站建设深化和营销手段优化提供一定的理论指导和实践借鉴。

---

* 楼嘉军，博士，中国主题公园研究院学术委员会主任，华东师范大学教授、博士生导师，休闲研究中心主任。主要研究领域：旅游产业与企业战略、城市休闲化比较、主题公园与节事活动。高依晴，硕士，讲师。主要研究方向：主题公园、旅游网络营销。

（二）文献综述

梳理相关研究文献发现，国外学者主要从网站营销角度研究旅游网站，并且多借助网络营销模型对旅游网站个案进行分析和阐述。比尔·杜林、路易斯·伯吉斯、琼·库珀（Bill Doolin，Lois Burgess，Joan Cooper，2002）借助电子商务应用模型——EMICA（the extended model of internet commerce adoption）对旅游网站进行研究，认为旅游网站既方便旅游信息传递，又为消费者之间的互动提供机会，为其旅游活动预订提供了便利。安德鲁·莱普、海勒·吉布森、查尔斯·莱恩（Andrew Lepp，Heather Gibson，Charles Lane，2011）从图像与感知风险角度入手，发现在网站设计时若注意文化差异以及提醒社会治安状况，则可帮助游客确立对目的地的正确认识，减少游客感知风险，对旅游目的地起到积极宣传作用。林玉珊等（Yu - Shan Lin et al.，2002）将博客作为网络营销的一种媒介，运用AIDA（gain Attention，hold Interest，arouse Desire，and elicit Action）模式对爱琴岛的旅游开展研究，发现博客可以间接促进希腊旅游。

从我国情况看，虽然有关旅游网站建设和功能分析方面的论述比较多，但涉及主题公园网站营销效果分析的文献相对较少。周春青（2010）从虚拟体验的全新视角来审视顾客的需求，以一种全新的营销方式来塑造企业的核心竞争力，从虚拟体验营销角度为主题公园营销提供了有助于提升主题公园核心竞争力的新思路和方法。邵隽（2007）从旅游服务提供商与旅游者的顾客关系生命周期角度，分析主题公园在互联网环境下利用信息技术的支持进行关系营销的可能性和趋势，并建立了融合旅游服务业特点与互联网营销特性的旅游者关系生命周期（DATEE）模型。

由此可见，近几年的相关研究文献主要集中于主题公园旅游网络创意营销、虚拟体验研究与旅游形象传播的研究，鲜有对于具体网站建设及营销效果的分析研究，而本文的研究也只是一种探索，希望有助于促进对主题公园网络营销研究的深入。

（三）研究方法与数据来源

一是实证分析法。以网络营销相关理论为理论基础，通过访问主题公园企业网站、中国互联网络信息中心、Alexa①、Similarweb②、17CE③等大量网站，搜集本文所需的原始数据，利用数理统计、数据描述、趋势分析等方法整理本文研究所需数据材料，进而对企业网站的网络营销效果进行全面研究比较。二是比较分析法。本文通过对主题公园企业网站评价中各类指标及各个项目间的对比分析，探讨企业网络营销效果的成效与影响因素。

受企业数据难以收集的限制，本文的研究将利用Alexa、Similarweb、17CE、中国网站排名、中国互联网信息中心等网站的统计数据与统计报告，结合旅游信息查询用户的搜索行为与预订习惯，从企业网站建设者角度与网络访问者角度作对比分析，在此基础上，梳理中国主题公园企业网站的发展方向，把握发展趋势，为中国主题公园企业网站建设与推广提供参考，寻求解决实际问题的适合方法。

二、国内主题公园网络营销现状

（一）主题公园营销方式转型

“二战”结束后，全球旅游产业进入迅猛发展期。20世纪60年代更是步入全新的高速发展期，主题公园营销伴随主题公园产生，我国主题公园萌芽于20世纪七八十年代，发展于20世纪80年代末至21世纪初，成熟于21世纪至今。主题公园营销方式也随市场营销发展阶段的变化而不断调整，主要目的是为了给游客提供更好的用户体验。而网络的普及应用与主题公园希望提供更好的用户体验目标不谋而合，从而促成主题公园营销方式发生转变。

第一，营销理念变革。从生产观点发展到社会营销观点，如今的市场营销较先前更加注重资源、环境与人口的和谐发展，且在主题公园市场营销中日益显现。

第二，营销职能演变。旅游业因其生产消费的同时性、不可转移性等特点决定了旅游营销具有不同的营销策略，虽然也遵循着产品策略、价格策略、渠道策略和促销策略的基本原则，但实际操作中具有独特性。

第三，营销组合策略及营销模式的延伸。个性化是现代营销发展过程中不容

① Alexa为发布世界网站排名的专业网站，提供包括综合排名、到访量排名、页面访问量排名等多个评价指标信息。

② Similarweb网站为网站排名查询工具。

③ 17CE网站为国内一个提供网站速度测试服务的网站。

忽视的消费者特征，社会化媒体的应用使个性化具有越来越强的可视化特征。同时，以整合营销与关系营销为基础的新营销传播模式，为主题公园建立客户关系、培育客户群体、培养旅游品牌提供了新的模式与方法，而这也逐渐成为世界旅游市场营销发展的一个重要趋势。

（二）网络营销现状及特点

主题公园网络营销指主题公园企业利用网络空间，借助网络技术而开展的现代营销活动，以采取各种高科技技术及营销策略为手段，以最大限度满足目标顾客对主题公园信息查询为主要内容，以引导目标顾客对旅游产品进行预订、购买、分享为主要功能，以传播主题公园品牌、形象，促进主题公园线上和线下交易为目的。其具有以下特点：

第一，跨时空性。互联网超越了时间约束和空间限制，使得信息交换及时性提高，为企业营销提供了更大的空间和时间，为旅游企业拓宽了营销空间。

第二，沟通交互性。传统企业的市场营销置消费者于被动地位，而互联网一方面多手段展示产品信息，链接资料库提供相关产品的信息查询；另一方面为顾客提供了互动空间。

第三，媒介多样性。互联网被设计成可传输多种信息的媒介载体，如文字、图片、视频等信息都可通过网页展示与信息交换。

第四，产品异质性。截至 2018 年 6 月，在线旅行预订用户规模达 3.93 亿，较 2016 年同期增长 48.86%，2016 年 6 月较 2014 年同期增长 38.95%，2014 年 6 月较 2012 年同期增长 364.22%，由此可知，2014 年是在线旅游预订井喷式发展的一年，随后的 4 年中在线旅行预订依然高速增长。尤其是截至 2018 年 6 月网络预订机票、酒店、火车票、旅游度假产品的网民比例分别为 23.8%、25.7%、40.1% 和 12.1%，其中度假旅游产品预订用户规模增速最快[①]。与此同时，2017 年，我国国内旅游人数 50.01 亿人次[②]，是 2014 年的 1.38 倍，全年实现旅游总收入 5.40 万亿元。旅游市场正向小群体、个性化、分散化方向发展。网络将促销、交易、互动、信息搜寻等营销手段融于一体，实现了主题公园产品的个性化定制与多样化体验。

---

① 第 42 次《中国互联网络发展状况统计报告》[EB/OL]. http://www.cnnic.net.cn/hlwfzyj/hlwxzbg/hlwtjbg/201808/P020180820630889299840.pdf. 2018.8.20.

② 2017 年国内旅游超 50 亿人次 旅游收入逾 5 万亿 [EB/OL]. http://news.163.com/18/0206/20/DA06C71500018AOR.html. 2018.2.6.

三、主题公园网络营销效果分析

（一）指标构成

主题公园网络营销效果评价指标由网站设计指标、网站流量指标、网站推广指标、用户行为指标四部分组成，贯穿网站设计、建设、推广与反馈的网络营销全过程，展示了企业网络营销效果，如表1所示。

表1 主题公园网络营销效果评价指标

指标	项目
网站设计指标	网站内容和功能
	语言界面
	网站主体颜色
	网站页面加载时间
	网站类别
网站推广指标	中文网站流量排名
	反向链接数量
	搜索引擎百分比
网站流量指标	人均页面浏览量
	每日网站访问率
	日均页面浏览量
用户行为指标	网站停留时间
	跳出率
	用户来源网站

资料来源：高依晴．主题公园网络营销效果评价研究［D］．上海：华东师范大学，2013：45.

（二）指标解释

（1）网站设计指标。网站内容和功能；网站主体颜色，主观判断辨别企业网站建设的主要目的与目标的主要要素；主页平均加载时间与网站类别，网站营销效果对比的客观要素。

（2）网站推广指标。

第一，网站流量排名（daily traffic rank trend）。衡量网站流行程度的通用指标。

第二，反向链接数量（reputation）。主要用来衡量网站的声誉，是其他网站与自身网站的链接数量。

第三，搜索引擎百分比（search）。表示一个网站访问人次中来源于搜索引擎的比重，反映出搜索引擎对网站访问量的贡献与重要程度。

（3）网站流量指标。

第一，人均页面浏览量（daily pageviews per user）。一天中全部网页浏览数与所有访问者相除的结果。反映访问者对网站内容或产品信息感兴趣程度，即网站黏性。

第二，网站访问率（reach）。即全球范围内每100个上网用户中访问该网站人数的百分比。

第三，日均页面浏览量（daily page views）。以天为统计单位，在周期内所有访问者浏览的网页数量。

（4）用户行为指标。

第一，网站停留时间（time on site）。记录每天用户在网站的停留时间，表明用户和网站的交互及黏结程度。

第二，跳出率（bounce rate）。指某个时间段内，浏览者只浏览了一页即离开网站的访问次数占总访问次数的比例。

第三，用户来源网站（upstream sites）。指网络用户访问主题公园企业网站的主要渠道，表明用户主要访问渠道与信息获得渠道。

（三）指标特点

（1）指标构成特点。

第一，评价涉及网站建设、网站推广、用户反馈三个层次，是网站营销效果的整体评价。

第二，方法适用于多家主题公园网络营销效果的综合比较和主题公园企业网站营销效果比较。

第三，本研究为趋势对比，旨在说明企业网站网络营销的趋势与特征。

（2）数据采集要求。

第一，数据采集网站具有代表性，文中数据来源网站为Alexa、Similarweb、17CE、站长工具。

第二，选取主题公园企业网站的前提为具有独立域名。因此，深圳欢乐谷、北京欢乐谷、成都欢乐谷及上海欢乐谷企业网站分析多以欢乐谷网站形式出现；宋城公园、丽江宋城旅游区、三亚宋城旅游区及九寨宋城藏羌古城网站分析多以杭州宋城网站形式出现；广州长隆欢乐世界、珠海长隆海洋王国网站分析多以长隆欢乐世界网站形式出现；芜湖方特欢乐世界、郑州方特欢乐世界、宁波方特东方神画网站分析多以方特欢乐世界网站形式出现。因此，在本文后续分析中，会根据所选主题公园其域名情况进行合并汇总。

（四）营销效果评价

主题公园网站是企业进行网络营销的基础与平台，了解企业网站网络营销起始时间最直接的方式就是观察其网站建立时间。本文有关主题公园网站的选取，主要依赖于2012～2017年全球主题公园与博物馆报告中亚洲前20名主题公园排名中的中国主题公园。在此6年间，我国主题公园发展势头迅猛，其在亚洲地区排名也出现了较大变动，如图1所示。

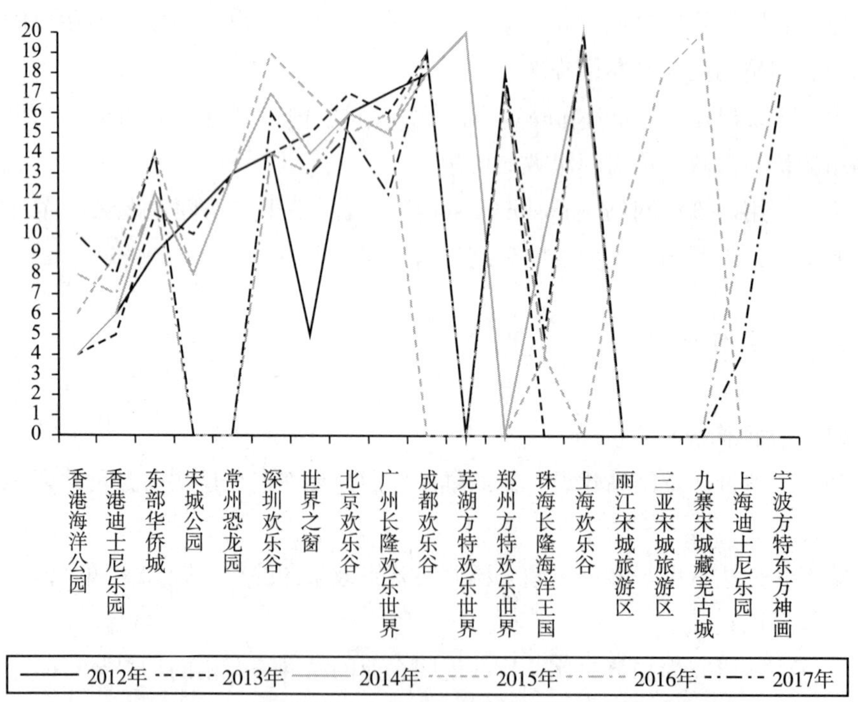

图1　2012～2017年我国在亚洲主题公园前20位排名变化趋势

资料来源：《2012～2017年全球主题公园与博物馆报告》。

一是2014年起我国主题公园排名在亚太地区前20位中占13席；二是除传统主题公园外，珠海长隆海洋王国、上海欢乐谷、丽江宋城旅游区、三亚宋城旅游区、九寨宋城藏羌古城、上海迪士尼乐园、宁波方特东方神画在其发展中不断超越宋城公园、常州恐龙园等排名进入前20名；三是宋城旗下的丽江宋城旅游区、三亚宋城旅游区及九寨宋城藏羌古城三家主题公园发展势头迅猛，但持续时间较短，主要表现在其均在2015年进入亚太地区主题公园排名前20名，但又在2016~2017年迅速跌出前20名；四是上海迪士尼乐园自2016年开园营业后，其排名迅速上升至前五，并在2017年成为亚太地区排名第一的主题公园。基于此，本文所选取的主题公园企业网站因其排名变化而增减，且受网络数据动态性影响会导致分析过程中部分数据连贯性不足。

文中通过对19家①主题公园开园时间、企业网站建立时间的搜集与整理，得到其开园时间与建站时间的相关资料，如表2所示。

表2　主题公园开园及企业网站上线时间统计

主题公园	开园时间	域名创建时间
香港海洋公园	1977-1	1996-8-27
香港迪士尼乐园	2005-9-12	1998-11-7
杭州宋城（宋城公园）	1996-5-18	2002-2-8
东部华侨城	2009-8-1	2005-3-14
常州恐龙园	2000-9-20	2006-6-17
世界之窗	1994-6-18	2000-2-2
广州长隆欢乐世界	2006-4-7	2000-12-7
北京欢乐谷	2006-7-29	2003-4-22
深圳欢乐谷	1998-10-1	2003-4-22
成都欢乐谷	2009-1-17	2003-4-22
上海欢乐谷	2009-9-12	2003-4-22
芜湖方特欢乐世界	2008-4-18	2004-5-30
郑州方特欢乐世界	—	2004-5-30
珠海长隆海洋王国	2014-3-29	2000-12-7
丽江宋城旅游区	2014-3-21	2002-2-8
三亚宋城旅游区	—	2002-2-8
九寨宋城藏羌古城	—	2002-2-8
上海迪士尼乐园	2016-6-16	2008-3-17
宁波方特东方神画	2016-4-16	2004-5-30

资料来源：根据高依晴（主题公园网络营销效果评价研究［D］. 上海：华东师范大学，2013：48）以及 http：//tool. chinaz. com/相关数据整理制作。

① 此处涉及的19家网站在后续分析中，受信息选取以网站独立域名为准的影响合并汇总分析。

通过比较，作者发现主题公园企业网站建设以 2000 年为分界线。即开园时间早于 2000 年（包括 2000 年）的主题公园，其网站上线时间晚于实体主题公园；开园时间晚于 2000 年的主题公园，其网站上线早于实体主题公园。再结合我国主题公园网站上线时间分析，发现网络营销在 2000 年后逐渐受到重视。因此，主题公园网络营销在国内仅有十余年的发展，在发展前景与市场容量方面还有巨大空间。

（1）网站设计指标分析。网站设计指标由网站内容和功能、界面语言、网站主体颜色、网站页面加载时间和网站类别五部分构成，反映网站在现阶段是否有明确的网络营销导向，如表 3 所示。

第一，网站主要内容和功能。选取网站在设计上都注重自身内容特色与功能展示。

首先，网站服务便捷性。主要体现在网络预订方面，一是以网上预订为代表，解决了游客游览过程中吃住行基本问题；二是以在线门票预订为代表。研究发现，随着消费者网络使用习惯与预订习惯的改变，主题公园网络预订以香港地区、珠三角地区主题公园企业网络建设较长三角地区、环渤海地区稍有领先的局面已有改观，各主题公园网站均已重视网络预订环节，且随着主题公园网站的子网站不断丰富，主题公园网络预订已呈现出全系列产品预订新模式。其次，网站产品突出体验性。先是“图片 + 文字”形式，此种形式虽显得单调、乏味，但在实际使用过程中其便捷性与简洁性便于访问者对搜寻内容的理解与了解；然后是“图片 + 文字 + 动画音效 + 视频短片”形式，改变了传统单调的展示形式，为游客增添了虚拟的游览体验。原先的“图片 + 文字 + 游客评论”形式，以逐渐被主题公园官网淘汰。最后，网站营销方式注重动感性。一是以声音取胜，二是以颜色取胜，三是以动画取胜。实际应用过程中多以两种或三种形式组合出现。

第二，界面语言。研究发现所选网站语言界面一是单一简体中文语言界面；二是简体中文、繁体中文及英文的两至三种语言界面；三是多种语言界面。由此可见，语言界面建设从直观上体现出企业网络营销效果，通过页面语言种类可看出企业营销的主要用户群体，反映出主题公园企业的潜在发展战略。

第三，网站主体色彩。国内主题公园企业网站设计颜色较为一致，多为天蓝色，用颜色体现营销主题一方面注重了对主要浏览者的关注，另一方面为企业树立了明确的市场定位。

第四，网站页面加载时间。利用 17CE 网站对以下主题公园页面加载时间进行测试，对比 2012 年、2014 年与 2018 年主题公园企业网站加载时间，整理统计得到主题公园企业网站加载时间对比图，如图 2 所示。

表 3　主题公园企业网站设计指标统计

指标	网站													
	香港海洋公园	香港迪士尼乐园	东部华侨城	常州恐龙园	北京欢乐谷	杭州宋城（宋城公园）	深圳欢乐谷	世界之窗	广州长隆欢乐世界	成都欢乐谷	上海欢乐谷	方特欢乐世界	上海迪士尼乐园	珠海长隆海洋王国
网站主要内容和功能	形象标识、主题展示、乐园信息、产品信息、门票预订、行程设计、海洋科普、会员管理	形象标识、主题展示、乐园信息、产品信息、旅行预订、行程设计、特色活动、常见问题解答及帮助	形象标识、景区展示、新闻公告、产品信息、在线预订、企业信息、园区活动、演艺活动、常见问答、信息订阅	景区展示、新闻公告、公园导游、在线预订、企业信息、常见问题、产品信息	形象标识、主题展示、表演介绍、主题活动、在线预订、游客服务	形象标识、景点介绍、演艺介绍、园区新闻、门票预订、虚拟体验、游园服务、景区信息、常见问题	形象标识、主题（乐园）展示、活动信息、产品信息、游览信息、在线订购（门票、商品）、会员管理	形象标识、主题展示、演艺表演、在线预订、活动公告、景区导航、游览信息	形象标识、主题展示、园区概括、活动简介、演艺活动、餐饮购物、门票预订、酒店预订、游园指南	形象标识、主题展示、活动信息、产品信息、新闻动态、表演信息、游览信息、视频展示	形象标识、主题展示、活动信息、演艺信息、游客互动	形象标识、园区介绍、项目介绍、新闻动态、美食餐饮、休闲购物、精彩演绎、精彩活动、游客服务、在线预订	形象标识、主题展示、园区简介、门票预订、入住体验、活动概览、旅行信息、交通信息、帮助中心	形象标识、主题展示、主题公园简介、酒店预订、新闻动态、旅程计划、优惠措施、网络预订、帮助中心
语言界面	简体中文、繁体中文、英文、韩文	简体中文、繁体中文、英文	简体中文	简体中文、日文、韩文、英文	简体中文	简体中文	简体中文、英文简体中文	简体中文、英文	简体中文、英文	简体中文	简体中文	简体中文	简体中文、英文	简体中文、繁体中文、英文
页面加载时间（秒）	0.788	2.257	1.365	0.849	3.382	1.365	1.736	1.149	1.668	1.942	1.812	2.19	1.942	1.668
网站主体颜色	海蓝色	天蓝色	绿色 蓝色	绿色 深色	蓝色	蓝色	蓝色 白色	天蓝色	紫色 黄色	蓝色	蓝色	天蓝色	蓝色 白色	蓝色 白色
Alexa 中文网站分类	旅游	旅游	—	主题公园	主题公园	主题公园	主题公园	艺术	交通旅游	主题公园	主题公园	休闲娱乐	旅游	交通旅游

资料来源：根据以上主题公园企业网站、Alexa 网站及 17CE 网站内容整理统计，整理时间 2018－9－25.

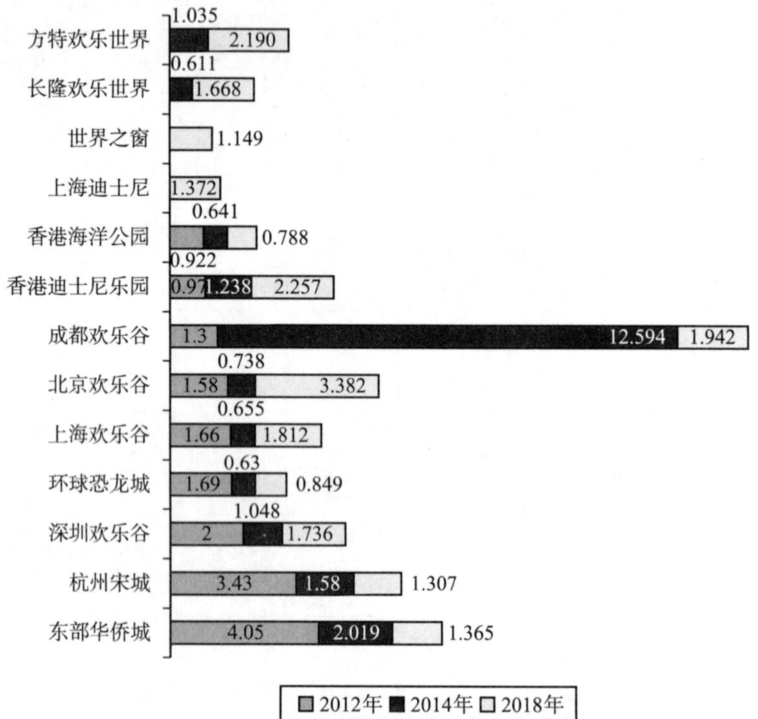

图2　2012 年、2014 年与 2018 年主题公园企业网站加载时间对比（单位：秒）

资料来源：根据 http：//www. iwebtool. com/，http：//www. 17ce. com/网站数据整理，整理时间 2018－9－30。

通过统计计算了解到 2012 年网页加载时间中位数为 1. 66 秒、平均值为 1. 96 秒；2014 年网页加载时间中位数为 1. 048 秒、平均值为 2. 35 秒；2018 年网页加载时间中位数为 1. 668 秒、平均值为 1. 68 秒，2012 年与 2014 年网站加载时间中位数与平均值差别较大，说明各企业网站在网站建设中的差异性较大，而 2018 年两者数值几乎相同，说明经过 7 年建设，主题公园网站在页面加载方面水平发展趋于均衡，差异性逐渐减低。对比发现，除北京欢乐谷网站页面加载时间明显上升外，其余网站页面加载时间变化幅度很小，游客体验改进不明显。

第五，网站类别。通过 Alexa 中文网站分类搜索发现该 14 家[①]主题公园企业网站在网站定位方面均十分明确，香港海洋公园、香港迪士尼、上海迪士尼网站定位于旅游类，世界之窗定位艺术类网站，广州长隆欢乐世界、珠海长隆海洋王

① 宋城公园、丽江宋城旅游区、三亚宋城旅游区、九寨宋城藏羌古城网站均隶属于杭州宋城官网，数据统计时以杭州宋城网站为代表；芜湖方特欢乐世界、郑州方特欢乐世界、宁波方特东方神画网站均隶属于方特欢乐世界官网，数据统计时以方特欢乐世界网站为代表。因此 19 家主题公园在此缩减为 14 家。

国定位于交通旅游类网站，方特欢乐世界定位于有限娱乐类网站，其余网站除去华侨城网站没有列出类别外均定位于主题公园类。

（2）网站推广指标分析。网站推广指标由网站流量排名、反向链接数与搜索引擎百分比三部分构成，推广效果评价是对网站建设的专业性及网站优化水平的综合体现。

第一，网站流量排名。网站流量排名是网站流行程度的直观体现，为动态数据，如图3所示。

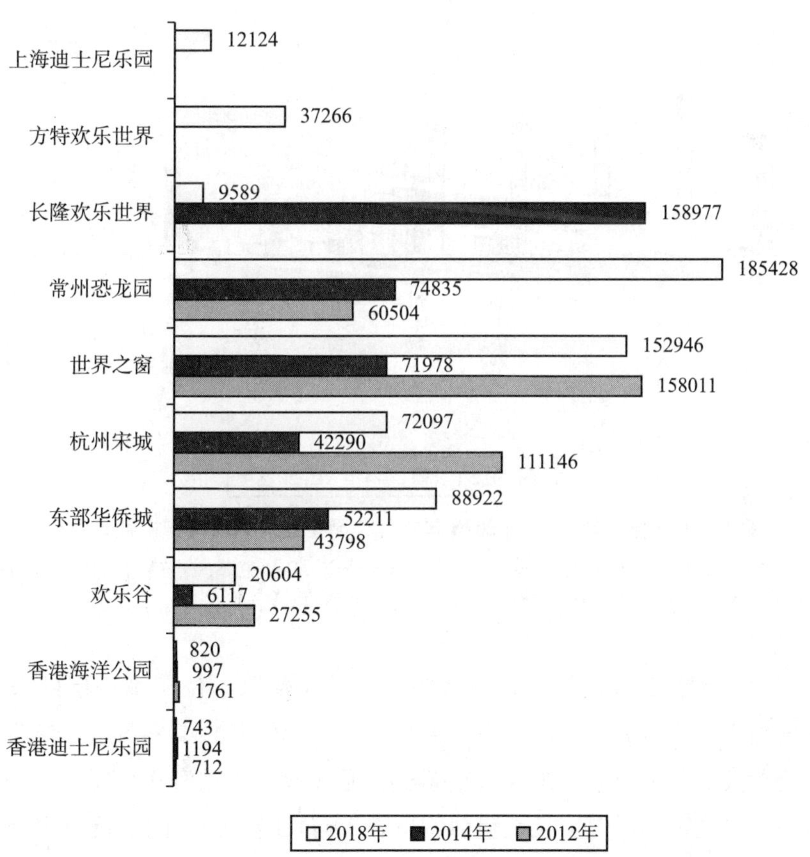

图3　2012年、2014年与2018年主题公园企业网站流量对比

资料来源：根据高依晴（主题公园网络营销效果评价研究［D］. 上海：华东师范大学，2013：54）以及 http：//www. similarweb. com/相关资料整理制作，整理时间 2018-9-30。

主题公园网站整体网站流量排名较低，但就主题公园网站角度看受欢迎程度可根据条形图分为受欢迎、较受欢迎与普通三个层次。对比三年数据发现，香港迪士尼与香港海洋公园网站的受欢迎程度依旧最高，为受欢迎层，其中长隆主题公园经过4年发展，从先前的普通层进入受欢迎层；欢乐谷、东部华侨城、杭州宋城与方特欢乐世界属较受欢迎层，上海迪士尼乐园异军突起开园后立即获得旅游者普遍关注属于较受欢迎层；世界之窗、常州恐龙园则为普通层。

第二，反向链接数量。反映网站的声誉，数字越大则说明网站的声誉越高，反之则越低，如图4所示。

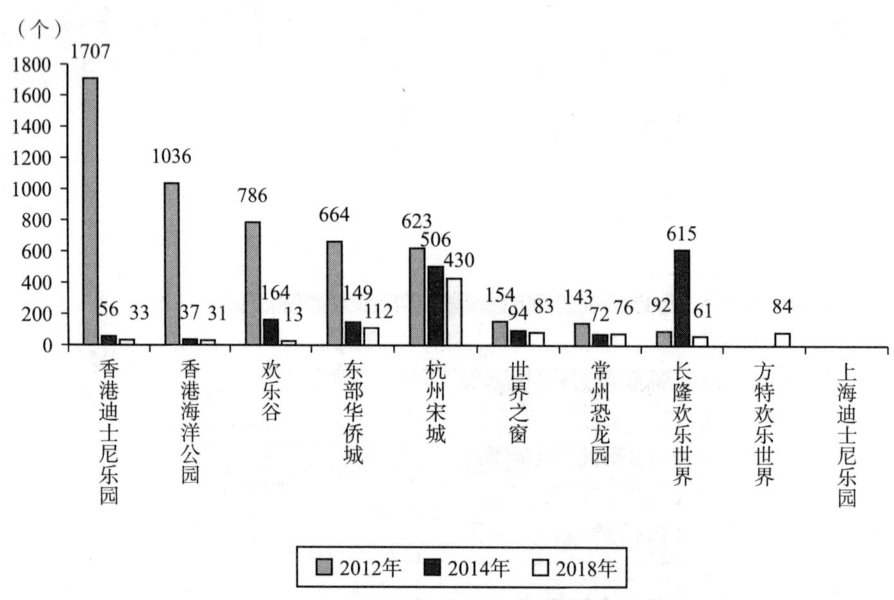

图4　2012年、2014年与2018年主题公园企业网站反向链接数量对比

资料来源：根据高依晴（主题公园网络营销效果评价研究［D］. 上海：华东师范大学，2013：55）以及 http：//outlink. chinaz. com/相关资料整理制作，整理时间 2018－9－30。

2012年公园网站反向链接数量大致分为三个层次。位于第一层的香港迪士尼乐园网站声誉度最高，其次为以香港海洋公园为代表的4家网站，最后为以杭州宋城为代表的3家网站。2014年香港迪士尼乐园、香港海洋公园、欢乐谷东部华侨城与世界之窗的反向链接数量急剧下降，与长隆主题公园、杭州宋城发展相反。原因如下：一是网站建设进入转型期，反向链接质量得到重视；二是搜索引擎进入调整期，页面的调整归档，更有助于高品质原创页面展示。而2018年所选取的主题公园网站反向链接数量均持续下降，与2012年、2014年数据形成鲜明对比，新加入的上海迪士尼乐园未有该数据收录。虽然反向链接是搜索引擎排名非常重要的因素，数量多则利于网站在搜索引擎中排名靠前，但随着主题公园网站建设中的不断改版，网页中图片内容逐渐代替文字内容，网页对于反向链接数量更加看重质量导致其数量下降，网站建设更加注重长远排名也是反向链接在现阶段下降的原因。

第三，搜索引擎占比。搜索引擎是访问者获取网站链接的主要渠道，如图 5 所示。

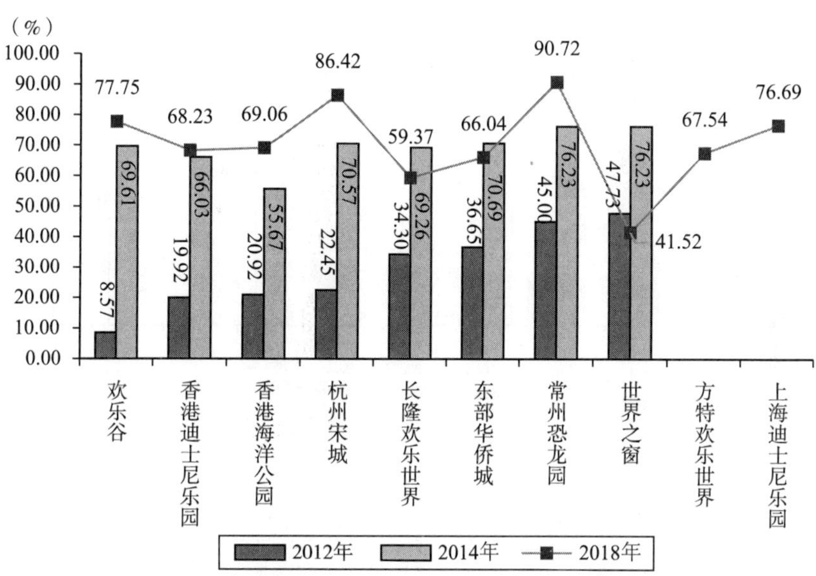

图 5　2012 年、2014 年与 2018 年主题公园企业网站搜索引擎对比

资料来源：根据高依晴（主题公园网络营销效果评价研究［D］. 上海：华东师范大学，2013：56）以及 http：//www. similarweb. com/相关资料整理制作，整理时间 2018 - 9 - 30。

2012 年搜索引擎占比呈阶梯式分布。首先，以欢乐谷为代表的 4 家主题公园位于第一阶梯，平均值为 17. 69%，在对比网站中的搜索引擎使用率较低。其次，以长隆主题公园为代表的 2 家主题公园位于第二阶梯，平均值为 35. 48%。最后，以常州恐龙园为代表的 2 家主题公园位于第三阶梯，平均值为 46. 37%，搜索引擎使用率最高。2014 年其搜索引擎利用率均已提高，阶梯式分布消失，平均值 69. 29%，成为网站营销主要渠道。2018 年各主题公园官网搜索引擎利用率整体提升，部分略有下降，平均使用率为 70. 33%，搜索引擎成为旅游者浏览主题公园官网的重要渠道。其中方特欢乐世界受历史数据缺失影响仅有 2018 年数据，上海迪士尼乐园由于开园较其他主题公园时间晚，也仅有 2018 年数据。

（3）网站流量指标分析。网站流量指标由人均页面浏览量、每日网站访问率及日均页面浏览量构成，三个指标从不同角度对网站效果进行评价，它是网络营销评价中的重要方法之一，是网络营销评价中最具说服力的量化指标。

第一，人均页面浏览量。人均页面浏览量指标是反映访问者对网站内容或产品信息感兴趣程度的重要指标，统计结果如图 6 所示。

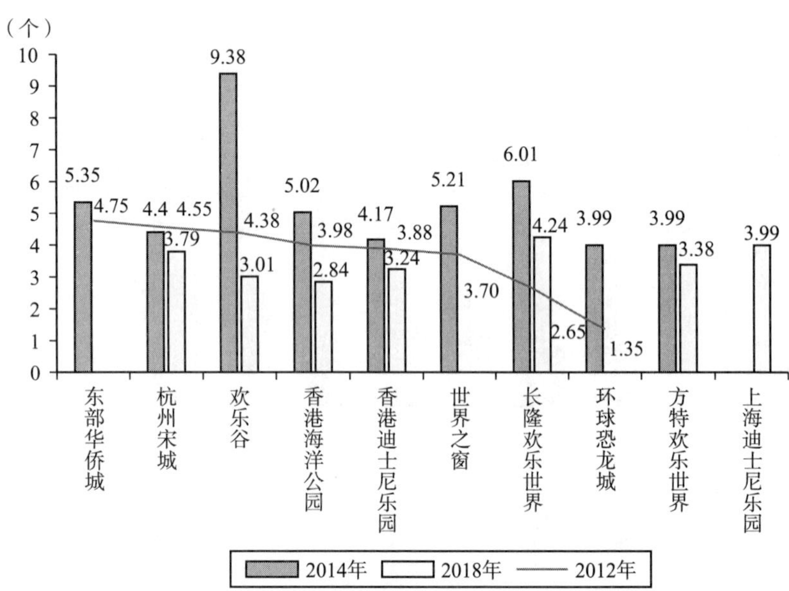

图 6　2012 年、2014 年与 2018 年主题公园企业网站人均页面浏览量对比

资料来源：根据高依晴（主题公园网络营销效果评价研究［D］. 上海：华东师范大学，2013：57）以及 http：//www. similarweb. com/相关资料整理制作，整理时间 2018 - 9 - 30。

2012 年主题公园企业网站每天人均页面浏览量集中于 3. 70 ~4. 75 个，平均每天独立访问者访问网站页面数量在 4 ~5 个页面内。2014 年数量集中在 4 ~10 个页面，且大部分集中在 5 ~6 个页面，网站页面浏览量逐步提升。2014 年浏览量已与美国迪士尼的 6. 64、环球影城的 4. 85 及六面旗主题公园的 3. 91 的企业网站人均页面浏览量接近，说明国内主题公园企业网站已具有较高黏性，浏览量正趋于稳定。2018 年人均页面浏览量较 2012 年、2014 年略有下降，但各网站人均页面浏览量集中，人均页面浏览量平均 3. 5 个页面。虽与美国主题公园网站页面浏览量存有差异，但也能体现出我国互联网用户对主题公园类网站页面普遍的访问情况。

第二，网站访问率。网站访问率用来说明全球范围内每 100 个上网用户访问该站的百分比，是可接触到营销活动、信息、网站等的人群数量。作者以人均页面浏览量降序排列为优先条件制作网站流量指标汇总图，发现以下特点，如图 7 所示。

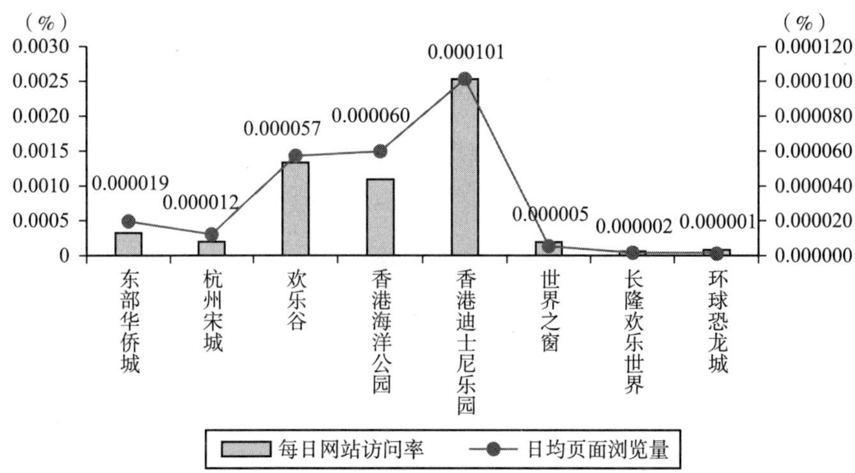

图 7　主题公园企业网站流量指标

资料来源：依据高依晴（主题公园网络营销效果评价研究［D］. 上海：华东师范大学，2013：59）以及相关资料整理。

一是主题公园网站访问量差别极大，图形整体呈现凸形，凸出部分由欢乐谷、香港海洋公园、香港迪士尼乐园构成，网站访问量明显高于其他主题公园网站。

二是每日网站访问率与日均页面浏览量呈相关关系，即每日网站访问率高的主题公园网站同样拥有较高的日均页面浏览量。

第三，日均页面浏览量。研究发现现阶段主题公园类网站在整体发展中的关注度不高。一方面在于主题公园网站访问者受众群体较小，另一方面在于主题公园网站的吸引力不强。

（4）用户行为指标分析。用户行为指标由网站停留时间、跳出率与用户来源构成，是了解用户访问网站行为与提出网站优化方案的参考因素之一。

第一，网站停留时间。网站停留时间是网站内容对访问者的吸引力强弱的体现，是访问者对整个网站使用情况的体现，如图 8 所示。

2012 年国内主题公园网站用户访问停留时间集中在 3 ~7 分钟，平均停留时间为 4. 3 分钟。东部华侨城、香港海洋公园、杭州宋城与欢乐谷主题公园网站用户停留时间高于均值。2014 年用户访问停留时间在 3 ~5 分钟，平均停留时间为 4. 03 分钟，较 2012 年略低，但 2014 年主题公园页面停留时间整体呈上升趋势，且发展均衡，可认为网站内容与服务较 2012 年增强，访客价值转化机会增加。2018 年用户访问时间停留在 3 分钟上下，平均停留时间为 3. 53 分钟，用户访问停留时间与平均估值较 2012 年与 2014 年均有下降，且降幅较大，仅上海迪士尼乐园

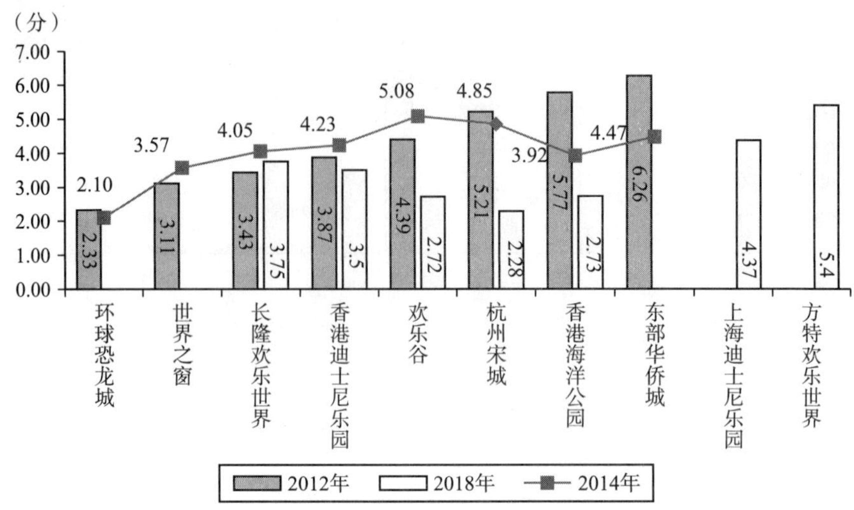

图8 2012 年、2014 年与 2018 年主题公园企业网站用户停留时间对比

资料来源：根据高依晴（主题公园网络营销效果评价研究［D］. 上海：华东师范大学，2013：61）以及 http：//www. similarweb. com/相关资料整理制作，整理时间 2018 -9 -30。

与方特欢乐世界主题公园网站用户停留时间高于均值。说明游客对大多数主题公园官网所展示内容关注度不高，但这与主题公园增长快速，品质提升，市场成熟化发展矛盾，一方面说明，游客对主题公园网站熟悉程度提高、网站指示效果更加明显，获取有效信息时间缩短；另一方面说明，游客获取有效性信息的途径更加多元化，不再单纯依赖于主题公园官网，游客可以通过微信公众号、主题公园 APP 等随时获取相关信息。

第二，跳出率。跳出率是衡量网站性能的重要指标。跳出率高，说明网站在用户体验方面存在不足，用户进入网站后就随即离开。反之则说明网站重视用户体验，便于用户寻找自己所需内容，同时重复浏览机会增加，利于网站积累用户，如图 9 所示。

研究发现，2012 ~2014 年国内主题公园网站停留时间低于主流网站，网站跳出率高于主流网站，且数值较大。主题公园网站在建设过程中也注意到了这点，以常州恐龙园与香港海洋公园为例，2012 年，其跳出率明显高于腾讯（门户网站）、微博（社交网站），携程旅行网（旅游网站）不大于 30% 的跳出率，而 2014 年此现象得到改善，其跳出率均下降到 33% 左右。而 2018 年，网站访问者更喜欢把停留时间与浏览页面花费在内容互动平台，同样是以腾讯为代表的门户网站，其 2018 年访客停留时间为 3. 6 分钟，平均页面浏览量为 3 页，网站跳出率 56. 94%；以微博为代表的社交网站此三项数据分别为停留时间 8. 6 分钟、平

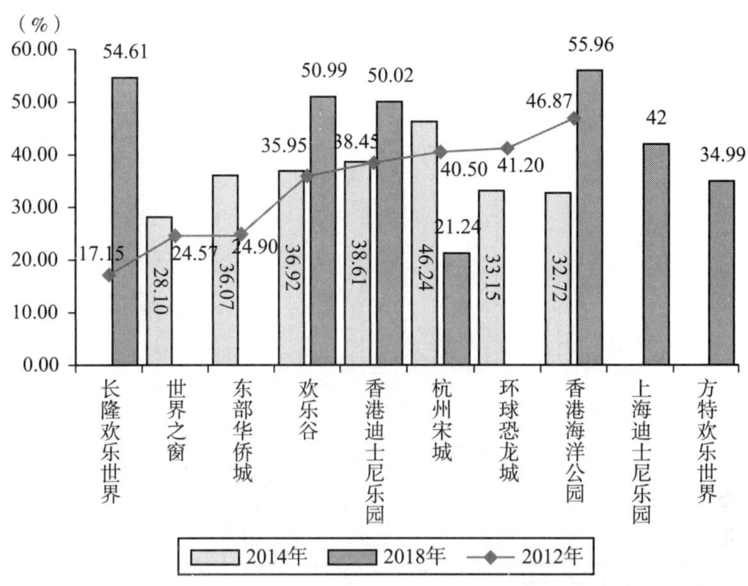

图 9 2012 年、2014 年与 2018 年主题公园网站跳出率对比

资料来源：根据高依晴（主题公园网络营销效果评价研究［D］. 上海：华东师范大学，2013：62）以及 http：//www. similarweb. com/相关资料整理制作，整理时间 2018 - 9 - 30。

均浏览页面 8 页及跳出率 42. 07%；以携程旅行为代表的旅游网站此三项数据分别为访客停留时间 4. 4 分钟、平均浏览页面 5 页及跳出率 43. 81%。由此可见，主题公园网站发展至今与主流网站并未存在过多差别，2018 年，除杭州宋城外其余主题公园网站跳出率为近年最高值，平均跳出率为 44. 26%，这一数据也与主流网站齐平，说明此现象是网站建设、访问习惯等多方因素的作用结果，是现阶段普遍现象，并不能直接说明网站用户体验性高低。但主题公园网站页面加载时间长，网页内容无法正常显示等导致旅游访客流失的问题也不能忽视。

第三，用户来源网站。传统认识中用户来源网站一是直接在浏览器地址栏输入网址访问，二是通过网站引导，利用来源网站进行访问。利用来源网站访问中，搜索引擎是重要手段，但随着营销手段的多元化，邮件营销、社交媒体传播与网站广告也逐渐加入其中，如图 10 所示。

首先，纵观数据发现 2014 ~ 2018 年搜索引擎仍是用户访问的首选渠道，搜索引擎在六种渠道中占比达 70%。2018 年常州恐龙园搜索引擎使用率高达 90. 72%，现阶段搜索引擎仍是主题公园企业网站的重要关注点。

其次，2014 年间下线访问在主题公园企业网站访问中也起到一定作用。其访问形式主要依赖于企业集团网站，主要代表有迪士尼集团下的香港迪士尼乐园，华侨城旗下的世界之窗、东部华侨城、欢乐谷。此外，具有教育性质的香港

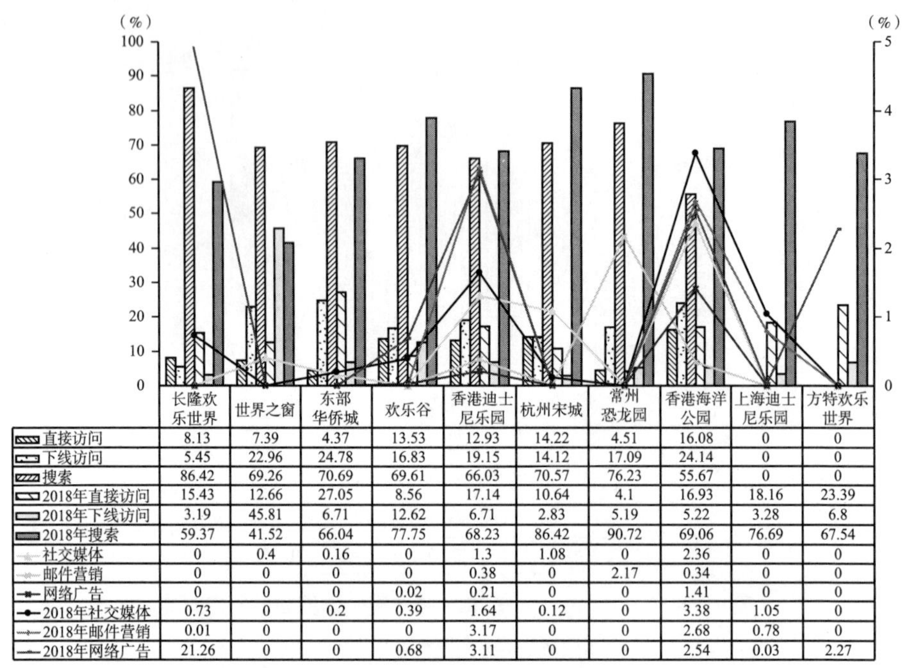

	长隆欢乐世界	世界之窗	东部华侨城	欢乐谷	香港迪士尼乐园	杭州宋城	常州恐龙园	香港海洋公园	上海迪士尼乐园	方特欢乐世界
直接访问	8.13	7.39	4.37	13.53	12.93	14.22	4.51	16.08	0	0
下线访问	5.45	22.96	24.78	16.83	19.15	14.12	17.09	24.14	0	0
搜索	86.42	69.26	70.69	69.61	66.03	70.57	76.23	55.67	0	0
2018年直接访问	15.43	12.66	27.05	8.56	17.14	10.64	4.1	16.93	18.16	23.39
2018年下线访问	3.19	45.81	6.71	12.62	6.71	2.83	5.19	5.22	3.28	6.8
2018年搜索	59.37	41.52	66.04	77.75	68.23	86.42	90.72	69.06	76.69	67.54
社交媒体	0	0.4	0.16	0	1.3	1.08	0	2.36	0	0
邮件营销	0	0	0	0	0.38	0	2.17	0.34	0	0
网络广告	0	0	0	0.02	0.21	0	0	1.41	0	0
2018年社交媒体	0.73	0	0.2	0.39	1.64	0.12	0	3.38	1.05	0
2018年邮件营销	0.01	0	0	0	3.17	0	0	2.68	0.78	0
2018年网络广告	21.26	0	0	0.68	3.11	0	0	2.54	0.03	2.27

图 10　2014 年与 2018 年国内主题公园网站用户来源统计

注：为便于社交媒体、邮件营销、网络广告项目进行数据分析，次坐标轴数值设置较小，图中长隆 2018 年网络广告数据以表格数值为准，折线所指数值仅为趋势展示。

资料来源：根据 http：//www. similarweb. com/整理，整理时间 2018 - 9 - 30.

海洋公园网站也位列其中。但 2018 年，除世界之窗下线访问升至 45. 81% 外，其余网站及新进入排名网站的下线访问比例均低于 2014 年比例，所占比例由 18. 07% 下降至 9. 84%，降幅明显。

再次，在下线访问比例下降的同时，访客采取直接访问形式的比例由 2014 年 10. 15% 上升至 2018 年 15. 4%。以网络广告形式产生的访问比例由 2014 年的 0. 21% 上升到 2018 年 2. 99%，更多的潜在旅游者是通过网络广告形式完成的网站访问。

最后，数据表明，主题公园网络营销渠道多元化趋势正日益显现。但社交媒体、邮件营销作为主题公园的新兴营销方式在 2014 ~ 2018 年发展速度依然缓慢，在营销环节中还不具备与其他四种方式相互配合的能力。

四、结论与展望

（一）研究结论

第一，主题公园网站受众有限。研究发现主题公园网站的受众范围小，访问动力产生于访问者的旅游需求，且我国网民习惯使用垂直旅游搜索获取旅行信息。因此，主题公园网站的访问量在旅行类网站中一直处于低访问状态，与携程旅行网等旅游网站的访问排名相差甚远。

第二，2012 年至今主题公园企业网站建设的差异性日渐降低，但网络营销发展依旧不均衡，致使营销效果差异较大。从网站角度分析，所研究的 10 家主题公园网站在网站设计、内容展示、网络预订、游客服务等方面均有所提升，以方特欢乐世界、上海迪士尼、长隆、香港迪士尼企业网站具有代表性。体现在其在营销活动中拥有较高访问率、较高网站停留时间，形成了较为固定的用户群体，发展成熟。

第三，主题公园企业网站网络营销呈现三种趋势共存局面。一是以旅游度假预订为主其中以住宿、餐饮、门票等全方位多级别产品包预订为主；二是以门票预订为主；三是以主题公园特色活动预订为主，如城堡婚礼等活动。先前主题公园网络营销以信息展示为主的局面已消失。

第四，主题公园企业网站在近年发展中整体呈上升趋势。具体表现在网站功能优化，内容改进，页面加载时间缩短；企业关注网站流量排名，并着力提升；由于页面及网站功能的改进，用户访问网站时间的停留时间增长，访客转化率提升；网站营销渠道多元化，除稳固搜索引擎渠道外，企业也充分利用下线访问、社交媒体、网络广告、邮件等网络营销渠道。

（二）研究展望

第一，从研究对象来看，由于研究跨度较大，在保证研究数据的连续性的前提下也会依据市场变化增添部分主题公园作为研究对象，选取的 19 家主题公园参考 2012 ~2017 年全球主题公园和博物馆报告，以 2012 年亚洲地区入园人数居前 20 名中的中国主题公园为主，新增了上海迪士尼、芜湖方特世界等主题公园。但受网站域名限制，可采集数据具体分析的网站仅有 10 家，为了更好地研究各主题公园网络营销现状，在后续研究中需拓宽网络营销研究渠道，结合旅游者使用习惯注重微博、微信公众号、官方 APP 等渠道的信息收集与研究。

第二，从研究数据来看，由于主题公园企业网站网络营销指标数据主要来源于互联网，因此受到网络数据收集限制，对于评价指标在使用中还需进行进一步的细化与修改，使研究更具针对性。且为了保证后续研究的可信度，在网络数据收集的同时还应争取企业合作。

第三，从研究方法来看，本文研究主要采取各组数据对比分析的方法，对数据间相关影响分析不足。因此，选择更恰当的分析方法是深入研究的关键。

参考文献

[1] Bill Doolin, Lois Burgess, Joan Cooper. Evaluating the use of the Webfor Tourism Marketing: a Case Study from New Zealand. Tourism Management, 2002 (23).

[2] Andrew Lepp, Heather Gibson, Charles Lane. Image and Perceived risk: A study of Uganda and its Official Tourism Website. Tourism Management, 2011 (32).

[3] Yu - Shan Lin, Jun - Ying Huang. Internet Blogs as a Tourism Marketing Medium: A Case Study. Journal of Business Research, 2006 (59).

[4] 周春青．主题公园虚拟体验营销研究 [D]. 青岛：青岛大学，2010.

[5] 邵隽．旅游者关系生命周期与目的地关系营销策略——以主题公园为例 [J]. 旅游学刊，2007，01.

[6] 高依晴．主题公园网络营销效果评价研究 [D]. 上海：华东师范大学，2013.

[7] 第 38 次《中国互联网络发展状况统计报告》[EB/OL]. http://www.cnnic.net.cn/hlwfzyj/hlwxzbg/hlwtjbg/201608/P020160803367337470363.pdf. 2016. 8. 3.

[8] 第 34 次《中国互联网络发展状况统计报告》[EB/OL]. http://www.cnnic.net.cn/hlwfzyj/hlwxzbg/hlwtjbg/201407/P020140721507223212132.pdf. 2014. 7. 21.

[9] 第 30 次《中国互联网络发展状况统计报告》[EB/OL]. http://www.cnnic.cn/hlwfzyj/hlwxzbg/hlwtjbg/201207/P020120723477451202474.pdf. 2012. 7. 23.

中国城市开发主题公园的适宜性评估研究

梁增贤*

一、引言

随着中国经济的快速发展，人口不断向城市集聚，许多城市休闲娱乐空间面临总量和结构短缺。主题公园开发成为许多城市满足城市居民日常休闲娱乐需求的重要选择。然而，主题公园不同于一般的休闲娱乐项目或旅游项目，它的开发管理难度可能是相同体量景区中最高的。主题公园投资规模大，占地面积广且主要是城市用地，潜在市场规模对主要是2小时范围内的常住人口和流动人口（含旅游者）要求高，因而对所依托的城市提出了门槛要求（梁增贤和保继刚，2012，2014；梁增贤和董观志，2011）。尽管当代主题公园从社区级、城市级、区域级到目的地级均有，投资从几千万元到几百亿元都有可能（梁增贤，2016；Clave，2007），但大中型主题公园的开发并非所有城市都适宜。

近年来，全国主要省、市、自治区都有多个主题公园项目已经建成或者正在建设。一些主题公园项目的总体投资超过百亿元，甚至号称千亿元，占地几千亩，有的过万亩。在政府过度追捧和企业积极响应下，中国主题公园开发又走向另一个极端。许多主题公园项目都以旅游房地产或城市综合体等大型城市土地开发项目的名义立项建设，圈占大规模城市用地。结果是要么房子建得比公园快，房子卖得不错，而主题公园建成即失败；要么主题公园低于规划立项标准投建，难达到预期吸引力，缺乏可持续经营能力。许多城市执政者认为主题公园是现代化城市的“标配”，给予很高的土地、资金等投资优惠，甚至牺牲重大利益争取

---

* 梁增贤，博士，中国主题公园研究院高级顾问，中山大学旅游学院副教授，系主任，博士生导师，联合国世界旅游组织旅游可持续发展监测技术负责人之一，中山大学旅游发展与规划研究中心和中山大学旅游休闲与社会发展研究中心成员。主要研究方向：旅游地理学、城市旅游（主题公园）、旅游与生活质量、旅游发展与区域规划等。

项目落户，无形中破坏了公平的投资环境。一些城市还授意国有企业参与主题公园投资，政府和企业因此承担着巨大的投资风险和债务。相邻的两个城市为了争夺品牌主题公园的落户，不惜相互抬价，提供更大的投资激励和便利，最终可能牺牲的是城市整体利益。在这一波浪潮中，主题公园的繁荣吸引了大量的企业，不仅传统旅游企业，许多毫无主题公园开发经验，甚至连旅游项目开发经验都没有的房地产企业都争相涉足主题公园开发，造成一批投资不当、规划设计不合理、运营管理不善的主题公园。

国家发改委联合多个部委不得不颁发《关于规范主题公园建设发展的指导意见》。该意见指出，许多主题公园开发低水平重复，缺乏竞争力，浪费了城市宝贵的资金和土地资源，一些地方政府也因此背负了沉重的债务，得不偿失。要求省一级政府要根据本地区经济社会发展情况、区域人口规模、城市化程度和旅游市场条件等因素，严格科学论证，统筹协调，避免恶性竞争和低水平重复，尤其是防范地方债务、社会、金融等风险。显然，政府和业界已经逐步意识到城市开发主题公园受到一系列诸如经济社会发展情况、区域人口规模、城市化程度和旅游市场条件等因素的影响，是有门槛的。本文将基于现有理论和中国主题公园的发展经验，构建城市开发主题公园的适宜性评价模型，并具体评测中国各个主要城市开发主题公园适宜性。

二、文献综述与模型构建

（一）文献评述

关于城市与主题公园关系的研究由来已久。早期学者主要从主题公园的角度出发，去选择合适的城市和地块选址布局。保继刚（1994）针对大型主题公园提出了影响主题公园选址布局的因素包括城市形象感知、适宜的区位、产业的集中和分散等，其中适宜的区位包括宏观区位（城市选择）和微观区位（城市内区位）。随后，保继刚（1997）根据中国大型主题公园发展经验，进一步完善，提出了客源市场和交通条件、区域经济发展水平、城市旅游感知形象、空间集聚和竞争、决策者行为，由此构建了大型主题公园发展影响因素的系统，分为主客观因素两个方面，而客观因素又划分为 2 个必要条件和 2 个限制条件。其中，必要条件是客源市场和交通条件以及区域的经济发展水平，它们关系到游客市场的大小、基础设施条件、投资能力和游客的消费水平，作为高投入高门票为特点的主题公园，缺少这两个条件中的任何一个都不能成功。基于上述影响因素体系，闫闪闪、梁留科、余汝艺和王伟（2016）构建了包含16个因素的三级指标体系，涉及人口因素、经济因素、交通条件和旅游市场因素，并运用AHP和熵权法对指标确权，计算了全国33个主要大中城市建设主题公园的适宜性。这项工作已经有了很大进步，但仍存在几个问题：第一，只是给出了各个城市的排名，那么排名在前几的城市适合开发主题公园呢？排名第12的石家庄就比排名第20的南昌更具适宜性吗？显然有点不符合现实，毕竟万达乐园已经在南昌开业。尽管南昌万达乐园绩效不如预期，但毕竟还是先做了。第二，模型测量选择的城市主要是区域中心城市。然而，为了节约土地成本，很多主题公园开发有时候不选择中心城市，而是选择同一市场区位下1～2小时车程范围内的二、三线城市，例如江苏的常州和安徽的芜湖。第三，主题公园区位选址存在宏观和微观两个层面，竞合问题可能也存在尺度的差异，采用单一模型将不同因素放在同一层面测量，并不那么准确。

根据规模和市场吸引范围，一般将主题公园划分为目的地级、区域级、城市级和社区级（Clave，2007），不同级别的主题公园开发规模不同，所需要的门槛游客量就不一样。区域级主题公园的门槛游客量在200万～300万人次之间。当然，这要视具体投资规模而定，部分老公园因完成了折旧摊销，其门槛容量可能低于100万人次。由于全球的目的地级主题公园主要就是迪士尼和环球影城，其在美国以外的选址都位于全球化的城市，如新加坡、东京、巴黎以及中国的上海、香港。因此，本文仅重点分析区域级和城市级等大中型主题公园选址的问题。

（二）潜在市场规模测算

欢乐谷系列、广州长隆欢乐世界等属于典型的区域级主题公园。深圳、北京、上海、成都、武汉等主题公园的投资规模基本在17亿～25亿元之间，越往后投资规模越大（保继刚，2015）。考虑到华侨城集团在控制开发成本方面已经积累了相当的经验，加之现金投资和建设成本相应增长，目前投资一个类似欢乐谷一样的主题公园大概需要30亿元。根据保继刚提出的测量主题公园门槛游客量的模型（保继刚，2015），我们很容易得到，按照目前欢乐谷、方特、长隆等公园标准门票定价于230元左右的水平，区域级主题公园在30亿元投资下，门槛游客量至少为280万人次，才能实现盈亏平衡。

如果一个区域级主题公园需要280万人次才能实现盈亏平衡，那么一个城市需要多少人口呢？或者说这个区域级主题公园周边2小时车程范围需要多少人口呢？这就涉及渗透率的问题了。市场渗透率指的是在区域主题公园总体市场中，某个主题公园品牌（或者品类，或者子品牌）产品的使用（拥有）者比例，也可以直接理解为用户渗透率或者消费者占有率，是一个品牌在市场中位置的总和，它是多年形成的结果。市场渗透率用以衡量现有市场区间群体访问一处景点的倾向性，一般表示为总客流量在相关市场总体规模中的比例。市场渗透率乘以每个现有市场范围内的合格市场人数，即为预测的潜在客流量（古诗韵，2013）。

美国主题公园高度依赖一级市场，但各个公园之间渗透率的差异显著，市场渗透率从13.4%到接近60%变化（王刚，2009）。古诗韵将深圳欢乐谷的市场划分为两级市场：一级市场，即本地居民市场和二级市场，即本市以外的市场，以此来计算市场渗透率。经测算，到2018年，深圳欢乐谷的一级市场渗透率应该在25%左右，而总体市场（一级和二级）的渗透率应该在30%左右（古诗韵，2013）。值得注意的是，由于深圳没有自然风光和历史遗迹，主题公园是城市主要的娱乐项目，其市场渗透率应该高于全国其他城市。换句话说，30%的市场渗透率，在中国应该属于较高的市场渗透率。其他城市历史遗迹丰富、自然旅游资源雄厚、城市休闲娱乐选择较多的城市，其主题公园的市场渗透率不会比欢乐谷高。

综合门槛游客量和渗透率的分析，280万人次的门槛游客量需要中心城市区域2小时范围内的市场人口应该达到900万人以上，且能够较为日常地接受高达200元以上的门票价格。当然，这只是一个粗略的估算，为模型的建立提供了基本的参照线。

（三）评估模型的建立

根据前面的分析，结合学者提出的区域级主题公园的建设标准（Clave，2007），区域级主题公园布局的城市区域要求需要满足以下几点基本要求：

（1）2小时车程范围内约900万人口［约280万人次的门槛游客量/30%的渗透率≈900万（人口）］；

（2）区域范围内经济较为发达（以确保具有较好的，可持续的重复购买力）；

（3）有较大规模的区域旅游者（2小时车程外市场，约占主题公园游客量的10%～30%）；

（4）区域交通条件优秀（尤其是大型公共交通通达性）；

（5）气候条件适宜（主题公园全年营业时间较长，雨日数少）。

然而，上述因素，既有宏观层面的，也有中观和微观层面的因素，其中一些因素还同时涉及宏观和微观尺度，如交通条件。构建一个区域级主题公园城市选址模型，可以从宏观选址、中观选址和微观选址这三个角度根据具体指标和数据，一步步进行区域级主题公园市场选址的衡量和评价，确定合适的选址，主要分为 3 个层次和步骤：

宏观选址：即确定以某个区域中心城市为原点，周边大致 2 小时车程范围的区域。如以广州、上海、北京、西安、成都、武汉为中心城市。当然，某些区域中心城市的 2 小时车程半径区域可能是重叠，例如广州和深圳、天津和北京、无锡和苏州等。无论是否重叠，或者重叠多寡，测算方式都是一样的。

中观选址：指在宏观选址确定的区域范围内选择特定的城市，一般是地级市，部分发达区域可以选择县级市（或县）。例如，在广州 2 小时车程范围内的城市就要评估广州、东莞、深圳、清远、中山、珠海等。许多成功运营的主题公园并不一定选择区域内经济最发达的大城市，而是选择周边的中等城市。

微观选址：指在中观选址确定的城市中选择适宜开发主题公园的地块，是非常具体的选址。例如，在广州开发主题公园，是选择在天河区、番禺区还是海珠区的哪一块地块？微观选择需要考虑的因素很多，许多做失败的主题公园其实在宏观选址和中观选址上都没有问题，就是在微观选址上欠妥当，导致开业后游客的实际到访量低于预期。

三、指标的遴选和数据获取

本评测模型各层级主要影响因素及其权重是通过两轮专家打分法确定。在第一轮次中，课题组根据现有研究和研究者经验罗列出一系列影响因素，并根据影响层级进行划分，部分因素可能同时在多个层级出现。课题组将罗列的影响因素清单发给专家，由专家按照李克特 5 度量表进行评分。最终根据影响程度最大的 4 ~5 个因素作为该层级的影响因子。在第二轮次的专家咨询中，课题组扩大了受访专家的样本，将前一轮确定的各层级因子列出，向专家咨询权重。最后根据专家给出的权重平均值取整，得到模型权重。

（一）宏观选址

区域级主题公园的宏观选址主要考虑气候条件、区域人口规模、区域经济水平和区域旅游发展这四个评价要素。如果以宏观最佳选址条件为100分计算，那么评价要素的占比是：宏观选址（100分）=气候条件（20分）+区域人口规模（30分）+区域经济水平（30分）+区域旅游发展（20分）。其中，气候条件主要指影响最大的是气温条件和雨日数，适宜气温月份使用各月平均气温，一般气温越冷越不适合，因为一年的营业时间较短，同时全年雨日数越少越好；区域人口规模包括区域常住人口和流动人口，流动人口数量根据第六次人口普查数据报告，相比之下，常住人口规模更为重要；区域经济水平用区域GDP、人均GDP和第三产业比重来测算，数值越高越好；区域旅游发展用区域旅游人（次）数和旅游收入来测算，其中区域旅游人数为各个城市公布的旅游人次数，而非酒店统计的过夜游客数。

（二）中观选址

区域级主题公园的中观选址主要考虑该城市的交通条件、城市旅游发展、竞合状况和周边配套这四个评价要素。如果以宏观最佳选址条件为100分计算，那么评价要素的占比是：中观选址（100分）=交通条件（40分）+城市旅游发展（20分）+竞合状况（30分）+周边配套（10分）。其中，交通条件需要同时评估城市通往区域中心城市和周边城市的外部交通和城市内部的交通情况，这是中观选址的关键，必须能够确保大客流的顺利、便捷到达，尤其是必须具有通达区域中心城市的公共交通系统。

城市旅游发展包括该城市的接待过夜人数（非旅游人数）、星级酒店数量、星级酒店出租率和城市旅游吸引力，其中城市旅游吸引力采用专家打分法，判断依据为：

（1）该城市是否为区域旅游流的主要方向；

（2）该城市是否为区域旅游资源的富集区；城市旅游形象是否较好；

（3）该城市是否有良好的旅游消费习惯（包括夜间）。

竞合状况方面需要同时考虑该城市与2小时车程范围内区域城市的同业（旅游景区、主题公园）竞争状况，其中一个竞争关系的专家打分项是用于调整中观选址的个体差异因素，由专家主观判断好坏，判断依据为：

（1）与城市现有主题公园是竞争还是合作；

（2）城市是否可借力（周围的核心景区）；

（3）城市是否已经具有良好的主题公园现实市场；

（4）城市是否有与主题公园形成互补的其他景区；

（5）城市是否有主题公园相关的产业链；

（6）城市是否有与主题公园相配套的酒店和餐饮品牌。

周边配套也采用专家打分法，定性标准为：

（1）城市商务区越发达，城市后工业特征越明显，越适合主题公园布局；

（2）城市工业越发达，工业形象越浓重，越不适合布局；

（3）城市住宅区越多，尤其是高端住宅区越多，越适合。

（三）微观选址

区域级主题公园的微观选址涉及诸多个体地块因素，具体城市的旅游流向、流速、流量和流质（社会人口结构）不同，不可简单量化评估，针对具体地块，需要开展可行性研究，具体要求如下：

（1）市场研究：潜在市场规模和消费力，现有旅游流的流向、流量、流速和流质，目标市场的消费习惯和偏好，目标市场的消费者行为规律（出游范围、出游组合、出游方式等）；

（2）地块研究：地块气候分析、地块的地形地貌、水系状况、周边社区状况、周边商业状况、周边工业开发状况等；

（3）交通分析：公共交通状况、外部交通状况、交通服务、停车场规划、轨道交通等；

（4）旅游区位分析：周边旅游景区和线路的竞合关系、周边配套分析等。

四、结果与讨论

根据区域级主题公园的宏观选址指标体系和区域级主题公园的中观选址指标体系，对中国主要城市进行主题公园开发的适应性进行了评价，遵守评分规则和评分标准：

（1）两个层次独立评分，互不影响，如宏观选址评分高，并不会折算到中观选址评分；

（2）上一层级决定下一级层级，如宏观选址不理想，就没有必要继续中观、微观选址。

根据测算，得到以下结果，如表 1 所示。

表 1　　中国城市开发主题公园的选址得分情况　　单位：分

排序	城市	宏观	中观	总分	排序	城市	宏观	中观	总分	排序	城市	宏观	中观	总分
1	上海	100	82	182	15	武汉	72	82	154	29	长沙	47	85	132
2	广州	100	81	181	16	成都	72	80	152	30	宁波	46	76	122
3	深圳	100	79	179	17	芜湖	87	62	149	31	株洲	47	60	107
4	北京	97	82	179	18	扬州	87	61	148	32	青岛	41	80	121
5	苏州	100	69	169	19	郑州	68	78	146	33	厦门	39	70	109
6	天津	97	70	167	20	济南	80	66	146	34	泉州	39	68	107
7	惠州	100	63	163	21	洛阳	68	69	137	35	大连	37	79	116
8	珠海	100	62	162	22	绍兴	72	62	134	36	石家庄	35	75	110
9	清远	100	62	162	23	绵阳	72	60	132	37	太原	35	71	106
10	南京	87	75	162	24	开封	68	61	129	38	福州	34	75	109
11	常州	100	60	160	25	无锡	100	56	156	39	南昌	33	71	104
12	东莞	100	60	160	26	唐山	97	59	156	40	哈尔滨	29	73	102
13	重庆	76	80	156	27	西安	51	82	133	41	晋中	35	61	96
14	杭州	72	84	156	28	咸阳	51	62	112	42	九江	33	63	96

资料来源：笔者根据文中指数测算所得。

根据表 1 可知，由于北京、上海、广州、深圳已经开发了相当数量的区域级主题公园，虽然这些城市有良好的宏观区域得分，但在选址开发区域级主题公园的时候，仍需谨慎。因而中观评分并不一定比其他二、三线城市高。上述评分表仅供参考，在使用上需要注意以下几个问题：

（1）宏观选址分数越高，说明中心区域范围内潜在市场规模越大，超过 75 分以上的区域内，或可选择多个城市布局。换句话说，这样的区域可以同时开发多个区域级主题公园。

（2）宏观选址分数越低，说明中心区域范围内潜在市场规模或购买力不足，宏观选址低于 60 分的中心区域尽量不要布局，但其范围内中观得分较高（超过 70 分）的城市，可以考虑布局一个投资较小的城市级主题公园，如宁波、大连、石家庄、长沙等。

（3）宏观选址分数在 60 ~ 75 分之间的区域，只能选该区域内中观选址得分最高的城市布局。

（4）同属于多个中心区域的城市，即使宏观选址得分较低，若中观选址得分较高，也可考虑布局，如苏州、无锡、上海等中心区域内的其他城市。

（5）中观选址得分较低的城市（一般低于75分），建议都缓投资或小投资。

（6）宏观选址低于60分、中观选址也低于60分的城市均不建议投资区域级主题公园，部分城市可考虑建设城市级主题公园。

根据同一宏观中心区域优选中观评分最高城市的原则，得分次低的城市自动再下降下一梯度，例如本来绍兴按照得分应该排在第四梯度，但由于杭州是区域首位城市，则绍兴自动再下降到第五梯度，可以对以上城市是否适宜主题公园开发，以及适宜哪种级别主题公园开发进行评价，如表2所示。

表2　中国城市开发主题公园的适应性评估

<table>
<tr><td rowspan="3">区域级主题公园</td><td>第一梯度：1. 上海　2. 广州　3. 深圳　4. 北京　5. 天津</td></tr>
<tr><td>第二梯度：6. 苏州、南京、常州、芜湖、扬州（五选二）　7. 惠州、珠海、清远、东莞（四选二）　8. 重庆　9. 杭州　10. 武汉　11. 成都</td></tr>
<tr><td>第三梯度：12. 郑州　13. 济南　14. 西安　15. 长沙　16. 宁波</td></tr>
<tr><td rowspan="3">城市级主题公园</td><td>第四梯度：17. 洛阳　18. 绵阳　19. 开封　20. 无锡　21. 青岛　22. 厦门　23. 大连</td></tr>
<tr><td>第五梯度：24. 石家庄　25. 绍兴　26. 唐山　27. 咸阳　28. 太原　29. 福州　30. 南昌</td></tr>
<tr><td>第六梯度：31. 哈尔滨　32. 株洲　33. 泉州</td></tr>
<tr><td>暂不适宜</td><td>第七梯度：34. 晋中　35. 九江……</td></tr>
</table>

注：6和7选择后剩余的城市可开发城市级主题公园，根据得分高低降到第四或第五梯度，选中的两个城市优先开发得分高的，第二城市不建议同时开发。西安、长沙和宁波为风险线以下的城市，但其城市发展潜力较大，相关评分可在短期内达标，故纳入区域级主题公园考虑城市。五选二和四选二意思是这些城市之间由于距离较近，区域市场重叠度高，存在一定的替代性。在开发主题公园时，不能仅仅只考虑本城市公园情况，而应该统筹区域发展来评估。

资料来源：笔者根据文中指数测算所得。

注意，以上分析和评估仍有诸多例外，如：

（1）中国城市处于快速发展中，相关因素变化较快，尽管一些城市可能现在不适宜，但在未来几年内就可能达到开发区域主题公园的标准。

（2）本评测仅仅针对宏观和中观选址，并未就微观选址进行评估。在具体应用时，应该注意特殊的微观区位。例如，某些城市在宏观和中观选址上的得分不高，但其某个地块却因为临近区域市场而可能获得较好的区位，适合开发主题公园。

（3）这个评估并未考虑具有能够吸引大规模专程市场的目的地级主题公园。目的地级主题公园的选址模式诚如前文所述，并不完全适用本模型。毕竟，目的地级主题公园自带相当比例的中远程市场，并不完全依赖于区域市场。

总体上，随着中国经济的发展和城市化的加快，城市居民对主题公园的需求将不断增加，满足主题公园开发区位条件的城市也将增加，从目前一线城市走向二线、三线甚至部分四线城市。本文仅仅为当前中国城市开发主题公园提供了一个基准线。由于各个城市对主题公园开发和支持力度的不同，相应土地获取成本、项目建设成本、配套建设成本，甚至部分后期运营费用并不一定完全由公园承担，而是通过某种财税政策、投资激励措施、转移支付甚至国企参股投资等方式将开发成本转移到了其他主体。主题公园表面上的开发和运营商可能是轻资产运营。在这种模式下，由于不考虑开发成本折旧问题，那么主题公园适宜开发的城市要求就进一步降低了，适合开发的城市范围就扩大了，项目也可行了，但主题公园的可持续经营仍缺乏足够的潜在市场。

参考文献

[1] 保继刚．大型主题公园布局初步研究［J]．地理研究，1994，13（3）.

[2] 保继刚．主题公园发展的影响因素系统分析［J]．地理学报，1997（3）.

[3] 保继刚．主题公园研究［M]．北京：科学出版社，2015.

[4] 古诗韵．中国主题公园市场规模的关键参数研究——基于华侨城主题公园的案例分析［D]．广州：中山大学，2013.

[5] 梁增贤．主题公园理性发展的市场逻辑——对中国主题公园开发的批判性反思［J]．旅游规划与设计，2016（19）.

[6] 梁增贤，保继刚．主题公园黄金周游客流季节性研究——以深圳华侨城主题公园为例［J]．旅游学刊，2012，27（1）：58－65.

[7] 梁增贤，保继刚．大型主题公园发展与城市居民就业——对华侨城主题公园就业分配的考察［J]．旅游学刊，2014，29（8）.

[8] 梁增贤，董观志．主题公园游客心理容量及其影响因素研究——来自深圳欢乐谷的实证［J]．人文地理，2011（2）.

[9] 王刚．主题公园游客流影响因素及其作用路径研究［D]．西安：西安交通大学，2009.

[10] 闫闪闪，梁留科，余汝艺，王伟．城市修建主题公园适宜性评价指标体系研究［J]．地理科学，2016，36（2）.

[11] Clave，S. A. The Global Theme Park Industry：Cambridge：CABI，2007.

主题公园赢在价值 IP 构建和产品创意打造

郭洪钧*

一、引言

论道主题公园赢在价值 IP 构建和产品创意打造，话题自然要围绕主题公园而展开，但核心始终是探究主题公园价值 IP 的所以然，旨在深度剖析和具象解构价值 IP 内核的生发与燃爆的全过程。

鉴于现如今具有中国特色的社会主义市场经济背景条件下的“IP 热”依然如火如荼的前因，这里需要开宗明义且特别强调的是，我们在此论道的 IP，不是别的什么 IP，而是主题公园的 IP，是具有严格 IP 文化属性区分的 IP，也是具有强烈文旅 IP 属性的主题公园价值 IP 特别是超级 IP，更是有别于其他类型 IP 的 IP。此话听上去有些拗口，但其概念十分明确，话题直指主题公园价值 IP 特别是超级 IP 的所以然，主题公园赢在价值 IP 构建和产品创意打造是为关键所在。

那么，何为 IP？IP 从哪里来？价值 IP 的价值在哪里？以及主题公园如何赢在价值 IP 构建和产品创意打造？与之相关的常识性问题和关键性话题，并非几句话就能说得清清楚楚、明明白白。因此，一层一层地抽丝剥茧是必要的，一步一步地剖析研判也是必需的。

何为 IP？差不多每个人都会有一个基本判断或类同答案，或许判断的角度和过程不尽相同，但最终的答案大同小异。如果时光倒流至几年前，提到 IP，人们

* 郭洪钧，国家一级作曲，教授，多元文化人，资深文旅产业专家；历任国家文化产业发展战略专委会秘书长，文化和旅游部文化艺术发展中心艺术总监，亚洲艺术家联盟执行主席，中国音乐产业联盟副主席，中国旅游演艺联盟副主席，悉尼大学丝绸之路国际音乐中心联席主席，中国主题公园研究院名誉院长等。

首先想到的大多是“IP 地址”。

现如今，几乎不用刻意提醒或特别指出，人们恐怕都能明白你说的 IP 一定是“知识产权”（intellectual property）。

其实，在中国人眼里，IP 已不单单是知识产权的概念性认知了。抛开纷纷扰扰的“IP 热”不说，从实用和适应的价值角度出发，IP 已然突破了知识产权的传统价值观束缚大步流星奔向了市场。

IP 最初是从网络文学开始进入市场的，一路过关斩将，横扫电视电影，许多收视热门剧目都出自网络文学原创 IP，作者的一篇原创小说就是一部热播剧的 IP 缘起。随着“IP 热”的不断升温与持续蔓延，网络文学原创 IP 已不仅仅局限于影视剧、动漫、游戏等的改编，IP 价值内核的生发与燃爆以及 IP 衍生链已然加速度扩张，大有 IP 星火燎原之势，主题公园 IP 价值内核的生发与燃爆也是如此。

但是，不管 IP 怎样火热，也无论 IP 是如何搅动市场，对于价值 IP 特别是超级 IP 最起码的基本认知是必须要有的。否则，既不知何为 IP？也不晓得 IP 从哪里来？更搞不清楚价值 IP 的价值在哪里？如此一来，IP 的创作培育和开发利用岂不成了盲人摸象。

我在这里需要特别强调的是，价值 IP 不是一般的 IP，纵然 IP 有千千万万，貌似随便什么人都可以轻而易举找到或费劲巴力创造一个 IP，但不是说所有的 IP 都是好东西，具有非凡能量的价值 IP 总是不多见的，甚至是可遇而不可求的。因此，论道价值 IP 的所以然才是正道沧桑，没有什么价值的 IP 无须顾及，这是原则概念。

总之，弄明白了何为 IP，知道了 IP 是从哪里来的，搞清楚了价值 IP 的价值在哪里。那么，主题公园赢在价值 IP 构建和产品创意打造的基本策略与有效路径也就变得自然而然地清晰可见了。

二、IP 的寻根溯源

所谓 IP（intellectual property），直接翻译过来就是“知识产权”，它是一种无形的财产权，也称智力成果权。它指的是通过智力创造性劳动所获得的成果，并且是由智力劳动者对成果依法享有的专有权利。这种权利包括人身权利和财产权利，也称之为精神权利和经济权利。所谓人身权利，是指权利同取得智力成果的人的人身不可分割，是人身关系在法律上的反映。例如，作者在其作品上署名的权利，或对其作品的发表权、修改权等。所谓财产权利，是指智力劳动成果被法律承认以后，权利人可利用智力劳动成果取得报酬或者得到奖励的权利，这种权利也称之为经济权利。

知识产权从本质上说是一种无形财产权，他的客体是智力成果或是知识产品，是一种无形财产或者一种没有形体的精神财富，是创造性的智力劳动所创造的劳动成果。它与房屋、汽车等有形财产一样，都受到国家法律的保护，都具有价值和使用价值。有些重大专利、驰名商标或作品的价值也远远高于房屋、汽车等有形财产。

知识产权保护的客体是人的心智、人的智力创造，是人的智力成果权，它是在科学、技术、文化、艺术等领域从事一切智力活动而创造的智力成果依法享有的权利。

近代英国是知识产权制度的最早制定者，是最早保护知识产权的国家。它是专利法与著作权法的发源地，也是欧洲工业革命的策源地。

现代美国是知识产权政策的有效运作者，美国早期的知识产权政策，深刻地贯彻了实用主义的商业激励机制：对内，保护私人知识财产，以暂时的垄断授权换取科技与文化的发展；对外，以知识产权为政策工具用以维护国家利益，采取的是具有明显本国保护主义的做法。知识产权是国际上广泛使用的一个法律概念。

我国知识产权除法律概念之外，也是文化创新、科技创新主体进行市场竞争的法律手段。

《中华人民共和国民法通则》中规定了 6 种知识产权类型，即著作权、专利权、商标权、发现权、发明权和其他科技成果权，并规定了知识产权的民法保护制度。《中华人民共和国刑法》中，也在第七节，以八条的篇幅，确定了知识产权犯罪的有关内容，从而确定了中国知识产权的刑法保护制度。此外，《中华人民共和国专利法》《商标法》《著作权法》《发明奖励条例》等单行法和行政法规也都对相关的知识产权作了规定。

当然，IP 绝非一个英文名词缩写那么简单，也不是一般什么人就能轻易搞定的，IP 的创造力以及生发和燃爆能量可谓无极。超级 IP 之所以是超级的，皆因它是最具价值的，因此超级 IP 也被称为价值 IP。就价值 IP 的内核而言，完全可以说，IP 是智慧结晶，创作成果，科学呈现。价值 IP 的内核已然如此，那么超级 IP 的价值内核就更不用说了，我以为，超级 IP 的价值内核概括起来就是八个字：原创精神，内容为王；原创是魂神，内容是王道。

就主题公园价值 IP 而言，只需一句直白的话即可概括：主题公园价值 IP 就是最佳文化内容和最具魅力的形象故事的活态呈现。

IP 是什么的三个关键词：（1）IP 是知识产权；（2）IP 是创造出来的；（3）IP 是智慧结晶，创作成果，科学呈现。

三、IP 的文化属性

要想真正搞清楚价值 IP 内核的所以然，探究和解构主题公园赢在价值 IP 构建和产品创意打造，就不能不先从文化说起了。

文化的哲学定义：文化是相对于经济、政治而言的人类全部精神活动及其产品；文化既包括世界观、人生观、价值观等具有意识形态性质部分，又包括自然科学和技术、语言和文字等非意识形态部分；文化是人类社会特有的现象。文化是由人所创造、为人所特有的；文化是智慧群族的一切群族社会现象与群族内在精神的既有，传承、创造、发展的总和。不管你是具有高深文化的人，还是只有一般文化的人，在文化“巨人”面前，所有的自然人都是普普通通、食人间烟火的平常人。

文化的精神价值博大精深，文化的主题容量包罗万象。任何人对文化的亲近和熟知都是与生俱来的，没有哪个人会说自己不亲近、不熟知、不喜好甚至不懂得文化。自诩“有文化”或自嘲“少文化”甚或讥讽他人“没文化”的大多属于语言上的情绪性交集。因而，有一种文化，是与生俱来的，如同人之初、性本善；也有另一种文化，则是后天修得的，如同只有好好学习，才能天天向上一样。

过去人们对文化的虔诚崇尚和顶礼膜拜无须细表，比比皆是；今天人们对文化的亲如己出和了然于胸毋庸讳言，历历在目。

与过去的相比，今天的人们对文化的精神价值依然深信不疑，尽管在相当长的时间里，由于不同时代的客观局限性，人们对文化有了些许时过境迁的陌生感与违和感，有文化与没文化似乎成了时隐时现的私密。但就文化的生存价值而言，人们依然情有独钟。

如今人们在对文化的精神价值依然深信不疑的同时，对文化的生存价值更加情有独钟。此外，人们对文化的市场价值逐渐生发出了前所未有的全新认知。

至此，文化已不再只是高端大气上档次的精神象征了。

其实，对文化的价值，特别是文化的市场价值，中国人普遍有着自己不同程度的理解和认知，望子成龙的会从文化下手，谋职上位的会从文化切入，文化的市场价值无疑已是市场经济的随性产物。

看上去是市场经济的属性与特性决定了文化在精神价值和生存价值的价值链之后又多了一个市场价值？其实不然，文化的市场价值由来已久，中国几千年、外国几百年，文化的价值始终都在那里。只是不同历史阶段、不同社会阶层、不同文化人群对文化的价值认同各不相同罢了。

尽管从 IP 价值变现的市场绩效来看，文化并不是一只点石即可成金的“金手指”，更不是简单贴上 IP 的标签就可转型成有价值的，可销售的 IP 产品。但从文化资源到文化需求，再从文化需求到文化价值，进而再从文化价值到文化产业，每一环节都蕴藏着 IP 价值变现的大学问，每一步骤都体现着 IP 价值变现的大胸怀，每一层级都昭示着 IP 价值变现的大智慧。就 IP 创作培育和开发利用的沃土而言，中国完全可以说是世界上最具 IP 生发与燃爆先天优势的文化资源大国，丰富的传统文化资源和神奇的人文历史积淀统统都是 IP 创意、创作、创想、创造以及价值内核生发与燃爆的宝贵财富，积极创作培育和充分开发利用本土文化的优势，大力挖掘 IP 的价值潜力，不失为本土文化企业进行内容构建的极大优势和市场开拓的巨大商机。

若要举例说明，放眼望去：哪一座山、哪一片水没有文化？哪一尊佛、哪一个人不是文化的载体？无论自然山水，还是人文景观，无论旅游胜地，还是主题公园，丰富的文化蕴涵比比皆是，神奇的文化故事源源不绝。文化之于世界如同空气和水不可或缺，文化之于旅游如同灵魂与肉体不容分离。

天行健，君子以自强不息；地势坤，君子以厚德载物。

可以说，文化的博大精深与文化的润物无声始终同在！

说完文化的基本概念，再回过头来看价值 IP，其实，价值 IP 就是文化积累到一定量级后所输出的精华，具备完整的世界观、价值观，有属于自己的生命力；价值 IP 具有生发与燃爆的无限可能。

所以说，IP 不仅是知识产权，更是文化内容。就主题公园而言，价值 IP 构建实际上就是文化内容构建，价值源于文化实力。

的确，从严格意义上讲，IP 既不是平常人说的脑洞大开，也不是理论家形容的头脑风暴。IP 是生发于深思熟虑条件下别具一格的智慧结晶，好的 IP 一定是建立在高级智慧燃爆层面新、奇、特、绝、酷完美结合的创作成果。因此，如何创造和发现价值 IP 特别是超级 IP？如何用原创的价值 IP 提升、激活、强化和延展主题公园文旅项目的商业价值和市场效益？是为本文重点阐述的关键所在。

说心里话，如果把文化这个永恒的精神主题作为本文重点内容来抽丝剥茧，恐怕几天几夜也未必能够说得完、道得尽，因时间所限，需长话短说。因此，关于文化的一般性论述就不再展开了。

文化与IP的三个关键词：文化是IP之母；文化内容是IP之基；文化内容超值是IP之关键。

四、IP的基本形成

（一）IP的前世今生

曾经有人问：IP到底从哪里来的？答：IP是创意出来的，是创作出来的，是创想出来的；总而言之，IP是创作者创造出来的。

有的问者仿佛明白；有的问者依然似懂非懂；有的问者始终都是云里雾里。

一部火得不能再火的《大圣归来》一时间仿佛燃爆了无数颗热乎乎的小心脏，孙悟空对于承载中国人的人文情感而言，堪称经久不衰的超级人物。如果将大圣视为价值IP或超级IP的话，孙悟空倒像真的是从石头缝里蹦出来的。但石头缝并非孕育孙悟空这个价值IP或超级IP形象的母体，其真正的母体是创作出中国古代第一部浪漫主义章回体长篇神魔小说《西游记》的明代杰出小说家吴承恩。也就是说，是吴先生用智慧的神来之笔创造出了孙悟空这个超级IP形象，以及弥漫在小说《西游记》各个角落里的一系列IP形象，其中有人、有神、有妖、有魔、有动物、有山水，还有千奇百怪的故事。

所有的IP都有一个母体，创意、创作、创想、创新以及价值内核的生发与燃爆都源自于此。主题公园价值IP亦是如此。

IP的母体就是文化，是文化的巨量智慧蕴涵结晶出IP，是富有文化且具有创意、创作、创想、创新能力的杰出人类创造性地孕育出了IP。尽管IP分一般IP和价值IP，但皆源于母体。

亦如哥伦布发现了新大陆，徐霞客走遍了好山好水，沃尔特·迪士尼绘出了米老鼠、唐老鸭、白雪公主等。那么，上帝、哥伦布、徐霞客、沃尔特·迪士尼就是孕育IP之母体。

新大陆可以是价值IP甚至也是超级IP，只是单有一个广义的新大陆还不足以形成IP成功塑形所需的形象符号和内容表达。

好山好水同样可以是价值IP，例如黄河、泰山、长江、长城等，只是其价值

IP 形象背后的价值 IP 故事必须得以生发与燃爆。

相比之下，米老鼠、唐老鸭、白雪公主等迪士尼所持有的一系列原创价值 IP 甚或超级 IP 形象所集聚和产生的巨量市场价值就显得那么的伟光正，由迪士尼众多价值 IP 所集聚的超级 IP 能量环释放出的无限超能，正在源源不断地形成持续叠加的巨量市场价值。

（二）价值 IP 的迪士尼范式

沃尔特·迪士尼是众所周知的“迪士尼之父”，更是毋庸置疑的创意天才。迪士尼先生不仅成功地推广了米老鼠的形象，还亲自设计了迪士尼乐园，缔造了娱乐王国的神话，为全世界的人们送去了欢乐。他一生中共获 48 项奥斯卡金奖及 7 个艾美奖，并被人们冠以“米老鼠之父”的称号。其实，了解迪士尼的人都很清楚，最初的迪士尼先生只是一个动画师，他白手起家，辛勤作画，艰难创业，苦心经营。米老鼠、唐老鸭、高飞、小熊维尼以及白雪公主等超级 IP 形象，都是一点一滴一笔一画创意、创作、创想、创造出来的（邓进，2013）。

迪士尼先生把原创精神和创新意识植入迪士尼公司每个成员的大脑里，他鼓励公司成员特别是幻想工程师团队成员大胆创新，勇于挑战，最终成就了迪士尼娱乐王国和商业帝国的不朽地位。

可以说，迪士尼公司所有 IP 形象的成功塑形，完全仰仗迪士尼先生一笔一画的创作、一点一滴的积累、一时一刻的坚守、一心一意的追求。也可以说，迪士尼所有的价值 IP 都是从一个个原创 IP 里生发与燃爆出来的，没有原创，就没有 IP；而没有 IP 的生发与燃爆，就没有价值 IP 的集大成；是 IP 的优胜劣汰成就了价值 IP。

今天的迪士尼，已不仅仅是一个人的名字，确切地说，他是一个能将幻想融入创作、把梦想变成现实的人；是一部经典的创业史，一个强大的商业帝国，一整套可变的艺术品，一系列价值 IP 的成果示范区。迪士尼的伟大、光荣是一个又一个价值 IP 结出的迪士尼丰硕成果用铁的事实镌刻出来的。

其实，细细品味，迪士尼做的就是创意 IP，打造价值 IP，进而再到输出 IP，衍生超级 IP 的全产业链生发与燃爆。创意、打造，可谓做真做实，一点一滴、一笔一画务求祭出价值 IP；输出、衍生则是做大做强，力争价值 IP 不断增量。可以说，迪士尼是一家需要靠幻想滋养、用梦想喂养的公司。如果你想了解迪士尼的 IP 成长，千万别忽视一个个 IP 形象背后鲜为人知的创意打造故事。与此同时，一个个价值 IP 形象又是连接消费者梦想的支撑点，支撑点越多，迪士尼的根基就会越牢靠，根基越牢靠，迪士尼的品牌影响力就会越广阔。原创 IP 的不断生发和价值 IP 的不断燃爆使迪士尼光荣绽放。

纵观迪士尼的一系列 IP 来源，大致可分为三个部分：

（1）原创 IP：1923 年，沃尔特·迪士尼先生在自家车库创作出迪士尼家族第一个并且是影响最广大的 IP 形象——米老鼠，此后的八九十年间，米老鼠、唐老鸭、高飞、小熊维尼等一系列迪士尼自有卡通人物形象不断出现，持续扩大影响力，使得迪士尼原创 IP 集群不断壮大，持续的优胜劣汰确保了价值 IP 的巨量市值。

（2）再造 IP：沃尔特·迪士尼先生不仅勤奋好学，智慧聪颖，而且十分擅长汲取、借鉴和挖掘历史文化资源，他从全世界范围内的经典名著、童话故事乃至神话传说中寻找具备迪士尼文化属性的价值 IP 形象予以再造，用匠心完成价值 IP 的生发与燃爆。典型的代表就是《格林童话》中的白雪公主和来自中国民间故事的花木兰等。

（3）收购 IP：相比较原创、再造和开发，收购似乎可以更快速地扩充迪士尼的 IP 家族。迄今为止，让迪士尼公司最引以为傲的三次收购案例，就是收购皮克斯影业、漫威漫画、卢卡斯影业三家电影公司，而这些公司也都是众所周知的 IP 大户。迪士尼公司就是通过诸如此类的一系列收购，使得自身的价值 IP 保有量不断提升。

如果说迪士尼的 IP 发源于沃尔特·迪士尼先生的原创，以及迪士尼公司原创、再造和收购的创意、创作、创想、创新以及价值内核的生发与燃爆的全过程，那么完全可以认定，迪士尼价值 IP 的成功塑形是在创意、创作、创想、创新以及价值内核生发与燃爆的特定条件下的规定动作，这个规定动作过程是必需的，更是不可或缺的，任何想要规避和逃脱这个规定动作过程的想法都是愚蠢的，也是徒劳的。因为，有耕耘，才会有收获；有原创，才会有 IP。还是那句话，IP，特别是价值 IP 绝对不是从石头缝里蹦出来的。迪士尼价值 IP 的原创、再造和收购的全过程，每一个都是耕耘与原创的过程，预期成果与价值成就的获得只是时间问题。这就是 IP 的迪士尼范式。

对于迪士尼的成功，北京大学文化产业研究院副院长陈少峰教授曾发表过这样的言论，他认为，迪士尼成功的秘诀在于不断演进原有的经典形象，再加入新的故事情节，与时俱进地去贴近用户。尽管一些卡通形象都是在几十年前便存在，但是加了新的元素进去以后，它又能受到新的用户喜爱。同时，在打造 IP 的模式上，从定位、创意到推广再到管理，迪士尼都有一整套自己的逻辑。

（三）价值 IP 的战略思维

说完迪士尼的价值 IP 特别是超级 IP 的“创世纪”，再来看看我们国内的价值 IP 特别是超级 IP 的“创业史”。之所以用“创世纪”和“创业史”来形容彼 IP 与此 IP 的异同，并非迪士尼的价值 IP 就一定比我们国内的价值 IP 光鲜亮丽。就价值 IP 而言，没有最好，只有更好。如果从价值 IP 战略特别是超级 IP 战略的高度做深度研判，迪士尼的价值 IP 与我们国内的价值 IP 之间的动量系数和价值标定的确有着比较大的差距，尽管我们国内的 IP 市场的火爆程度貌似已远远超出了国外，但从价值 IP 战略推进的实践效能与价值 IP 市场量级的实际价值来看，两者的确相差甚远。如果一定要论我们国内的价值 IP 为何技不如人？那么唯一的答案恐怕不外乎我们国内对于价值 IP 的认知还停留在初级阶段罢了。

根据目前国内文旅价值 IP 特别是主题公园价值 IP 战略推进的实践效能和市场量级的实际价值来看，发展水平参差不齐，价值效能差强人意。许多业界人士和众多企业高层对于文旅价值 IP 特别是主题公园价值 IP 的认知还停留在虚热层面。其实，IP 能否经过创意、创作、创想、创新以及价值内核的生发与燃爆结出具有市场价值或超级商业价值链的硕果，才是文旅价值 IP 特别是主题公园价值 IP 战略思维的关键所在，不搞清楚 IP 的市场价值，自然就打造不出价值 IP，没有价值 IP，也就难有超级商业价值链的出现。当然了，迪士尼的一系列具有商业价值的价值 IP 特别是超级 IP 集群也不是一下子就能塑形成功的。但愿我们国内公司的价值 IP 战略思维能够突破短期效益屏障，走出一条价值 IP 生发与燃爆的 IP 品牌化新路。

说实话，如今国人掀起的“IP 热”真让人哭笑不得，一窝蜂地向貌似 IP 的东西狂奔过去。也不管是不是能塑形的 IP？更不顾是不是有价值的 IP？貌似 IP 到手，要啥都有，仿佛得 IP 者真的就可以得天下了。IP 虽然是个好东西，但不明就里的盲目炒作，就会把好端端的 IP 经给念歪了。既然都知道 IP 是知识产权，是文化内容，就要尊重它，更要爱护它。再者说，IP 并非个个都是可造之才，唯有价值 IP 才能变现超值。如果不思耕耘、不屑原创，甚至不做选择地将所有 IP 统统奉为至宝，必然误入歧途；窃以为随随便便淘来一个 IP 就能大发横财，到头来却鸡飞蛋打。总而言之一句话：只有兼具文化和产业价值的价值 IP 特别是超级 IP 才是“王道”！

虽然现如今的 IP 貌似已成“宠儿”，但 IP 绝非万能，如果对 IP 没有明确的认知，就很难在当下单纯追逐 IP 的热潮中独善其身。如果对 IP 的文化内容构建缺乏足够的重视，即使看上去很热门 IP 也很难获得市场的持续性认可。在市场实践过程中把 IP“搞砸”或被 IP“毁了”的案例比比皆是。足见，单纯利用 IP 带来的“粉丝经济”进行一次性开发，无疑是对 IP 的过度消费，不仅能毁掉一个本可以变现的价值 IP，还将毁掉人与 IP 之间的良性互动关系。

鉴于“IP 热”在中国一发不可收拾的现象，国外许多长期从事 IP 创作培育和 IP 开发利用的专家学者都给予了中肯的提醒甚或善意的批评，美国好莱坞著名编剧威廉·拉宾指出：“购买 IP 并不意味着万事大吉，这只是 IP 塑造的第一步。”的确，创作培育 IP 或者开发利用 IP 都还只是 IP 价值内核发生正能量裂变的必由过程，并非 IP 价值内核变现或价值成果转化的必然结果，只有在优质 IP 甚至爆款 IP 促使产品得以衍生性扩容或产业实现品牌化开发的长尾价值产生后，才能说优质 IP 或价值 IP 特别是爆款 IP 的终极目标实现了。

如果热衷 IP 的人们能够心平气和地看待 IP、对待 IP、善待 IP，就会在有效利用 IP 的过程中得到实惠。其实 IP 是个蛮可爱的东西，亦如知识产权对于尊重她的人们始终都有着超乎寻常好的回报一样。得到一个价值 IP 犹如发现一座金矿的说法一点也不夸张，因为价值 IP 的质量是高级的，高级质量的 IP 是具有无限魅力的。IP 源自创造；IP 以原创为主干线；IP 中的价值 IP 最为难能可贵。价值 IP 是一个故事的质量形态，首先，价值 IP 具备原创性、衍生性、互动性以及粉丝群；其次，价值 IP 能够与人们产生文化与情感上的共鸣，价值 IP 自带流量，价值 IP 是以具象化形象为载体的感情寄托。

许多人认为 IP 会是一个动画、一篇小说、一部电影、一首歌曲、一个新闻事件甚或一个人。但从 IP 成功塑形意义上讲，它们只是 IP 的一般载体，还不足以支撑 IP 所需的文化内容和价值内核。一个蕴涵强大的价值 IP 特别是超级 IP 之所以能在文学、音乐、动画、漫画、游戏、电影、电视剧、舞台剧、出版物以及文旅、非遗、舞蹈、戏剧、养生、武术等种类繁多的创意形态里游刃有余、高度契合，由文化内容和价值内核构成的价值 IP 的生发与燃爆是至关重要的。

如果从探究文旅价值 IP 特别是主题公园价值 IP 的基本形成出发，IP 的创意、创作、创想、创新以及价值内核的生发与燃爆过程就是决定文旅价值 IP 特别是主题公园超级 IP 能否成功塑形的完整过程，如果没有这个成功塑形的完整过程，价值 IP 便无从谈起。

从主题公园价值 IP 特别是超级 IP 价值内核的生发与燃爆的具体实践和成功案例来看，决定价值 IP 质量的是塑形，衡量是否成功塑形的标准是生发与燃爆的商业价值和市场效益。因此，价值 IP 成功塑形是关键，只有成功塑形才有价值 IP 的真正价值体现。

迪士尼的价值 IP“米老鼠”的成功塑形乃至成就为超级 IP 的全过程是这样的，一个米老鼠的文化内容构建和形象故事植入便衍生出了一系列的价值 IP 的价值增量溢出；华强方特的国民 IP“熊出没”的成功塑形也是这样，熊大与熊二以及光头强的价值 IP 成功塑形引发了“熊出没”超级商业价值的增量溢出。因为价值 IP 特别是超级 IP 的价值内核辨识度极高，商业符号认同度极强，使得价值 IP 富有一种极易打动人心的价值 IP 内容身份特质，使得价值 IP 具备一种自带势能和粉丝流量天赋，最终形成的是受众社群的市场标签。

无须举例说明，便可知晓：IP 之于文学，就是形象故事；IP 之于网剧，就是吸睛流量；IP 之于音乐，就是曲意大发；IP 之于电影，就是激赏剧情；IP 之于游戏，就是惊心炫酷，IP 之于文旅，就是内容构建；以此类推，IP 仿佛就是一个个具有万能生发与燃爆的神奇物体，其实不然，能够起决定性价值效能的只有为数不多的价值 IP。

说白了，IP 的形式可以是多种多样的，IP 的形态也可以是多姿多彩的；IP 既可以是一个完整的故事，也可以是一个概念。但就文旅价值 IP 特别是主题公园超级 IP 而言，仅仅只有概念是不够的。

其实，所谓概念并非都是编故事那么简单，概念是质量标的，更是价值标准，如果将概念诉求转化为效能追求，价值 IP 的生发与燃爆就是活灵活现的创意打造全过程。编故事也许是万里长征的第一步，但讲故事、演故事的呈现全过程就是一步一个脚印了。

（四）主题公园价值 IP 的人文特性

毋庸置疑，主题公园是最具人文特性的文旅产业形态。有人说主题公园是旅游企业，我以为，主题公园是文化企业。

若干成功运作的主题公园实践经验已经表明：独具魅力的人文特性和别开生面的文化内容是主题公园成功运作与健康发展的灵魂。迪士尼娱乐王国之所以能够在世界上很多国家都获得良好的商业价值和巨大的市场效益，一方面是迪士尼独具魅力的人文特性，另一方面就是迪士尼别开生面的文化内容。

所谓人文，是指人类文化中的先进的、科学的、优秀的、健康的核心部分，即先进的价值观及其规范。它的集中体现是：重视人，尊重人，关心人，爱护人。简而言之，人文，即重视人的文化。人文是广义讲，泛指文化；狭义讲，专指哲学，特别是美学范畴。

人文的分类，是一个简单而又烦琐的事情。说它简单，是因为人文的核心是

"人"，只要这个事物的出现跟"人"的活动有关，就可以作为一类罗列出来。说它复杂，是因为"人们"的生活方式与习惯不仅有区域的限制，还有时间上的不同。这就造成了人们认知上的不同。因此，其产生的文化是不一样的。

人文，作为人类文化的一种基因，作为一种朴素的习惯和意识，古已有之，无论是西方还是东方，无论是中国还是外国。但是，作为一种社会潮流，作为一种普遍的文化，即更多的人、更大的人群共同具有并更为稳定的价值观及其规范，则始于我国春秋时代（傅斯年先生早已指出：春秋时，人道主义固以发达），通过阿拉伯人在12世纪传到西西里的罗杰二世与英格兰的亨利二世的朝廷，昌明于15～16世纪的文艺复兴时期，形成于17～18世纪的约翰·洛克、亚当·斯密和法国启蒙运动，以及美国的独立宣言和法国的人权宣言时期，反思于19～20世纪初的马克思、尼采、罗素所处的时期，发展于20世纪中后期的现代时期。在人文的发展时期，联合国的两个人权宣言则是人文走向法制化、国际化的标志，而马斯洛的需求层次论和自我价值的实现，则是现代人文思想最杰出的代表。

中国的人文思想同中国的传统文化一样源远流长，博大精深。早在西周时期，中国的人文精神就已萌芽。"人文"一词最早见于《易经》："观乎天文，以察时变；观乎人文，以化成天下。"儒家思想对中国人文思想的形成产生了重要的影响。儒家经典《孟子》《大学》《中庸》《论语》，以及《周易》《诗经》《尚书》《礼记》《春秋》，也就是人们常说的四书五经，是对儒家思想与中国人文精神系统而又完整的阐述。当然，中国的道教和佛教文化对中国的人文精神的形成也产生了一定的影响。中国的人文精神在探讨人与自然、人与社会、人与神灵以及自身道德与欲望的关系中，不是一成不变的，而是在不断发展和完善的，因而它具有了强大的生命力，不论是在过去还是在现代或是将来，都为人们或将为人们解决人与自然、人与社会诸多方面的问题提供智慧和理论依据。

如果从人文特性的角度剖析主题公园的属性，我们不难发现，主题公园首先是文化企业，其次才是旅游企业，因为主题公园几乎包容和涵盖了人文所涉及的所有内容——文化（文学）、艺术（美术、电影、音乐、神话、舞蹈、戏曲）、美学（跨学科的哲学、艺术、心理、伦理、文学）、教育（学术、科学、素质以及礼仪素养品德）、哲学（宗教、思想）、国学（诸子、易学）、历史（中国、外国、世界）、社会（人权、政治、经济、军事）、娱乐（开心、快乐、喜悦、放松、宣泄、刺激、冒险、惊悚）以及人本主义等。实际上，主题公园所提供给大众消费者的产品是一种以游乐方式实现开心消费的文化产品，是一种充满人文特性的文旅深度融合体验。

当一个主题公园明确了主题之后，如何将主题的各个要素串联起来，这就是战略性的定位与布局问题，而讲故事，形成 IP，不失为一条走向成功的科学路径。故事性是支撑文化的载体，生动的人物，鲜明的个性，动人的事件，感人的故事，故事即 IP，一个故事的自成一脉、多个故事的布点成线以及真实故事的虚拟化；等等。

如果把主题公园作为文化内容享受和旅游消费体验的产品制造商来加以分析，我们会进一步发现主题公园应该或能够提供给游客的文化内容享受和旅游消费体验大致具有以下几种特性：

（1）需求性。人的需求是分层次的，并且需求的产生和满足是由低向高阶梯式上升的，也就是说，当低层次需求没有得到满足的时候，更高级的需求则不会产生或者无法得到满足。人的最低层次的需求是生存的需求——即基本生活需求及安全需求，其次才是诸如自尊、被爱等基本的精神需求。由于主题公园娱乐活动产生的前提条件是人们必须有闲暇时间，有剩余收入，并且有较好的心情。因此，只有当人们解决了温饱问题，甚至在社会上已得到应有的尊重之后才会产生娱乐的需求，并且这种需求不是生活必需，某一时段可能需求量会很大，而另一时段的需求量却又可能很小，甚至会完全没有。

（2）主题性。主题公园，简言之就是有主题的公园。主题公园（我国的《公共服务领域英文译写规范》2017 年 12 月 1 日起正式实施。主题公园标准翻译为：Theme Park），是根据某个特定的主题，采用现代科学技术和多层次活动设置方式，集诸多娱乐活动、休闲要素和服务接待设施于一体的现代旅游目的地。林焕杰在其所著的《中国主题公园与区域经济》一书中提到——美国国家娱乐公园历史协会认为，主题公园是指：乘骑设施、吸引物、表演和建筑围绕一个或一组主题而建的娱乐公园。此外，保继刚等在其所著的《主题公园研究》一书中也指出：主题公园是具有特定的主题，由人创造而成的舞台化的休闲娱乐活动空间，属于休闲娱乐产业。由此可见，主题公园首当其冲主打娱乐活动和休闲要素的主题性是确定无疑的，至于说是一个主题还是多个主题，则是主题公园架构者的设计和选择。

（3）目标性。主题公园的游乐方式是独特的，也是最具个性化旅游特质的。从旅游的基本形态而言，旅游是人们为寻求精神上的愉快感受而进行的非定居性旅行和在游览过程中所发生的一切关系和现象的总和。人们在紧张繁忙的工作之后，利用有限的空闲或固定的假期，经过预先的筹划与准备，奔赴一个情有独钟的目的地或进入一种可以使身心放松的场所，这种旅游的目标性是十分明确的。主题公园就是人们最喜欢也最容易选择成功的旅游方式，主题公园里面有各式各样供人们尽情玩乐的设施设备，不仅有摩天轮、过山车、海盗船等小朋友喜欢的常态化游乐设施设备，还时不时地会有一些充满高科技与创新性的另类游乐设施设备供年轻朋友玩乐。此外，主题公园里还有许多情境式的故事剧情体验项目和场景式的浪漫唯美激赏剧目，这些主题公园所特有的文化内容构建和形象故事植入的旅游形态构成，使得主题公园越来越具有与游客产生深层次情感勾连的黏性，也使得主题公园成为大众消费者越来越喜欢去的目标性十分明确的地方。

（4）社会性。主题公园的娱乐活动可以一个人或几个人结伴进行，也可以大人小孩合家游乐。主题公园需要有很多或很复杂的游乐设施，需要安排布局一些适合不同年龄段游客的娱乐项目，特别是趣味性、历险类的大型项目，这些游乐内容都是娱乐者在家里不可以实现的。

在研究中我们发现，大多数娱乐者期望从娱乐活动中获得的不仅仅是娱乐行为得以实施的本身，更重要的是希望在娱乐活动过程中寻求到一种与工作时完全不同的气氛，一种能够使自己暂时忘却日常生活中的自我的一种境界，即在活动中不由自主地放松精神，从而得到全身心的休息和无拘束的宣泄。这种游乐效果的取得往往需要主题公园这种非同一般的社会环境和竞争气氛，特别是有分享快乐的朋友和共同快乐的家人，分享快乐与共同快乐并驾齐驱。

（5）享乐性。由于现代生活节奏的加快，日常生活单调而紧张，人们在工作日的生活越来越程式化，终日奔忙于工作及基本生活需求之间，许多哪怕是极简单的额外活动对大多数人来说都难得为之。因此，进入主题公园进行有丰富文化内容的娱乐就变成了十分有趣且极具吸引力的休闲活动。现如今主题公园娱乐活动的内容越来越丰富、范围越来越广阔，不仅涉及游乐、游戏、游艺，还涉及歌舞、演艺、巡游，甚至涉及了养生、健体、美育。一些过去只能在电影里看到的故事画面和惊艳场景也在主题公园里变成了或互动式或沉浸式的娱乐。其实，主题公园就是这样一个将娱乐风景区、游乐体验区、演艺激赏区以及旅游服务的诸种元素相结合的享乐空间，以特定的文化主题为框架，以多彩的娱乐设施为热点，创造出各式各样且不同寻常的娱乐活态，极大限度地满足不同消费人群的享乐需求。

（6）时代性。在不同的历史阶段，人们的生产劳动方式不同，所感受到的疲劳和压力也不同，采用的娱乐方式也会不同，就像传统的娱乐方式如看电影、听音乐等已不能完全适应当代的娱乐需求一样，就像现代的休闲方式如追求田园生活、体验时尚运动甚至疯歌狂舞等也无法完全达到激情澎湃的情感宣泄一样。仿佛只有置身于主题公园的魔幻情境之中，才能抵消快节奏的繁忙工作带给人们的身心疲惫和精力消耗；貌似只有经历了主题公园的激情澎湃时光，才能忘却平日里那种无可奈何花落去的莫名烦恼和持续紧张。因此，我们有理由确信，根植于主题公园的娱乐活动有着极为强烈的时代性烙印，是时代的发展与进步将人们审美情趣和价值取向的不断变化与主题公园紧紧地链接在了一起。反过来，主题公园的娱乐活动又以大众消费者喜闻乐见的方式与大时代的人们息息相关、脉脉相拥。

（7）专门性。由于主题公园娱乐活动是人们有意识地追求精神平衡、精神休息和分享快乐、共同快乐的特殊手段，因此，主题公园中的大多数娱乐项目是经过精心设计和专门发明的。几乎每一项娱乐项目和游乐活动都需要特殊的不可替代的设施设备，并且需要一定规格的场地、环境、氛围和器材，需要有主题公园被社会公认的游戏规则，甚至专门的主题公园经营理论、技术和技巧、手段。这种规范化的经营管理不仅为公众提供适用的设施、设备，保证这些设施、设备得到正确的充分的利用，更包括为使用这些设施、设备的所有娱乐活动的参与者提供有关的专门服务咨询和专门技术指导。

（8）国际性。随着高新科技在社会生活各个方面的广泛应用，国际性的文化交流日益广泛，各国文化相互渗透，人们思想开放，乐于接受有别于自身传统的生活方式和价值观念。世界著名的预测专家、未来学家、美国的李斯比特和阿伯迪妮在《大趋势》中早有预测，21世纪将出现生活方式全球化的趋向，人们将用越来越相似的方式进行日常生活和娱乐活动。因此，每当一种好的娱乐方式被创造出来，即使它是具有独特异国风情的娱乐方式，哪怕它是充满浓郁民族风格的游乐形态，只要人们认为它是有益于身心健康的，是令人尽享欢乐与幸福的，是妙趣与惊奇相依相伴的，就会以极快的方式向境内外传播，风靡全世界，使旅游者在异地他乡也可以很容易地发现自己所习惯的那些娱乐活动。这就是主题公园娱乐活动的国际性。

文旅价值IP基本形成的三个关键词：IP源自创造；IP以原创为主干线；IP中的价值IP最为可贵。

五、价值IP的原创精神

（一）价值IP的原创精神构成

话说价值IP的原创精神之前，必须首先说说何为原创？

所谓原创，即独立完成且具有独创性的创作；单从字面意思看上去，其释义和解读不外乎就是原始、原生或原发的创作。

所谓原创作品，也就是创作或发明出来的全新作品。

对于原创一词的释义，曾参阅过包括《大英百科全书》在内的国内外多种辞书，但一直未能找到相对权威或靠谱的释义。

后来在网络检索的过程中，发现在百度百科里有些许关于原创一词的释义，其释义还算清晰明确。因此，不妨借用一二。

（1）原创是对既定参照物的怀疑与否定，是在刷新固有的经典界面之后呈现出破土而出的生命气息，是在展现某种被忽视的体验，并预设着新的可能性；原创是可经过、可停留、可发展的新的存在，是新的经典的原型，具有集体共识的社会价值。原创是创作或发明出来的全新东西，原创是独立完成且具有独创性的创作。

（2）原创不是对既定状态的完善与提升，也不是对已有的存在的另类注解；注解可以发展原创，但不产生原创。原创也不是形式的突围表演，不是先锋理念的夸张与变异；反叛的行为具有对既定秩序与价值的否定，但不指向原创。

（3）原创是模仿与抄袭的反义；模仿与抄袭同样具有上升性，但是连续性上升；原创是蜕变，具有非连续性特点。

（4）原创排斥模仿与抄袭，模仿与抄袭是原创的非必然经历；只有拒绝抄袭，才有新创造。

（5）原创是传统的挑战者，原创质疑传统，并悬置传统；原创的目标是制造新的传统。

（6）原创不反对传统；原创以传统为参照物而传承并更新着传统；原创具有唯我性，但不具有排他性。

（7）原创是来自作者的灵感。

总之，原创精神，即坚持“独立完成且具有独创性的创作”的精神，原创精神是排斥模仿与抄袭的一种创作态度。

完全可以这么说，原创精神是人类社会发展的推动力，是创作生态繁荣的助燃剂。原创精神的缺失，犹如无本之源，无根之木，创作之源终将会迎来枯竭的一天。原创精神的缺失，亦如习武之人武功渐废，少了精进，多了懈怠；少了革新，多了陈俗。没有原创精神，人才难以辈出，“精品”不再重现，取而代之的是哗众取宠、投机钻营的蔚然成风。因此，要实现中国原创 IP 特别是价值 IP 由量变到质变，对原创精神的坚持是必需的，对原创精神的尊重也是必需的，没有原创精神就没有 IP 的存在，更不可能有价值 IP 的存在。

（二）价值IP的原创精神本真

原创IP特别是原创价值IP代表的不仅是“独立完成且具有独创性的创作”内容文字的不同，而是超凡灵感激发和文化内容构建的不同，更是原创作者灵魂深处蕴藏已久的原生爆发力的不同。超凡灵感激发是IP达成原创的必须，没有超乎寻常的灵光乍现就不可能形成IP，更不可能成就价值IP，否则随便什么人脑筋一转弯就能形成一个IP。文化内容构建是IP成功塑形的要件，没有文化内容的“丰满性感”就不会有价值IP，而看上去总像有“生理缺陷”似的IP则难以成功；蕴藏于原创作者灵魂深处已久的原生爆发力是IP质量与价值实现飞跃的关键，没有原生爆发力的一飞冲天就达不到价值IP所需要的高度。

所谓本真，原指事物的本源、真相；天性、原始状态。亦指真实的、不加任何修饰的内心世界及外在表现。原创精神的本真是原创最为可贵之所在，没有本源、真相，原创无从谈起；没有天性、原始状态，原创无以立足；原创IP特别是原创价值IP正是以本真为立命之本。本真并非虚无缥缈，而是建诸于原创基点上的匠心独具。

在崇尚原创精神本真的迪士尼娱乐王国里，对超凡灵感激发和文化内容构建的重视程度始终位于顶层设计层面。沃尔特·迪士尼先生在其一系列原创IP特别是价值IP创作的全过程之中，自始至终坚持一丝不苟、精益求精、匠心独具的创作态度，为了实现自己的梦想，他会毫不犹豫地采取一切维护原创精神本真的果敢行动。“梦想、信念、勇气、行动”八字箴言就是迪士尼原创精神的永恒坐标。

曾经多年担任迪士尼公司幻想工程创意总监的马蒂·斯克拉力先生，在他的《造梦者：迪士尼如何点亮神奇的创意》一书中，提及他在领导迪士尼幻想工程师团队期间坚持原创精神本真的心得，以及参与上海迪士尼乐园创建过程中处理传统与革新关系的体会。

他说：“设计这座乐园时，我们仍然沿袭传统的迪士尼技术，但也革新了61年前沃尔特·迪士尼建造迪士尼乐园时首创的一些理念和方法。这座迪士尼主题公园是特别为中国量身打造的。踏入乐园那一刻，游客们就会明白自己已经进入了别样的天地……这里充满了经久不衰的迪士尼故事和乐趣，现在和未来的中国游客都会乐在其中。”（马蒂·斯克拉，2016）

从迪士尼坚持奉行的一体化IP原创精神和一系列价值IP战略架构中不难看出，一个好的IP特别是价值IP的塑形完成，需要同时具备原创精神本真的三个基本条件：

（1）故事一定要足够打动人心，必须能与消费者建立起一种特殊的情感连接。同时，要充分体现迪士尼的价值观和原创精神的本真。例如，在 IP 成功塑形方面，迪士尼早期创作的米老鼠、唐老鸭、高飞、小熊维尼等，都是以故事一定要足够打动人心为收视效果量化标准的，将 IP 赋予人性是第一要务，使故事与观众之间产生情感交融。“米奇是一位好先生，从不害人。他常身陷困境，但最后总能化险为夷，而且面带笑容。”这是“米老鼠之父”沃尔特·迪士尼先生对米老鼠的评价。

（2）IP 的内容要有持久性及延展性，并能跨区域运营。例如，在原创 IP 文化内容构建和形象故事植入的持久化及延展性方面，迪士尼的公主系列较有代表性。从第一期的白雪公主开始，到现如今最新版的公主故事，大家可以看到迪士尼的原创 IP 形象总是在不断变换花样，总想着不断推陈出新，一手抓强化经典，一手抓与时俱进。

早期迪士尼的公主形象，几乎都是美丽、柔弱、被动的，是要等着王子来搭救的；最近几十年，随着女性力量的崛起，迪士尼的公主形象也开始向着能够掌握自己的命运并且独立、勇敢的方向转变着。但无论公主形象如何变，富于原创精神的本真永远都不会变。

（3）必须能在多触点、多平台、多链条上衍生运营。例如，漫威系列，这也是迪士尼公司收购最成功的一个超级英雄案例。此前，香港迪士尼乐园就已经引入了钢铁侠主题的游乐设施“铁甲奇侠飞行之旅”。接下来，香港迪士尼新园区还要增设“蚁人与黄蜂女”的主题游乐设施。此外，迪士尼公司还跟网易公司合作，将联手打造国内首家漫威正版漫画的数字刊载平台，一次性引入包括《银河护卫队》《超能蜘蛛侠》《美国队长》在内的 12 部漫威作品。再有，迪士尼与小米共同开发漫威主题的合作也在进行之中。如此多的合作能在多触点、多平台、多链条上衍生运营，原创精神的本真功不可没。

（三）IP 的原创精神价值

众所周知，迪士尼是全世界拥有原创 IP 最多的公司，其中许多原创 IP 都是超级的甚或是超级巨量的，这无疑是一种可持续健康发展的生产力，而每一个 IP 的衍生品又将支撑这个 IP 不断发展和持续存在。

在 1928 年的某一天，沃尔特·迪士尼与他的设计师们一起讨论，如何创作一个更可爱的卡通形象。把耳朵变圆，给短裤加上纽扣，给大脚穿上鞋子，双手戴上手套，再加上一条可爱的尾巴……。不一会儿，一个可爱的老鼠形象跃然纸上。迪士尼眼前一亮，就是这只小老鼠！这不仅是米老鼠的诞生过程，更是原创 IP 及原创精神的价值体现过程（安迪·斯坦因，2014）。

在漫长而艰辛的创作道路上，沃尔特·迪士尼坚持原创精神和追求原创精神价值的一系列举措，自始至终都是支撑迪士尼娱乐王国从小到大、由弱到强不断发展壮大乃至成功登顶的不二秘诀。

从一只米老鼠的诞生，到一个娱乐王国的建立；从几个立命安身的原创 IP 的横空出世，到一系列功勋卓著的超级 IP 的集体发力。不能不说是沃尔特·迪士尼先生一以贯之坚持原创精神的巨大胜利，不能不说是迪士尼公司不断追求原创精神价值最大化的巨大成功。虽然经历艰辛，但迪士尼从未停止坚持原创设计，也从未降低作品的品质。它固守着主题公园永恒生存的发展精神——创新和品质。

随着中国改革开放的日益深入，市场经济秩序的成熟度越来越高，知识产权保护的认知力越来越强。特别是近年来，原创精神可以说是充溢在我国的各行各业，洋溢在社会的不同角落。对原创精神的弘扬、褒奖和激赏，的确为中华民族的伟大复兴带来了无可限量的原动力。就文旅产业而言，原创精神堪称可持续健康发展的根本推动力，原创精神的价值溢出效应印证着颠扑不破的市场硬道理。没有原创精神，就没有产品质量和品牌价值的真正绩效体现；没有原创精神，整个文旅产业可持续健康发展的诸多方面都会陷入被动。而没有对原创精神的价值认同，抄袭、山寨甚至剽窃行径就会泛滥成灾，行业与市场就会遭殃。

今天，我们论道 IP 原创精神的价值，不能不提及 2012 年腾讯提出的泛娱乐战略，这个泛娱乐战略就是以 IP 为核心，提出围绕 IP 授权，展开多领域、跨平台的商业拓展。打破不同产品的运营边界，实现资源的共享和产品间的联动，围绕 IP 构建一个基于内容的生态体系。在前不久的第 13 届北京文博会上，文博会组委会和瞭望智库联合发布了国内首份通过文化价值及产业价值，全面评价文化 IP 的研究成果《面向高质量的发展：2017 ~ 2018 年度 IP 评价报告》。报告中提出：IP 必须既具有产业价值（经济效益），也有文化价值（社会效益），缺一不可。我以为，IP 产业价值和文化价值的完美呈现离不开 IP 原创精神的价值挥发。

无数成功实践案例说明：IP 原创精神的价值挥发就是助推 IP 产业价值和 IP 文化价值完美呈现的催化剂。没有 IP 原创精神的价值挥发，产品质量和品牌价值的真正绩效无从谈起；没有 IP 原创精神的价值体现，文旅产业可持续健康发展的诸多方面都会陷入被动；而没有对原创精神的价值认同，抄袭、山寨甚至剽窃行径就会泛滥成灾，行业与市场就会遭殃。时下，国内文旅产业的同质化竞争态势依旧激烈便是佐证。

（四）主题公园价值 IP 的原创精神价值变现

如果从主题公园价值 IP 特别是超级 IP 的原创精神价值变现的维度出发，对主题公园若干具体实践和成功案例加以分析与解构，我们不难发现，在将几乎所有重要的价值 IP 统统收入囊中以外，迪士尼在原创精神价值无极限的核心思想指导下，不断地发展与扩大其价值 IP 特别是超级 IP 集群的保有量。不仅《冰雪奇缘》《疯狂动物城》《奇幻森林》等大热影片票房大收，而且其衍生品链条上的一系列价值变现动作更是带来了财源滚滚的效益最大化，光是《冰雪奇缘》中的裙子一年就能在迪士尼乐园中创下 4.5 亿美元的销售额，更不要提收购皮克斯和漫威旗下的价值 IP 衍生品获得的巨大收入了。

就中国旅游市场的具体情况而言，我们知道，当一个国家的人均 GDP 达到 5000 美元的时候，旅游休闲产业将会迎来爆发式增长。果不其然，早已盯上中国市场的迪士尼通过上海迪士尼度假区的布局，实现了自己的原创价值 IP 特别是超级 IP 价值变现。说实在的，就 IP 变现而言，迪士尼绝对堪称驾轻就熟的市场老手，但是面对庞大的中国市场，已有诸多原创 IP 特别是超级 IP 变现手段的迪士尼，似乎永远都不满足其“原创精神价值无极限”的价值变现胃口。

其实，上海迪士尼乐园承担的就是将迪士尼价值 IP 特别是超级 IP 集群的价值变现扩容至最大化的任务。从实际效果上来看，上海迪士尼乐园就是将动漫、电影等娱乐、休闲产业链上的各种要素统统整合起来，不仅让游客在迪士尼乐园中体验多种多样的游乐项目和激赏美轮美奂的演艺剧目，而且让游客在乐园里可以随心所欲地与迪士尼动画片中的人物亲密接触，还让大众消费者可以在商店里购买到各种类型的迪士尼纪念品和镌刻着迪士尼文化烙印的衍生品（马蒂·斯克拉，2016）。

随着诸如环球影城、六旗娱乐等一系列国际品牌主题公园在中国的商业扩张和战略布局，以及国内主题公园纷纷效法迪士尼等国际知名主题公园品牌的商业模式，主题公园超级 IP 的原创精神价值变现已逐渐成为国内主题公园从业者获取经济效益最大化的普遍共识。当然了，要想真正实现主题公园价值 IP 的原创精神价值变现，必须确保价值 IP 的创作培育、生发燃爆和开发利用的源源不断。

IP 的原创精神变现是与 IP 的商业价值变现相生相伴的。现如今，了解 IP 创作培育和开发利用的业内人士大多已经明白，IP 的价值变现过程其实是一个文化产业链融会贯通的过程，当一个 IP 在一个领域崛起，要实现其价值变现，就要将其扩容、壮大并衍生到其他领域去，通过两次、三次甚至接二连三的反复创作，从一个价值 IP 发展壮大成一个价值 IP 体系，从一个品牌发展壮大成一个品牌集群，最后形成一个价值变现的整体或品牌化衍生完整体系。迪士尼、环球影城就是这么做的，方特、宋城也准备或正在这么做。

价值 IP 原创精神的三个关键词：（1）价值 IP 原创精神不可或缺；（2）价值 IP 原创精神的本真尤贵；（3）价值 IP 原创精神的价值无极限。

六、价值 IP 的生发燃爆

（一）价值 IP 孕育产生的全过程

前面讲到了，IP 源自创意、创作、创想、创新以及价值内核的生发与燃爆这一创造性的全过程，这一系列动作过程也就是 IP 孕育产生和创作培育的全过程，亦可称之为 IP 孵化的全过程。整个全过程，创意是起始，一个 IP 的萌芽往往就是创意的一点点火花、一丝丝温度。火花尽管只有一点点，但是灵光乍现创意尤为珍贵；温度尽管只有一丝丝，或不足以温暖全世界，但却足以暖活创意者怦怦跳动的小心脏。创作是开端，一个 IP 的萌芽必须经过相对严格的构思规程才能完成价值 IP 成功塑形所需的动态结构创作；尽管创作是创意形成之后的第二阶段，但却是价值 IP 成功塑形最为关键之所在。

说到构思规程，必须先说构思。所谓构思，也是神思，是一个呈现着系统性的、有中心及层次的、物化的整体性思维活动。构思是创作活动和应用创作活动中承前启后的一个环节，对决定创作成果水平的高低有着重要作用，是创作者在孕育和创作作品的过程中所进行的思维活动。这种思维活动是在创作者想象中形成的、贯穿着一定思想的关于作品的内容和形式的总观念。所谓规程，简单说就是“规则 + 流程”。规则是工作要求、规定、标准和制度等；流程是为实现特定目标而采取的一系列前后相继的行动组合，也是多个活动组成的工作程序。因此，规程可以定义为：工作程序贯穿的标准、要求和规定。

构思规程是 IP 个性孕育的关键所在。例如迪士尼“米老鼠”IP 的构思规程就是从一只小老鼠的可爱动画形象作为创作诉求予以切入，如何把耳朵变圆，给短裤加上纽扣，给大脚穿上鞋子，双手戴上手套，再加上一条可爱的尾巴……。

从小老鼠发展演变为米老鼠的苦思冥想创意过程肯定是漫长的，尽管期间会有灵光乍现的火花，但创作过程必须经历的艰辛是可以想象的。例如华强方特的“熊出没”IP构思规程是以“熊”的形象作为创作诉求予以切入的，如何刻画熊大的聪明才智？如何表现熊二的好吃懒做？以及熊大、熊二兄弟如何想方设法对付光头强？首先，熊大、熊二兄弟的价值IP形象塑形是构思规程的关键所在，接下来才是光头强的价值IP应运而生。

动态结构是价值IP创作核心肌理的组成特点，亦是价值IP贵为知识产权的性格特征；动态结构是关乎价值IP成为智慧结晶，创作成果，科学呈现的技术性特质，更是实现价值IP文化内容构建和形象故事植入的柔性化特色。

所谓动态，指事情或事物活动、变化和事态的发展、演化；亦指艺术形象表现出来的活动神态；也指运动变化的状态或从运动变化的状态中考察事物。价值IP的动态可以把握，可以感知，可以理解。

所谓结构，指各组织成分的搭配、排列或构造、安排。结构既是一种观念形态，又是一种运动状态。结是结合之意义，构是构造之意义，合起来理解就是主观世界与物质世界的结合构造之意思。

尽管我们并不能完全了解到每一个IP完成塑形的创意、创作具体过程，毕竟现如今看在我们眼里的IP特别是价值IP都是已经成功塑形的。但是，如果我们对那些完成塑形的IP背后创意、创作、创想、创新以及价值内核的生发与燃爆故事进行认真分析和仔细解构的话，便能发现每一个IP特别是价值IP完成塑形的创造性过程都是漫长而艰辛的。我们还是以迪士尼的超级IP“米老鼠”为例，据PBS纪录片《美国印象：沃尔特·迪士尼》介绍，米老鼠米奇的前身是1927年沃尔特·迪士尼和伍培·埃沃克斯创造的动画形象“幸运兔子”奥斯华，在奥斯华的版权被环球影业窃取后，沃尔特·迪士尼与他的合作伙伴伍培·埃沃克斯商议，再创作一个新的动画形象来“夺回”奥斯华。伍培·埃沃克斯先后设计出一只青蛙，一只奶牛和一匹马的卡通形象，但沃尔特·迪士尼统统都不满意。再后来，伍培·埃沃克斯在创作过程中渐渐发现了一个有意思的规律：用一只大圆做人物的头部，如果加上三角形的耳朵就是一只猫，加上长长的耳朵就是一只兔子，加上圆耳朵就是一只老鼠。考虑到市场上的卡通猫已经够多了，于是他在大圆上加上了大圆耳朵，尖尖的嘴巴，又加上了梨形的身体和细长的四肢，便成了“米老鼠”最初的形象。

其实，每一个IP形象特别是价值IP形象的诞生都是这样的，起初的创意可能只是一个模模糊糊的轮廓形象，接下来的创作或许也只是几幅支离破碎的轮廓形象或塑形零件的下意识拼接；但随着时间的推移，创作不断，创想便插上了翅膀，创造也逐渐有了结果。

（二）价值 IP 价值内核的发爆力

有人说：是中国人让 IP 见了天日，轰轰烈烈的 IP 运动如火如荼；也有人说：是中国人把 IP 推向了智慧价值变现的巅峰，得 IP 者就能得天下；更有人说：IP 的全新概念不仅是中国人发明的而且是让世界惊艳的 IP 伟光正之所在。的确，说 IP 伟光正，一点儿都不过。

但是，只说 IP 的伟光正是不足以服人的，IP 究竟从哪里来？到哪里去？还是要搞清楚的。其实，IP 并非出自网络文学兴起，所有涉及创作的种类如电影、音乐、戏剧、娱乐、文旅等任何一个创作母体都可以孵化出一个 IP，但并非随随便便一个 IP 都能变成摇钱树，毫无价值的 IP 比比皆是，能成摇钱树的 IP 一定是价值 IP。价值实现的关键在于 IP 必须具有持续性生发燃爆和产业化运作思维以及坚持不懈的原创精神，价值 IP 的产业化运作是价值实现的关键。

如果一定要论价值 IP 特别是超级 IP 谁最伟大？谁最超值？迪士尼无疑是老大。但即使是老大，它的价值 IP 也并非一生下来就是个顶个的好东西，毕竟塑形是个艰难的创作过程。前面已有过大量的列举说明了这个道理，价值 IP 特别是超级 IP 的孕育产生过程是艰辛的，丰满成熟过程也是漫长的，价值 IP 的塑形成功是在不懈追求，不断创新，不厌调整变化，不惧推翻重来的过程中成功实现的。

例如迪士尼娱乐王国早已功成名就了，但不甘人后的迪士尼还在不断地上演着价值 IP 特别是超级 IP 形象故事的更新换代，“加勒比海盗——沉落宝藏之战”余波未平，“潘多拉阿凡达世界体验所”又要烽烟四起了。例如本来已是豪门贵胄，可环球影城依然继续开发更热门的 IP 形象故事，“变形金刚 3D 虚拟过山车”“侏罗纪公园激流勇进”还觉得不够刺激，又开发了“哈利·波特魔法世界”。

我以为，在主题公园或旅游景区进行价值 IP 的文化内容构建和价值 IP 的形象故事植入是能否祭出超级 IP 的关键环节。因为，经典的文化内容和惊艳的形象故事，都是实打实的吸睛卖点。

就文旅价值 IP 特别是主题公园超级 IP 而言，价值 IP 的文化内容构建和价值 IP 的形象故事植入是重点。人类大脑天生善于故事记忆，而形象故事比一般口述或书面故事更加威力巨大，是性价比较高的吸睛利器，是最容易唤醒和激活游客画面记忆的亲近手段。

无论是迪士尼、环球影城，还是方特、长隆、宋城、欢乐谷、嬉戏谷、恐龙园，等等，统统都是以形象故事植入来加速价值 IP 的内核生发与燃爆的。看到眼前的形象，就会泛想曾经或未见过的故事。当然了，在价值 IP 特别是超级 IP 成功塑形的全过程当中，文化内容构建功不可没，毕竟所有的形象故事都发端于文化内容。

在主题公园价值 IP 特别是超级 IP 的总量拥有方面，迪士尼不仅有《米老鼠》《唐老鸭》《白雪公主与七个小矮人》《小熊维尼历险记》《狮子王》《冰雪奇缘》《海底总动员》等多部至今依然流行的经典动画 IP；还通过对皮克斯、漫威、卢卡斯的三次收购，使其电影 IP 资源几近完美，漫威《超级英雄》系列电影 IP 和卢卡斯《星球大战》系列电影 IP 都是风靡全球的超级 IP；2011 年又从卡梅隆和 21 世纪福克斯手中拿到了《阿凡达》合作权；近几年推出的《超能特工队》《疯狂动物城》等动画电影效果也不错；2017 年更有《汽车总动员 3》《银河护卫队 2》《加勒比海盗 5》《星球大战 8》等多部以 IP 形象故事植入迪士尼乐园的电影隆重推出。

相比迪士尼大量自主开发的价值 IP 特别是超级 IP，环球影城无论在价值 IP 资源总量，还是自主开发的超级 IP 数量上都难以与迪士尼抗衡。在环球影城主题公园里广受欢迎的游乐项目很多都是通过第三方 IP 授权的方式进行合作开发的。例如，与 J. K 罗琳和华纳兄弟合作的“哈利 · 波特魔法世界”；与索尼和漫威合作的《蜘蛛侠》；还有从 20 世纪福克斯获得授权的《辛普森》；从派拉蒙获得授权的《星际迷航》等。最新合作引入的超级 IP“任天堂”同样也是以第三方授权进行合作开发的，将“任天堂”风靡世界的游戏，如“超级马里奥”这样的超级 IP 人物形象、动态场景和形象故事植入“超级任天堂世界乐园”的创意打造。

到这里，可以说我们已经抵达价值 IP 核心价值观的最顶层。这个所谓的最顶层，就是超级 IP，也就是价值 IP 的集大成。一个成功塑形并赢得绩效的价值 IP 特别是超级 IP，必须具备应有的基因元素和价值要素，如性格特征选择、风格特质标定、人格特点适配以及文化内容构建、形象故事植入、动态情节发展等，其中的某些元素和要素都有可能被调整和更改，但真正具有通灵性的核心价值观——原创精神是永远不会被调整和更改的。其实，价值 IP 不仅有灵性，还有人性。说它有灵性，皆因它是智慧结晶、创作成果、科学呈现；说它有人性，只缘它是由人以创意、创作、创想、创新的方式创造而成的。足见，从价值 IP 成长为超级 IP，核心价值观起着决定性作用。

（三）价值 IP 生发燃爆的突破口

现如今的中国早已被各种信息革命的大爆炸所肢解。同时，网络经济持续不断的各类“兴奋剂”始终刺激着的中国。例如“眼球经济”“网红经济”“IP 经济”“区块链经济”等。其中“眼球经济”是依靠吸引公众注意力获取经济收益的一种经济活动。在强大媒体社会的推波助澜下，“眼球经济”比以往任何时候都要活跃。电视需要“眼球”，收视率高电视台才有经济利益；杂志需要“眼球”，发行量是杂志社的经济命根；网站更需要“眼球”，点击率是网站价值的集中体现。当然，旅游同样也需要吸引“眼球”。“眼球经济”也叫注意力经济，有学者说：获得注意力就是获得一种持久的财富。

IP 经济，也可称之为粉丝经济或流量经济，其核心是以成功塑形的 IP 特别是价值 IP、超级 IP 为经济靶向并通过粉丝流量进行商业变现的一种新经济现象。我们知道，只有成功塑形的 IP 才是真真正正成活了的 IP，只有成活了的 IP 才能叫 IP，那些连成型都没实现的充其量只能被称作“IP 胚”或“IP 雏”，胚，是胚胎的胚，但没有成胎；雏，是雏形的雏，也还没有成型。想想看，IP 既然是知识产权，既然是文化内容构建的载体，既然是形象故事植入之所在，那么没有成活甚至没有成型的 IP 胚胎和 IP 雏形又怎么可以称为 IP 呢？因此，必须是成功塑形的 IP 才能称为 IP，才具有知识产权的资格和权属，才会发散出价值甚至超值的光芒。

IP 经济模式早在 20 世纪中期就已出现。当时的做法主要是把文学作品转化为影视作品，通过上映获取票房收入，其形式相对单一。随着人们的认知发展和科技进步，更多 IP 经济绩效溢出模式陆续出现，例如通过文化内容构建和形象故事植入的方式打造漫画、电影、游戏、周边产品等。IP 衍生的商业链条逐渐形成，IP 经济的市场模式趋于成熟。许多人之所以把 IP 经济称为粉丝经济，其实是有一定道理的，两者的核心都是通过粉丝实现效益变现。当然，并非所有 IP 都能通过变现来实现经济效益。即便是人气爆棚的超级 IP，如果走不好商业化道路，拓不开多元化市场，人力、物力的投入与开发跟不上也是白搭也会前功尽弃。

时下，有关 IP 知识产权的说法很多。有人说，IP 与其叫它“知识产权”，还不如叫“文学潜在财产”。其说法的依据来自好莱坞，并非空穴来风。好莱坞对“文学财产”的定义非常简洁明了：可以改编为电影的文学作品。“文学潜在财产”的所指则更为宽泛，包含了文学作品之外的可以开发成电影项目的其他作品，如图书、戏剧、故事大纲、故事梗概和原创剧本等。我以为，如此类比式的定义并非不靠谱，但只适合于类比文学或网络文学一类 IP 的“知识产权”，基本上属于狭义的 IP 类比，并不适用于广义的 IP。如果对所有的 IP 都如此类比的话，那么文旅 IP 的知识产权定义也完全可以称之为“文旅潜在财产”了。

而就文旅价值 IP 特别是主题公园超级 IP 而言，其 IP 的孕育产生过程、内核发爆行程以及生发燃爆流程，则是先从文化内容和形象故事中挖掘出具有巨大粉丝量的“IP 因子”，然后通过塑形（创意打造）使其成为文旅产品，接着，再进一步完善成品牌，并拓展周边衍生产品链，最后通过游客消费获取经济利益。因此，找到文旅价值 IP 特别是主题公园超级 IP 生发燃爆的突破口是关键所在。

我以为，文旅价值 IP 特别是主题公园超级 IP 之所以区别于其他 IP，最具代表性、典型性以及标志性的形象特征和性格特点必须是：看得见、摸得着、玩得乐、游得爽。看不见的景色，再美也不算看到了；摸不着的山水，再好也难说亲历过；玩不乐的项目，再多也不能吸引人；游不爽的景区，再大也没有兴趣玩。

对于主题公园从业者而言，无论你的 IP 是原创、是再造，还是收购，最具代表性、典型性以及标志性的价值 IP 特别是超级 IP 形象特征和性格特点必须牢牢抓住，就像那只从无到有、活灵活现的“米老鼠”；就像那部不可想象、美轮美奂的“阿凡达”。

一句话：只要抓住了那个魂，你就打开了那扇门！

文旅 IP 之所以叫文旅 IP，说明它不同于其他的 IP。同样，主题公园 IP 之所以冠以主题公园的前缀，说明它不是别的其他什么类型的 IP。我们解构 IP，特别是主题公园 IP 的原创性，绝不能眉毛胡子一把抓，原创 IP 就是原创的，再造和收购是另一回事。

现如今有关 IP 特别是文旅价值 IP 的说法很多很杂，但讲 IP 特别是文旅价值 IP 的原创性谁也不敢否定。从主题公园的具体实践和成功案例来看，可以说，几乎所有的主题公园超级 IP 都是具有原创性的，其中包括再造的和收购的。我以为，原创 IP 普遍具有如下两大特点：一是文化内容很丰满；二是形象故事很性感。迪士尼、环球影城如此，方特、宋城、长隆、欢乐谷、嬉戏谷、恐龙园等也如此。这正是：要想讲好主题公园的文旅故事，就离不开原创 IP！

（四）主题公园价值 IP 生发燃爆的策略与路径

随着轰轰烈烈的 IP 时代到来，一时间“IP 热”大行其道。各种各样的 IP 貌似就是众人一哄而上疯抢的“香饽饽”，搞文学、搞影视、搞游戏甚至搞旅游的纷纷闻风而动、趋之若鹜。

就主题公园价值 IP 生发燃爆的策略与路径而言，源源不断的价值 IP 需求一方面是自身发展的需要，另一方面也是市场倒逼的结果。没有源源不断的价值 IP 特别是超级 IP 的创作培育和开发利用，就没有文旅相关业态特别是主题公园产业化创新和可持续健康发展，更没有在价值 IP 积极作用和有力推动下的主题公园品牌化进程。

的确，作为价值 IP 特别是超级 IP 的创作培育者，必须紧紧抓住 IP 创意、创作、创想、创新以及价值内核的生发与燃爆这个原创 IP 产业链的龙头不放，因为只有创作培育者源源不断地精心打造出震撼人心、风靡时代的价值 IP 特别是超级 IP，才能实现文旅中国梦或主题公园中国梦，才能实现中国主题公园的品牌化。因此，创作培育出能够真正赚钱的价值 IP 是关键所在，精心打造出能够实现价值 IP 特别是超级 IP 价值变现的真正赚大钱的超级 IP 集群是终极目标。

就我本人多年的创作心得和具体的实践经验而言，实现主题公园价值 IP 特别是超级 IP 生发与燃爆的策略与路径大致如下：

（1）发现具有价值内核生发潜质的 IP 基因原型。所谓 IP 基因原型，可能只是一个影子，或许只是一堆碎片，甚至只是一种感觉，但它具有价值内核生发与燃爆的潜质。例如迪士尼超级 IP“米老鼠”的基因原型发现过程，起初只是沃尔特·迪士尼和伍培·埃沃克斯的一个几近模糊但怦然心动的想法，小小的老鼠形象或许是孩子们喜欢的，画一个大圆圈儿做头，加上两个小圆圈儿做耳朵，再画一个尖尖的嘴巴，再加上梨形的身体和细长的四肢，果然就成了一只活脱脱的“米老鼠”。在发现和创意的起初，一个 IP 的基因原型或曰萌芽，往往就是创意微微露头的一点点火花、一丝丝温度。火花尽管只有一点点，但是灵光乍现的创意尤为珍贵；温度尽管只有一丝丝，或不足以温暖全世界，但却足以暖活创意者怦怦跳动的小心脏。可以说，发现具有价值内核潜质的 IP 基因原型的过程，也就是原创 IP 从无到有、从模糊变清晰的全过程。发现，其实也是创意。

（2）塑造具有文化内容和形象故事的 IP 活态雏形。所谓 IP 活态雏形，就是依据 IP 基因原型的创意定向推进到的第二个原创流程阶段——塑形；完成 IP 活态雏形的塑形是确保一个 IP 特别是价值 IP 能否真正成功产生的关键。仍然以迪士尼的“米老鼠”为例，当沃尔特·迪士尼和伍培·埃沃克斯发现那只可爱的小老鼠就是他们要的那个能够吸引孩子们眼球、博得观赏者欢心的小精灵后，为“米老鼠”编故事、构建文化内容的价值内核就成了塑形必不可少的工序。如何让“米老鼠”活灵活现？如何使“米老鼠”人见人爱？如何把“米老鼠”的可人形象打造得越来越有意思？如何将“米老鼠”的动人故事讲述得越来越有意义？至此，为“米老鼠”加能量、植入形象故事的活态情节就成了“米老鼠”这个超级 IP 塑形大获成功强有力的手段。可以说，文化内容构建的工序和形象故事植入的手段，是为原创 IP 塑形不可或缺的必然过程。塑形，其实就是创作。

（3）幻想能力是 IP 价值内核激情飞扬的摩天轮。所谓幻想，就是让创意的思绪无拘无束地任意飞翔。尽管幻想貌似是虚而不实的思想；尽管幻想仿佛是没有道理的想象；尽管幻想都是一些无根据的看法或信念；但以理想或愿望为依据，对还没有实现的事物有所想象却是激情飞扬的正能量幻想路径。

我们知道，迪士尼有一支沃尔特·迪士尼亲手缔造的、屡屡让迪士尼的奇思妙想变为现实的、激情飞扬的幻想能力超乎寻常的幻想工程师团队，正是有了这样一支自始至终活跃在创意、创作、创想、创新以及价值内核生发与燃爆第一线的中坚力量，使得迪士尼无论原创 IP 塑形，还是经典形象打造；无论用户体验设计，还是营造品牌生态，都能让受众心动不已地享受快乐，也使得游客心甘情愿地乖乖付钱，甚至就连同样极富幻想能力的乔布斯苹果团队，也不得不在迪士尼幻想工程师的奇思妙想面前心悦诚服地甘拜下风。

（4）创新功力是实现 IP 爆款石破天惊的加速器。毋庸置疑，现如今是一个 IP 蓬勃兴旺的时代，具有价值变现潜质的优质 IP 具备了黏性更大、文化内容更丰富、商业模式更多元、变现能力更强劲的特质。优质 IP 就是好的 IP，好的 IP 一定是通过深思熟虑的创作培育而完成塑形的价值 IP；价值 IP 也是 IP 爆款的原型 IP，所有 IP 爆款的原型 IP 都是以最佳文化内容构建为出发点而形成的，而原型 IP 能否成就为真正的 IP 爆款，关键的一招就是看创新功力的动量系数和释放速率。为什么说创新功力是实现 IP 爆款石破天惊的加速器呢？因为创新可以使动量系数加大，创新还可以让释放速率倍增。亦如品牌一旦拥有了 IP 爆款就能立刻与受众建立起 IP 爆款所特定情感的黏性链接，同时赋予 IP 爆款特定情感的价值属性和品牌特性。不仅能给消费者带来更好的营销体验，还能实现短期意义上的品牌价值营销目的和长期维度上的品牌价值整体升级（安妮塔·埃尔伯斯，2016）。

文旅价值 IP 生发燃爆的三个关键词：（1）文旅价值 IP 贵在成功塑形；（2）文旅价值 IP 赢在新奇特绝酷；（3）文旅价值 IP 必须确真确价确权。

七、结语

文旅价值 IP 的原创是硬通货；文旅价值 IP 的再造如锦上添花；文旅价值 IP

的收购形同弯道超车。

如果一定要用总结性的语言加以高度概括的话，则：

IP 分为两大块：创作培育和开发利用。

IP 贵在两方面：知识创价和产权增值。

文旅 IP 价值内核两大要素：文化内容和形象故事。

文旅 IP 价值判断两大特征：生发存量和燃爆增量。

创作培育，就是 IP 从哪里来；开发利用，就是 IP 到哪里去。

知识创价，就是确立 IP 价值；产权增值，就是实现 IP 价值。

文化内容是文旅 IP 之魂，没有文化内容的构建 IP 必然魂不守舍。

形象故事是文旅 IP 之体，没有形象故事的植入 IP 将会体虚乏力。

生发存量，指的是文旅 IP 必须具备由小及大的容积力。

燃爆增量，指的是文旅 IP 一定要有由大变强的爆发力。

创意，并且善于发现 IP 优质基因考验的是 IP 创造者的智慧天性。

创作，并且长于培育 IP 的增值、超值凸显的是 IP 构建者的智造功力。

有人曾经这样问：一个作曲家，一个文化人，怎么会对 IP 特别是主题公园文旅 IP 价值内核的生发与燃爆有如此深厉浅揭的认知与解读？答：因为我是一个创作者，从多年的自身理论研究与具体的创作实践角度出发，研究和解构价值 IP 特别是主题公园超级 IP 的所以然就自然而然了，毕竟创作的过程是不尽相同的，毕竟创造的艰辛是大同小异的，毕竟创新的路径是殊途同归的；因为我是一个文娱文创文旅多元跨界的文化内容构建与形象故事植入的践行者，从文旅深度融合的中国主题公园必须实现跨越式发展的角度出发，研究和解构价值 IP 特别是主题公园文旅 IP 的所以然也就自然而然了。综上所述，毋庸置疑，主题公园赢在价值 IP 构建和产品创意打造上。价值 IP 构建是实现终极目标的关键所在，产品创意打造是实现终极目标的必然过程。只有完善的主题公园价值 IP 构建得以如期实现，完美的主题公园产品才能通过匠心独具的创意打造大愿成就。

参考文献

[1] 邓进编著．动画大师：沃尔特·迪斯尼 [M]．沈阳：辽宁美术出版社，2013.

[2] 林焕杰．中国主题公园与区域经济 [M]．北京：经济科学出版社，2013.

[3] 保继刚等．主题公园研究 [M] 北京：科学出版社，2015.

[4] 马蒂·斯克拉．造梦者：迪士尼如何点亮神奇的创意（第 1 版）[M].

杭州：浙江人民出版社，2016.

[5] 安迪·斯坦因. 迪斯尼如何把欢乐变成财富（第1版）[M]. 福州：海峡出版发行集团/福建人民出版社，2014.

[6] 安妮塔·埃尔伯斯. 爆款：如何打造超级IP [M]. 北京：中信出版集团，2016.

中国文化密码

——主题公园沉浸场景中国化叙事探析

于 雨*

本文建立以叙事学理论基础来探讨主题公园沉浸场景的中国化叙事方法的构建。针对主题公园场景的沉浸体验研究，通过杨义《中国叙事学》提出的叙事结构、叙事时间和叙事意象以及傅修延《中国叙事学》中的听觉叙事，同时结合电影视觉化叙事中的色彩叙事和电影中异度空间的概念，共六个叙事维度分别探讨主题公园沉浸场景的中国化叙事构建方法。结合国内外主题公园的成功实践，创立适用中国主题公园情境的中国化叙事手法。构建中国主题公园的"文化密码"。

一、沉浸场景——"主题公园的创新舞台"

（一）城市消费催生"场景理论"

20世纪80年代末，随着后工业社会的到来，制造业从城市中心脱离，取而代之的为高新技术、金融服务、文化创意和休闲娱乐等新兴产业，城市的形态由生产型开始向消费型转变。城市形态的变迁使得传统以生产为导向的社会理论已经不能完全解释城市发展，需要以消费为导向的一套新学术语法体系来对后工业城市的发展进行诠释（Clark and Terry，2010）。在这样的背景下，"场景理论"（the theory of scenes）应运而生，它以消费为导向，以生活娱乐为载体，以文化

---

* 于雨，法国国立工艺学院（Conservatoire National des Arts et Metiers）商业工程项目管理硕士，新西兰奥塔哥大学（University of Otago）主题公园研究方向博士研究生，中国主题公园研究院主题建筑研究中心主任、研究员、产业旅游分院院长，清华大学美术学院特聘讲师，世界华人建筑师协会WACA理事会员，北京天创智业产业旅游设计研究院院长，北京天工创境国际建筑规划设计有限公司董事长，德国创壹（IMAGINATION：FIRST）亚太设计合伙人，中国工合国策智库专家，中国金融协会文旅专家。

实践为表现形式，推动着经济增长，重塑后工业城市更新与发展的路径。

（二）“沉浸体验”越来越成为主题公园吸引游客的方式

作为后工业城市的娱乐配套，主题公园在建造过程中越来越多地关注沉浸场景的营造。随着数字科技的发展，越来越多的主题公园为游客提供超脱现实的沉浸式体验。迪士尼与环球影城陆续推出以自身 IP 内容为主题的沉浸式景区，如环球影城的哈利·波特魔法世界以及迪士尼的阿凡达世界主题景区都把这种沉浸式体验带到了一个全新的水平高度。除了硬件的打造，如何从运营和环境层面为游客提供沉浸式体验，也是各家大型主题公园正在努力的方向。迪士尼全球星战迷都在等的《星球大战：银河的边缘》（Star Wars：Galaxy's Edge），2019 年 5 月 31 日在美国加州迪士尼乐园度假区（Disneyland Resort）正式开幕。星战主题公园内开设“沉浸式星战酒店”，入园的游客自己将会成为情节的一部分，和身边的游客以及工作人员一同演绎一出星战大戏。迪士尼负责人称其为“百分百沉浸的奇特体验”。

（三）“沉浸场景”成为美国高等教育热门专业

美国艺术学府加州艺术学院（California Institute of the Arts，CalArts）就设立了一个新学位，专攻体验设计和主题娱乐。CalArts 是在第 17 届 SATE 大会（Science + Art + Technology = Entertainment）上公布的这一新学位，该学位属于设计和制作类别，将在学校的戏剧学院进行学习。此专业的老师将由现在和之前业内高手担任，课程涉及沉浸式场景设计、体验设计以及创造叙事性娱乐项目。用戏剧学院主任特拉维斯·普雷斯顿（Travis Preston）的话，这个专业的目的之一就是“培养未来的创意领袖”。

（四）“观演融合”的沉浸式戏剧成为时尚都市的娱乐消费

沉浸式戏剧（immersive theatre）的概念最早源自英国，近年来在国际上十分流行。其打破传统戏剧演员在台上、观众坐台下的观演方式，演员在表演空间中移动。沉浸式戏剧需要观众参与，把所有互动性元素进行整合，打破传统镜框式观演空间组织设计模式。一批先锋戏剧家通过一系列戏剧实验和理论的探索，从偶发戏剧、互动戏剧到环境戏剧，最终由环境戏剧理论发展出了沉浸式戏剧，其打破了传统的“观演分离”，实现了“观演融合”，同时打破了镜框式舞台的局限，创造出多舞台空间并置的演绎空间组织方式，使得体验者能够自由选择观演路线和角度，不再只做被动看客（Tom Pearson，2018）。

沉浸式戏剧的创作开始蔓延开来，国内也开始了沉浸式戏剧的创作与尝试。而由于沉浸式戏剧将观演关系重构，发展出“多情境空间”并置的空间组织模式，从而形成沉浸式体验空间组织模式的雏形。“沉浸戏剧重环境，轻戏剧，弱文本化”（杨子涵，2017）。沉浸式戏剧的“沉浸场景”塑造成为增强观众体验的重要工作内容。

作为国内独树一帜的多元化沉浸式剧情体验主题娱乐景点，全球家庭娱乐巨头默林娱乐集团出品的“上海惊魂密境”秉持奇趣惊魂的品牌体验精髓，巧妙地将时下备受大众喜爱的娱乐元素，比如剧情冒险、沉浸式演绎、机关特效等融合在一起，打造出适合中国年轻群体、白领群体以及青少年家庭即兴参与的惊悚娱乐体验。

（五）中国主题公园发展中的“叙事危机”

主题公园成为城市生活娱乐消费的新选择。全球十大主题公园集团的游客总量有史以来首次超过5亿人次，相当于全球人口的7%，并且这一数字还在持续增长。全球主题娱乐行业的市场渗透率在五年前为5%。AECOM联合主题娱乐协会（Themed Entertainment Association，TEA）共同发布了《2018全球主题公园和博物馆报告》。2018年是主题娱乐行业里程碑式的一年，无论是主题公园还是博物馆都在通过不断创新带来全新体验，而观景体验景点也在全球掀起热潮。AECOM亚太区副总裁克里斯·约西（Chris Yoshii）说：“我们预测中国将在2020年成为世界上最大的主题公园市场，并且我们始终坚持这一观点。”中国内地部分主题公园入园人次大幅增长，如珠海长隆海洋王国、广州长隆欢乐世界、常州中华恐龙园、方特梦幻王国乐园及方特东方神话乐园等项目的年入园人次增幅明显。

迈克尔-艾斯纳（1984~2005年任迪斯尼执行长官）提出迪士尼乐园是一幕“舞台剧”。德国建筑师维尔弗雷德-海肯布洛奇提道：“用建筑讲故事——我们称其为‘主题’，主题公园的设计中，占据主导地位的不是建筑，而是这种讲故事的空间‘主题’。”可见主题公园中主题故事的重要性。随着中国主题公园的迅猛发展，近几年出现很多“中国元素”与“中国故事”的主题公园和娱乐项目。例如方特东方神画主题公园、西游记主题公园等。然而在“如何讲好中国故事”的问题上，无论理论界还是业界都存在着许多不容忽视的障碍。中国的主题公园，大多是主题重复、缺乏个性，故事表达单一，以照搬照抄、模拟仿效居多，内容相差无几，缺乏认真的市场分析和真正的创意，导致缺乏长足发展的推动力。常江（2017）在《讲好中国故事的IP化策略》一文中指出："中国文化虽拥有悠久的文明历史和丰富的符号资源，但这些元素并未受到流行文化工业深入、系统的发掘，绝大多数呈现在电影、电视等大众媒介文本中的中国元素，实际上仅具备有限的展示价值，其深层文化内涵和价值逻辑往往被有意或无意地忽视。借由历史和语言的优势，以美国为代表的英语流行文化长期以来在信息和娱乐的国际流通领域占据着强势地位，美英主流媒体及娱乐工业往往依据自身的需求和想象对中国元素及中国故事加以言说，如'功夫熊猫'和'花木兰'。这种'他塑'式的话语操演在很大程度上是基于政治或意识形态偏见的，从而成为中国自塑文化形象过程中难以逾越的樊篱。"

主题公园"沉浸场景"的打造离不开主题故事的营造，同时在"中国化"营造方法上，中国主题公园界还有很长的路要走。本文试图利用叙事学的理论来指导主题公园沉浸场景的主题故事营造，并尝试为中国主题公园行业找到一条"中国化"叙事营造方法的道路，如图1所示。

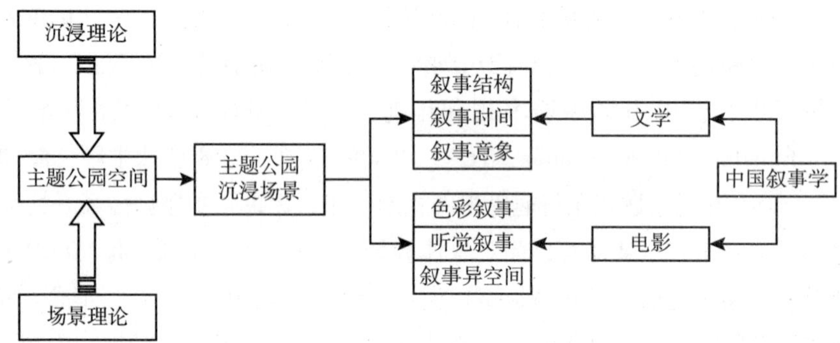

图1 主题公园沉浸场景中国化叙事构建框架

资料来源：笔者绘制。

二、沉浸理论——"创造自我意识"

（一）沉浸

1. 沉浸的含义

威廉·立德威尔在《设计的法则》中提到"沉浸"，并将沉浸解释为心流理论。心流理论来自美国心理学家米哈里·契克森米哈经典的著作 *Flow：the psychology of optimal experience*。他认为“心流”可以促进自我的整合，在极其专注的状态下，意识处于一种非常集中的状态（米哈里·契克森米哈，2017）。在认知心理学上，这种完全沉浸在某种活动中的感觉就是“心流”，心流产生的同时会伴随着高度的兴奋及满足感。米哈里认为：“最美好的时光通常是在一个人完成一项具有挑战性和有意义的任务，把体力或智力发挥到极致的时候。”这很好地诠释了平时我们“废寝忘食”地投入一件事情的良好状态。

2. 沉浸的分类

安内斯·亚当斯（Ernest Adams，2004）在 *The Designer's Notebook：Postmodernism and the Three Types of Immersion* 提出沉浸类型的三个方向分别是：操作型沉浸、战略型沉浸和叙事型沉浸。随着虚拟现实技术的发展，笔者增加了第四种沉浸类型：知觉型沉浸。

（1）操作型沉浸。关键在于能力与挑战的匹配。操作型沉浸通常是指玩家沉浸在操作游戏的动作中，往往发生在动作要求比较快的游戏当中。它是身体物理直接反应的结果。当玩家处于游戏操作的瞬间，他的大脑会关闭大部分的其他感官功能，让自己处于“身心统一”的状态，达到忘我境界，产生沉浸感。

（2）战略型沉浸。关键在于有非常明确的目标。战略型沉浸是一种大脑需要一条通往胜利最近或者最优化途径的总体布局所产生的沉浸感。拥有最高、最抽象的战略沉浸经验的是国际象棋大师。为了实现战略式沉浸，必须提供愉快的心理挑战和一个明确的目标，太多的随机性会摧毁战略沉浸。如果一个游戏是严重依赖于机会，玩家将很难制定一个有效的战略。

（3）叙事型沉浸。关键在于故事情节的设定。叙事型沉浸是通过讲故事，利用营造情境、设定角色、渲染气氛、制造情节、设计节奏促使观众沉浸在故事中。这也是非常基础的制造沉浸手法之一，本文重点就是叙事的沉浸分析与沉浸的叙事性探讨相结合。

（4）知觉型沉浸。关键在于及时反馈的感官体验。知觉型沉浸是通过视觉、听觉、触觉、味觉与嗅觉建立感官上的体验，它的主要目的是创造知觉的体验。社交 VR 平台商 High Fidelity 和外设厂商 Neo Sensory 发布了一款能够为用户提供触觉反馈的触觉背心。名为 exoskin 的设备包含 32 个感官马达，并与 High Fidelity 的硬件设备开源架构进行了接口。用户将能实时感知虚拟世界与角色之间的精确触觉反馈。信号的快速度传输意味着用户可以立即感受到另一个虚拟化身的轻拍或轻触，而且两人甚至可以一同跳舞，感受彼此的身体接触（Joe Chen，2018）。

（二）沉浸设计法则

米哈里·契克森米哈在 *Flow: the psychology of optimal experience* 提出沉浸（心流）的设计法则，分别为叙事性设计、最省力法则和意元集群。叙事性设计就是讲故事，创意工作者通过与观众互动来创造意象、情绪以及叙述关于事件的理解。叙事型沉浸设计的基本元素就是背景、角色、情节、沉浸、气氛和节奏。最省力法则主要讲的是效能阻力。如果效能阻力高，体验的执行时间与错误增加，成功完成目标的可能性会降低，也意味着沉浸的时间和体验感不佳。效能阻力分为认知阻力和运动阻力，认知阻力是指达成目标所需要的脑力活动总量，主要包括感官认知、记忆力和解决问题的思维能力；例如数字游戏当中的解谜环节，它主要是以脑力参与为主。运动阻力是指要达成目标所需的体力活动总量，主要包括操纵步骤、动作难度以及使用力量。

（三）沉浸量表

泰勒根和阿特金森（Tellegen and Atkinson，1974）提出沉浸是指一段全神贯注的经历，沉浸会导致当事人高度专注于注意对象，不会轻易地被外来事件分散注意力，会产生扭曲的现实感，如由于移情作用所产生的自我感的改变。他们开发出一个应用广泛的共包含 34 个题项的沉浸量表。

1. 沉浸量表类别

泰勒根（1982）对这 34 个题项进行了内容分析，将 34 个题项共分成 9 个类别：一是对迷人的刺激物的反应；二是对诱人的刺激物的反应；三是形象思维；四是能够形成生动的暗示性的图像；五是倾向于拥有跨情境的体验；六是能够沉浸在自己的思想和想象中；七是倾向于拥有意识扩展的情节；八是能够体验意识的转换状态；九是能够再体验过去发生的事情。

沉浸量表已被广泛应用，并且一些运用此量表的研究也都表明，沉浸作为关键要素在理解体验中是十分重要的（Agarwal Karaharma，2000）。

2. 沉浸体验的主要特征

夸里克（Quarrick，1989）指出沉浸体验是一种特别的专注，是个人融入某一神奇的刺激中，个体的自我意识和时间感会暂时完全丧失，并与这充满吸引力的刺激物融为一体。沉浸是一种完全不同于日常生活体验的意识状态，是一种意识的转换状态，并且这种体验的获得不需要任何专门的训练。沉浸体验的主要特征表现在：

（1）全然专注。个体完全沉浸其中，所有的注意力都集中在某一个刺激物，所有无关的刺激已经从意识中消失，意识处于一个非常狭窄的范围，超越了欲望和功利，中止了判断、比较和评价，完全融入其中。

（2）浑然忘我。日常生活中，我们几乎无时无刻地想着自己或自己的事情，自我成为意识中极为重要的成分，而当我们完全专注于手边的事情，并为此吸引时，自我意识及自我感受都会减少。在这种状态下，意识中撤出了自我防卫，没有自我怀疑，不再担心别人的看法，更不必为了迎合他人看法而压抑自己，犹如脱缰野马一样狂奔，达到“忘我”境界。

（3）物我同一。自我意识的消失，可以带来自我超越，产生一种自我疆界向外扩展的感觉，这种感觉使我们与环境、景观产生极为难得的一体感。

（4）时间感扭曲。处于沉浸状态中，个体的时间感异于日常，例如，某一活动进行了几十分钟，甚至几个小时，而自我感觉起来就像几分钟一样。

3. 米哈里沉浸量表

美国芝加哥大学著名的心理学家米哈里·契克森米哈经过研究总结将心流体验的特征整合为9个维度，分别为：非常明确的目标；准确而及时的反馈；个体技能与任务挑战相匹配；行为与意识的统一；注意力高度集中；潜在的控制感；自我意识减弱；对时间的错觉；发自内心的参与感。其中技能—挑战关系及技能挑战间的动态组合关系，如图2、图3所示。

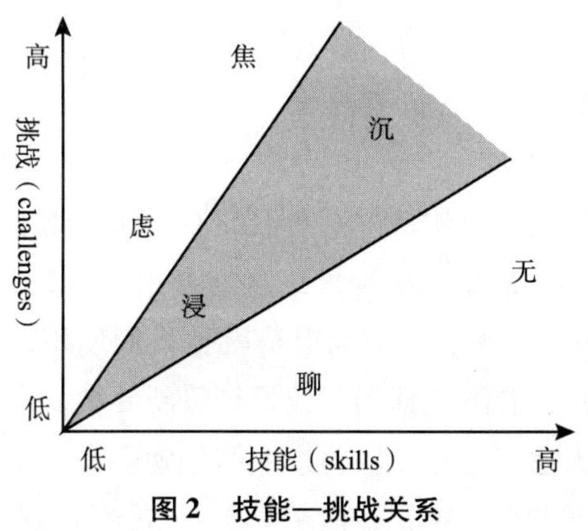

图2　技能—挑战关系

资料来源：闫振中．沉浸理论研究现状及其对远程教育的启示［J］．广播电视大学学报，2010（1）．

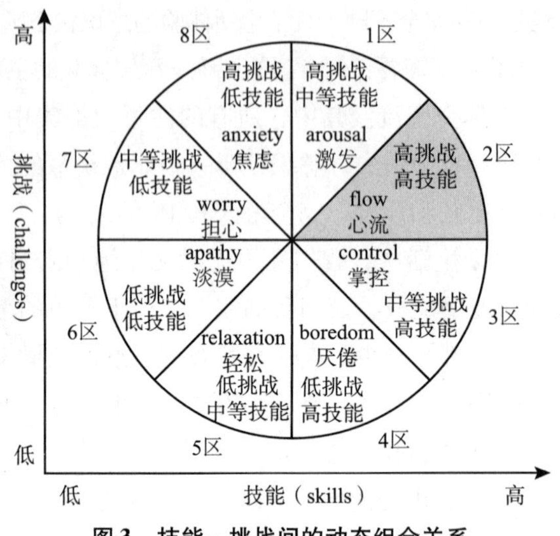

图 3　技能—挑战间的动态组合关系

资料来源：闫振中．沉浸理论研究现状及其对远程教育的启示［J］．广播电视大学学报，2010（1）.

总之，沉浸体验是涉及意识层面上的体验状态，并且已经形成较为完善的理论基础和应用量表，使用尤其广泛的是米哈里的沉浸量表。本文重点开展以主题公园场景为分析对象，寻找并测量主题公园场景的沉浸度，同时探讨如何通过叙事产生沉浸。最后结合中国叙事学为打造“中国化沉浸”而构建的中国化叙事手法。

三、场景理论——“场所精神创造娱乐生活”

（一）场景概述

美国科技领域资深记者罗伯特·斯考伯和专栏作家谢尔·伊斯雷尔在《即将到来的场景时代》一书中最早提出场景概念（郜书锴，2015）。后来场景概念成为学术范畴的全新理论。“场景”一词很早就被人们使用，是指戏剧、影视、文学作品里的场面或情景，它既包括场所或景物等硬要素，也包括空间和氛围等软要素，硬要素与软要素密不可分，软要素依赖于硬要素并反作用于它。因此，在对场景概念内涵的理解和论述中，要把两个要素结合在一起考虑。

1.“场”

“场”的概念是法拉第（Michael Farady，1791～1867）在电磁理论中提出的。场原来是指某些物质实体周围存在着一种看不见摸不着的物质，如电场、磁场、引力场等。爱因斯坦对场的定义：“相互依存的现存事实的整体”。格式塔心理学派引用现代数理科学的概念来说明心理现象和心理机制，提出了“心理场”“物理场”“行为场”“环境场”等概念，认为心理是一个应变、应力系统。心理生活空间（Psychological Life sPace）指出个体在特定时间所体验到的世界就是她的心理活动空间即“综合可能事件的全体”，它包括个体和心理环境，是人所感知到的环境。

2.“场所”

（1）场所的概念。与“场所”相近的词语有很多，如场、场合、场地等。在心理学上场又会被称为“心理场”“力场”等概念。“场合”指一定的时间、地点和情况，常用来指局部的某些特定情况。“场地”指适应某种需要的空地，如施工、试验的地方。“场所”是指人的行为和时间发生的地方，常用来表达客观环境的词语。对场所理论研究有突出贡献的是挪威建筑理论家诺伯舒兹在1976年发表的《场所现象》一文中，对场所概念有这样的定义：“环境最具体的说法是场所，一般说法是行为和事件的发生。”事实上，若不考虑地点性，幻想的任何事件是没有意义的，场所是存在所不可或缺的部分。“场所”不只是抽象的区位，同时是由具有物质的材料、质感、形体、色彩和光影具体的物所组成的整体，它集合决定了环境的所有特性形成场所的本质。

（2）场所结构。诺伯舒兹在场所现象讨论的基础上，把场所结构以“空间”和“特性”分类进行分析。“空间”是构成一个场所的要素，是三向度的组织，“特性”是指氛围，是任何场所中最丰富的本质。所以对场所结构探讨将从这两方面着手（Christian Norberg－Schulz，2010）。

“空间”在建筑、室内设计理论中是一个常用名词，在文学中表示空间是三向度的几何形或是知觉场。建筑理论中用定量、具体的角度界定空间。海德格尔认为，墙不但界定空间，它也是空间特性的主要元素，墙是空间的边界，这边界不是某种东西的停止，而是某种东西的出现，使得空间结构成为连续或不连续的扩展、方向和韵律。

“特性”一方面包含着一般的综合性的气氛，另一方面是具体的造型本身，同时是空间界定元素的本质。不同的行为需求需要有不同的特性场所，居住的房屋它必须有保护的功能，办公室必须有实用性，教堂必须是庄严的。而主题公园的场所就要具有“娱乐特性”。因此，在某种意义上场所的特性是时间的函数，因季节、一天的周期、气候，尤其是决定不同的状况的光线因素而有所变化。场所的结构不是一个固定的、永久不变的状态，有时场所会变迁，但是它意味的场所精神是不会丧失的（Christian Norberg - Schulz，2010）。

（二）场景的特征

情感体验来源于生活体验，既是感性的情感表达，也是对现实中空间场景要素在精神层面的展现，是人们集体无意识的特定表述。人们在参与生活活动时，通过身体感官参与、心灵共鸣与思想升华把活动与体验相连接，形成情感体验与空间场景的相互关联。所以只有包含了人们生活实践的空间才能产生丰富的情感体验。在主题公园场景中，人是主要的物质构成要素，因此情感体验是人主动参与、融入特定的场景中，深层次地去感觉和参与特定发生的活动与事件，并且在其参与过程中积极主动地对场景的各种组成要素产生身心独有的深度共鸣和体验。情感体验与场所精神的关系如图 4 所示。

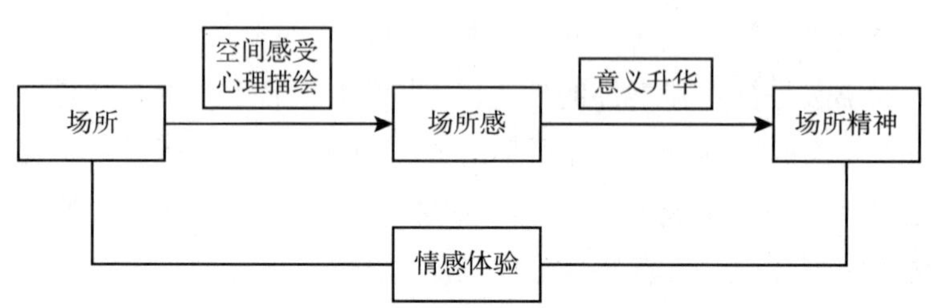

图 4　情感体验与场所精神的关系

资料来源：吴亚南．室内空间场所精神的体验设计研究［D］．南京：南京工业大学，2014.

（三）主题公园场景

1. 主题公园

目前国际上还没有公认的、统一的、严格的主题公园定义。美国国家娱乐公园历史协会给主题公园下的定义是“乘骑设施、吸引物、表演和建筑围绕一个或一组主题而建的娱乐公园”。我国主题公园方面的研究专家林焕杰老师给出的定义是：为满足旅游者的娱乐休闲需求，围绕既定的主题，利用科技文化等表现手法，通过人工建造的吸引物以营造一系列有特别的环境和气氛的大型现代的休闲、娱乐场所。从上面我们可以看出，主题公园通过各种表现手段产生主题而形成吸引物，最终给游客带来的是体验。沉浸体验就是主题公园中经常会涉及的一种（林焕杰，2013）。

2. 主题公园场景

主题公园场景是主题公园内的各要素与在其中活动的人们通过一定的方式进行信息交流后，整体环境所产生的一种气氛形态。场景既不是景观客体，也是不纯粹的主体情感表现，它是一种景与情、形与神相统一的，为主体所感应的审美景观意象的主题意蕴，这种主题意蕴是弥漫于整个景观空间的，令人沉醉痴迷而难以言说的。场景是一种可以感觉的，难以表达的“气氛”。主题公园场景通常是讲述故事、塑造人物 IP，具有舞台化、娱乐化特定环境艺术空间。

主题公园沉浸场景是让游客全身心地投入到某项特定环境艺术空间的娱乐活动中，而参与活动本身就是目的，活动过程中参与者感觉到自我意识丧失、时间忘却、所有的行动、思想都不可避免地与参与活动相关并且将自身的能力和技巧发挥到最佳程度时所感受到的积极心理状态。

四、叙事学——“中西方的叙事创建”

（一）国外叙事空间理论

现代叙事学（narratology，又称叙述学）诞生于20世纪的法国，著名结构主义符号学家托多洛夫（Tzvetan Todorov）在1969年发表的《〈十日谈〉的文法》中首次写道：“这部著作属于一门尚未存在的科学，我们暂且将这门科学取名为叙事学，即关于叙事作品的科学。”从思想渊源出发，叙事学与20世纪30年代俄国文学形式主义流派开创的结构主义叙事有一定关联。结构主义叙事学“主张对叙事虚构作品进行内在性和抽象性的研究”，将叙事作品作为一个内在自足的体系建立起特定的理论描述系统，使用语言学方法将叙事作品的结构形式确定为研究对象，“打破了传统批评过分依赖社会、心理因素和主观臆断的倾向”，以往叙事作品评论以“流于对情节、人物等大范畴做粗糙的描写”的传统得到了改变。

在荷兰叙事理论学者米克巴尔（Mieke Bal，2003）的理论著作《叙述学——叙事理论导论》中，给叙事作品提出了三个层次的区分——文本（text）、故事（story）、素材（fabula）。

（1）文本是“由语言符号组成的一个有限的、有结构的整体”；

（2）故事是“以某种方式对于素材的描述”；

（3）素材是“按逻辑和时间先后顺序串联起来的一系列由行为者所引起或经历的事件”。

1966 年，托多洛夫进一步总结为“故事”（表达内容）和“话语”（表达形式）两大分类，“故事”聚焦于事件和人物的结构，是叙述的对象和材料实际呈现的方式，故事由一系列事件依据一定的规则（事件逻辑）构成；“话语”强调的是叙述者将故事转换为语言符号这一行为，叙述者与故事的关系、时间安排、观察故事的角度等成为主要的关注对象，转换后的语言符号即构成叙述文本（罗兰巴特，1987）。

（二）国内叙事空间理论

国内学者陆邵明所著《建筑体验——空间中的情节》是影像叙事与建筑之间关系的论著。他从文学、剧作中的关键元素这一情节入手，着重考察建筑空间中的情节因素和表现策略，相对于关注空间形态、尺度等理性因子，空间情节设计则是从更为感性的角度，渴望创造出拥有更丰富的体验、更人性化气氛的建筑空间。同时陆邵明结合文学、剧作的概念探讨空间情节，并给出了“有意味的概念”“特定的主题道具”“充满活力的场景与事件”“生动有效的细部”等内容。从结构的角度，有情节的空间也是基于生活结构的空间关系以及基于电影的编排手法等手段来组织的空间（陆邵明，2007）。

（三）中国叙事学

美国学者浦安迪（1996）提出中国叙事传统的基本结构模式，即“二元补衬”和“多项周旋”的观念，讨论的就是“绵延交替”和“反复循环”的情节所反映的阴阳五行概念，最终形成中国小说的生长模型（浦安迪，1996）。傅修延（2015）认为：“中国叙事学的现在进行时，主要表现为从叙事角度疏离我们自身的文学传统，其意在追踪中国传统叙事思想的原型，发现建构中国叙事学的根源性力量，寻求中国叙事学的创新之道。”

同时，傅修延提出，叙事的“读图时代”产生叙事研究的“失聪”，所以他建议叙事学领域多关注“听觉叙事”的研究。“听觉叙事”（acoustic narrative）概念是加拿大学者梅尔巴 - 卡迪 - 基恩 2005 年的论文《现代主义音景与智性的聆听：听觉感知的叙事研究》，文中把声学概念和叙事理论结合起来，对伍尔芙小说中听觉叙事作了启迪性研究。傅修延（2015）指出：“耳朵可能比眼睛提供更具包容性的对世界的认知，但感知的却是同一个现实。具有不同感觉的优越性在于，它们可以互相帮助。”

杨义（2009）强调返回自己所在的圆本身，建立极具中国特色的、现代化的叙事学体系，强调“还原、参照、贯通与融合”的研究方法；初步构建了中国当代文化叙事学研究的理论框架。其中最重要的成果之一，就是杨义在《中国叙事学》中提出了一整套中国化的叙事概念术语。结构、时间等概念虽然都是西方叙事学中已有的，但阅读《中国叙事学》发现：结构、时间又与西方叙事学不尽相同。关于意象，乃是中国叙事学的重点所在，而这些概念与定义被杨义先生重新注入了“中国文化密码”，形成独特视角阐述。

1. 中国叙事的结构

杨义（2009）在《中国叙事学》文中指出，结构一词在中国语言中最早是一个动词，在《抱朴子・勖学》《鲁灵光殿赋》等古代典籍中是盖房子的意思；随后，结构又被用为书法艺术的评价标准。结构一词的渊源使得中国叙事学上的结构既包含时间的矢向维度也包含空间上的立体维度，为结构一词赋予了更为深厚的文化内涵。杨义分解了结构的三要素。结构本身的动词性使得对于结构要素的把握也必须放在结构的全过程当中。通过分析《文心雕龙》对于结构要素概括为三类：

（1）顺序性要素。所谓顺序性要素在结构中的作用，“就在于它给人物故事以特定形式的时间和空间的安排，使各种叙事成分在某种秩序中获得恰如其分的编排配置”（杨义，2009）。

（2）联结性要素。如果说，顺序性要素的作用是确定人物事件的位置，那么联结性要素就是要将它们组成一个不可分割的整体。一种是直接的联结，主要是起到过渡的作用；另一种是间接性的联结，强调其互文性或互动性的价值。例如金圣叹评点《水浒传》时提出的“鸾胶续弦法”“草蛇灰线法”就刚好分别是直接性结构联结和间接性结构联结的典型。

（3）对比性要素。结构中的对比性要素作用在于使结构“加强自身的运动感、节奏感、韵律感，给结构增加具有弹性的力度和富有魅力的生命形式”。

2. 中国叙事的时间

杨义（2009）对于“时间”这一概念的研究，概括起来主要包括以下几点：

（1）时间的表述形态。杨义指出，从经验上讲，中国整体性的思维方式讲究时空合构、共同组词，《淮南子》中的“宇宙”和佛教传入后的“世界”等词，都是融时间和空间为一体的，而且中国古代文人墨客们对于时间的表述融合了个人的生命体验。中国人时间观念上的整体性和生命感，使得中国人采取与西方人相反的“年—月—日”时间标示形态。

（2）提出“叙事元始”的概念。中国人的时间概念和时间表述形态，对叙事作品的开头产生了非常重要的影响，使得中国叙事作品的开头呈现出非常特殊的形态，杨义在《中国叙事学》中为之进行了独特的命名——“叙事元始”，专门指中国叙事作品那种独特的开头形态。中国叙事作品中所出现的种种叙事元始的时间表现形态进行了划分，他指出，“中国的叙事元始，是出入于神话和历史，现实和梦幻的。它采取动与静、顺与逆等一系列两极对立共构的原则来组建自己的时间形态，形成了一个独特的叙事层面，以多姿多彩的形式显示了时间的整体性观念。”正是依照这样的原则，将中国叙事元始按动与静的原则分为高速度大跨越的时间形态和凝止的时间形态，按顺与逆的原则分为顺叙和倒叙，按类型分为历史时间类型和神话时间类型，并进行了举例分析。

（3）中国语言的非原生态。中国叙事学中，时间这个概念获得如此之大的自由和如此之多的丰富内含，源自其时态的非原生性。杨义在《中国叙事学》一书中明确指出，所谓非原生性时态就是中国语言的时代表达，不依赖于动词的变形，而是在动词之外求之。但正是这种非原生性时态使得对于任何一个行为动作的表达都永远是一种新鲜的状态。可以看出，杨义所提出的这个“时间”概念，是与西方叙事学中的时间不尽相同的，它更多地带有中国特色。对于“时间”概念的提取也是从中国古代或现代叙事作品中来的，无论是时间的表述形态、叙事元始以及时态的非原生性都是与西方叙事学中的时间大相径庭的，这些中国式的特色共同组成了中国叙事学上的“时间”概念。

3. 中国叙事的意象

杨义的《中国叙事学》中关于叙事结构、叙事时间的阐述借鉴了西方叙事学的理论，同时针对中国叙事的特点，挖掘中国深厚文化内涵，最后形成具有中国特色的叙事学理念。

杨义在《中国叙事学》中对意象的理解：

（1）“意象是一种独特的审美复合体，既是有意义的表象，又是有表象的意义，它是双构的或多构的。”

（2）“意象不是某种意义和表象的简单相加，它在聚合的过程中融合了诗人的神思，融合了他的才学意趣，从而使原来的表象和意义都不能不发生实质性的变异和升华，成为一个可供人反复寻味的生命体。”

（3）“由于意象综合多端，形成多构，它的生成、操作和精致的组构，可以对作品的品位、艺术完整性及意境产生相当内在的影响。”

通过杨义的《中国叙事学》可以发现，中国化叙事的“文化密码”是如何在中国文学史上形成与演变的，而中国文化和叙事的独特性对中国叙事学框架起到有力的支撑作用。同时傅修延《中国叙事学》关于“听觉叙事”的突破性研究，为中国化叙事研究提供了一个新的方向。同时也成为本文主题公园沉浸场景的中国化叙事构建提供了理论依据。

五、“文化密码”——主题公园沉浸场景中国化叙事性构建

在主题公园主题构思中，借鉴叙事的文学构思，取其创作中的创意与意蕴精神内核，创造一个集空间、时间和叙事相互协调的现实整体。那么如何找到中国主题公园的“文化密码”，既如何进行主题公园沉浸场景的中国化叙事构建呢，笔者分别从六个方面进行了沉浸场景叙事构建：一是中国化叙事结构的构建；二是中国化叙事时间的操作；三是中国化叙事的色彩叙事；四是中国化叙事的听觉叙事；五是中国化叙事的异度空间；六是中国化叙事意象的选择与组合。

（一）中国化叙事结构的构建

写作的过程中，结构既是第一行为，也是最终行为，写作的第一笔就考虑到结构，写作的最后一笔也追求结构的完成。“结构”一词，在中国语言中最早是一个动词，“结”就是结绳，“构”就是架屋。中国人谈论文章结构的时候，也常常联想到盖房屋，或者房屋结构（杨义，2015）。

叙事作品的落笔虽然从一字一句、一节一章开始，但从落笔之时，就已经隐隐约约或头头是道地感觉到，这一字一句、一节一章在全局中的位置、功能和意味着什么。也就是说，所谓落笔，就是把作者心中的“先在的心智结构”加以分解、斟酌、改动、调整和完善，赋予外在形态，成为文本结构（杨义，2015）。

笔者针对主题公园的影视动画 IP 的故事叙述进行分析，通过成功案例总结，探讨“先在的心智结构”在落笔之前“一字一句、一节一章”如何展开叙事。下面分别对国外和国内的叙事实践进行举例说明。

1. 国外叙事实践

皮克斯动画工作室，简称皮克斯，是一家专门制作电脑动画的公司。皮克斯的前身，是乔治·卢卡斯的电影公司的电脑动画部。1979 年，由于《星球大战》电影大获成功，卢卡斯影业成立了电脑绘图部，雇请艾德文·卡特姆负责和其他技术人员一起设计电子编辑和特效系统。卡特姆后被认为是皮克斯的缔造者和纯电脑制作电影的发明人。1986 年，史蒂夫·乔布斯（Steve Jobs）以 1000 万美元收购了乔治·卢卡斯的电脑动画部，成立了皮克斯动画工作室。2006 年，皮克斯被迪士尼以 74 亿美元收购，成为华特迪士尼公司的一部分。皮克斯著名作品有:《玩具总动员》《海底总动员》《料理鼠王》和《寻梦环游记》等（比尔·卡波达戈利、琳恩·杰克逊，2012）。

皮克斯分镜师兼导演艾玛·卡池（Emma Coats）2018 年在网上发了 22 条叙事秘诀:

（1）你欣赏一个角色是因为他并非只为了成功而努力。

（2）你要去追求观众觉得有趣的事，而不是编剧觉得有趣的事。这两者天差地别。

（3）尝试找到主题是很重要的，但直到写完你才会懂得故事说了什么。现在重写吧。

（4）曾几何时________。每天，________。有一天，________。正因为如此，________。终于________。

（5）简化，集中，组合角色，跳离弯路。你会觉得你失去了宝贵的东西，但这会让你自由。

（6）你的角色擅长什么，又喜欢什么？给他们截然相反的东西。给他们挑战。他们如何应对？

（7）在写中段之前先写好结尾——我是认真的。结尾很难写，所以要先把结尾写好。

（8）即使故事并不完美也要收尾。在理想的世界里，你会替完美的故事收尾，可现在要继续前进。下次写得更好点吧。

（9）遇到瓶颈时，把你的故事里绝不会发生的事列个表。多多整理思绪，灵感便会翩然而至。

（10）分解你喜欢的故事。你喜欢的部分就是你的一部分；你得承认它，然后才能使用它。

（11）把故事写在纸上，让你的故事成型。如果故事只是停留在你的脑海里，那么不管它有多美好，你都无法与任何人分享。

（12）忽视你想到的第一件事，接着是第二件、第三件、第四件，第五件……排除掉显而易见的东西，给自己一个惊喜。

（13）要让你的角色有主张。你写的时候可能觉得被动/适应性强的角色看起来很可爱，但那对观众就是毒药。

（14）你为什么要讲这个故事？是什么信念支持你的写作？这就是故事的核心。

（15）如果你是你的角色，在这种情况下，你会作何感想？诚实一点，令人难以置信的情况便会真实可信。

（16）你的赌注是什么？给我们一个坚守角色的理由。如果他们没有成功会怎么样？你要权衡利弊。

（17）任何工作都不会白费。如果一项工作没什么效果，就先放下它向前走——以后它总会有用的。

（18）你必须了解自己：别弄混了尽力和自寻烦恼之间的区别。故事是测试出来的，不是提炼出来的。

（19）巧合：用巧合让人物陷入困境是很好的；用巧合解救他们就是欺诈了。

（20）练习：把电影中你不喜欢的东西抽出来。如何重新排列它们，让它们变成你喜欢的东西？

（21）你得认同你的处境/角色，不能只把它们写得很“酷”。你为何要那么做？

（22）你的故事本质是什么？要怎样最紧凑地讲故事？这就是你展开故事的基础。

2. 中国叙事实践

笔者结合自己多年主题公园设计经验与中国著名编剧于雷先生共同合作，针对中国故事元素和中国观众的审美观创造出一套中国化叙事法则——《雷雨表》。

《雷雨表》——中国化叙事法则：

（1）项目梳理，寻找合理创意点：创意不是凭空掉下来的，在错综复杂的项目线索中，如何发掘项目亮点是主要的，要对项目熟悉再熟悉，爱上项目，有感情，才能找到那根金羊毛。

（2）以设计主题思想为核心，做有方向的故事线索：万变不离其宗，故事是为设计服务的，设计为王，故事只是把设计换个马甲讲了一遍而已，工种不同，但都是为设计服务，大方向要明确，自始至终，不能改变。

（3）围绕整体规划展开全面故事构架，顾全规划、稳步推进：故事之所以叫故事，就是它有一个循序渐进的过程，急不得恼不得，心里有一杆秤，知道结果要什么，但也不能急于马上告诉观者下一步是什么，稳中求变。

（4）照顾每个节点设计，独立思考，有亮点、有想法：我们要的是整体故事精彩，每个桥段、节点亮眼，从人类直立行走开始大家就爱听故事，但又最爱刨根问底，所以为什么是我们始终要考虑的，逻辑、逻辑、再逻辑。

（5）在故事线推进期间考虑甲方感受，永远为设计服务：精彩的故事离不开甲方的认可和设计师的完善，没有大家的协同作战，就是孤芳自赏，很多时候太另类的故事不光甲方不理解，大家可能都难以参与进来，所以方寸之间的尺度把握就是一张窗户纸，而不是靠砸才能碎的玻璃。

（6）关注项目的完整性、满足故事的可看性，不做孤品项目：编剧老师毕竟不是设计师，在项目把握上跟主设还是有很大差别，不能拿做电影的思路做主题公园等项目，思路做法完全不同，但在保证好看方面是基本功，也是护身法宝。

（7）人物丰满，剧情曲折：主题公园的人物不能空洞的活在故事里，他和电影故事里的人物不同，他要为设计服务，他是设计出来的，处处充满设计感，全部的故事情节都围绕主设的设计思想来展开，人物活在故事里，故事活在设计中。

（8）做好线下游戏设计：线下游戏脱胎于“原始故事”而巧妙设计的关卡设定，先有故事，然后才有游戏，难易程度按照后面的游戏进展再行调整，但不能违背原始故事的初衷，原始故事不能违背主设对整个项目的把握。

（9）以电影思维解读项目、以项目场景还原电影：拿出做大片的精神做主题公园，拿出做史诗电影的规模来写主题公园故事，先做加法后做减法，待项目完成后成就一部电影韵味的主题公园，有始有终，有桥段、有情节、有人物、有眼泪，我们做的不光是项目，也是电影，我们拿出做电影的麻烦劲来做项目——有前传、有续集。

（10）不做无用的创意规划：创意初始于甲方和项目的一张蓝图，不能天马行空，要有的放矢，世上有时就那么一个故事适合这个项目，可能最终没找到，前期沟通、调研、协调、思考很重要，写故事很简单，写对的故事很难。

（11）好故事和好设计都是讲的爱：主题公园最后都是为人服务的，人的最高境界就是爱，只要我们秉承爱的宗旨，做出一个好故事、好设计不难。

（12）建筑找个灵魂、为故事找个家：主题公园最终还是一堆建筑，大大小小，它的灵魂在哪里是我们思考的话题，我们的故事依附在建筑身上，为建筑添砖加瓦，让它活起来，让它会说话，让它有家的归属感，这是我们要做的。

（13）再好的故事也是为设计服务的：编剧不是设计，设计不是编剧，现在的写法其实是倒着写故事，难度很大，需要充分理解项目，打开的那只天眼能否看透设计本质很重要，多沟通，不着急写。

（14）讲一个完整故事是我们的目标：主题公园故事比电影故事短，但也要讲清楚，越短越不好写，它人物没那么多，故事不复杂，怎么讲明白很难，讲明白让人看明白更难，这个度需要多磨多练就能成行。

（15）总纲和分集要调理清晰自成体系：遇到大项目会有很多故事，它们不光要互补，还要协调在一起讲一个庞大的史诗级别故事，例如，为线下游戏铺路，编剧老师要知道下一步我们要做什么，不要为了讲故事而讲故事。

（16）为每个功能分区起个和故事有关联的名字：在总的项目名确定后，各个分区的名字就是为了一切可以服务对象来说的，要大气、磅礴、有力，但不能抢了总案名的风头。

（17）所有的细节要紧扣主题：故事的细节决定品质，在主设规划的大主题方向前，不能有偏离，巧妙的设置是为了丰满主题，让主题看上去更加有质感，让线下游戏可玩度更高。

（18）沉浸式是不二法则：无忧是主题公园的杀人利器，进园后就进入了另外一个世界，我们编造的这个世界要确实存在，真实的、可信的、好玩的、有趣的，忘记了日月，忘记了你我，设计越好，越吸引人，故事越好，越能留住人，设备越棒，越能打动人，你的公园，他们的梦。

中西方叙事实践中在叙事结构上有一定的差别。例如，在上面《雷雨表——中国化叙事法则》中我们可以发现，既有叙事技巧又有叙事之道。叙事技巧有明暗、深浅、直接或间接的表达中国文化哲学体现叙事之道。中国人的思维方式是道技双构性的。结构之技呼应结构之道，以结构之形暗示着结构之神，结构本身带有表里相应的双构性，是破解中国文化密码的叙事法则。

（二）中国化叙事时间的操作

国外在叙事时间性的实践也有非常成功的案例。例如美国好莱坞编剧经常用到的《布莱克·斯奈德节拍表》：

第一，开场画面【第 2 页】【设定基调、情绪、风格，介绍主要人物，设置起点】。

第二，铺垫【第 1 ~ 10 页】【提出问题或做陈述，暗示电影主题】。

第三，主题呈现【第 5 页】【主要人物出场，设定主角，赏金和故事目标】。

第四，推动【第 12 页】【“静止 = 死”】【催化时刻，粉碎原来平静的世界】。

第五，争执【第 12 ~ 25 页】【让主角面对以后行动的疑问，使他/她做好准备】。

第六，第二幕衔接点【第 25 页】【主角做出决定，进入第二幕】

第七，B 故事【第 30 页】【缓和第一幕的紧张气氛】【喘息时刻，通常是爱情故事，从另一个方面承载主题】。

第八，娱乐游戏【第 30 ~ 50 页】【呈现设定和背景】【精彩片段，大前提中的约定，可做海报的核心元素】。

第九，中点【第 55 页】【“伪胜利”或者“伪失败”】【中点撞击，提高赏金】。

第十，坏蛋逼近【第 55 ~ 75 页】【主角茫然无知而危机逐渐逼近】【内外部邪恶逐渐收紧，主角面临队伍瓦解】。

第十一，一无所有【第 75 页】【“死亡气息”的出现】【与中点相对，死亡的气息，旧世界消亡】。

第十二，灵魂黑夜【第 75 ~ 85 页】【“最痛苦的深渊”】【黎明前的黑暗，深陷深渊】。

第十三，第三幕衔接点【第 85 页】【解决方案诞生】【出现解决方案】。

第十四，结尾【第 85 ~ 110 页】【合题时刻，一切结束，人物定型，旧世界毁灭，新世界确立】【人物定型，创建新世界，问题被解决】。

第十五，终场画面【第 110 页】【开场画面的对照部分，首尾呼应】【开场画面的对照，有所改变】

由迪士尼与漫威联合出品动画电影《超能陆战队》（Big Hero 6）就是完全运用了《救猫咪》的布莱克·斯施奈德节拍表的叙事模式。除此之外还有《作家之旅》《故事策略电影剧本必备的 23 个故事段落》等叙事模式。

中国思维讲究时空合构，以“宇宙”一词形成“时空思维”的整体观。“时间和空间是运动的物质的存在形式和基本属性，既有顺序性、持续性，又有伸展性和广延性。”叙事就是时间的艺术。

“起、承、转、合”四个字充分体现了中国思维方式。“起者，起下也，连合亦在巧；合者，合上也，连起亦在内；中间用承用转、皆顾兼趣合也。”刘熙载（1974）《艺概》中国传统文学通过“起、承、转、合”来体现文章的节奏。刘熙载在谈论书法艺术曾题道：“起笔欲斗峻，主笔欲峭拔，行笔欲充实，转笔则兼乎住起行也。”

中国传统文学叙事讲究“起、承、转、合”首尾相呼应，主题公园的场景设计上亦是如此。沉浸场景情节的排布基本可分为大致四个阶段：开始阶段、过渡阶段、高潮阶段、结束阶段。下面笔者结合主题公园场景设计实践梳理场景叙事过程中如何体现“起、承、转、合”。

（1）悬念的设置（起）。入口是场景叙事的起始，是到达和离开的场所，人们从这里进入到建筑的内部空间。内部空间包含着故事和体验形成沉浸场景，叙事的开始是由入口给予特定的意义。因为人们的人生阅历、情绪记忆、生活体验、价值取向等不同，人们产生不同的沉浸感受，所形成的场所精神也不尽相同。因此入口是设计者设计的基准点，是设计者最应该重点关注的。入口处可以设置一个悬念用来引导人们的沉浸体验开始，使人们在入口体验中感受场景的同时，对“场所精神”特性有所感知，沉浸场景的场所精神在使用者与场景之间相互激发的关系被唤醒。沉浸场景入口的悬念设计是区别于常规设计手法，往往通过入口上升、引导、下沉等手法设计悬念。为了能够更好地抓住人们内心，引发人们去思考、去领悟，给人们更多的心理想象空间。

（2）连接的建立（承）。连接沉浸场景中各个过渡空间，通过界面、缓冲和路径等节点实现。这将决定着沉浸场景叙事的方式。空间布局通过路径进行编排，同时创造空间和事件的顺序以及空间序列。这里通常能够引发人们的回忆，产生动人的故事。空间中的故事情节便在人们沿着特定路径游走的过程中一步一步展开。人们经过一道道隔断所形成的界面，依次经过方位、大小、颜色和构造等各不相同的场景，而这些形成了故事中的句子和片段，叙述着这个特定场景的故事。路径能够带来空间秩序，同时秩序里每个场景又有着自己特定的秩序，应该巧妙分配与布局。路径一旦建立，三维结构得以确定。设置空间的水平与垂直布局，往往通过材料、质感、形状、色彩和光影来塑造三维场景故事。

（3）高潮场景的设置（转）。高潮场景是通过路径、入口处的悬念给人们产生期待之后，为了满足这种期待而在场景序列中的适当环节设计一个主题性的沉浸场景。此场景不再是平铺直叙或者留有悬念，而是直接表达沉浸场景的主题，通过特定的设计手法表现，场景序列中可以利用插叙、倒叙、并叙、断叙、跳叙等编排方法，也可以使用空间性格转换、空间事件叠合、虚幻场景塑造等策略方法。通过高潮场景的设计，让人们能够达成物我同一的境界，在场景中收获良好的沉浸体验。

（4）场景的结尾设计（合）。“建筑是凝固的音乐。”好的沉浸场景也如同美妙动听的音乐。而要让人们在欣赏完“音乐”后，仍然感受到“余音萦绕”，并能使人们在余音中回味思考和想象。场景的结尾设计就变得很重要。人们在结尾处对整个场景序列进行整合，并在记忆中回味着场景中的故事，入口充满悬念的设置、连接场景的设计、高潮场景的创意等，使参观者充分的展开联想，用想象去重构场景故事片段。通过场景“起、承、转、合”的编排，使得室内空间每个具体的场景都有了其存在的意义，有机形成了叙事线索。各要素之间关联性更加有张力和感染力。通过对场景时间的叙事编排，使人们对沉浸场景产生一种积极心理体验从而形成场景意象。当这种意象产生之后，人们产生体验记忆，会积极参与场景中的各种活动，场景情节就潜移默化的产生影响。

（三）中国化叙事的色彩叙事

在主题公园设计阶段，借鉴电影中色彩运用手法来表达情绪，同时利用影视色彩的规律，塑造场景色彩在形式内容上形成对应与冲突，从而丰富故事主题，造成的视觉刺激，产生良好的主题公园体验记忆。约·伊顿《色彩艺术》中提道，色彩是用来帮助创造深度幻觉的。色彩效果最深刻最真实的奥秘甚至连肉眼都看不见，它只能为心灵所感受。色彩的属性分为：色相、明度和饱和度。

1. 色相

不同色相可以构成一个空间结构。在“眼动实验”中研究者发现，不同颜色的第一次注视点和次数也不相同。其中黄色的第一次注视点最多，有一定“诱目性”，然而蓝色注视的次数最多。眼睛对于黄色、绿色的光最为敏感，其次是红色的光和紫色的光。利用色彩的“诱目性”，可以强调主要部分，确定次要部分，并找出各部分之间的依存关系，每一个局部在色彩构图中各司其职，共同形成一个有机整体，最后构成色彩搭配图谱，如图 5 所示。

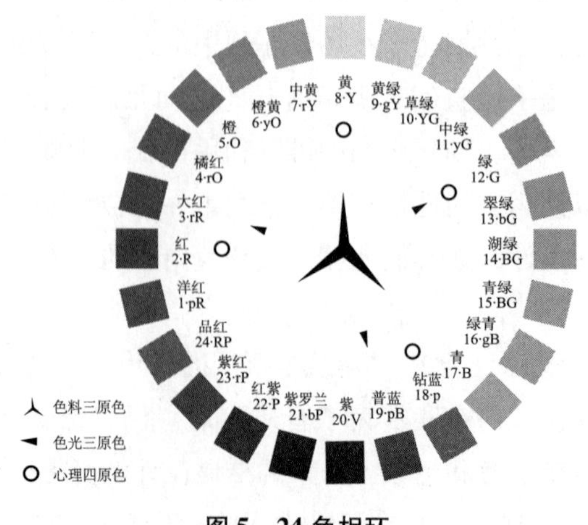

图 5　24 色相环

资料来源：范文东．色彩搭配原理与技巧（第二版）[M]．北京：清华大学出版社，2018：23.

2. 明度

明度即色彩的明暗程度。明暗能够表达形体的空间感和质量感。同材质色彩的物体，在相同的光照下，不同光线角度产生不同的体积感和空间感。尤其是阴影的运用。在奥兰多环球影城的哈利·波特主题区的火车旅行项目中就很好地利用了这一点，火车包厢的玻璃门上利用光影特效模拟走廊里来来往往的“剧中人”剪影，制造身临其境的沉浸感。

3. 饱和度

饱和度也称色度，是指色彩的相对强度和纯度。饱和度对色彩的“诱目性”形成影响产生新的空间秩序。在主题公园中，儿童乐园的色彩饱和度往往比成人娱乐项目的饱和度要高，刺激类的过山车项目比以故事 IP 为主题的骑乘项目的色彩饱和度高。

主题公园沉浸场景中的色彩不仅依赖于色相、明度、饱和度来塑造空间感同时受到色调影响。色调是场景色彩的组织和配置。色调是渲染环境、营造气氛、表达故事中人物的内心世界与情感、突出主题以及树立主题故事价值观非常重要的手段。

黄色是给人提醒度很高的颜色，是我们大脑很容易识别的颜色信息。通常会运用在室内儿童乐园里，黄色传达出的故事情感比较丰富多变。但是需要特别注意，黄色的饱和度过高是会带来狂躁，所以不仅要控制黄色在空间中的比例，同时还要注意它的饱和度。紫色适合奇幻、探险类娱乐场景，在暗色调环境中显得更加神秘与梦幻。美国奥兰多迪士尼动物王国中阿凡达主题区的“纳美河之旅”水上骑乘项目的场景就是运用紫色色调营造神秘幻想的潘多拉星球“异世界”景象。

中国人的色彩审美中，红色具有特殊的含义，它所激发出的审美意象几乎都是正面的。例如，它象征火焰，引发人们对远古时代从茹毛饮血的野蛮过渡到熟食文明的种族记忆，使人联想到温暖、阳光和男性的力量。它昭示喜庆、吉祥和蓬勃的生命力，诸如美满婚姻（双喜字）、人丁兴旺（佩带红肚兜的宁馨儿怀抱金色鲤鱼）、长寿安康（朱拓“寿”字条幅），以至战争与革命（被喻为“战争色”，又象征着志士仁人的鲜血）等。很少有其他民族所赋予的负面，例如屠杀、血腥等。中国人的崇黄心理也是自古有之。在中国人心目中，黄色象征吉祥，或人内心的美好，或外表的明亮美丽，或大地的原色。民族学家、人类学家李亦园就曾经指出：“我们向来以黄帝子孙自豪，其实我们不仅是黄帝子孙，更和黄颜色有极密切的关联。我们是典型的黄种人，我们的文化发源于地质史的黄土期，我们老祖宗住在黄河沿岸、黄海之滨的黄土高原，吃的是黄米（粟）、黄豆，位到至尊者穿黄袍，碰到好日子则称为黄道吉日，甚至连死后的去处也称为黄泉。若除去近代黄色与色情莫名其妙的联想，我们实在可以自称为‘黄颜色的文明’”（李亦园，1996）。中华民族作为一个数千年中以黄土高原为中心繁衍生息的农业民族，长期处于封建专制制度之下，形成了所谓“天人合一”的天命观、人生观，因此对黄色的敏感既取其慰藉心灵的温暖感、质朴感（如丰收、成熟、明亮），又取其辉煌庄严的崇高感和权威主义（皇权与神佛崇拜。“五行”说里黄代表中央方位，中央属土，土为黄色）（宫承波，2014）。

中国传统绘画认为，在真正的绘画意义上，色彩并不意味着仅仅是运用五颜六色的颜料，一个物体的自然形态可以通过墨得到美妙的传达。书法的用墨同绘画可谓灵魂贯通，也是通过墨的浓、淡、干、湿、焦，点画的轻重、行笔的缓急来表达色彩的变幻和书家的胸怀意趣的。“字”是活跃的生命个体，由骨、筋、血、肉构成，水墨是包裹着筋骨的血肉，是“字”的有机组成部分，其中潜藏了书法家对五彩缤纷的感性世界的深切体验。

中国化叙事色彩文化中以红、黄为主色，同时结合黑白色辅助，构成中国人的审美心理结构，即相生相胜、共存共济的矛盾统一体。通过色彩叙事体现了中国人生命永续、生生不息的审美观与价值观。共同奠定了中国色彩叙事审美“文化密码”的基础。

（四）中国化叙事的听觉叙事

傅修延在《中国叙事学》中提出，听觉叙事两个研究工具：“聆察”与“音景”。

1.“聆察”

“聆察”和“观察”是一对既有相同又有相异处的感觉兄弟。梅尔巴·卡迪—基恩在《现代主义音景与智性的聆听：听觉感知的叙事研究》中提道：“新的声音技术、现代城市的声音，以及对听觉感知的兴趣，共同构成了对听觉主体的新的叙事描写的背景。但是，要理解叙事的新的听觉，我们需要一种适当的分析语言。”

2.“音景”

“音景”（soundscape）是“听觉叙事”中一个非常重要的概念。就像“聆察”

与“观察”是一对兄弟一样，“音景”也有一个兄弟：“图景”（landscape）。“音景”的接受和构成与“图景”不同，人的眼睛像相机一样，可在瞬间摄入所及“图景”。然而耳朵对声音的分辨无法瞬间完成，大脑需要对连续声音的组合进行复杂的拆分和解码，并在经验和记忆的基础上想象、判断和推断。“音景”包括三个层次：

（1）定调音（keynote sound）它是整个“音景”的调性，它能够勾勒整个音响背景的基本轮廓。

（2）信号音（sound signal）有些声音因为有鲜明的识别特征，容易引起注意。例如，铃声、口哨等。

（3）标志音（sound mark）像地理标志一样，例如英国伦敦的大本钟是伦敦的地标，钟声就是大本钟的声标即标志音。

音景作为以声音为媒介反映宇宙与自然，带有人体呼吸节律的艺术表达之一，虽无法直接传达客观事实，但可以做到“听声类形、以耳为目”。从音乐美学的角度去“聆察”，音景内容有的来自其自身的结构逻辑，存在不能通过音响本身直接感受到，而是借助“聆察者”的想象、联想和联觉等心理活动所产生的“非音乐性的内容”，它往往带有主观色彩。这种通过联觉获得的“非音乐性内容”可能是“听觉形象”，也可能是“视觉性形象”，甚至可能是“动觉、触觉、味觉、嗅觉”等其他内容，使得“音景”不仅可以用耳朵来听，而且可视可睹、可闻可嗅、可品可尝、可感可触，它远比音响本身所能直接感受到的内容更加广阔。西方有“音乐乃子宙间共同的和谐”、中国有“大乐与天地同和”之说《乐记·乐论篇》（钱钟书，1979）。通感、联觉的产生要求“聆察者”以全身心地去感知场景、感受叙事对象，能够产生更多的“通感”，从而产生物我两忘的沉浸感。而音景设计就需要创造者具有敏感的通感心理能力，同时善于运用音乐叙事的表达手法创作出新颖奇特、令人耳目一新音景设计作品。

主题公园中“音景”设计对于烘托气氛、制造感知、完成叙事任务和带来场景沉浸感都起到至关重要的用。要想使“音景”设计引起观众注意，就必须寻找中国观众群体的集体“共同记忆”与“共同认知”。只有这些鲜明带有中国民族文化象征，同时引起共鸣的“定调音”“信号音”和“标志音”才是隐藏在“听觉叙事”中的“中国文化密码”。

（五）中国化叙事的异度空间

游客来到主题公园购买的第一“商品”是“体验”。约瑟夫·派恩在《体验经济》中提出体验的四个维度：教育体验、审美体验、娱乐体验和避世体验。主题公园中“避世体验”需要通过主题故事营造远离现实的虚构的“异世界与异空间”。

福柯在1967年完成的巴黎演讲稿《关于异类空间》（Of Other Spaces）中阐述了“异质空间”（heterotopia）的概念。异质空间提供的理论视角和方法，研究者可以对社会空间进行“差异地学”的研究，其重点关注的对象就是空间中存在的带有差异性、异质性、颠覆性的空间（张一玮，2007）。

本文中的“异度空间”“异世界”也称为“第三空间”（third space），美国学者爱德华·W. 索亚（Edward W. Soja，又译苏贾）提出并运用的一个重要跨学科批评概念。

空间性和人类的存在与生俱来。尤其在当今世界，人类生活的空间维度深深地关系着实践。但空间是真实的存在，还是想象的建构？是主观的，还是客观的？是自然，还是文化？在过去的若干个世纪，人类的认识徘徊在二元论的思维模式之中，试图在真实与想象、主观与客观，以及自然与文化之间给空间性定位。由此便出现了两种空间认识模式：“第一空间”的透视法和认识论模式，关注的主要是空间形式之具体形象的物质性，以及可以根据经验来描述的事物；“第二空间”是感受和建构的认识模式，它是在空间的观念之中构想出来的，缘于人类的精神活动，并再现了认识形式之中人类对于空间性的探索与反思。本文所提的“沉浸场景”就是属于这种。如果可以把“第一空间”称之为“真实的地方”，把“第二空间”称之为“想象的地方”，那么，“第三空间”就是在真实和想象之外、又融构了真实和想象的“差异空间”，一种“第三化”以及“他者化”的空间。或者说，“第三空间”是一种灵活地呈现空间的策略，一种超越传统二元论认识空间的可能性。

在“异世界”的叙事当中，被创造出来的“想象之外”，“第三化”的空间存在以超越二元对立的价值观形态，挑战人们的日常生活实践，改变我们对现实的认知。罗伯特·麦基在《故事经济学》一书中指出，人类心智这一生物引擎是一种故事化的思维方式。故事化思维是以核心价值为话语来解读每一个事件的。这些核心价值并不是成功、忠诚、爱、自由等单一概念，因此做好中国故事的叙事话语二元化策略，就是要在中西价值观比较视域下，基于人类故事化的感知方式和思维方式，建构一套充满情感负荷的具有中国化的“天人合一”的“异世界”观。

故事中诞生“异世界”，从而故事消失、“世界”出现。例如电影《魔戒》（The Lord of the Rings）又译《指环王》，是英国作家、牛津大学教授约翰·罗纳德·瑞尔·托尔金创作的长篇奇幻小说。他创造出了“魔幻史诗空间”。《魔戒》主要讲述了中土世界第三纪元末年魔戒圣战时期，各种族人民为追求自由而联合起来，反抗黑暗魔君索伦的故事。作者有意创作了一个现实当中不存在的“异世界”——“中土世界”（一块架空世界中的大陆，这名称来自古英语中的“middangeard”，字面含义是“中间的土地”，意指“人类居住的陆地”。）再比如电影《阿凡达》里的潘多拉（Pandora）是虚构的一颗巨型气体行星的卫星。学名“半人马阿尔法 B－4”，是半人马阿尔法星（南门二）中的一颗星球，大小和地球差不多。行星 Polyphemis 的个头是木星的两倍，它的名字来自希腊神话里的独眼巨人，因为它上面也有一个风暴云构成的大红斑，就像一只眼睛怒视着它的卫星潘多拉一样。潘多拉绕着 Polyphemis 运转，它和地球差不多大，由于 Polyphemis 不止潘多拉一个卫星，所以在潘多拉上可以看到一次有两个甚至三个月亮挂在天上的奇景。潘多拉的空气充满氨气、甲烷、氯气，不依赖别的设备人类在这里根本无法生存，然而就是这样的环境却孕育出了一群独特的生物。除此之外，还有很多“异度空间”的电影如：《大都会》创造了“幻想中的都市空间”；《千与千寻》创造了“宫崎骏的幻想空间”；《哈利·波特》创造了“魔法空间”；《机器人瓦力》创造了“影像超空间”；《黑客帝国》创造了“虚拟空间”等（颜隽，2011）。

西方叙事的“异度空间”来源于传统叙事中的神话。神话往往是民族文化的原型。有些西方学者认为中国没有创世神话（creation myth）。然而中国关于盘古开天与女娲补天的传说，可以反驳“中国无创世神话论”。中西方神话的主要区别在于它们的“本位”不同。西方神话常常是“神本位”的倾向，而中国神话则是“人本位”的倾向（浦安迪，1996）。所以，中国化叙事的“异度空间”更加关注“人与神的共生”，更加突出“非叙述性”叙事。同时我们也要吸收借鉴西方神话系统性叙事的优点，结合中国各民族文化原型为“母体”，创造中国化叙事“异度空间”的叙事体系。

（六）中国化叙事的意象

在主题公园沉浸场景中最能够表达叙事的中国化就是“意象”。意象是一种文学艺术的表达手段，具有特殊的内涵，它既体现在立象、见意的方面，也可表达情景、情境等方面。

1. 中国化叙事意象有自己形成的条件

（1）这是一种时态非原生性的、能够灵活超越时间、空间的限制，沟通各个文化要素；

（2）中国宇宙观讲究“天人合一”，大小宇宙，甚至各种“宇宙”相互渗透呼应的特点，这种宇宙信息就是文化密码；

（3）中国诗歌长于意象抒情，它所创造的闪光意象，随时从这种处于文学正宗地位的文体向其他文体渗透；

（4）中国文字的历史源远流长，重复使用的表象一层一层积累新的意义，是表象转化为意象，并层积成丰富的意义层面；

（5）汉字结构以象形、指事、形声、会意，在一笔一画的平面展开之间留住许多人类精神史的意义（杨义，2009）。

意象可以代表相应事物，能够达到意想不到的效果，可以有效激发观众和作者的情感共鸣，然而意象形成的过程是抽象的，要融合客观形象与主观心灵，从而产生一种带有某种特殊意蕴和情调的事物。意象在中西方的文学作品中有着不同的体现，中国文学意象注重微观层面，注重托物言志，偏向作者抒发与情感表达，然而西方文学作品中，意象则更多体现在宏观层面，注重被寄托的意象具有的一定哲学内涵。中国化叙事意象是将作者的思想感情进行融入，通过具体形象进行情感、思想的表达。对于主题公园沉浸场景的叙事意象来说，可以通过各种物质和道具组合，对主观与客观进行抽象的融合形成景和情的统一表现，通过特定形象来暗示和引导。

2. 意象的选择原则

（1）意象的选择必须具有特异、鲜明的特征；

（2）意象要发挥情节的纽带作用，成为叙事过程中的焦点；

（3）意象要凭借丰富的内蕴推动情节向深入发展。

3. 主题公园沉浸场景的“意象”

（1）主题公园沉浸场景“主题”的“意象”。主题公园沉浸场景之“象”的构建，在特定主题意蕴的指引下，对主题进行载体的设计，作为“意”的载体。“象”构筑的基本路径。庄志民（2005）提出文化设计的基本程序是“由内而外”，以文化精神的确立为主干，进而“蕴于内而形诸外”，将内蕴的文化理念，通过能够为市场上消费者所喜闻乐见的感性载体表现出来，形成“形神兼备”的产品。庄志民（2010）又提出主题演绎必须能产生意味深长的效应，对客源市场具有强有力的心理召唤性，让人们一想起便不能自已，有一种感同身受的亲和与身临其境的体验之冲动。载体设计必须符合注意力经济的原理，足以达到具有强有力的视觉冲击的效果，进而能给人留下深刻美好的记忆。庄志民对“意象”的研究是通过主题之“象”构筑的基本路径，始终遵循“由内而外”的行进方向。

（2）主题公园沉浸场景“意境”。首先，“外师造化，中得心源”，是意境构建的基本条件。主题公园沉浸场景的意境是设计者从内心最深的“心源”和“造化”接触时突然的领悟和震动中诞生的，而在载体设计中应遵从宗白华所认为的“艺术境界”的显现，绝不是纯客观地机械地描摹自然，而以“心匠自得为高”。同时，意境也不是一个单层的平面的自然的再现，而是有一个境界层深的过程。宗白华把意境构建分为三个层次：第一，直观感相的模写——“情胜之境”即“写实”；第二，活跃生命的传达——“气胜之境”即“传神”；第三，最高灵境的启示——“格胜之境”即“妙悟”。

宗白华认为：“西洋艺术里面的印象主义、写实主义，是相当于第一境层。浪漫主义倾向于生命音乐性的奔放表现，古典主义倾向于生命雕塑式的清明启示，都相当于第二境层。至于象征主义、表现主义、后期印象派，它们的旨趣在于第三境层”。“中得心源”要求设计者要感受到万物的心灵，庄子说：“静而与阴同德，动而与阳同波”，于“静观寂照”中，体合到宇宙的一阴一阳、一虚一实的生命节奏。所谓“静观寂照”，又称“静照”，这是主体与宇宙发生生命交融的一种心理状态。庄子在《人间世》论“道”时就强调过要“虚静”，提出了“心斋”“坐忘”的观点：“唯道集虚，虚者，心斋也。”苏轼说：“静故了群动，空故纳万境。”心理上的“虚静”，就能获得一种“空”，而“空”又是意境创构的重要条件。“空”，能为意境中荡漾的生命灵气提供一个往来的空间。周济说：“初学词求空，空则灵气往来。”灵气往来就是物象呈现着灵魂生命的时候，是意境诞生的时候。宗白华说：“美感的养成在于能空，对物象造成距离，使自己不沾不滞，物象得以孤立绝缘，自成境界。”在宗白华那里，“空”又有两层含义：一是依靠外界物质条件造成的“空”，宗白华把它叫作“隔”。如通过场景中空间隔断、演艺舞台的帘幕、主题故事节奏韵脚等间隔出来的空间，在距离化、间隔化的作用下，就会产生一种别一样的艺术境界，有如“隔帘看月，隔水看花”（董其昌）。方士庶《天墉庵随笔》说：“山川草木，造化自然，此实境也。因心造境，以手运心，此虚境也。虚而为实，是在笔墨有无间，故古人笔墨具此山苍树秀，水活石润，于天地之外，别构一种灵奇。或率意挥洒，亦皆炼金成液，弃滓存精，曲尽蹈虚揖影之妙（宗白华，1994）。”一语道破中国艺术意境构建的文化密码，更是点出了主题公园沉浸场景的意境构建的依据。

六、总结

尽管主题公园沉浸场景的叙事可以借鉴文学叙事和电影叙事的手法，但是他们之间是有明显区别的。主题公园中场景的叙事可以是娱乐项目本身的主题故事与场景，也可以是为娱乐项目开始之前的预演区的主题故事与场景，以及某主题区为了营造沉浸体验气氛的主题故事与场景。首先，娱乐项目的主题故事相对于文学叙事和电影叙事更加注重围绕观众体验为主线展开故事情节。由于娱乐项目的体验时间比较短，可能会适当忽略故事中关于主人公情感表现的部分，更加注重带领观众领略故事中的“异度空间”，让观众沉浸其中，通过娱乐设备带给观众感官刺激，短时间内产生良好体验。这样的娱乐项目往往采用有一定“共同认识”的故事 IP。例如奥兰多迪士尼动物王国内的阿凡达飞行影院项目，在娱乐项目叙事表达更多的是以观众的体验为主，这区别于阿凡达电影以男女主人公情感交流为主的叙事手法。其次，作为娱乐项目开始之前的预演区的主题故事，主要任务除了避免观众在排队期间的“发呆规避”，同时为娱乐项目主演区的主题故事做好铺垫，让观众对于即将到来的故事与体验有所期待。然而，现在观众在排队期间避免“发呆规避”都会低头看手机，这就对预演区主题故事表达提出了新的考验。它既要尽量简洁地介绍故事背景，让观众提前进入故事并沉浸当中，跟随故事展开体验。同时也要考虑到观众的“认知负担”，由于手机产生“注意力漂移”从而“情感不同步”。可以考虑将主题故事植入主题公园 APP 中，在预演区让每个观众通过手机 APP 了解到娱乐项目的故事，并通过手机产生更多的互动。最后，主题公园沉浸场景可以是室内空间也可以是室外空间。现在越来越多的主题公园会打造“区域沉浸”，让观众在某主题区中感受同一主题气氛，产生避世体验。例如环球影城的哈利·波特主题区和迪士尼阿凡达主题区。这里主题故事是为了让观众找到电影故事与主题区之间的链接。“时间线上，这是《阿凡达》第四部续集背景百年后的故事。我们希望主题公园和原版影片有所区别，这不是关于杰克和奈提莉（Jake and Neytiri），这是关于游客来到潘多拉的故事。”迪士尼 Imagineering 故事执行主管马克·莱文（Mark LaVine）说到。在主题公园中，游客的身份是随着半人马远征公司（Alpha Centauri Expeditions，ACE）前去潘多拉星球的旅行者。同时，听觉叙事中的“音景设计”也是主题公园主题沉浸区域营造气氛的好方法。

综上所述，主题公园沉浸场景的叙事虽然与文学叙事和电影叙事有不同表达的细节。但从方法论角度，它们确实是寻找主题公园沉浸场景营造方法之路。无论是一个娱乐项目的主题故事与场景、预演区的主题故事与场景还是主题沉浸区的主题故事与场景，都可以通过“叙事结构”“叙事时间”“色彩叙事”“听觉叙事”“叙事异度空间”“叙事意象”六个维度来探讨主题公园沉浸场景的叙事手法。再通过中西方审美、心理和价值观等方面的对比分析，找到主题公园沉浸场景中国化叙事的“文化密码”。

参考文献

[1] Richard Lloyd & Terry Nichols Clark. The City as an Entertainment Machine, 2001.

[2] Tom Pearson. 什么是沉浸式戏剧？[J]. 艺术教育，2018，328（12）.

[3] 杨子涵. 中国式沉浸——沉浸式戏剧在中国的成长 [J]. 艺术理论，2017（1）.

[4] 米哈里·契克森米哈著. Flow：the psychology of optimal experience [M]. 张定绮，译. 北京：中信出版社，2017.

[5] Ernest Adams. Postmodernism and the Three Types of Immersion. The Designer's Notebook，2004.

[6] 郜书锴. 场景理论的内容框架与困境对策 [J]. 当代传播，2015（4）.

[7] 诺伯舒兹. 场所精神——迈向建筑现象学 [M]. 施植明，译. 武汉：华中科技大学出版社，2010.

[8] 林焕杰. 中国主题公园与区域经济 [M]. 北京：经济科学出版社，2013.

[9] 米克·巴尔. 叙述学——叙事理论导论 [M]. 谭君强，译. 北京：中国社会科学出版社，2003.

[10] 罗兰巴特. 叙事作品结构分析导论 [M]. 董学文，王葵，译. 沈阳：辽宁人民出版社，1987.

[11] 陆邵明. 建筑体验——空间中的情节 [M]. 北京：中国建筑工业出版社，2007.

[12] 浦安迪. 中国叙事学 [M]. 北京：北京大学出版社，1996.

[13] 傅修延. 中国叙事学 [M]. 北京：北京大学出版社，2015.

[14] 杨义. 中国叙事学 [M]. 北京：人民出版社，2015.

[15] 比尔·卡波达戈利，琳恩·杰克逊. 皮克斯 [M]. 靳婷婷，译. 北

京：中信出版社，2012.

[16] Emma Coats. 皮克斯动画工作室（Pixar）的22条叙事秘诀[EB/OL]. 吴晓辉，译. 影视工业网，2014-8-14.

[17] 布莱克斯奈德. 救猫咪—电影编剧宝典[M]. 王旭锋，译. 杭州：浙江大学出版社，2011.

[18] 刘熙载. 艺概[M]. 上海：上海古籍出版社，1978.

[19] 范文东. 色彩搭配原理与技巧[M]. 北京：人民美术出版社，2006.

[20] 李亦园. 人类的视野[M]. 上海：上海文艺出版社，1996.

[21] 宫承波. 中国人色彩视觉的三重维度——审美层面的探析[EB/OL]. 第16届韩中教育文化论坛，2014-10.

[22] 钱钟书. 旧文四篇[M]. 上海：上海古籍出版社，1979.

[23] 张一玮. 福柯"异质空间"概念对当代电影批评的意义[J]. 唐山师范学院学报，2007-6.

[24] 颜隽. 电影中的异度空间研究[M]. 上海：东方出版中心，2011.

[25] 杨义. 中国叙事学[M]. 北京：人民出版社，2009.

[26] 宗白华. 宗白华全集·第2卷[M]. 合肥：安徽教育出版社，1994.

主题公园的终极体验

丁　亮*

一、带来沉浸体验的主题公园

（一）从“爱情隧道”和“风景铁路”说起

美国奥兰多的“哈利·波特魔法世界（The Wizarding World of Harry Potter）”分成两个部分：一部分位于冒险岛主题公园的霍格莫德村；另一部分位于环球影城主题公园的霍格沃茨城堡，两部分之间有霍格沃兹特快相连接，当游客搭乘这列特快的时候，可以看到窗外的景观快速后退，仿佛正在穿越魔法世界的禁林。

其实这样的方法在19世纪末的欧洲就已经形成，距今已经有一百多年的历史，只不过那时候“窗外”还不能播放视频，而是欧洲各国的风景画，在工人的驱动下不停转动，形成风景后退的效果，这种模拟娱乐项目叫作“风景铁路”，很受恋爱男女的欢迎，1948年根据奥地利小说家茨威格的小说拍摄的同名电影《一个陌生女人的来信》中，就有这样的情节。

同样在那个时代，还有一种用小船载着游客在黑暗中漂流的娱乐项目，叫作“爱情隧道”，男女游客两人乘坐一条小船，一旦在黑暗中遇到惊吓，两人就可以借机紧紧拥抱在一起，在思想保守的旧时代，这样的黑暗项目很受欢迎，这就是后来黑暗骑乘（dark ride）游乐方式的起源。

---

* 丁亮，华强方特文化科技集团执行总裁；方特动漫公司董事长；动画片《熊出没》总导演；全国动漫游戏产业标准化技术委员会委员；中国电视艺术家协会卡通艺术委员会副主任；中国传媒大学客座教授；教育部高等学校动画、数字媒体专业教学指导委员会委员；2018中国游乐行业“摩天奖”奖：中国游乐行业领军人物。

今天看来无论是“风景铁路”还是“爱情隧道”，创意虽然简单但却有里程碑意义，因为有了风景和爱情，简单的游乐体验就有了故事情节，娱乐体验也就超越了简单的生理和心理的刺激，升华到精神的愉悦，因而有了更丰富的趣味。虽然当初提出这个创意的人不会想到今天的游客可以在一个叫作“主题公园”的地方游玩，但是他们“将娱乐和故事情节相结合”，迈出了主题公园的第一步，我们不知道他们的姓名，但是心中却充满了敬意。

在1901年纽约布法罗举行的泛美博览会（Pan - American Exposition）上，弗雷德里克·汤普森设计了最早的机械式黑暗骑乘项目《登月之旅》，他为这个项目创造了一个吸引人的故事，30名乘客登上“露娜”（lunar）号飞艇前往月球，沿途欣赏了尼亚加拉大瀑布、北美大陆，随后前往月亮，那里挤满了穿着盛装的人们，宫殿中有月亮仙女翩翩起舞。这个登月项目比电影大师梅里爱的同题材电影《月球旅行记》（*Le voyage dans la lune*）还要早，尽管门票价格不菲，但博览会期间竟破天荒地接待了40万人。这个项目翻新之后于1903年安置在科尼岛的露娜公园，成为其中热门的体验项目，这是现代主题公园项目的萌芽。

提出“风景铁路”背景画的创意师，当然也想不到人类后来发明了电影，可以动态模拟窗外的景观，尤其是后来的3D电影和黑暗骑乘设备巧妙地结合在一起，我既看到了当年“爱情隧道”的创意重新闪光，也看到了现代科技对于主题娱乐产业的巨大促进作用。今天电影已经和主题公园结下了不解之缘，电影丰富了公园的故事内容，主题公园升华了电影的体验感受，两者相得益彰，交相辉映。

今天的主题公园风靡全球，不仅得益于电影，更得益于一百多年来人类的技术进步，今天的主题公园已经是一个复杂的综合体，是一个大型系统工程，涉及的学科门类繁多：文化创意、公园规划、建筑设计、园林设计、项目的创意设计、自动控制、人工智能、计算机图形图像、大型机械、机电一体化、特种影视、舞台技术、机器人技术、公园运营等多方面人才，尤其是核心人才创意工程师。

正是一代又一代充满激情的创意设计师，用自己的聪明才智将技术和艺术巧妙地结合在一起，用更加丰富的视听手段以及体感让游客沉浸在特定的环境当中，融合现实世界和故事幻境，带领游客目睹一场奇观和盛典，经历一次刺激的历险。

早期的创意大师在设计出“爱情隧道”和“风景铁路”的同时，无意中也确定了“欢乐”和“惊吓”这两种基本的娱乐情绪，这是人类孩童时期最基本的两种情绪，至今依然发挥着作用，当我们今天置身迪士尼主题公园，我们获得的更多的是“欢乐”，当我们置身在环球影城的时候，我们得到的往往是惊吓，那些开心的游客仿佛万圣节的孩子一样，期待着不给糖就捣乱（treat or trick）的游戏。

当然，今天的主题公园已经非常复杂性，原始的“欢乐”和“惊吓”也有了不同的故事演绎，呈现出不同的风格，而且随着人类的不断探索，主题公园中的故事叙述还面临很多新的变化，无论是在游玩方式还是在故事叙述方面，都将更加突出“体验感”和“沉浸感”，这是主题公园和小说、电影等传统叙事方式的差别，也是主题公园和传统游乐方式的重要区别，这是一次划时代的探索，并将影响到人类的未来。

我们对于这种具有“沉浸式体验”的形式还无法给它一个合适的称呼，就像 19 世纪末电影刚刚诞生的时候，我们也不知道该怎么称呼这种新事物，但是我们已经意识到它即将带来的巨变，我们不能定义它，但是一些先行者已经开始探讨它的新特点，一些影视作品比如《未来世界》《西部世界》开始加入这场探讨。

（二）中国主题公园缺少故事内容和表现形式

主题公园是现代旅游业在旅游资源的开发过程中所孕育产生的新的旅游吸引物，是自然资源和人文资源的一个或多个特定的主题，采用现代化的科学技术和多层次空间活动的设置方式，集诸多娱乐内容、休闲要素和服务接待设施于一体的现代旅游目的地。近年来，在旅游观光行业中脱颖而出。

主题公园产业近来在中国发展迅猛，据中国主题公园研究院院长林焕杰介绍，截至 2018 年 8 月，国内主题公园共有 339 座，中国的华侨城、方特、长隆已经跻身全球前十位。

未来中国主题公园客流人次将分别于 2020 年、2025 年、2030 年达到 2.2 亿、3.2 亿、4.2 亿人次[①]。

在迅猛发展的大好形势下，我国主题公园发展过程中也出现了不少问题，引起业界的关注。

首先是观念的差距。国内很多主题公园（Theme Park）并没有和游乐园（Amusement Park）拉开差距，游乐园主要是通过各种游乐设备向游客提供生理、心理刺激，带给游客快乐情绪。而主题公园更注重文化的熏陶，通过人物和故事

---

① 数据来源：AECOM. 2018 中国主题公园项目发展预测。

的呈现，带给游客情感享受和价值观的共鸣，好的主题公园会吸引游客不远千里来游玩体验，正所谓没有故事的主题公园千篇一律，有故事的主题公园百里挑一。

我国主题公园和电影关联度很低。中国 2018 年电影年度票房高达 610 亿元，银幕总数达到 60079 块①，稳居世界首位，但是除了早些年的长春世纪城以及新开业的华谊兄弟电影世界，中国的主题公园和电影的发展至今还形同陌路，这说明，中国电影和主题公园的结合才刚刚开始，还有很大的发展空间。

相反，中国主题公园和舞台演绎却有着很不错的渊源，例如世界之窗的《创世纪》、锦绣中华的《东方霓裳》，这也是中国主题公园的一个特色，和中国人喜欢大型歌舞表演有关。目前大型舞台表演已经脱离主题公园出现独立发展的趋势，例如《宋城千古情》等。

不过总体来看，我们的主题公园还缺少故事，也缺乏表现故事的手段，除了舞台表演这种形势发展较快之外，和美国主题公园相比，手段还比较单调，沉浸体验效果比较弱，尤其是缺乏吸引年轻人的有效手段。

和主题公园产业不平衡不充分的发展相反，中国游客已经进入了一个新的文化消费时代。

2011 年我国人均国内生产总值超过 5000 美元②，这意味着居民消费转向以精神消费为主，大量的城市二代、三代成为消费主体，他们具有良好的文化修养，对教育、文化娱乐、体育健身、旅游观光等四大文化消费领域的迫切愿望变得日趋活跃。

我们如何认识主题公园？主题公园的核心价值是什么？主题公园的游玩体验如何与故事内容相结合？主题公园又是如何讲好故事？什么是主题公园的“沉浸式体验故事”？沉浸式体验对主题公园未来的发展有什么影响？这是笔者撰写本文一直在思考的问题。

二、讲好故事是现代主题公园的灵魂

（一）故事是现代主题公园的强力黏合剂

何谓现代主题公园？我们并没有明确的定义，不过业界基本认同现代主题公

① 数据来源：国家统计局．新中国成立 70 周年经济社会发展成就报告。
② 引自《中国统计年鉴 2012》。

园起始于美国的迪士尼公园，我们按照这个共识追溯一下历史，这有助于我们认识现代主题公园。

有一种观点认为，兼具娱乐和商业功能的欧洲乡镇集市提供了主题公园的最初灵感，这种说法过于遥远和不太可信，与此类似而更加可信的说法是 1893 年美国芝加哥世博会，这一届世博会的主办者第一次设立了“娱乐大道”，将工业成果展示和都市娱乐生活紧密结合在一起，既保留了欧洲古老乡村集市的传统，又具有时代气息。娱乐大道上第一次竖立起高大的摩天轮成为现代科技和娱乐相结合的标志，对后世产生了巨大影响。据说华特·迪士尼的父亲埃利亚斯·迪士尼（Elias Disney）曾经在这一届世博会当建筑工人。

迪士尼本人也先后参与了在美国举办的 1933 年芝加哥世博会和 1939 年纽约世博会的展览设计工作，这些实物设计，不同于纸张或者胶片上的动画影像，为迪士尼未来进行主题公园设计打下了基础。

世博会的出现，意味着人类社会进入了工业化时期，“工作时间”和“休闲时间”清楚地分离开，大众娱乐应运而生，19 世纪末终于出现了“游乐园”这种形式，纽约康尼岛的海狮公园（Sea Lion Park）1895 年开业，这是全球第一家“一票制”的游乐园，此举也意味着主题公园这一商业模式已经成熟，这是迪士尼公园诞生的经济基础。

主题公园的灵感还来自华特·迪士尼在第二次世界大战之后对丹麦哥本哈根蒂沃利花园（Tivoli Gardens）的访问，洋溢着欧洲风格的建筑园林景观给这位美国客人留下了深刻印象。

迪士尼设计主题公园的重要动因之一是为孩子为家庭游客提供一个合家欢的地方，1950 年落成的加州奥克兰的儿童仙境公园（Children's Fairyland），以及坐落在底特律的福特绿野村（Greenfield Village），这些深受家庭游客欢迎的景点，为迪士尼公园的设计提供了灵感。

通过这些历史追溯我们发现，主题公园是一个复杂的综合体，包含了欧洲文化、动画风格、科技展现、家庭游乐、商业运营等诸多概念，这些概念都曾经在其他地方单独得到过体现，又都和谐地汇聚在迪士尼公园当中，那么迪士尼是采用什么样的魔法将这一切融合在一起呢？为什么是迪士尼而不是别人完成了这种融合呢？答案就是故事，迪士尼借助他的卡通故事将这一切结合在一起。换言之，故事就是一个强有力的黏合剂，这是迪士尼公园和康尼岛的海狮公园之间的本质差别。

迪士尼主题公园在 20 世纪 50 年代诞生，汇聚了各种好玩的游乐方式，特别是动画片中活泼可爱的角色，充满想象的世界以及神奇的剧情与游乐园的创意设计相结合，不仅带给游客欢乐的气氛，还营造出一个充满梦幻、奇特、惊险的世界，那些熟悉的人物、耳熟能详的故事，让人仿佛置身在童话中，这座独特的乐园以其创新的故事讲述和沉浸式体验开启了家庭娱乐的新时代。

我不知道迪士尼先生是否了解欧洲早期的“风景铁路”或“爱情隧道”，但是他的确在此基础上迈出了巨大的，也是关键性的一步，他用故事推动了现代主题公园的全面提升，公园因此变得有了灵魂，更有活力，整个产业也迅猛发展起来。

如果说迪士尼完成了“欢乐”，那么环球影城实现了“惊吓”。

20 世纪 70 年代，好莱坞的环球影城陷入了烦恼，在片场观光的旅游巴士会干扰正常的拍摄，为了协调旅游和电影拍摄之间的矛盾，环球影城就依托电影故事情节，打造出一系列惊险刺激的科技项目，早期的山洪暴发由此诞生，随着科技进步，环球影业的那些“大怪物们”在电子技术、机电技术、影视技术的帮助下，在环球影城“惊吓”游客，吸引了更多的年轻人，撬动了家庭游乐之外的另一个市场。虽说是惊吓，其实惊吓之后，却是压力释放之后的快乐。

在兴建奥兰多环球影城的时候，环球影城注意全面提升故事体验，特意聘请斯皮尔伯格参与策划，引入大量的电影科技概念，众多电影特效在主题公园遍地开花，更多的电影元素也被引入主题公园中，《大白鲨》《地震》《龙卷风》等风靡一时。

近年来，随着电影产业的飞速发展，主题公园当中的电影元素越来越重要，最典型的案例就是迪士尼动物王国的“潘多拉星球”、环球影城的“哈利 · 波特魔法世界”，以及迪士尼乐园的“星球大战：银河边缘”。与此同时，很多老的主题公园由于缺乏角色和故事而不得不进行大规模改造，最有代表性的是奥兰多迪士尼艾波卡特（EPCOT）公园，因为该公园是迪士尼先生对未来乌托邦的幻想，比较侧重科技展示，故事内容相对较弱，因而整个公园显得松散和缺乏黏合力，近年在进行大规模的改建。比如增加《冰雪奇缘》主题项目，时长 45 分钟节奏缓慢的《能源》（Energy）也在改造之列，所有的改造都有一个特点，那就是加大故事投入。

改革开放之后，中国主题公园取得了长足的发展，技术不断进步，表现手段日益丰富，近年来也更加重视将故事融入主题公园中，过去，中国主题公园主要通过舞台演绎来表现故事，如今也积极引入各种类型的特种影院，以及黑暗骑乘等来丰富不同故事的表现手段。这其中以方特集团的发展尤为瞩目，在深入挖掘中国传统文化，以高科技的手段来讲述中国游客耳熟能详的经典故事，《梁祝》《白蛇传》《牛郎织女》《孟姜女》《女娲补天》等以新的形式展现在主题公园当中，焕发新的魅力。2016 年东方神画主题公园开业，得到一致好评，并在 2018 年获得美国主题娱乐协会（The Themed Entertainment Association，TEA）颁发的年度杰出成就奖。

（二）主题公园当中的故事三要素

从加州迪士尼乐园开始，现代主题公园就非常重视在景区设计中融入丰富的文化内容。

大家都知道迪士尼先生对小火车情有独钟，缓缓行驶的列车，仿佛从历史中开来，又带着欢乐的家庭向未来行驶而去，所以在最早的迪士尼乐园中就安排了小火车。与此相反，最早的设计中并没有过山车，因为呼啸而过的过山车带来的只是生理刺激，没有任何故事情怀，没有文化内容，这违背了现代主题公园建设的初衷。

后来出于经营的需要，迪士尼乐园在 1977 年引入了过山车，设计师们认真地为这个过山车设计了一个主题包装，使其符合整个乐园的气氛，这就是《太空山》（Space Mountain），1979 年又增加了《巨雷山》（Big Thunder Mountain Railroad），1989 年增加了《飞溅山》（Splash Mountain）。

这些案例说明现代主题公园的设计要把文化内容摆在第一位，文化内容是现代主题公园设计的第一要素，是主题公园的黏合剂和灵魂。近年来，主题公园已经不满足于简单的文化包装，故事作为一种特殊的文化内容已经深入到主题公园的各个环节，尤其是电影故事在主题公园中得到越来越多的展现。

1977 年迪士尼设计了《太空山》，再看 2016 年上海迪士尼的《创极速光轮》，类似的过山车有了完全不同的设计理念。《太空山》是在过山车之外包装了一个宽泛而模糊的太空主题，而《创极速光轮》则取材于迪士尼的电影《创战纪》（TRON），这部电影是第一部广泛运用 CG 技术的电影，先后拍摄过两次，其强烈的光带设计吸引了大量粉丝，《创极速光轮》的环境设计就结合了该品牌独有的光带，具有独一无二的视觉效果，同时包装了一个关于创战纪竞赛的故事。

无论是进行文学创作、电影创作还是动漫创作，我们首先要明确故事三要素，它包括：令人信服的世界观，栩栩如生的人物，引人入胜的情节。这三个要素也深深影响着现代主题公园的设计和运营。

首先谈谈世界观的营造。

主题公园的世界观最直接的体现就是公园的景观，最早的加州迪士尼主题公园就设计成一个迪士尼动画风格，所有的建筑设计，无论是美国小镇、西部边疆、荒野丛林还是明日王国，都统一成迪士尼的卡通风格，尽管题材多样，但是风格自成体系。园区的建筑色彩鲜艳，充满童趣，而且大多采用了强迫透视，突显童话世界的夸张可爱。为了保证这个动画世界的纯粹，公园还要用景观和树木遮挡远处城市的楼房，甚至有传闻说飞经主题公园上空的飞机都要调整航道。

再谈主题公园的人物。每个主题公园对人物角色的重视程度并不一样，迪士尼乐园从一开始就非常重视角色，从米老鼠、唐老鸭、高飞开始，到后来的白雪公主、灰姑娘等公主系列，吸引了大批游客，几乎每个体验项目中都有动画明星助阵，乐园还专门设置了动画明星会见点（meeting point），让演员扮演卡通角色和孩子们亲密互动，直到今天，每次动画明星的出现都会带来一阵轰动。

环球影城早期的思路有点不同，比较重视灾难体验和展示大怪物，近几年在和迪士尼的较量当中，也开始逐渐重视角色，主要表现在冒险岛主题乐园，这里不仅仅有远古恐龙，还有蜘蛛侠、美国队长等一系列漫威英雄，后来更投入巨资，引进了哈利·波特这个超级明星，这一系列举措，弥补了环球影城的不足。

主题公园的项目体验中，惊险有趣的情节也比比皆是，从第一代加州迪士尼乐园就有丰富的故事，这里有鬼屋故事《幽灵公馆》、有探险故事《印第安纳琼斯历险》、有星战故事（《星际遨游——冒险再续》、有童话故事《小飞侠天空之旅》，还有海盗故事（《加勒比海盗》。

近年来主题公园呈现出电影化的设计潮流，这是一个全新的主题公园设计理念，故事三要素世界观、角色和情节会得到更加充分的展现，后文会做介绍。

并不是所有的主题公园都有故事，都包含三元素，例如日本东京以 Hello Kitty 为主题的三丽鸥彩虹公园，Hello Kitty 是一个没有嘴巴的可爱角色，但是它始终没有故事，三丽鸥彩虹公园虽然也集中了一些游乐景点，但是都没有赋予它故事体验，最复杂的项目就是一个 Hello Kitty 骑乘体验项目，以及一个大巡游，这使得三丽鸥彩虹公园更像是经过主题包装的游乐园，集中了很多主题卖场和主题餐厅，虽然适合购物和照相，但是体验感就差很多。

国内主题公园产业已经注意到文化元素的重要性，比如近几年，大家都开始重视在主题公园中引进知识产权（IP），这就是一个不小的进步，但是要论对故事以及故事三元素的重视还有很大的差距，如何解决这个问题，需要我们结合中国国情，扬长避短，找到一条合适的发展道路。

（三）主题公园的故事来源

故事的种类有很多，比如文学故事、戏曲故事、民间故事、影视故事和动漫故事，这些故事按照版权又可以大致分为两类：一是有版权的商业 IP，比如近代和当代的文学、漫画、影视、动漫等作品，这些作品受到法律的保护，例如《星球大战》《印第安纳·琼斯》《侏罗纪公园》《熊出没》。二是没有版权的，也就是历史流传下来的文学作品、民间故事、戏曲故事和神话，这些属于公共 IP，比如《西游记》《封神演义》等，后人在此基础上开发了《大圣归来》《哪吒之魔童降世》等新作品。迪士尼在早期开发动画电影的时候，也大量选用了欧洲的传说故事，迪士尼只拥有这些动画角色的造型权利，直到皮克斯时代才开始了大量的原创故事。

这两类故事在主题公园中都有广泛的应用。

1. 商业 IP 在主题公园中的应用

美国的迪士尼主题公园、环球影城主题公园、华纳电影公园大量使用了自有的商业 IP，这是由美国文化产业的特点决定的。美国历史短，文化沉淀有限，但是却有着发达的影视动漫产业，丰富的视听资源为主题公园提供了源源不断的创作源泉。

影视动漫品牌，具有绝对垄断权，一旦成功，别人很难插手，和主题公园相结合，不仅为这个品牌带来增值空间，也进一步丰富了这个品牌的内涵。而且成功的影视作品，也具有成熟的视觉设计和情节设计，这些资产为设计主题公园提供了直观的参考依据。

美国是一个影视大国，有很多经典的影视品牌，所以各大主题公园都非常重视影视的改编。迪士尼奥兰多动物王国过去的营销成绩乏善可陈，自打《潘多拉阿凡达的世界》（Pandora – The World of Avatar）横空出世，使游客云集，其中“阿凡达飞翔之旅”是一个新型 3D 飞翔影院，带给观众身临其境的飞翔体验，整个潘多拉景区有效带动了动物王国的运营，2017 年游客接待量 1250 万人次，比 2016 年增长 15%①，这方面的案例比较多，也比较直观，就不再重复。在这个过程中，各个大型文化巨头企业对影视动漫的品牌争夺也进入白热化阶段，可

① 资料来源：TEA/aecom 2017 年主题公园报告和博物馆报告：全球主题景点游客报告和 TEA/aecom 2016 年主题公园报告和博物馆报告：全球主题景点游客报告。

谓风云变幻。

1999年开业的环球影城冒险岛，就把漫威品牌收入囊中，规划了漫威英雄景区，推出了重要的3D黑暗骑乘项目《蜘蛛侠探险记》（The amazing adventures of spider-man），但是漫威这个大品牌随后又被迪士尼收购。再比如深受青少年欢迎的《哈利·波特》，非常符合迪士尼的市场定位，迪士尼和J. K. 罗琳（J. K. Rowling）在2004年达成意向，但是有关商业合作的谈判持续了六年一直未能达成，2010年哈利·波特落户环球公司的冒险岛，怅然若失的迪士尼于是在2011年获得《阿凡达》的主题公园授权，2017年潘多拉新景区在迪士尼动物王国开业。

再看最近文化产业最大的并购案，迪士尼耗费713亿美元收购福克斯公司①，这是一个内容品牌的超级大合并，联盟英雄合家欢，可以看得出，在这些好莱坞巨头企业心目中，影视动漫以及其中的故事具有重要的战略地位。

中国的主题公园历史不长，影视动漫的商业化运作程度也不高，主题公园和影视动漫“联姻”的成功案例不多，但是我们不能忘记，这是非常重要的发展方向，很多企业已经开始了大胆尝试，比如华谊主题公园已经将华谊旗下的电影和主题公园结合在一起，也有很多电影公司已经开始将自己的电影品牌分割成虚拟娱乐版权和实景娱乐版权，方特集团也将自己旗下的《熊出没》品牌快速应用到方特主题公园当中，为之开发了景区、体验项目、餐厅和酒店。

一般来讲，都是先有影视动漫IP，再有主题公园，不过也有反过来的情况，例如《加勒比海盗》，这是迪士尼公园20世纪60年代的项目，因为很受欢迎，于是在2003年被改编成同名电影，2016年又再次被主题公园使用（如上海迪士尼的宝藏湾），这是一个很经典的案例，说明了主题公园和故事的关系越来越密切，主题公园不仅仅是被动地接受电影IP，相反也在创新IP，影响电影。

2. 公共IP在主题公园中的应用

主题公园故事的第二个来源就是公共IP，这主要指历史文化故事。

例如法国狂人国主题公园，有丰富的舞台表演，内容都是历史上法国人保家卫国，捍卫理想的爱国故事，比如：黎塞留的火枪手、幽灵鸟舞会、维京海盗，不同风格的舞台表演精彩纷呈，令人惊艳。

这种做法在美国主题公园中比较少，但是对于中国主题公园产业却有很大的启发，因为中国和欧洲一样具有悠久的历史和丰富的文化沉淀，在这个方面具有

---

① 资料来源：华特迪士尼（DIS. N）2018年6月20日官方公告。

巨大的优势，可以弥补我们在影视动漫等商业品牌方面的不足，这是一条符合中国国情的发展道路。

当然这不是一件容易的事情。如果能够直接使用经典的影视品牌，主题公园的前期设计工作就容易很多，因为电影已经为你准备好了很多漂亮的场景以及生动有趣的角色，同时也为你储备好大量的粉丝观众，你只要按照原来的品牌定位进行二次创意设计就可以了。但是如果没有影视作品作为基础，那么主题公园的创意设计就是一个原创性很强的工作，既要充分利用现代高新科技作出形式创新，也要在文化领域深耕细作，作出内容创新，同时还要做到内容和形式相得益彰，无论是国内还是国外同行来说，都是一项巨大的挑战。

原创性的主题公园创意设计和影视动画的创作非常相似，经历三个阶段：首先是资料搜集和研究阶段，创意策划师通过互联网、博物馆、书籍、影像资料寻找信息，对历史文化进行系统化的研究和梳理，从中整理出适合主题公园使用的故事题材。通过资料搜集和研究，尤其是到当地采风，有助于获得鲜活的第一手资料，有助于激发创作灵感，为主题公园设计打下扎实的基础。其次是在故事研究的基础上，集合技术难度和成本控制，创意设计出总体设计方案，这个方案要充分考虑到 SATE 四个要素［故事（story）+ 建筑（architecture）+ 技术（technology）= 体验（experience）］。SATE 是 TEA 年度会议中一个论坛的宗旨，非常准确地总结了体验项目设计的四个关键词。最后在总体设计方案的基础上形成了更加专业的内容创作方案、技术研发方案和建筑园林方案。

方特的东方神画主题公园在这方面取得了丰富的经验，这里有浪漫唯美的四面幻影剧场《梁祝》、大型船载黑暗骑乘项目《水漫金山》、特种舞台表演项目《孟姜女》、天穹式特种影院项目《牛郎织女》、4D 模拟器黑暗骑乘项目《女娲补天》，还有亚洲最大的 3D 影院《九州神韵》，在半个小时内集中回顾了华夏五千年的恢宏历史、轨道漂流类文化项目《缤纷华夏》展示了 56 个民族的风采。

三、主题公园的三种故事表现形式

人类讲故事的方式有很多种，最直观和生动的方式就是舞台表演，一直延续至今。而对故事叙述有巨大影响的莫过于 100 多年前发明的电影，电影可以跨越时空，综合运用画面、语言、音乐、音效等多重手段调动观众情绪，很快就成为当今最主要的故事讲述方式。

但是电影的优势也恰恰就是它的劣势，简单来讲就是缺乏真实的体感、缺乏真实的空间感。当你和少年派漂流在海上的时候，你的座位并不能随波荡漾，我们没有体感；当我们看到詹姆斯·邦德一瞬间从伦敦飞到莫斯科，我们很清楚自己在影院中没有挪动位置；电影中会有很多特效，例如核爆炸、大洪水、城市毁灭，但是影像毕竟都是虚假的，只不过观众默认了这种虚假呈现。这些都是电影的不足，也给主题公园带来了巨大的发挥空间，经过这么多年的发展，主题公园的项目已经日渐成熟，大致可以分成特种影院、特种剧场、黑暗骑乘三大类，这三种形式都具有强烈的沉浸感，背后是一系列现代高新技术，创意设计师就是要充分运用这些技术手段，弥合故事幻境和现实世界的界限，打造沉浸体验。

（一）沉浸式体验融合故事幻境和现实世界的边界，是主题公园讲故事的基础

在动画行业有这样一个原则，如果某个故事用真人电影一样能够表现，那么就没必要做动画电影。同样道理，主题公园也要具有某种独特的优势，能够演绎别的形式无法演绎的故事，否则主题公园这种形式就失去了存在的价值，这种特殊性就是能够融合故事幻境和现实世界的边界，提供一种能够贯通人们视觉、听觉、嗅觉、触觉、体感等多种感知的“沉浸式体验”，这就是主题公园项目的特点，也是特种电影和特种舞台的特殊性所在。

人类历史上，沉浸式体验手段有很多，比如远古人类围绕篝火讲故事，那一堆篝火其实就是一个沉浸式的手段，西方教堂绚丽的玫瑰窗也提供了一种沉浸感，这种沉浸式体验还包括中国乡村的社火表演等。而现代主题公园中常用到的就是所谓沉浸式体验的手段，不仅呈现科技化趋势，而且会涉及很多学科，最常见的包括：特种舞台技术、舞台置景技术、烟火爆炸特效、灯光控制技术、音响录制和回放、模拟器技术、轨道技术、机器人技术、特种影院播放系统、特种电影制作技术、多媒体技术、自动控制技术等，上述罗列的每一项其实都是一个技术群，再细分下去还会分解出更多的技术，正是这些技术通过不同组合形成了多种多样的表现形式，融合故事幻境和现实世界，增强了故事的体验效果，吸引了大量游客。

沉浸式体验的作用之一是在实景表演和舞台表演中增强游客的体验，比如美国环球影城《水世界》在表演过程中的巨大焰火和水浪，在法国狂人国主题公园中表演的《长矛的秘密》中巨大的城墙缓缓移动，出现雄伟的城堡；在奥兰多迪士尼好莱坞影城也有类似的表演如《印第安纳·琼斯》、可以移动的中东村庄，以及一个军用机场。

沉浸式体验的作用之二是融合真实世界和幻境的边界，将游客带入神奇的虚幻世界。比如飞翔球幕电影，它和传统院线电影的差别就在于多了凌空飞翔的体验感，在设计球幕飞翔电影的时候，会通过错觉让游客产生失重的感觉，这里充分利用了人类前庭系统的特点。前庭系统位于我们的内耳中，有互成直角的三个规管组成，能感知地心引力的变化，我们即使闭上眼睛也能感到车辆的加速和转弯，或者电梯的上下。但是当我们完整控制了游客的视觉，同时扰乱游客的体感时，强烈的视觉信息就会向大脑发出错误的信息，因而产生失重的错觉，这种强烈的体感，会让观众完全融入到飞翔情节中去。再比如冒险岛的3D黑暗骑乘项目“蜘蛛侠的神奇冒险”，3D电影画面和周围的实景保持统一的透视关系，统一的美术设计风格，因而巧妙地融合了现实世界（实景）和故事幻境（3D电影），令游客如醉如痴。

美国拉斯维加斯米高梅酒店的驻场表演KA，这是太阳马戏团的一部作品，其中舞台是一个由大型液压驱动的大平台，可以根据表演的需要自由组合，甚至垂直立起，宛若城墙，演员利用吊索水平“站立”在垂直的城墙上，表演攻城的动作，造成空间的错位，这也是一种融合方式。

近现代科技的发展对于沉浸式体验有强大的推动作用，1893年芝加哥世博会上竖立起世界第一座摩天轮算是一个标志，这个钢铁大家伙是美国人为了超越法国埃菲尔铁塔的一个尝试，正如黑格尔所说“一切伟大的世界历史事变和人物，都会出现两次，第一次是作为正剧出现，第二次是作为喜剧出现。”这个钢铁大家伙在芝加哥的第二次亮相，就是一个喜剧，给我们带来很多欢乐，从此科技除了应用在工业、农业、军事、国防等重要领域之外，还可以应用在文化娱乐领域。

我们回顾一下近代主题公园的发展历史，有两个技术发展高峰起到了很大的促进作用。

第一个发展高峰是第二次世界大战之后，美国的工业实力大增，战后又获得了很多优秀的德国科技人才，科技实力迅速提升，大量战时的工业产能转向民间，其中也包括渗透于文化娱乐行业，迪士尼公园就是在这个大的科技背景下诞生的。

第二个发展高峰大约是20世纪70年代，在此之前的苏联和美国处在冷战时期，两国展开了激烈的太空竞赛推动了科技进步，特别是美国阿波罗登月计划（1969年）带动了新技术、新材料、新工艺大量涌现，这些新技术再次“溢出”到民用领域，推动了医药、金属制造业、互联网、核磁共振、液晶电视、无线移动通信等产业的发展。这一轮新技术也极大地影响到电影行业，推动了电影科技的进步，工业光魔（Industrial Light and Magic）公司以及电影《星球大战》（Star Wars）（1977 年）应运而生，斯皮尔伯格和卢卡斯两位导演分别效力于环球影城和迪士尼，开始打造惊心动魄的科技项目，进一步提升了主题公园的体验效果。

亚洲国家情况有所不同，日本和中国在近现代历史上，都在奋力追赶欧美工业国家，有限的科技资源都投入到工业和军事上，很少把科技和文化娱乐结合在一起，日本至今也没有出自本土的大型主题公园，日本的大型游乐设备都来自欧美国家。

中国在很长时间也是如此，但是随着改革开放的逐步深入，中国顺利搭上了信息技术大发展这趟列车，各种新型声光电技术、投影技术、LED 技术、模拟器技术、机电一体化技术先后应用到主题公园当中，带来了中国现代主题公园的兴起。很多企业敏锐地抓住了这个发展机遇，提出了文化与科技相结合的发展思路，在主题公园的体验技术上屡有创新，取得了很多突破，为中国主题公园的发展打下了扎实基础。

（二）特种电影

自从电影诞生以来，人类对于电影的探索一直没有停止过，一百多年来，涌现出各种各样电影拍摄以及播放技术，这些技术的发展不断推动电影的升级，给我们带来了各种新奇的视听享受。

当我们谈论电影的时候，更多谈论的是精彩的电影故事和熠熠生辉的电影明星，而电影技术往往都掩盖在电影院的设备间里，不被大家关注，但是当我们聚焦电影技术本身的时候，我们就会发现历史上曾经出现的电影形式是如此之多，以至于院线电影才是一种特殊产物，所谓院线电影，就是电影技术和市场通用性之间妥协的产物，更接近我们这个时代的案例就是巨幕电影（IMAX 电影），城市电影院中看到 IMAX 电影，是技术和商业的妥协。任何一种电影技术一旦走进商业电影院，它的技术就已经固化了，接下来，工作都交给了导演的艺术创作和院线经理的经营。

现在让我们回归到大众的常识，把院线电影当作一种通用电影，那么特种电影的探索方向之一就是更加丰富的“沉浸式体验”，这在主题公园等实景娱乐项目中有巨大的应用空间。

电影由于分镜头的运用，可以自由实现空间的转换，但是临场感并不好，于是就有了各种特种电影，试图强化空间的沉浸感，弥合幻境和现实的裂缝。例如环幕电影，当观众扭头左右观看甚至回头观看的时候，较之于院线电影也多了一种体感，我们可以表现“背后有人叫你”这样的情节，也就是说在360度环幕中，观众不仅可以看到和真实世界一样宏大的视野，还可以像在生活中一样，向左、向右看，甚至回头看，这就是一种来自生活的真实体验，这种广阔的视野融合了真实感受和幻境之间的距离。

与此相类似的特种电影还有很多，有的是播放介质的差别，例如金属幕、水幕、雾幕、镀铝膜、实体建筑等；有的是视觉上的差别，特种电影往往具有更大的视野、更清晰流畅的影像画面；有的是观看角度的差别，可以左右看、回头看、向上看、向下看；有的是银幕形状的差别，可能会是圆形、球形、梯形以及嵌入实景的异形银幕；有的会适当结合动感设备，让游客更加身临其境。这些特种电影的特殊之处，都是试图融合现实世界和故事幻境的边界，带领游客进入一个幻想的世界当中。

相对于院线电影，特种电影对技术要求比较高，例如球幕飞翔影院，其特制的电影效果和座椅会让观众产生逼真的飞翔体验效果。该球幕飞翔影院球幕直径20多米，普遍采用4K高清画质，并用48帧率播放，这远远超过了常规影院的技术要求，还要采用多台投影机播放，对球形银幕做准确矫正，解决画面的畸变难题。

特种电影和传统电影在镜头语言上也有显著差别，传统电影艺术经过格里菲斯、爱森斯坦等电影大师的探索，形成了成熟的蒙太奇艺术，电影叙事也不再受到时间和空间的约束，呈现出独特的魅力。而特种电影为了强调沉浸感，会刻意保持时间和空间的连续性，在戏剧手法上仿佛又回到了早期的戏剧三一律（classical unities，西方戏剧结构理论之一，它要求戏剧创作在时间、地点和行动三者之间保持一致性，即要求一出戏所叙述的故事发生在一天之内，地点在一个场景，情节服从于一个主题）。例如奥兰多迪士尼艾波卡特（EPCOT）以前有一个体验项目叫作《亲爱的，我把观众缩小了》，这就是一部通过3D电影模仿舞台效果的尝试，后来这个项目被改造成皮克斯的立体电影剧场，其中依然给游客播放一部模拟舞台效果的立体电影，在这一类电影中，摄影机是静止不动的，所有的表演都仿佛在舞台上进行，这让我们仿佛回到了梅里埃时代（1861～1935年），他是一位热爱电影的魔术师，热衷于把舞台表演拍摄下来，摄影机在那个时代是静止不动的。

其实在特种电影中可以适当使用蒙太奇的手法，在时间和空间上实现跳跃，从而增强特种电影的叙事能力，事实证明，这样的处理非常有效，提高了特种电影的叙事能力。

特种电影的内容也在发生变化，早期的特种电影比较注重形式，关注刺激效果，故事题材大多也是古堡幽灵、海底探险、大战僵尸等，故事的品质不高，但是随着社会的发展，主题公园项目不断升级，游客已经不满足于形式上的新奇感和感官的刺激，更希望有一个好故事，并从中获得美的体验和情感的共鸣，因此近年来特种电影创作的艺术品位和思想内涵也在不断提高。

（三）特种剧场

舞台表演是一门古老艺术，真实的舞台场景具有强烈的临场感，真人演员（也包括动物演员）的表演对观众也有强烈的感染力，这一古老的表演形式在主题公园中一直发挥着重要作用。

主题公园的舞台剧，有的非常接近传统的舞台表演，例如佛州迪士尼好莱坞影城的《美女和野兽》、香港迪士尼的《狮子王》，深圳锦绣中华的《东方霓裳》，这些表演类似我们熟悉的音乐剧和歌舞剧，侧重华丽的服饰和美妙的歌舞；

有的舞台剧则侧重特技表演，引入大量新的视听特技，增强游客的沉浸体验。例如冒险岛的特技剧场《辛巴达航海》、迪士尼好莱坞影城的特技剧场《印第安纳·琼斯》，在表演的高潮会有熊熊大火和飞机的爆炸燃烧；环球影城的《未来水世界》，除了烟火爆炸等特效，甚至还让一架飞机冲上舞台；当然也包括前面介绍过的法国狂人国《维京海盗》，巨大的烟火爆炸震撼全场。

有的特种剧场的发展趋势是舞台动态化，比如拉斯维加斯米高梅大酒店的常驻表演项目KA，中国延安的剧场演出节目《延安延安》，也采用了动态化的舞台，巨大的机械结构模仿梯田和雪山，构建出变化错落的舞台效果；杭州的《宋城千古情》，以歌舞为主要手段，在一个特技舞台上，结合杂技、魔术和电影以及声光电等科技手段，演绎了良渚之光、宋宫宴舞、金戈铁马、西子传说、魅力杭州五部分，带给观众强烈的视觉体验和心灵震撼。前面所提到的法国狂人国《长矛的秘密》，奥兰多迪士尼好莱坞影城的《印第安纳·琼斯》也是如此。

方特东盟神画主题公园的项目叫作《千岛之歌》，最大的亮点是，在项目进入高潮阶段，会突然出现千余只白色魔球，这些球由计算机控制，可以根据剧情和音乐节奏变换各种不同图案，时而像展翅飞翔的大鸟，时而像翻滚的大海波浪，时而像时空隧道，烘托着印度尼西亚歌舞的表演，美轮美奂，全场气氛达到高潮。

随着LED屏幕的普及，LED屏幕在各类演出舞台上得到越来越多的运用，有的代替传统舞台的景片，这种LED景片色彩鲜艳而且替换方便，还可以播放动态背景；有的把LED屏幕镶嵌到舞台置景当中，使得静态的置景有了丰富的变化；有的甚至直接把 LED 屏幕充当银幕，辅助叙事，实现时空的自由转换，填补了舞台艺术的不足。

还有一种沉浸式表演，彻底放弃了剧场和舞台这种形式，最早的尝试就是 2013 年山西的《又见平遥》。这种沉浸式实践活动很早在主题公园中就出现了，1999 年开业的冒险岛公园，其中《愤怒的波塞冬》，就是一种沉浸式表演，游客跟随一个探险者逐渐深入波塞冬的水下世界，体验一场水与火的大战，这个项目将水幕电影、演员表演、水炮火炮特技、大型场景置换等技术结合在了一起。

沉浸式表演项目近年来也脱离主题公园和旅游演出的模式，快速进入城市，2016 年上海文广演艺集团携手英国 Punchdrunk 剧团联合制作的沉浸式戏剧《不眠之夜》（上海版）在上海静安区麦金侬酒店驻场表演；沉浸式文娱体验项目《秘密影院：007 大战皇家赌场》在上海“演艺大世界”驻场表演。2017 年武汉漂移式多维体验剧《知音号》在一艘同名游轮上正式对外演出。

特种电影和特种剧场都是一种大致的划分，在主题公园实践中，往往是你中有我我中有你。电影分镜头叙事能力强，但是会破坏临场感。舞台表演比较真实，但是不擅长时空转换，主题公园在沉浸式体验方面具有一种大无畏的创新精神，所以经常会将两者结合在一起，扬长补短，大胆突破传统的电影和舞台的束缚，使得新形式不断出现，这是我喜欢主题公园的原因之一。

佛罗里达环球影城 1996 年推出的《T2：3D：穿越时间的战斗》（T2 - 3D：Battle Across Time），这是一个包括三块大银幕的特种电影，同时又有精彩的舞台表演。上半部分是结合了舞台表演的 3D 电影，充分发挥了分镜头的作用，在叙述故事的时候，非常自由；下半场的舞台发生变化，三块大银幕和舞台布景有机结合，形成令人震撼的天网基地 SKY NET，具有广阔的视野，丰富了沉浸感，无论是开场的机器人震耳欲聋的枪战，还是结尾令人窒息的液氮，都给观众留下了深刻印象。可惜这个项目已经停演了，尽管如此，这个项目依然有极高的研究价值。

近年来以投影机为主要技术形式的沉浸式体验在不同场合得到大量使用，比如将投影画面投射到古典建筑上，投射在城墙上。日本的 TEAMLAB 团队表现比较突出，他们发挥了投影、灯光的技术特长，用数字技术创造出绚烂的花朵、翩跹的蝴蝶，以及大自然的瀑布和水波等元素，让体验者从一个全新的角度来感知空间和世界。这样的形式可以运用到舞台表演当中，比如太阳马戏与詹姆斯·卡梅隆导演共同联手打造的舞台剧《阿凡达前传：托鲁克—首次翱翔》（TORUK - The First Flight），采用 40 台投影仪投射在 360 度大型中央舞台上，展现了潘多拉星球丰富的纹理、繁茂的植物和一片生机勃勃的景色。在表演中，还有 8 台投影机投射到观众席，让所有观众沉浸在潘多拉星球的氛围当中。

无论是特种电影还是特种剧场，观众座椅动态化是一个弥合故事幻境和现实世界的手段之一，大家所熟知的就是4D座椅，具有坠落、震动、喷风喷水的特效，伴随着故事情节，提供各种触感，让游客身临其境。飞翔球幕也是一种动态座椅，随着电影画面的变化，模拟出滑翔、俯冲、爬升等飞翔动作。除了动感座椅，观众席的移动也可以实现空间转场，比如陕西的《驼铃传奇》，通过观众席的旋转来模拟空间的改变，通过真实的旋转来实现故事所需要的转场效果，让观众获得部分真实感体验。

为了提高游客接待量，一些主题公园项目设计师往往会谋求更大型的观众席，但是移动中的观众席越大型化，景点也变得更大从而显得更空旷，人物和故事从而失去了细节，所以凡事要有度，后面黑暗骑乘部分会谈到另外一个极端的例子。

（四）黑暗骑乘

黑暗骑乘是主题公园独有的一种故事演绎方式。当游客在观看特种电影和特种舞台表演的时候，虽然感受到很多沉浸式的氛围体验，但是始终是故事的旁观者，而在乘坐黑暗骑乘的时候，则是故事的亲历者，游客将乘坐车辆进入一系列的主题场景，这些场景中的机器演员、木偶、荧光造型、动画视频、灾难特技以及音效、音乐等，将带给游客身临其境的沉浸感。近年来，黑暗骑乘运用了大量高新科技，故事性大大提高，游客乘坐的过程就仿佛是跟随主角一起历险，深受游客欢迎，因而成为主题公园的看家法宝。

黑暗骑乘由来已久，本文一开始提到19世纪末的“风景铁路”“爱情隧道”，这就是最早的黑暗骑乘项目，为保守年代的恋人们提供了身体接触的机会。当然随着观念的开放，这些项目被拆除或者改造成儿童游玩项目，这就是我们所熟悉的DARK RIDE的雏形。后来在1901年纽约的泛美博览会上，出现了最早的机械式黑暗骑乘《登月之旅》。

黑暗骑乘在世界各地的主题公园中得到广泛应用，大致分为轨道和车辆两个部分。迪士尼乐园的《小熊维尼探险》《幽灵鬼屋》等基本都采用水平轨道；还有采用悬挂式的黑暗骑乘，比如奥兰多环球影城的《E. T. 冒险之旅》（E. T. Adventure）以及迪士尼公园的《小飞侠天空之旅》（Peter Pan's Flight）。在迪士尼艾波卡特（EPCOT）公园的《地球之船》（EARTHSHIP）项目中，使用了爬升轨道，游客坐在车中，慢慢升高，这是美国电话电报公司（AT&T）赞助的项目，轨道两侧展示的是人类信息技术的发展历史。

但是真正的革命性改变是黑暗骑乘车辆和模拟器的结合。模拟器原来是军队或者航空公司用来训练驾驶员的一种电脑模拟设备，主要部分是一个动感舱，一般置于一个动感平台上，平台最高可以有六个运动自由度，通过调节六个变量就可以模拟出各种驾驶姿态，再结合同步画面，同时对游客的视觉和前庭感知系统施加影响，获得如临其境的效果，使得黑暗骑乘的体验感和故事性大大提高。

这项新技术很快就应用到了主题公园当中，第一个做出尝试的黑暗骑乘是迪士尼的《印第安纳·琼斯探险》（Indiana Jones Adventure），采用了带有三个液压阀的增强型运动车（enhanced motion vehicle），这是一个可以移动的模拟器，带给游客逼真的驾驶体验。同样的轨道和车辆后来又复制在奥兰多迪士尼动物王国的《恐龙历险》项目中。

新技术并没有就此停步，新的突破来自环球冒险岛的黑暗骑乘《蜘蛛侠的神奇冒险》中，它将轨道技术、模拟舱技术、3D电影技术完美地结合在一起，引起了极大轰动，这是一个非常复杂的科技系统，电影画面和实景浑然一体，所以具有很强的临场感，所有的娱乐元素都统一由计算机控制，这是黑暗骑乘项目划时代的创新，而且由于3D电影的加入，叙述故事的能力也明显提升，该项目因此获得了很多奖项。这个项目的创意设计来自环球创意公司（Universal Creative），这是一家非常优秀的创意公司，后来还奉献了两部有关哈利·波特的惊世神作。

环球创意公司为奥兰多冒险岛的哈利·波特魔法世界创意设计了《哈利·波特禁忌之旅》，这是一个令人头晕目眩的项目，游客不再是坐在动感车上，而是一个四人座舱，这个座舱破天荒地被一个大型的KUKA机械臂抓举起来，一边沿着轨道移动，一边在空中做出翻飞的动作以躲避恶龙的追击，所到之处无不惊心动魄，具有极强的体验感，立刻吸引了全世界的哈利·波特"粉丝"。

黑暗骑乘由轨道和车辆两个部分组成，轨道本身有没有什么创新呢？人们自然想到了过山车。

今天，过山车是主题公园的宠儿，但是在主题公园发展初期，迪士尼乐园并没有引进过山车，那是因为过山车不能讲故事，但是随着技术的发展，过山车和故事内容相结合已经不再是一个难题。

其实人们一直在探索带有主题的封闭过山车，早期一般采用自旋滑车，速度比较慢，后来开始使用真正的高速过山车，比如迪士尼公园的马特洪峰雪橇（Matterhorn Bobsleds）、香港迪士尼的大灰熊山失控矿车（Big Grizzy Mountain Runaway Mine Cars）。尽管这些项目有一些黑暗骑乘的元素，比如在珠穆朗玛峰探险（Expedition Everest）中会出现一个巨大的雪怪“袭击”游客，但是这一类项目依然是过山车，而不是黑暗骑乘。这方面的突破出现在2005年，环球创意公司为洛杉矶环球影城推出了项目《木乃伊复仇》（Revenge of the Mummy），这是一个室内高速过山车，在黑暗环境中，增加了影视、烟火特效以及机械人表演，观众在乘坐过山车的时候，还会体验一段故事，这个项目大受欢迎。这是一种有趣的探索，我们可以说它是过山车的内容化，也可以说是黑暗骑乘项目的快速化和过山车化。

尽管过山车和黑暗骑乘结合在了一起，但是还有一个遗憾，时代宠儿模拟器在哪里？能否完成一个“过山车+模拟器+3D电影”在一起的黑暗骑乘项目呢？2016年环球创意公司为冒险岛主题公园设计的《哈利·波特逃出古灵阁》（Harry Potter and the Escape from Gringotts），就完成了这样的设计理念。在这个项目中，游客乘坐过山车进入古灵阁，过山车轨道周围都是电影主题的场景以及大块的银幕。过山车本身并没有模拟器，但是在故事高潮部分，车辆会脱离过山车轨道，进入一个模拟器平台上，随着电影情节做出各种摇摆动作，然后再回到原有轨道，这个项目的推出，再次引起轰动。按照这样的发展趋势，黑暗骑乘很快就会发展到“过山车+模拟器+3D电影”的时代，当然，过山车结合模拟器有很高的技术难度，主要还是安全问题，不过技术在进步，一切皆有可能。

还有一种黑暗骑乘的发展思路是反其道而行，尽量摆脱轨道的束缚，采用自动导引运输车（Automated Guided Vehicle，AGV）让这种愿望得以实现，香港迪士尼乐园的《迷离大宅》就采用了AGV无轨车，由于摆脱了轨道，创意设计师可以设计出更多的体验效果，比如在奥兰多迪士尼世界的《星球大战：抵抗组织崛起》中游客可以感受到坠落失重的非凡体验。

以主题公园为代表的实景娱乐大致有特种电影、特种剧场以及黑暗骑乘三种形式，但是，锐意创新的设计师们总是试图打破陈规，不走寻常路，前面就以《T2-3D：穿越时间的战斗》为例，探讨了电影和舞台表演的结合。其实这类跨界融合还有很多，比如采用了大型车辆的黑暗骑乘项目，这个创意的初衷是美好的，几十名乃至上百名游客乘坐一个大型车辆一边在各种置景和银幕之间缓缓移动，一边观看表演，它的本意是把车辆的移动和精彩的表演结合在一起，但是大型车辆缺乏动感，实际上只是一个缓缓移动的观众席，而宽大的轨道使得室内空间十分空旷，表演效果乏善可陈，最具代表性的是迪士尼艾波卡特（EPCOT）乐园中的《能源》（Energy）、迪士尼好莱坞影城的《大电影》（Grand Movie），目前这两个项目都在整改当中。

四、“沉浸式体验”开启新未来

特种电影、特种舞台和黑暗骑乘，都是使用特殊的沉浸式体验，融合故事幻境和现实世界，为游客营造一种沉浸式感受，如今已经成为景区设计的一种潮流。

实际上人类很早就幻想过沉浸式体验，法国电影理论家，新浪潮电影之父安德烈巴赞在1946年便提出了一个所谓的“完整电影神话”的概念，他希望“电影这个概念完整无缺地再现现实；他们所想象的就是再现一个声音、色彩、立体感等一应俱全的外部世界的全景。”他提出电影将是一种真实世界的再现。

其实电影无论怎样再现生活，都只是视听方面的模拟，而缺乏真实的体验，所以这样的“完整电影神话”将会出现在主题公园当中，下面从“电影化设计”、“智能化角色”和“交互式情节”三个方面探讨如何进一步提升主题公园的沉浸感。

（一）用“电影化设计”提升沉浸感

如果说20世纪的主题公园是让游客忘记外面的世界，而21世纪的主题公园则是要让游客忘记自己身在主题公园当中。

每一个主题公园都有自己的主题，最直观的表现就是景区的设计，森林主题、城堡主题、海洋主题等，随着主题公园和故事的结合越来越深入，现在已经发展到全方位的沉浸化设计，也就是电影化设计。

这个发展过程以2010年作为一个分水岭，2010年之前，电影化的设计主要局限在一个项目内，可以理解成单体项目的电影化，游客的感受是一个偶然的访问者，在项目中逗留时间很短，例如《辛普森一家》《蜘蛛侠》《星球旅行》《印第安纳·琼斯探险》《变形金刚》等老牌项目，一旦走出项目，游客就脱离了这个故事环境，进入了主题公园的环境中。2010年之后出现了重要变化，主题公园设计更倾向于将电影概念扩大到整个景区，游客体验的不仅是一个项目，而且是相对完整的电影世界，如果愿意的话，游客可以从衣食住行各个方面体验电影世界，而不会受到现实世界的干扰，这就是一种沉浸式的电影体验，这种设计首先体现在2013年迪士尼加州探险主题公园的汽车大陆（cars land）景区，这个景区完全按照皮克斯电影《汽车总动员》的场景建设了水箱温泉镇，很多人并没有意识到，这是一次开启先河的尝试，第一次将电影氛围成功地运用到整个景区，给主题公园带来一个全新的设计理念，如果说20世纪的主题公园是让游客忘记外面的世界，而21世纪的主题公园则是要让游客忘记自己身在主题公园当中。

近年来这种做法日益普及，并且越来越成熟，前面反复提及利用现代科技弥合故事幻境和现实世界缝隙的问题，在电影化设计中，这个问题就不存在了，因为大量的科技应用以及巧妙的设计已经让这个虚幻世界和现实世界融为了一体。例如环球推出的《哈利·波特的魔法世界》、迪士尼推出的《潘多拉：阿凡达的世界》以及《星球大战》（Star Wars）。

《哈利·波特的魔法世界》分两个部分：一部分是位于冒险岛主题公园的霍格莫德村（Hogsmeade Village），另外一部分是位于环球影城主题公园的霍格沃茨城堡（Hogwarts Castle），游客可以搭乘红色的霍格沃兹特快列车（Hogwarts Express）往返于这两个景区，这里的景观道具以及列车基本上就是电影世界的复刻，在国王十字车站，还利用佩珀尔幻象（Pepper's ghost）光学魔术设计了一个"人走进墙壁"的效果，实现了九又四分之三站台的创意概念。

电影化的景区设计将涵盖整个世界观，涉及衣食住行各个方面，最终能让游客彻底忘记自己的游客身份，彻底忘记自己身处主题公园当中，穿上魔法袍和其他"同学"打声招呼，游客不再是游客，而是生活在其中的当地人。魔法世界还暗藏大量的机关，例如会下雨的伞，游客可以用魔法棒激活这些机关，这些魔法棒可以在景区购买，电影道具、游戏工具和二次消费就这样巧妙地结合在了一起。

同样，迪士尼在动物王国用4亿美元打造的《潘多拉：阿凡达的世界》，也是电影化场景的经典案例。这个景区的故事设定在电影的那场战争之后，人类已经和纳威人达成和平，要保护潘多拉星球的生物多样性，一家虚构的旅游公司"半人马座阿尔法探险队"负责将游客送到潘多拉进行生态旅游和科学研究。为了营造"多年以后"的设定，设计者采用了"nature reclaimed"的手法，那就是让人类留在潘多拉的实验基地，重新被大自然所吞噬，就如同柬埔寨的"森林"对吴哥窟所做的那样，这种手法让游客在科幻的世界中获得一种历史沧桑感。

潘多拉景区制作非常精细，几乎复刻了电影，最令人惊叹的是工程师巧妙地隐藏了钢结构，这让巨大的岩石仿佛"真的"悬浮在空中一样，而且设计上采用强制透视的方法，48米高的山峰显得异常高大，这一壮观的场面令人震撼。

潘多拉景区有两个项目：一个惊险刺激的项目是《阿凡达飞行通道》（Avatar Flight of Passage），这是一个新型球幕飞翔体验项目，游客要和潘多拉星球上的斑溪兽进行配对，随后进行一次令人终生难忘的飞翔之旅，该项目尤其在模拟"俯冲"动作上有出色的表现，再加上潘多拉星球的壮丽奇观，令人惊叹不已。

另一个相对平和的漂流项目叫“娜美河之旅”（Navi River Journey），展现了潘多拉夜晚的森林风光，游客穿越一段茂密的热带雨林，那些神奇的潘多拉植物在夜色中闪闪发光，而奇特的“四肢动物”在其中若隐若现。

2019 年 5 月，美国加利福尼亚州阿纳海姆迪士尼乐园《星球大战》主题区“星球大战：银河边缘”正式开业，这又是一个电影化设计的经典。该景区的故事时间线设定在星球大战续集三部曲，描绘的是在银河系的边缘，有一个被遗忘行星巴图，巴图有一个村庄叫黑峰站（Black Spire Outpost），这是一个被遗忘的贸易站，昔日车水马龙，现在则是鱼龙混杂，三教九流在这里趋之若鹜，这里有地痞流氓，还有铤而走险的走私者，不过这里也是反叛军躲避第一军团的天堂。黑峰站的整体设计秉承了星战电影中的莫斯艾斯利风格，有浓郁的突尼斯特点。这里有两个黑暗骑乘项目：第一个是《千年隼：走私者逃逸》（Millennium Falcon：Smugglers Run），入口处巨大的千年隼飞船像一个图腾一样吸引着游客，该项目是一个新型的交互体验项目。第二个是《星球大战：抵抗组织崛起》（Star Wars：Rise of the Resistance），2019 年底在奥兰多迪士尼开放，故事背景是第一军团注意到反叛军的活动，希望一举消灭反叛军的残留，而游客则化身抵抗组织的一员，深入第一军团的星舰内，并被卷入第一军团和反抗组织的战争中，游客前往抵抗组织秘密基地的途中，遭到第一军团的拦截。这是一个无轨 Dark Ride 的黑暗骑乘项目，包括各种多媒体设施、机械演员和一些机械特技，占地 1.5 万多平方米，是迪士尼目前建筑体量最大的 DARK RIDE 项目，保留了原作电影的宏大史诗风格。

电影化设计理念对主题公园设计者提出了更高的要求，设计者构建的世界观一定要大于游客的想象力，这一点非常重要。一旦设计者的世界观小于游客的想象，尽管游客内心的想象也很模糊，但是这样世界观设计就会失败，也就像那句老生常谈的话，想给观众一碗水，自己要准备好一桶水。但是我们也不能为了超越观众的想象力而胡思乱想，世界观设计涉及天地万物、社会结构、衣食住行、宗教艺术、社会制度，设计者要保证每个细节都令人信服，并且相互自洽，不能自相矛盾，这是一整套复杂而严谨的系统工程，能够完成这样创想的人，不一定是有天马行空的想象力的人，反而可能是一个逻辑性很强的人。

需要说明的是，“主题公园电影化”和“电影主题公园”是两个不同的概念，有很大差别，国内也出现了电影主题公园，但是这和主题公园的电影化发展没有丝毫关系，这类似于那个“海胆炒饭没有海胆”的笑话，只是因为厨师的名字叫海胆。

（二）用“智能化角色”提升沉浸感

电影化设计中，电影角色的表演和互动非常有助于将游客带入电影化的世界中，设想一下，身着斗篷的魔法学员们穿过哈利·波特景区，花魁巡游队伍出现在日本江户村街道上，一队星球大战的白兵威风凛凛地走过迪士尼乐园，所到之处都能引起观众的热烈欢迎。

主题乐园将来一定会大量使用机器演员，因为机器演员具有不可替代的作用。

首先主题乐园的表演具有很强的特殊性，比如动物表演，如果使用机器动物代替动物进行歌舞或者脱口秀表演，不仅效果好得多，而且会减少饲养真正动物的烦恼。最早在加州迪士尼乐园的《迷幻蒂奇屋》（Enchanted TIKI Room）有会唱歌讲话的机械鹦鹉；在《森林河流之旅》（Jungle Cruise）中有机械的大象；机械动物还有助于复活那些已经灭绝的动物或者不存在的幻想动物，比如奥兰多冒险岛的侏罗纪公园（Jurassic Park）的《侏罗纪河流探险》，就有大量的机械恐龙，在环球影城的《木乃伊复活》（Revenge of the Mummy）有机械木乃伊；等等。

另外主题公园的表演时间都很短，大多在半个小时以内，但是每天的演出频次很高，完全由真人演员的演出不仅体力消耗大，而且也非常枯燥，针对这种情况，我们也会用到机器演员。最典型就是美国加州迪士尼公园中的《加勒比海盗》，这些机器人演员生动地展现了一群笨贼令人捧腹的生活场面；在迪士尼艾波卡特（EPCOT）主题公园中，有《美国探险》（American Adventure）剧场表演项目，整台表演全部由机器演员完成，机器人演员扮演的马克·吐温、林肯总统以及美国历史上的英雄人物栩栩如生。这些“机器演员”一般都安装在固定平台上，双脚不能走动，发出的语音也是事先录制好的，这给表演带来很大的局限，目前表演机器人正在向行动自如、对话自如两个方向发展。

日本本田技研工业株式会社研制的仿人机器人艾西莫（ASIMO）很早就能步行，并且能做简单的劳动；美国波士顿动力设计的机器人、机器狗目前都已经实现了自主行走，遇到障碍会自己停下来，遇到撞击会自己调整姿态保持稳定，可以搬运货物；迪士尼在机器人研制方面更加注重表演，迪士尼幻想工程（Ddisney Imagineering）发布了 Stuntronics 机器人，包含有车载加速器、陀螺仪阵列和激光测距系统在内的技术，可以让机器人完成空翻动作，再现钢铁侠的英姿。

这类机器人的突破，将会为主题公园的表演打开一个新的空间，因为这些机器人不恐高，不怕火烧，不怕水淹，可以上天入地，再结合焰火、爆炸、水浪等特效，能做出很多惊心动魄的表演，比如更加炫目的机器人马戏，令人热血沸腾的机器人格斗，甚至直接将电影中的惊险表演直接展现在游客面前。

表演机器人另一个发展方向是自如对话。20 世纪 70 年代，伴随着计算机的进步，语音识别技术有了重大突破，技术的应用已经日益普及。同时，人工智能技术也得到快速发展，一些计算机可以通过图灵测试。2015 年 11 月，科学（Science）杂志封面刊登了一篇重磅研究：人工智能终于能像人类一样学习，并通过了图灵测试。图灵测试是 1950 年英国数学家图灵首先提出来的，这个测试的意义在于当人类和电脑对话的时候，单从对话内容已经无法辨别对方是人还是电脑。这一突破对于主题公园有着特殊意义。

大家一定知道主题公园中有一种脱口秀节目，例如迪士尼艾波卡特（EPCOT）公园中的《海龟脱口秀》（Turtle Talk），上海迪士尼公园的《幸会史迪仔》（Stitch Encounter），此类节目的幕后完全可以实现人工智能化运作，再加上独特的声音设计，就可以实现由电脑来和游客进行对话。

如果我们能够设计出“行动自如”“对话自如”的机器人，我们就将得到智能化的机器人演员，这些终极机器人将是对人的逼真模仿，这将是一个崭新的时代，笔者相信这些机器人将首先活跃在主题公园中，他们虽然是演员，但是可以和游客一起生活在主题公园当中，将给主题公园的设计和运营带来一场革命，这或许就是主题公园的未来，这未来并不遥远。

最后说明一下，目前环球影城的变形金刚机器人并不是机器人，那属于人偶表演，是人偶演员“穿”了一套机器人的造型罢了。

（三）用“情节交互”提升沉浸感

交互是强化体验的重要手段，具有重大意义，因为这是人类在现实世界生活的最常见状态，人类无时无刻不在和周围的一切发生交互，这里有人和人之间语言和眼神的交互，还有人和大自然的互动，人和各种机械设备的互动，人们正是通过互动来探索这个世界和控制这个世界的。

前面介绍了《哈利·波特的魔法世界》，这是首次在主题公园中提供了这么多的交互体验，游客可以购买一只魔法棒，激活魔法世界的各种道具。魔法棒是一个巧妙的创意，结合了小说的设定，游客兴趣盎然地挥动魔法棒就可以和魔法世界互联，公园经营方也可以大赚一笔，双方共赢。

这种交互在主题公园的实景娱乐项目中一直在尝试，比如交互式黑暗骑乘。所谓“交互式黑暗骑乘”，简单理解就是在黑暗骑乘基础上增加光枪射击功能，这是一个增强交互体验的方式，游客借助射击和场景发生关联，这类案例有很多，例如环球影城的《黑超特警组：异形袭击》、加州迪士尼世界的《巴斯光年》，香港迪士尼乐园以前有这个项目，2017 年已经关闭了，代之以一个钢铁侠的项目。

尽管交互式的黑暗骑乘还没有出现经典作品，但笔者认为这是一个被忽略的娱乐形式，有巨大的发展潜力，一些企业也在结合新媒体技术研发新的交互式黑暗骑乘，比如迪士尼。

2019 年加州迪士尼新开业的项目《千年隼：走私者逃逸》就是一个新型的交互体验项目，千年隼号的驾驶舱每次乘坐六人，游客可以亲自驾驶飞船，操纵武器开火，操作控制台，与第一军团进行一场宇宙缠斗。游客的目标就是开炮攻击追赶而来的钛战机，自己乘坐的千年隼飞船也可能被敌人的炮火击中，如果船体损坏，还要有人修理；驾驶员要不断躲避迎面飞来的危险，一不小心就会撞到彗星或其他行星。

近年来，还有一种方式试图模拟这种包含交互在内的沉浸式体验，那就是虚拟现实系统（Virtual Reality System）。

电脑奇才伊凡·苏泽兰（Ivan Sutherland）创建了计算机图形图像技术，他在 1965 年发表论文《终极显示》（Ultimate Display），随后在 1968 年发明了世界上第一台虚拟现实设备，由于这套原始设备十分笨重，高悬在实验者的头顶上，苏泽兰觉得很像一把达摩克利斯之剑，“达摩克利斯之剑”也就成了第一套虚拟现实的名字，而他也被称为虚拟现实之父，1988 年获得美国计算机协会（ACM）颁发的图灵奖。

随着计算机运算能力的不断提高，虚拟现实的画面也比以前有所提升，几年前形成一股强大的投资热潮。2014 年 Facebook 宣布以 20 亿美元收购虚拟现实公司 oculus。凭借这件标杆性事件，虚拟现实技术（VR）迎来它的新时代，oculus 也为此组建了“故事工作室”（oculus Story Studio），以创作虚拟现实故事。

主题公园天生对新技术有一种渴望，虚拟现实技术很快就得到主题公园的青睐。

2016 年 The Void 公司在美国犹他州盐湖城推出首家 VR 主题公园，公园占地并不大，只有 200 平方米，从内容开发到公园建设，包括游客使用的数据眼镜，触觉背心和数据手套，都是该公司自主开发。不过这依然是个新事物，游客大多是出于好奇心前来第一次消费，第二次消费的人比例很低，其中的原因很多，总之这是一个有待进一步完善的新事物，Facebook 于 2017 年宣布关闭了 oculus Story Studio 故事工作室。

虚拟现实技术发展似乎还要克服一系列的技术难题，比如实时渲染一个生动的光影世界、呈现逼真的物理质感，尽管有很多游戏企业比如最重要的两大游戏开发引擎 Unity 和 Unreal 正积极进行技术研发，但是目前还很难找到一种有效的技术方案，此外还有定位以及数据传输等问题。硬件方面也不尽如人意，尽管穿戴式设备如雨后春笋一样涌现，但是还没有一个符合人体的系统化解决方案。

目前在主题公园中使用虚拟现实设备，主要还是用来增强视觉效果，以实现真实场景中无法完成的奇观和特效，比如使用在过山车项目，为每一个游客提供奇观画面，丰富过山车的视效。

虚拟现实技术有很强的体验效果，将它应用于主题公园需要更加谨慎，这很像当初的过山车。过山车也有很强的体验感，但是主题公园比较注重故事内容，所以一定要将奇妙的体验和故事内容有机结合在一起，迪士尼的过山车就经历过这样的磨合过程，在主题公园引入超强体验的虚拟现实也一样，这是任何新技术、新形式和内容相结合的必经之路。当初皮克斯动画工作室在制作第一步三维动画电影的时候，巧妙地利用硬壳玩具作为电影主角，规避了软体计算的难题，取得阶段性突破。

不过虚拟现实技术的真正瓶颈并不在于上述问题，而在于虚拟现实设备本身，后面会谈到这种头盔式设备是这种技术在主题公园中得到普及的最大障碍。

五、主题公园的沉浸式体验是一种全新的文化载体

主题公园具有丰富的文化含量，在现代科技的加持下，能够提供与众不同的沉浸式体验效果，这种能够弥合故事幻境和现实世界的体验方式为我们打开了一扇新的大门，也为我们弘扬中国传统文化带来了很多启发。

中国历史源远流长，中国文化博大精深，但是和科技结合很少，今天大多数中国艺术家的科技知识和经验也非常有限。近年来随着中国改革开放的深入发展，科技和文化相结合的潮流对中国文化产业产生巨大影响，这是中国文化五千年来第一次受到科技的强大冲击，中国传统文化的展示也越来越多地应用到高新科技，开始尝试这种沉浸式的文化展示方式和故事叙述方式文化大发展的新契机。

2008 年张艺谋导演的北京奥运会开幕式是一个成功的案例，古老的中国文化借助现代科技展现新的时代魅力，这是一次沉浸式体验的有益探索，大量使用了投影机和 LED 显示屏等高科技设备，以全新的形式展现了中国传统文化魅力，同时也将世人对于古老中国的丰富想象和现实中国紧紧融合在了一起，加深了世

人对中国的了解。

但是奥运会开幕式毕竟是一次性的演出，珍贵的影像资料很难再现现场的沉浸体验，只有主题公园才能永久性地提供这种沉浸式的文化体验。所以中国主题公园要以积极的姿态，走文化和科技相结合的道路，充分发挥自身沉浸式体验的优势，深入挖掘中国优秀文化，走出一条符合中国特色的主题公园的发展道路。

中国文化有很多美妙的东方意境是我们创作沉浸式体验项目的宝贵素材，我们曾经根据中国宋代著名的青绿山水画《千里江山图》创意设计了主题公园中的飞翔球幕体验项目《飞越千里江山》，深受欢迎。以往类似球幕飞翔项目都是写实风光，这是第一次将宋代青绿山水的意境展现在游客面前，也是第一次通过三维动画的方式复活中国古画，绚烂的画面以及栩栩如生的飞翔体验，带领游客进入一个神奇的世界，在美妙的青绿山水之间真正体会一次美妙的画中游，也真正体会到中国文化的神奇魅力。

此外，中国道教传说中的“洞天福地”也是一个很好的创作素材。洞天指山中有洞通达天界；福地指得福之地，居住于此能够受福度世、修成地仙，这完全就是“沉浸式体验”的古代版本；再比如在《庄子・齐物论》中记录了庄子梦蝶的故事，究竟是庄子梦蝶，还是蝶梦庄子？这个故事很容易让笔者联想起一个人来往于虚拟世界和真实世界的经历；庄子还有一个关于鱼的讨论：“子非鱼，安知鱼之乐乎？”，这样的讨论其实就是惟妙惟肖地描写了一种沉浸式体验的感受。

我们如果能够充分利用沉浸式体验技术再现道家所表述的世界，不失为一件乐事，前文曾提到的日本 Teamlab 设计的沉浸式投影，展现了山林之间倾泻而下的飞瀑，舒缓流畅的河流，以及与花共生的神奇动物们，我们不妨让庄子想象中的巨大的鲲鹏翱翔其中，这种充满东方美学的写意氛围充满神奇的魅力。

主题公园既是一个重要的娱乐产品，也是一个拥有广阔前景的文化载体，对于这个问题，我们一定要有超前发展的眼光。历史上有很多新事物，在刚刚出现的时候，并不为人们所重视，比如我们今天所熟悉的电影在一百多年前刚刚诞生的时候就是一个关于光和影的杂耍，最早青睐电影的并不是艺术家，而是马戏团的老板，他们认为用电影记录下马戏演员的表演，同样可以吸引观众，甚至可以以此要挟马戏演员，压低他们的工资。后来是在梅里埃、爱森斯坦、格里菲斯等电影先驱的不断努力，电影叙事技巧不断丰富和发展，才摆脱了杂耍的窘境，能够登堂入室，成为一个重要的艺术门类光耀众生，令千千万万的观众着迷。

今天的主题公园，或许就是一百多年前的电影院，它独有的沉浸式体验，或许正在开启一扇通往新时代的大门。

六、主题公园是对未来的想象和预演

“沉浸式体验”是一个美好的词汇，带给我们无穷的想象，但是任何事物都有两面性，从某种角度来看，“沉浸式体验”或许是一种超级毒品。

《幻境·2020 中国沉浸产业发展白皮书》提出“沉浸体验深度模型”，主要包含三个维度：感官包裹深度、参与叙事深度和互动深度。这在斯皮尔伯格的电影《头号玩家》中就有非常充分的展现，当这三个维度足够充分的时候，主角就会完全沉浸在虚拟的游戏世界，感受各种惊险刺激的体验，在那里故事幻境和现实世界浑然一体，我们无法分辨并深陷其中不能自拔。彼时这种真假难分的体验是否就是快乐人生？这种有惊无险的体验久而久之会不会就失去本身的意义而成为一个笑话？所谓“沉浸式体验故事”会不会相当于一杯忘情水，只提供快乐，从不提醒痛苦，人类也失去了躲避和抗争的能力？这种情景在赫胥黎的《美丽新世界》中出现过，在皮克斯的电影《机器人总动员》（WALL E.）中出现过，在王小波的《盖茨的紧身衣》中也出现过，不过笔者不希望人类最终会以那样的方式谢幕。

2018 年，奈飞公司（Netflix）的一部《黑镜：潘达斯奈基》（Black Mirror：Bandersnatch）实现了观众与电影的“互动”，观众可以“干预”剧情，引起高度关注，这样的尝试具有重要的实验性，也带来一系列的思考，比如在传统电影中，导演可以通过各种视听手段调动观众的注意力，如今在交互式故事中全部被打散，而且故事的主人公也失去了自己的主动性，沦为观众的“玩物”，想象中非常有趣的情节交互，实践起来并不理想，形式大于内容。

传统故事的一个重要作用是道德教化，交互式故事则颠覆了传统故事的核心价值。因为交互式故事的主导者就是观众自己，是主题公园的游客，是虚拟现实的使用者，他们的喜好对故事的发展有决定性的影响，所以编剧也无法控制故事的结尾，无法决定故事最终是否善有善报恶有恶报，传统编剧试图通过故事给人们的道德告诫、感情熏陶都将化为泡影。一个没有了说教的故事仿佛失去了灵魂，彻底沦为一个娱乐工具。未来如何解决这样的问题我们不得而知，希望人类的聪明才智最终能做出很好的回答。

沉浸式体验离不开角色互动，未来主题公园也会有很多机器人演员，也包括机器人服务员和清洁工，我们该怎样对待这些机器人呢？首先我相信人类会很好地控制这些机器人，但是当我们能够安全地控制着这些机器人的时候，我们是否会善待机器人呢？我们对待生命，对待血肉之躯所建立起来的道德感还能不能继续发挥作用呢？即使机器人没有自我认知，也没有感情，我们能否将自己的快乐建立在对机器人的“非人待遇”之上？我们在主题公园中学习和机器人相处，或许就是未来机器人深入人类社会的一次预演，美国电视剧《西部世界》已经描绘了类似的场景。

另外一个极端就是机器人对人类的奴役。很多科幻作家或者人工智能学者对此持有比较悲观的观点，认为机器人将会是人类的一大威胁，我觉得问题不至于太严重，因为人类最卓越的特点并不仅仅是智力，而是有“自我”的意识，可以通过复杂的社交行为形成具有共同意识的集体，这才是人类发展壮大到今天的真正原因，而机器人距离这一点还很遥远。

我们人类其实也在模仿机器，我们会使用更多的穿戴设备来“武装”自己，扩展自己的人体机能，或者增强自己的沉浸体验，虚拟现实就是其中一种。但是头盔式虚拟现实设备除了技术上尚不成熟，更重要的是这种设计遮挡了人眼，其他穿戴设备在扩展人体机能的同时，也束缚了人体最基本的感知，阻碍了人的社交活动，和主题公园的欢乐气氛格格不入。

在主题公园中我们很少看到独行侠，因为主题公园是一个充满阳光、充满欢乐的社交场所，游客都是结伴而来，家庭游客、恋人、学生团队、企业团队在主题公园中游玩，并分享各自的感受，这些行为本质上是一种社交活动，大家在游玩中丰富人生，形成共同的审美观、情感回忆和价值共鸣，这才是主题公园沉浸式体验的魅力所在和价值所在。所以在为主题公园设计沉浸式体验项目的时候，要认真地理解和把握好感官包裹深度、参与叙事深度和互动深度，这三个维度仅仅是针对个人体验而提出来的，但是正如前文所述，游客来到主题公园并不仅仅是个人体验，而是一种社交活动，虚拟现实头盔显然违背了游客的这个需要，它或许能够在个人学习、个人训练、个人娱乐等领域得到运用，但是不适合广泛运用于主题公园。

类似的事情也发生在电影的早期历史中，美国的爱迪生和法国的卢米埃尔兄弟几乎同时发明了电影，但是最终荣誉还是给了卢米埃尔兄弟，因为爱迪生发明的是一个电影柜，仅供一个人对着小孔俯身窥看，爱迪生认为这样可以多收一点钱，而卢米埃尔则不同，他们采用了大家一起看电影的方式，将电影投射到大银幕上，事实证明，这种形式有助于大家在同一空间分享喜怒哀乐，形成共同回忆和意识形态，所以最终是电影院这种形式推动了电影风靡全球。

这个案例对于主题公园的创意设计和运营有着重要意义。当今社会，是个人电子产品大爆炸的时代，很多社交行为被电子产品（比如手机）所代替，越来越多的设备都试图给人们打造一个封闭的个人化沉浸体验，但是主题公园恰恰相反，它在这个电子“毒品”泛滥的时代，继续坚守人类最本真的一面，它提供了一个温暖的开放空间，一段充满阳光的温馨时间，人们不是被分离成一个个单独的、孤独的、冷漠的个体，而是和亲朋好友相聚在一起，面对面地交流情感和信息，手拉手地感受彼此的温度和亲情，就像最初“风景铁路”和“爱情隧道”一样，提供给人们一个亲密接触的机会，这样的场景正如我们的祖先曾经说过的那样“独乐乐不如众乐乐”，也正如伟大的哲学家马克思所讲的那样：“人的本质是一切社会关系的总和”，这也是主题公园存在的意义。

参考文献

[1] “Harry Potter and the Forbidden Journey”. Parkpedi, 2012-02-23.

[2] “Harry Potter and the Escape From Gringotts Review of the Diagon Alley Ride at Universal Studios Florida”. By Arthur Levine, Updated 11/25/19.

[3] “Tunnel of Love: brucespringsteen. net”. Bruce Springsteen, Retrieved 2010-05-18.

[4] “Ivan Sutherland - A. M. Turing Award”. ACM Association for Computing Machinery, 1988.

[5] 林焕杰. 中国主题公园与区域经济 [M]. 北京: 经济科学出版社, 2013.

[6] 李四达. 迪士尼动画艺术史 [M]. 北京: 清华大学出版社, 2009.

[7] 屠明非. 电影技术艺术互动史 [M]. 北京: 中国电影出版社, 2009.

[8] 屠明非. 电影特技教程 [M]. 世界图书出版公司·后浪出版公司, 2013.

[9] 陈军, 常乐. 电影技术的历史和理论 [M]. 北京: 世界图书出版公司, 2014.

[10] 李铭. 视觉原理: 影视影像创作与欣赏规律的探究 [M]. 北京: 世界图书出版公司, 2012.

[11] 艾伦·布里曼. 迪士尼风暴: 商业的迪士尼化 [M]. 北京: 中信出版社, 2006.

[12] 安德烈巴赞. 电影是什么? [M]. 北京: 商务印书馆, 2017.

[13] 丹尼艾尔·阿里洪校注. 电影语言的语法 [M]. 陈国铎, 黎锡, 周传基审校. 北京: 北京联合出版公司·后浪出版公司, 2013.

[14] 赵致真. 造物记: 世博会的科学传奇 [M]. 北京: 北京大学出版社, 2010.

[15] W. David Woods 著．阿波罗是如何飞到月球的［M］．李平，董光亮，孙威，译．北京：清华大学出版社，2012.

[16] 大卫·波德维尔，克里斯汀·汤普森著．世界电影史［M］．范倍，译．北京：北京大学出版社，2014.

[17] 史蒂文·卡茨著．电影镜头设计：从构思到银幕［M］．井迎兆，王旭锋，译．北京：世界图书出版公司·后浪出版公司，2010.

[18] 艾德·卡特姆，埃米·华莱士著．创新公司：皮克斯的启示［M］．靳婷婷，译．北京：中信出版社，2015.

[19] 劳伦斯·利维著．孵化皮克斯：从艺术乌托邦到创意帝国的非凡之旅［M］．李文远，译．杭州：浙江大学出版社，2017.

[20] 克里斯·泰勒．星球大战如何征服全宇宙［M］．任超，开罗，译．北京：后浪出版公司·北京联合出版公司，2019.

[21] 理查德·什克尔．讲故事的人：斯皮尔伯格传［M］．陈数，悠拉，译．北京：北京联合出版公司，2015.

[22] 克里斯托弗·芬奇．迪士尼的艺术：从米老鼠到魔幻王国［M］．（插图第 5 版）彭静宜，译．北京：北京联合出版公司·后浪出版公司，2015.

[23] 迈克尔·巴里耶著．动画人生：迪士尼传［M］．杨阳，董亚楠，译．杭州：浙江人民出版社，2019.

[24] B. 约瑟夫·派恩，詹姆斯·H. 吉尔摩．体验经济［M］．毕崇毅，译．北京：机械工业出版社，2016.

利用网络评论提升主题公园体验的实践探索

涂国勇*

积极发挥游客的网络评论作用，改进和提高主题公园的体验服务质量，使主题公园能够及时动态了解游客，向游客提供更好地体验，强化自身的市场竞争力，这是行业的共识。但这一工作到底怎么做，如何落地实践？网络评论的多维度属性如何认识？海量超载的评论信息如何对待和甄别？业界对此在管理实践方面尚未涉足。本文从网络评论的视角，首先阐述网络评论的多维度属性，然后简述网络评论与主题公园体验质量之间的关系，最后重点探索在主题公园日常管理实践中的七大具体措施，助力推动运用网络评论提升主题公园的体验工作的落地，并给出相应的操作流程及在运作中存在的认识误区，以期为主题公园提高体验服务做有益的探索。

一、问题的提出

旅游主题公园的产品和服务品质怎么样，应该由市场说了算、消费者说了算。移动互联网时代的今天，游客出游某个主题公园的全过程包括网上主题公园相关信息查询、网上选择主题公园并预定、现场游玩体验、结束后的体验感受均会发布到互联网上。这个过程包括了游客即是查询信息，成为信息的接收者，也包括了游客撰写游览体验心得和评价，成为信息的制造者。

游客利用互联网对主题公园的反馈信息（以下称为主题公园网络评论），包括评价、投诉、意见和建议，是一个主题公园在市场中不可忽视的一部分声音，而且

* 涂国勇，硕士，高级工程师，华侨城云南文投集团副总裁、云南演艺集团董事长、深圳锦绣中华发展有限公司董事，兼任上海交通大学主题公园研究所副所长研究员。曾任深圳锦绣中华发展有限公司董事常务副总经理、深圳华侨城洲际大酒店中方总经理。长期从事旅游主题公园、旅游演艺及度假区管理运营业务。对企业管理、项目投资、旅游景区旅游演艺及度假区策划及管理运营、企业互联网信息系统应用有丰富的实战经验。

随着移动互联网的快速发展，这一部分的信息会越来越庞大，越来越重要。

国家“十三五”旅游发展规划提出，要建立游客评价为主的在线旅游目的地评价系统和网络旅游舆情检测系统。在全域旅游的背景下，利用信息技术和互联网对传统的景区管理和模式创新是重要的内容。

充分利用游客对主题公园的反馈信息来改善主题公园的日常运营，提高主题公园的服务质量，是行业所共识。但具体到如何操作和落地，如何在主题公园的日常经营管理中实践，业界很少有系统性的阐述。

实践中，会遇到众多问题。有的主题公园管理者认为，网络评论海量，有真有假，有虚有实，适当看看，参考一下就行了；有的则运动式对待网络评论，一段时间高度重视，一段时间又不怎么重视等。网络评论中一定有价值的东西，也有非价值的东西，总有一部分真实的游客表达在主题公园体验的真实信息；关键是如何识别真正有价值的真实的评论，进而又如何通过系统性制度性地将这些真实的有价值的评论转化为主题公园管理的改进和提高，从而把网络评论融入主题公园日常经营管理的内涵，实现对主题公园体验服务质量的动态管理，使主题公园更好地符合或保持国家 A 级主题公园质量等级标准的同时，提高主题公园产品创新力、网络口碑和营销能力。本文就此在管理实践方面进行探索。

二、网络评论的多维度认识

网络评论分布在微博、微信等各种社交媒体、旅游景区 OTA 电商在线等。虽然这已很常见，但如何从多维度正确认识网络评论对于发挥其作用至关重要。网络在线评论被视为传统口碑的电子形式，是旅游者安排旅游行程时所依赖的重要信息来源，对旅游者和旅游企业的经营管理、产品开发和营销意义重大，逐渐受到业界的重视。

网络评论从大的方面具有双面性（正面评论、负面评论）、传播速度快、影响范围广、具有实时性，有一定的说服力。

阿姆特（Amdt Johan，1967）是最早提出产品评价的正面和负面之别的学者。总的来说，所谓正面网络评价是指游客通过网络平台发表的关于景点、旅游企业、产品和服务的正面信息，这种信息建立在游客愉悦的旅游体验的基础上，能鼓励其他游客选择该景点、旅游企业、产品或服务。如“这个景区很好，全部景点和项目都看了个遍。很不错，值得一去。工作人员很热情”。负面网络评价则是游客在网络平台发表的关于景点、旅游企业、产品和服务的负面信息，这种信息建立在游客的不满、失望情绪的基础上，通常会为其他潜在游客的旅游决策行为提供否定性建议。如“要吐槽的是园区排队非常严重，排队也没关系，但秩序的维护太差，插队很普遍，里面也没有工作人员。”

（一）网络评论数量、活跃度及有无反馈，对主题公园产品销售有直接影响

网络评论的数量包括沉淀的总重量和近期的活跃度，尤其是近期评论的数量越多，会越发引发潜在游客的兴趣。另外，主题公园企业对评论的反馈也会加大潜在游客对企业的信任感。理性的潜在游客认为，任何一个企业都会存在问题，但这个企业能否正视问题的存在，并积极改进，是很大的不同。

鲁奇等（2014）证实了旅游在线评论数量与产品销售间存在显著的正向关系，管理反馈的内容长度和及时性对产品销量也有正向影响；莫启钧等（2016）发现旅游在线评论管理反馈的存在性对于销售量有正面影响；雅库尔等指出旅游电子商务网站上的在线评论反映了服务的质量，有助于潜在消费者信任他们的决策，这种信任的增加使旅游者愿意支付更高的价格（Yacouel N.，Fleischer A.，2012）。

（二）网络评论的正负面性、时效性、评论质量等因素对潜在游客的出行选择有直接的影响

网络评论的正面性和负面性、评论的及时性和评论内容特征和质量等因素对游客的出行选择有哪些影响呢？

实证数据表明：评论的数量越多、在线评论内容质量越高、正面的在线评论越多、评论者威望值越高、评论内容越详细，网络评论对旅游者的产品和服务预订意向的影响越大（郭潇，2010）。有些学者也证实了在线评论对旅游者购买意向产生影响（毕继东，2009，覃琼玉，2012，王真真，2012，叶恒，林志扬，许栋梁，2014，雷晶，李霞，2015，王克喜，崔准，周志强，2015）。赖胜强等通过收集同程旅游网和携程旅行网上的旅游网络评价信息，以浙江省的3A、4A、5A级景区的游客接待情况为被解释变量，网络评价数量、评价态度、评价质量为解释变量，通过多元回归法证明网络评论、旅游博客的数量及图片数量与景区接待量具有正相关关系（赖胜强，唐雪梅，朱敏，2015）。肖安明（2012）同样也证实，评论质量会直接或间接影响消费者的购买意愿；王真真（2012）则表明负面评论和正面评论对旅游消费者的购买决策有显著影响。

对于网络评论的时效性对旅游者决策影响的实证研究，存在不同观点，但业界均对此给予关注。

（三）网络评论的可信度需要认真对待

网络评论的开放性，导致网络评论的可信度质疑。这其中，需要考虑多种因素，包括评论者的专业性、情感倾向、心态等。

研究者发现在线评论的情感倾向、评论文本体裁的主观倾向、主客观混杂度（郑时，2011），在线评论的内容质量、评论者的专业性以及网站声誉（曾欢，2013），评论内容长度、评论极端性、评论有用性投票数、评论者认可度和个人信息披露（石旭，2011，卓四清，冯永洲，2015）等，都会影响旅游者对在线评论的感知有用性。杨阳（2014）指出，情感倾向趋中性的在线评论可信度更高，在线评论的网站声誉、评论的时效性、评分的客观性以及评价内容的质量对人们感知可信度有显著影响。

近几年国内外研究者对旅游在线评论和信息评估方面的关注度迅速上升，这反映出互联网时代信息过载的问题。在旅游在线评论和信息评估中，主要涉及“可信度”和“感知有用性”两个概念。就前者而言，大多数旅游网站（如携程网、TripAdvisor 等）在评论区设有“有用”的投票功能，这一功能设置能够让有用评论从海量评论中显现出来，从而有助于旅游者快速捕捉信息进而决策，也为研究在线评论的有用性问题提供了技术便利性。国内外研究者均探讨了评论者和在线评论内容两方面特征对用户感知有用性的影响，评论接收者方面特征对感知有用性的影响尚待讨论。比较而言，在线评论的可信度是一个涉及很多因素的复杂概念，判断评论是否可信因人而异，至今未达共识。

（四）网络评论及其回复与顾客的满意度

对于顾客而言，在线评论是他们表达满意程度的一种普遍方式。对于营销方而言，在线评论则是其评估自身服务质量和发现消费者需求的最佳渠道，获取并分析其中有价值的信息能够显著改进管理水平。

有研究还表明正面在线评论对顾客忠诚有正向影响（Kandampully J.，Zhang T. T.，Bilgihan A.，2015）；管理者在电子平台上成功的评论回复能够将一名不满意的顾客变为忠诚的顾客（Pantelidis I. S.，2010）；恰当的评论回复，尤其是对负面评论的恰当回复能够创造并增加未来收入（Noone B. M.，Mcguire K. A.，Rohlfs K. V.，2011，Sparks B. A.，So K. F. K.，Bradley G. L.，2016）；收到回复的抱怨顾客对未来满意增加，没有收到回复的抱怨顾客对未来满意则会下降（Gu B.，Ye Q.，2014）。徐虹，李秋云（2016）则利用主题公园的游客在线评论文本分析了游客是如何感知体验质量的。

（五）网络评论与游客发送者的动机、心态

游客撰写并发送网络评论的动机是什么？这直接关系到该网络评论的价值。

国外学术界沿着消费者心理行为的脉络探究旅游在线评论的发送动机。发现玩得不高兴的消费者倾向于传播负面网络评价，潜在影响企业的品牌和声誉（Sparks B. A.，Browning V.，2010）；然而，发送负面网络评价的动机因人而异，或是为了报复，或是为了警告他人（Wetzer I. M. Zeelenberg M.，Pieters R.，2007）。

因此在对待网络评论时，需要思考发送者的动机，尤其是近期连续发送网络评论的游客，需要从多角度分析其动机和心态。

（六）判断网络评论需要考虑的几个维度

以下图1简述了判断网络评论的几个维度与游客认知的关系。

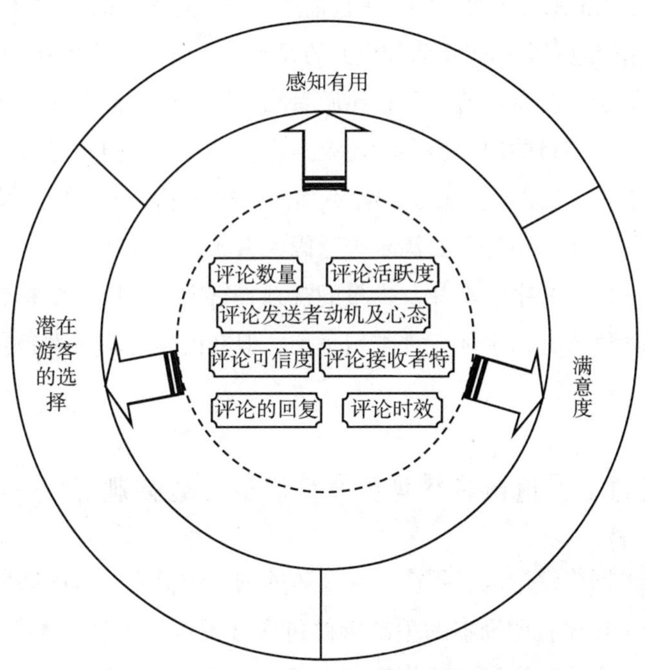

图1　网络评论的维度与游客认知的关系

资料来源：笔者在参考相关文献的基础上，结合实践经验总结绘制。

三、网络评论中涉及主题公园体验的关键类别

（一）网络评论的三种内容

我国学者在研究网络评价信息对消费者购买决策的影响时指出，根据主客观标准来划分，网络评价的内容有这样两种：一是可以用客观标准进行准确检验的客观事实型；二是用来描述产品的无形特征，但包含有较多的主观情感因素的主观评价型（金立印，2007）。基于上述的分类，可以将旅游网络评价的内容分为如下三种：

第一种是事实陈述型评价，是指旅游者在旅游过程中，对旅游地目的地观察、体验、了解后，形成的关于景观、服务、游玩项目等内容的客观描述的网络评价。这类评价反映了很多事实性的具有一定客观性的内容。

第二种是情感表达型评价，是指旅游者在旅游体验之后，形成的以景观、服务、游玩项目等的情感态度为内容的评价信息。通常有肯定的、中性的、否定的三种情感态度。相应地就会引出正面和负面的评价。这类评价具有很大的主观性。

第三种是提示推荐型评价，是指旅游者结合自身的旅游体验，发表的以对其他旅游者前往该旅游目的地提出参考建议为内容的评价信息。这类评价具有引导性和推荐性。例如："演出有三场，各不相同，很好看，就是时间安排太紧，最好早点去，值得一玩，最好不要周末去，因为人太多"。

网络评论一般是文字、图片及少量的视频，它主要是以非结构化的带有情感和口语式的语言体现，以上述三种类型呈现，但在内容上均全部覆盖主题公园体验的方方面面。

（二）主题公园的网络评论涉及体验的关键类别

主题公园的网络评论范围很广，涉及体验的关键类别又有哪些？

主题公园游客体验评价中的关键事件包含五类：体验场景类、体验项目类、服务流程类、顾客体验类和体验价值类（徐虹，李秋云，2016）。相关常见的网络评论关键词举例如表 1：

表1　　常见的网络评论关键词

关键体验类别	网络评论关键词举例
体验场景类	"卫生""混乱""园区""景点""环境""景区""气氛""热"和"下雨"等
体验项目类	"项目""好玩""精彩""表演""娱乐""烟花汇演""巡游""游戏""景点""开放""鬼屋""人物"等
服务流程类	"二维码""入园""预订""购票""排队""电商""门票""取票""换票""订票""电子票"等
顾客体验类	"累""方便""漂亮""好看""刺激""开心""遗憾""爽""满意""恐怖""高兴""尽兴"等
体验价值类	"值得""贵""价格""便宜""优惠""划算""性价比"等

资料来源：笔者根据实践经验总结绘制。

四、发挥网络评论的作用，提升主题公园体验服务工作落地的七大具体措施

实践中，景区企业在正确认识上述网络评论的多维度属性后，需要采取哪些具体措施，挖掘网络评价中有价值的信息，采取哪些机制可以常态化运作此项工作？笔者根据实际工作的运作，提出如图2所示七大措施。

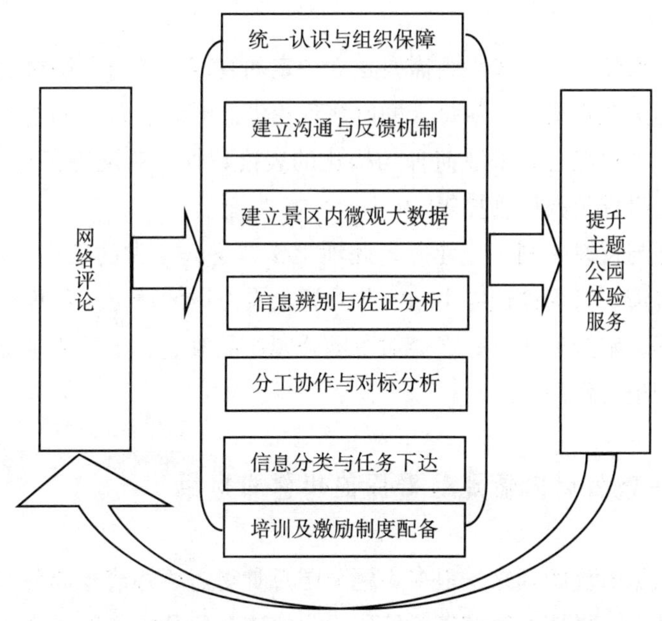

图2　七大措施利用网络评论提升主题公园的体验服务

资料来源：笔者根据实践经验总结绘制。

（一）高度认识与组织保障的建立

尽管网络评论存在量大、信息来源和信息可信度等多方面的问题，但不可否认的是，在每天的网络评论中，依然存在游客对主题公园的产品、服务、现场管理等方面有价值的真实信息，这些信息是主题公园“以客户为中心”的重要内容，对于主题公园运营直接或间接地发挥一定的作用。关键是如何从众多的网络评论中，甄别拣选出有价值的网络评论。

因此，主题公园管理层从高级领导开始，需要从一定的高度正确认识网络评论、正确面对网络评论，树立在主题公园的各层工作人员，从上到下，均要重视网络评论、发挥网络评论的作用，达成统一的共识。

主题公园上下对网络评论有了共识之后，需要在组织保障上予以落地。一般建立跨部门的“质量监控”小组或者“网络信息监控”小组等组织，并由主题公园的领导成员直接负责此小组的工作，该小组的成员，由多个部门的有经验的主管级以上人员组成，并制定相应的工作职责、分工、设立针对不同媒体和网站的员工 AB 角等。

（二）建立管理沟通与反馈机制

建立组织保障之后，该小组需要建立一定的管理沟通与反馈机制，这对日常工作的开展是至关重要的。如每天的网络评论汇总时间、每周例会时间、定期每月每季总结、如何汇总、采取何种结构化的表格数据、对网络评论的回复用语、涉及突发安全事件及舆情管控等。

这一沟通与反馈机制一旦建立，此项工作即进入正常的轨道。基本上做到：当日评论当日清，每周评论应小结，每月评论有总结的情况，循环往复，同期对比、日积月累，坚持运作，一定会对主题公园产品改进、服务质量提升、营销策划起到非常积极的作用。

（三）主题公园内微观数据库的构建和应用

随着大数据时代的到来，很多主题公园总觉得需要外请专业公司来帮助挖掘爬虫百度大数据、微博、微信等，使用用户痕迹复原分析法形成主题公园的大数据，为主题公园提供规划、发展之路。

其实主题公园在日常运营中，如果实行精细化管理，无须外请专业公司，也可以构建主题公园自己的数据库。要知道，主题公园属于服务行业，服务行业的特点是生产与销售同时发生，主题公园员工与游客时刻面对面进行。游客的言行，均在员工的眼皮底下。

因此，针对不同岗位的员工，需要建立相应的结构化的表格，该表格包括主题公园通用信息部分（如清洁卫生、安全整齐有序、整体好玩性、整体环境等）和本岗位的相关信息（游客体验本项目的感受情况等），每位员工，尤其是一线与游客接触的员工，需要将“被动地听取游客反映”与“主动询问游客的反映”结合起来，现场只做简要的记录，待下班左右时间，将一天见到的所有游客反映的共性问题、突出的个性问题（尤其涉及游客安全问题等）、良好的建议、投诉不满、正面表扬、与其他主题公园的对比信息等，按事先制定的表格，分类输入到电脑中。每个班组均要分类汇总相应的信息，然后再经过部门的分类汇总后，经过公司信息技术部门的结构化处理，形成当日的景区运营微观数据库，做到可统计、可查询等。

一个保洁员，其在景区的跟踪保洁过程中，时刻会听到游客三三两两的交流、问路等，这些游客交流中，可能不自觉地就会说“这个项目很好玩，那个项目不行”“这个景区秩序管理太乱，排队太长，也不疏导”。如果这个保洁员听到此类信息一天超过 2～3 次，而且一段时间，连续多日，那么就是安全秩序管理存在问题、项目的吸引力方面需要检视。如果该保洁员在一个区域总是会遇到问景区出口方向的，那么就说明景区的标识标牌存在有待完善的问题。保洁员可能知识水平没那么高，但可以通过当日下班例会上，由主管按照保洁员的表述，在结构化的表格上填写，记录有用的游客反馈信息。

景区每日形成的运营微观数据库，一般真实性比较高。经过日积月累，景区靠自己的努力，建立并形成了线下相对真实的微观大数据，这个微观大数据主要集中在已经入园的游客对景区所提供产品的环境、安全、产品体验、情感表达等的信息反馈。这个微观数据库，其应用价值很高，一方面，景区管理者可以应用它进行日常的经营管理；另一方面，可以在一定程度上用来佐证网络评论，帮助其在海量的网络评论中拣选有价值的信息。

建立主题公园微观数据库的关键，在于面向游客服务的信息规划，将游客的各种反映进行统一结构化、表格化，并通过系统性的培训，让全员尤其是一线员工通过在向游客提供服务过程中、在与游客互动过程中，主动和被动地掌握游客的需求及所衍生的有价值的信息。

（四）信息辨别与佐证分析

面对各个网络及媒体每日生成的网络评论，因为游客多样性、心理状况及出发点的不同，其所发布的网络评论，在可信度方面存在很大的差别。因此，网络评论信息的辨别极为重要。对于比较重要的网络评论，一个重要的佐证手段，就是依靠主题公园自身建立的运营微观数据库，结合公司网络评论小组的讨论，可以实现信息的佐证分析。

（五）分工协作与对标分析

在对网络评论的处理中，需要保持高度的分工协作。一条网络评论可能涉及很多部门，包括环境、安全、产品包装等方面。因此需要跨部门人员的分工协作。

另外，为了充分了解同行的状态，透过分析竞争对手及对标主题公园的网络评论，可以从一个侧面了解其运营状态，无论是服务质量、产品受欢迎程度、主题公园整体环境及安全等方面，均可以发现一些有用的信息。

（六）质量指标分类与任务下达和跟踪

对于拣选过的有价值的网络评论，按照主题公园内部管理的职能和组织架构进行分类，并转换成任务下达，推动相应的职能部门对照落实体验服务质量的提高，对于不符合标准的部分加以改进，对于游客反应强烈的内容，需要高度关注并及时整改、跟踪，并通过合适的方式向网络评论者进行回复。

（七）培训与激励制度配备

在充分发挥网络评论作用的过程中，团队协作是关键，坚持业务培训和激励制度的配备，对员工按照其工作内容的表现，实行考核和奖罚，是完成这一工作不可缺少的环节。可以说没有培训和一定的激励，此项工作很难完成。

坚持每日查阅网络评论、信息分辨、分类跟踪和反馈等，并让全体员工尤其一线员工按照结构化的标准建立内部运营数据库，这是一个日常工作，坚持最为重要，日积月累，不断提升游客体验服务。相关流程如图 3 所示：

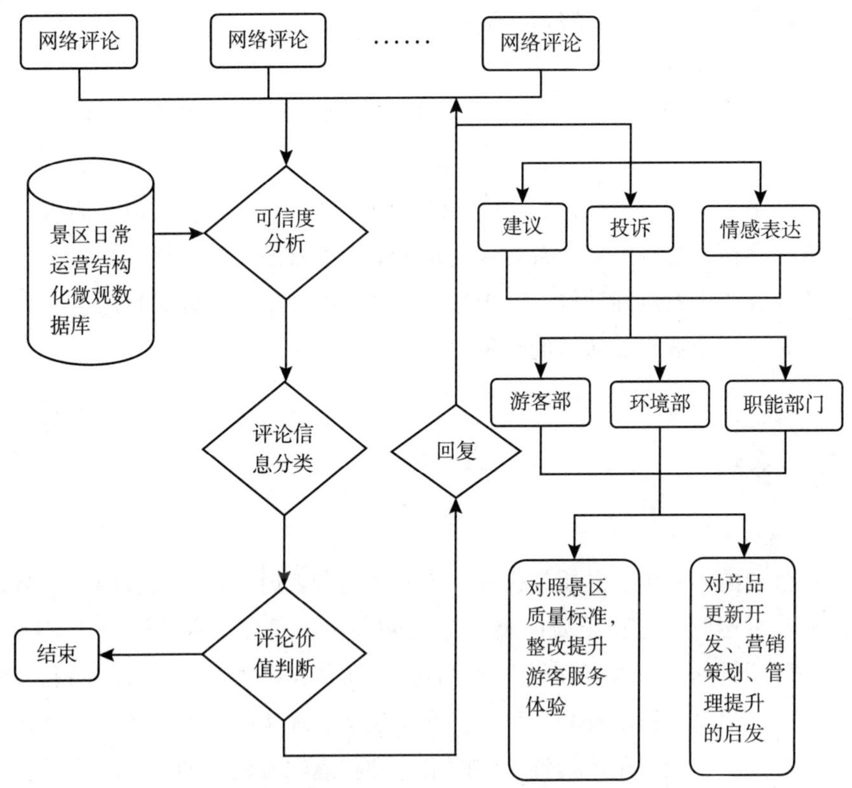

图3　网络评论到主题公园体验提升工作流程

资料来源：笔者根据实践经验总结绘制。

五、运用网络评论的误区

（一）网络评论数量太大，不好处理，人手不够

有人说，网络评论数量很大，无法人工解决。其实情况不一定如此。一个主题公园，其网络评论一年的积累总量很大，但如果仔细查看每天的网络评论数，一般也就是几十条。一个年接待量在300万人次的主题公园，其每天的评论数量一般在50～200条。因此，主题公园管理层首先需要在心态上“沉下来”，冷静看待所谓“海量”网络评论，不被吓到。如果有4～5人分工，一个人一天只需要花费半个多小时，就可以按流程处理200～300条左右的网络评论。关键是，这个工作需要每天处理，做到“处理网络评论，每天清，不能积累”。就像用鸡

毛掸子扫桌子的灰尘一样，坚持每天扫一次，很轻松。

（二）网络评论很多“水军”、很多“假评论”，价值不大

互联网是一个开放平台，“水军”和“假评论”一定存在，但不能否定网络评论价值的存在，总有一部分游客说的是真话。经常处理网络评论，可以很容易识别出评论者的出发点和动机。能否通过众多网络评论，发掘对自己企业有价值的信息，是一个企业人才队伍的竞争力之一。

六、总结

主题公园的体验服务品质怎么样，应该由消费者说了算。互联网的平台让游客可以充分表达对游览主题公园整个过程的评价。通过对网络评价的多维度认识，主题公园管理者可以充分利用网络评论的价值，推动主题公园产品和服务的进一步提升，提升自我的核心竞争力。本文仅从管理实践出发，阐述正确认识和如何运用好网络评论，采取何种具体的措施和相应的流程，助力推动主题公园游客体验服务质量的提高，为主题公园的运营提供有益的探索。

参考文献

[1] Amdt Johan. Role of Product-related Conversations in the Diffusion of a New Product [J]. Journal of Marketing Researching, 1967 (3).

[2] 鲁奇. 基于在线口碑的开放互动对服务企业绩效的影响研究 [D]. 哈尔滨：哈尔滨工业大学，2014.

[3] 莫启钧. 用户评论及企业回复对在线旅游产品销量的影响研究 [D]. 上海：华东理工大学，2016.

[4] Yacouel N., Fleischer A. The role of cybermediaries in reputation building and price premiums in the online hotel market [J]. Journal of Travel Research, 2012, 51 (2).

[5] 郭潇. 在线评论对旅游意向影响的实证分析 [D]. 广州：华南理工大学，2010.

[6] 毕继东. 网络口碑对消费者购买意愿影响实证研究 [J]. 情报杂志，

2009，28（11）.

［7］覃琼玉．网络口碑对南宁大学生旅游决策行为的影响研究［D］．南宁：广西大学，2012.

［8］王真真．中国旅游在线评论对旅游消费者购买决策影响的实证研究［D］．北京：北京第二外国语学院，2012.

［9］叶恒，林志扬，许栋梁．网络口碑的内容特征对购买意愿的影响研究［J］．现代管理科学，2014（6）.

［10］雷晶，李霞．在线点评对消费者行为意向影响的实证检验［J］．统计与决策，2015（18）：117－120.

［11］王克喜，崔准，周志强．网络口碑要素及其可信度对消费者购买决策的影响研究［J］．江西财经大学学报，2015（6）.

［12］赖胜强，唐雪梅，朱敏．网络口碑对游客旅游目的地选择的影响研究［J］．管理评论，2011，23（6）.

［13］肖安明．酒店虚拟社区中在线评论对消费者购买意愿影响研究［D］．广州：华南理工大学，2012.

［14］郑时．旅游在线评论有用性影响因素分析［D］．哈尔滨：哈尔滨工业大学，2011.

［15］曾欢．旅游者对在线评论的信息采纳意愿研究［D］．广州：暨南大学，2013.

［16］石旭．体验型产品评论有用性研究［D］．武汉：华中科技大学，2011.

［17］卓四清，冯永洲．在线评论有用性影响因素实证研究——基于 Tripadvisor. com 酒店评论数据［J］．现代情报，2015，35（4）.

［18］杨阳．酒店在线评论可信度影响因素研究［D］．南宁：广西大学，2014.

［19］Kandampully J.，Zhang T. T.，Bilgihan A.，Customer loyalty：A review and future directions with a special focus on the hospitality industry［J］. International Journal of Contemporary Hospitality Management，2015，27（3）：379－414.

［20］Pantelidis I. S.，Electronic Meal Experience：A content analysis of online restaurant comments［J］. Cornell Hospitality Quarterly，2010，51（4）：483－491.

［21］Noone B. M.，Mcguire K. A.，Rohlfs K. V. Social media meets hotel revenue management：Opportunityes，issues and unanswered questions［J］. Journal of Revenue and Pricing Management，2011，10（4）：293－305.

［22］Sparks B. A.，So K. F. K.，Bradley G. L. Responding to negative online reviews: The effects of hotel responses on customer inferences of trust and concern [J]. Toruism Management, 2016 (53).

[23] Gu B., Ye Q. First step in social media: Measuring the influence of online management responses on customer satisfaction [J]. Productions and Operations Management, 2014, 23 (4).

[24] 徐虹，李秋云. 顾客是如何评价体验质量的？——基于在线评论的事件—属性分析 [J]. 旅游科学，2016，30 (3).

[25] Sparks B. A., Browning V. Complaining in cyberspace: the motives and forms of hotel guests' complaints online [J]. Joural of Hospitality Marketing & Management, 2010, 19 (7).

[26] Wetzer I. M. Zeelenberg M., Pieters R. Never eat in that restaurant, I did!": Exploring why people engage in negative word of mouth communication [J]. Psychology & Marketing, 2007, 24 (8).

[27] 金立印. 网络口碑信息对消费者购买决策的影响：一个实验研究 [J]. 经济管理，2007 (11).

主题公园创新方法与创意设计

方宝庆　胡少鹏*

一、引言

主题公园是一种人造旅游资源，它着重于特别的构思围绕一个或多个主题创造一系列有特别的环境和气氛的项目以吸引旅游者。从而区别于其他一般旅游景区和游乐场给游客带来独特的游乐体验。

主题公园是用来将游客从每天单调的生活中带到充满梦幻、远离俗世的乐园中，享受由娱乐、建筑和景观构成的、独特且令人感悟的体验。主题公园是一块娱乐之地，它围绕同一个主题或一系列共通的理念来设计所有的设施、休闲、景点、建筑和活动。一个原创的主题公园包含多个独特的主题区。通过使用景观、建筑、音乐、美食、服务和景点等元素来创造完美的梦幻王国或独特的文化，需开展大量的工作。在主题公园中，骑乘项目通常被认为在体验环境体系中占次要地位。越能让游客逃离真实世界而进入乘坐项目的虚幻空间里，则越能突出公园的“主题”。

可行性规划和主题实施是主题公园成功的两个关键因素。可行性分析是基于大量调查和研究，针对项目潜能作出的评价和检验，用以支撑决策过程。可行性规划能确定公园的市场潜力、预计游客量、公园规模以及根据现金能力而评估的成功可能性。

---

* 方宝庆，教授，著名管理和营销专家，毕业于中国台湾“中国科技大学”、美国芝加哥汉堡大学；上海交通大学中国商业发展研究所副所长，上海交通大学海外教育学院主题公园研究所高级顾问，北京大学、上海交通大学、复旦大学、浙江大学、中山大学、厦门大学等 20 多所高校高级管理人员工商管理硕士（EMBA）总裁班特聘教授；曾担任 8 家上市企业的总经理或总裁，8 个一二级城市政府的特聘顾问。胡少鹏，中国主题公园研究院文化商业总监，浙江大学工学硕士学位，长期负责娱乐行业商业机会的资源整合、项目开发、规划服务。成功参与国内多项重大外资类娱乐项目的设计、建设、施工。长期为主题公园与家庭娱乐中心提供商业咨询、设计、实施方案。

一个真正意义上的主题公园需有引人入胜的主题，否则它仅是由若干骑乘设备和景观林组成的游乐场或惊险骑乘项目。通常来讲，主题公园的建设以稳固不变的、由最初想法演变而来的主题开始，但有时候主题也会随着时间的进展而调整和改进。

二、主题公园开发基本要素分析

（一）主题公园概念创新分析

科技越来越现代化，随着科学技术的加速度发展，信息技术和虚拟技术的日益普及，主题公园将不断提高产品的科技含量，增强技术与技术之间、技术与项目之间、项目与游客之间的互动性。在现代技术的导引下，总体趋势表现为：

（1）在手工产品形态、机器产品形态和信息产品形态的体系中将更加具有互动性，相互渗透，相互作用，促进产品形态的多样化。

（2）在高科技的支持下，新动力、新材料、新性能的机器产品形态将不断涌现，高度更高、坡度更大、速度更快、眩晕感更强、安全更有保障的乘骑产品将更加丰富，甚至在一定时间尺度内成为主流。

（3）随着信息时代的到来和虚拟技术的成熟，主题公园产品形态的智能化和虚拟化将不断加快进程。现代人很多都倍受生活与工作的双重压力，因此越来越重视休闲娱乐来放松身心，主题公园等娱乐设施就为此提供了一个很好的条件。

（二）产品创新是主题公园的核心竞争力之一

供应商的供应能力不断增强，供应商的数量也不断增加，有利于主题公园的选择，在与供应商的谈判上处于有利的位置。对主题公园而言，买方即游客，主题公园开展以游客为核心的营销工作，经过旅游市场调研了解游客消费行为特征，把握游客需求发展趋势，从而以最有效的方式服务市场，最大限度满足客户需求。

游客细分为：散客，组织购买者（政府部门、学校组织、企业单位），中间商（旅行社、旅游服务公司、票务服务公司）以及其他重要购买群体。

主题公园尤其是较大型的主题公园通常是资金和高科技密集型的旅游吸引

物，投资大，建造期长，一旦建成后难以改变用途，退出障碍和进入壁垒较大，因此想要维持竞争优势就必须不断进行产品创新，以保持其长期的吸引力来吸引新顾客并留住回头客。因此，产品创新是主题公园的核心竞争力之一。

（三）主题公园四种层次的竞争者分析

（1）品牌竞争。当其他的主题公园以相似的价格向相同的目标市场提供类似的服务与产品时，其间的竞争属于品牌竞争类型。如深圳的世界之窗与广州的世界大观之间的竞争，就具有品牌竞争的属性。

（2）行业竞争。将所有主题公园都广义地视作竞争者。例如深圳华侨城的四大主题公园就可以把他们之间的竞争以及同珠江三角洲地区的竞争视为行业间的竞争。

（3）形式竞争。将所有旅游景区景点和其他旅游项目都视为竞争者。例如将风景旅游区、度假旅游区、生态旅游点、温泉旅游项目等视为竞争者。

（4）一般竞争。更广泛地将和主题公园具有同一目标市场的钱和时间的所有企业都视为竞争者。例如，主题公园可以把一些大型购物场所、酒吧、KTV、书店等视为竞争者。

（四）主题公园建设的典型 SWOT 分析

主题公园建设的典型 SWOT 分析，如表 1 所示。

三、主题公园建设关键要素浅析

（一）主题公园可行性研究分析

可行性研究负责公正地反映已提议项目的优势与局限性，现有环境下的机遇与威胁，项目开展至完成所需的资金和资源以及项目在经济上取得成功的预测。在大多基本定义中，判断可行性的两种标准为所需成本及将实现的价值。例如，一份优秀的可行性研究应能提供类似项目的历史背景、产品描述、会计报表、运营管理细则、市场研究与政策、财经数据、法规要求以及纳税义务。总的来说，

表 1　　主题公园建设的典型 SWOT 分析

关键环境要素	关键竞争要素 优势（S） S1 创新能力； S2 服务质量； S3 专有知识； S4 全球地位； S5 员工培训	劣势（W） W1 市场占有率； W2 企业文化； W3 游艺项目多样化； W4 经营成本
机会（O） O1 独特的产品差异化； O2 消费者的消费概念； O3 品牌效应； O4 消费者可支配收入； O5 政府支持	SO 战略 S1－O1 运用企业创新能力利用环境中独特产品差异化的机会，创造设计出新的项目，提升企业的竞争力。 S2－S4－O2－O4 运用企业严格的员工培训塑造员工认真尽责的工作态度，使其为顾客提供良好的服务，然后利用消费者消费观念和可支配收入提高等机会，用良好的服务质量来提高游客的忠诚度。 S3－S4－O3 运用企业的专有知识和全球地位，利用企业的品牌效应，不断提高企业的品牌知名度	WO 战略 W1－O3 克服市场占有率低的劣势，利用企业的品牌效应，加大企业品牌的宣传力度，使企业的市场占有率提高。 W3－O1 克服企业游艺项目多样性的劣势，利用独特产品差异化机会，使企业的游艺项目具有独特性且其他企业不能轻易模仿
威胁（T） T1 竞争对手实力强对本地企业的影响； T2 投资率的上调使企业投资成本增加； T3 有一项目技术的不断更新，游客需求的更新要求企业要不断地引进新的游艺设备； T4 地理位置； T5 转移成本较高形成了较高的退出障碍	ST 战略 S1－S3－T1－T3 利用企业的创新能力和专有知识，创造出企业独特的娱乐项目，以避免与实力强的竞争对手在同样的项目上竞争，减轻游艺设备需求不断更新的压力。 S2－T4 利用企业良好的服务质量，避免地理位置的威胁。在各个商业和人流聚集的地方设立免费直通巴士	WT 战略 W4－T1－T5 尽量降低企业的经营成本，或者尽量提高企业的盈利能力，以避免实力强的竞争对手的威胁和较高的退出障碍。加强管理企业能够赢利的项目，提高企业的收益

资料来源：笔者根据文中研究内容整理所得。

可行性规划先于设计和项目执行。因为可行性规划会评估项目成功的可能性，所以投资者和投资机构所看重的公平和公正性是构成可行性报告可信度的关键因素。因此，可行性研究所包含的信息必须是真实和公正的，可用作决策的基础。

在进行主题公园规划时，最好的着手方向就是可行性研究。从一些如公园类型这样的基本想法开始，可行性研究可以帮助确定公园的规划限制条件。可行性研究将用到许多因素和公式。但当所有因素都被考虑到时，将采用重要的计算方式——“设计日”。设计日需预测旺季一天的游客量，以及在同一天高峰时段游客的实际数量。这些计算结果能够确立公园的规模和内部的构成，包括从乘坐项目每小时运行设备的数量和合理的等待时间，到洗手间和餐厅数量及停车场大小。除设立公园的物理性参数外，设计日还需提出公园运营方面的要求，如员工配备。

公园开发者利用可行性研究来确定项目的盈利能力。该过程运用到两项动态指标，即：年度总游览人数与预计人均消费额。这在很大程度上取决于公园景点的类型和游客游玩的持续时间。在一些规模较大的主题公园中，如迪士尼和环球影城的连锁公园，游客很难在一天内完成体验，因此票价可以贵些，游客也会因为游玩时间的延长而花更多的钱在食物和购物上。而在规模较小的主题公园中，情况则相反。

景点开发是原本只有深谙投机的投资者才能发现的商机，而现在已成为最容易预测的投资领域之一。由于已知很多重要的限制条件，如学校学期与假期安排，以及当地市场的人口结构和类似项目的市场分析，因此，游客入园量很容易被测算和预计。对当地市场的人口统计包含不同方面，如家庭人数、年龄范围、可支配收入和民族构成等。由于具有可比性的业绩数据的大量存在，为新市场中的新公园选择一套具有合理置信程度的业绩标准是现实可行的。能够被评估的变量包括：投资等级、概念品质、市场竞争和管理经验。

新主题公园可通过量身定制来完美契合目标市场，实现合理的对于项目成功的预期——获得可信范围内的盈利。业绩预期有利于完成融资，规划资金流和公园的建设、运营。项目执行完毕后，重担则落在对公园的管理和运营上。业绩则成为最终的检验标准。另外一个虽不太明显，但却同等重要的通向成功的要素，即是从多年经验中得出的直觉。说到此就不得不关注华特·迪士尼本人对直觉重要性的认知。尽管他的决定总基于实际的数据，但他的直觉和洞察力使他成为主题公园产业的先驱。

（二）主题公园场地选择分析

理论上，主题公园的拟建最好从场地选择开始。场地作为许多因素之一需要认真考虑。土地成本应保持在总开发费用的5%～15%，因此场地选择不构成项目的首要动力。因此，更好的办法是从构思公园的独特主题开始，之后再寻找契合主题的场地。尽管预先选定场地并非原则性问题，但主题公园开发更多的是对游客的依赖而非房地产。

场地选择的重要标准：

（1）项目的土地面积需求，基于对景点、停车以及远期建设区域的可行性研究；

(2) 发展与周边产业之间的共生和协同关系；

(3) 出众的场地通达性，即与周边现有或潜在的高速路、街道、公共交通，甚至机场的连接；

(4) 城市用地规范、周边背景环境和条件、当地环境和公共安全；

(5) 与城市发展的重心和方向的关系；

(6) 驱车时间分析；

(7) 土地费用和实用性；

(8) 公共设施成本，区位及实用性；

(9) 足够的土壤、排水及其他自然特征体系；

(10) 政府法规政策和契据信息；

(11) 邻近居民区和游客市场；

(12) 气候——雨、雪、温度、湿度、太阳轨迹、太阳直射角；

(13) 基础设施，社会和政治界限；

(14) 人文和文化条件。

(三) 主题公园的主题构思

对概念的基本理解需通过初步的量化评估，将概念和功能同项目的实际限制条件进行对比，以保证所有数据的匹配。市场规模和人口须符合入园人数和票价预期。主题公园必须足够出彩从而能以相应的票价吸引游客。而景点也必须能收回所花成本。应保证游客在园内游玩足够的时间从而使公园产生食物、饮料和零售商品方面的收入。因此，所有的财务估测都必须保持一致。

然而，概念设计并非全部取决于经济方面，创新的作用也很明显。主题公园是一项艺术构思，作为日常生活的消遣，给予每个游客以独特的体验。一个成功的公园能使游客在主题休闲中统一身心，从而在文化层面得到巩固和提升。无论是单独的还是一系列相关的主题都应借助景观设计来创造整体感受。主题应符合当地文化，兼顾国外思想的影响。除此之外，它还应传达怀念过去，体现目前和欢迎未来的情怀。公园承载着现实与梦幻的对话和联系。

(四) 主题公园市场规模分析方法

市场规模，作为经济机遇的基础，通过核实潜在的游客数量得出。市场的两个重要组成部分为当地游客和过夜游客。过夜游客包括过路游客和商务游客，前者没有太多的算在入园人数中，而后者则能占据10%～30%的过夜游客数量，但他们不会在娱乐活动上花费很多时间。

对于主题公园而言，当地游客市场一般由往返公园两小时车程以内的当地居民构成。多数情况下这一距离为150千米，但在某些情况下也有增减。不同于外地游客，当地居民可以不分淡旺季，常年都能成为公园游客。另外，过夜游客数的统计是与公园景点的运营季节相同步的。这一数据可以从旅游局，车辆数量或酒店实际接待量中获得。

过夜游客数量可由以下计算公式决定：

过夜游客＝(客房总数×入住率×每间房游客数×365)/
(平均入住天数×商务住宿游客的百分比)

以上数值可根据商务游客和运营季进行调整。一般来讲，主题公园65%或更多的入园量来自当地游客市场，或居住于150千米半径内的游客。

(五) 市场渗透率分析

市场渗透率是对游客兴趣和品牌度的一种衡量，是市场中居民和外地游客转换成顾客的比例。这一比例因为体现了可实现的入园量而很实用，同时也有助于与其他类似景点进行比较。

市场渗透率公式：

市场渗透率（%）＝(年入园量预测/总市场值)×100%

区域性公园与大型公园，如迪士尼和环球影城，在市场渗透率方面差别很大。对主题景点作对比时，还需考虑以下因素：竞争范围，周边主题景点的数量，投资强度和公园品质等级等。放弃过高或过低的渗透率，而选择某个中间值可能会有优势。另外，也值得考虑市场范围内的公私营文化、历史和娱乐设施的互补特性、游客特征及发展趋势。尽管现有或拟建的景点项目都是竞争对象，但也可能作为项目的补充。

四、主题公园建设总结

主题公园的设计和开发从开始到完成共包含12个步骤。

第一步：可行性研究。它是项目的总路线图。可行性分析包含对园区的选址评估、概念评估、市场评估、“设计日”准则、入园量预测、收入预计和投资净额。可行性研究是为吸引潜在投资者而进行的必要步骤。

第二步：项目总体规划。它是指对项目的目标和范围尺度的制定和确立。同时要完成项目组的选定和对他们任务的明确。这一过程还需设定一套清晰的目标，包括规模、财务指数、进度节点和目标客源。另外，对实体布局、场地使用及规划发展策略的制定则有助于确定项目范围。

第三步：初步概念设计。它是通过对主要组成部分的设计和研究来明确项目的性质和范围。设计主题、故事线、建筑风格也在这一步被确定下来。这一步需明确的事项中不仅包含设计方面，还包括经济和运营导则。

第四步：最终概念设计。即达成一定的细节深度来理解项目的范围、风格和内容，从而制定出所有专业所需的，用以继续设计和推进项目的要求和条件。完成最终概念设计与项目的主要组件、预算及工期的对应和论证标志着项目总体规划阶段的完成。

第五步：方案设计。该阶段负责制定项目各组成要素的尺度、功能、外形、基本要求。方案设计也包括楼层平面和立面的初步设计。这一阶段的设计深度要满足进行成本估算的要求。

第六步：详细设计。该阶段的设计更趋于具体和深入，能够精确描述项目。一般来说包括详细的策略和参数，以及支持项目设计意图的节目秀、建筑和场地要素的设计说明。

第七步：施工文件。它是向项目实施相关的咨询师、厂商、合约商和施工提供的所有生产和施工材料。文件包括发展规划、规格规范、图纸、文字说明、故事板及其他详细信息，可用来支持生产和施工招标文件的制定。

第八步：生产施工阶段。它包括招投标、谈判和后续的项目的生产和施工。

第九步：安装和调试阶段。它包括与推荐的表演系统和技术相关的所有组件和设备的安装，调试和编程。

第十步：开园前的筹备阶段。它包括对运营和维护人员的培训；制定运营和维护的规程及手册；检查园区所有家具，固件设施和设备的负荷；检查园区运营所需的库存是否充足。

第十一步：正式开业。它是整个项目发展的最高潮，是园区正式开业，向公众呈现一个全部完工，全面运营的主题公园的时刻。

第十二步：调整和扩张。该步骤发生在需要运用新想法和新技术或者新元素来保证园区的多彩和活力时。当需要加入新设备，对现有公园组件进行重大调整或进行大型扩建时，都需要重新进行这十二项步骤。

上述揭示了建设主题公园时需进行的设计和开发步骤。同时，也不能忽视主题和愿景的重要性。还需利用真实感和体验式设计来构想一个主导的主题，从而创造全面和综合的环境体验。公园布局，景点组合、主题选定、主题化技巧、品牌树立和预算限制对于创建真正令人愉快的主题公园（而非单纯的建筑和骑乘项目的堆积）是同等重要的。一个有意义的、引人入胜的“故事”才是对真正意义上的主题公园最真实的定义。

五、成功的游客体验营销分析——以迪士尼为例

如果世界上真的存在童话世界，那一定是迪士尼乐园。如果用一个词来形容迪士尼乐园，那一定是“魔法”。迪士尼乐园用美妙的童话和奇幻的魔法给人们带来了无穷的想象力、美轮美奂的视觉享受和发自内心的快乐。在迪士尼乐园，即使是最普通的清洁工，也能成为创造快乐的魔法师，拨动人们的心弦，感受温暖美好的体验。

迪士尼的经营理念是营造欢乐氛围，把握游客需求，提高员工素质和完善服务系统，迪士尼的经营理念和质量管理模式简明而又实际。把握和了解它们并不难，难的是把它落实到实际工作之中，成为每一位员工持之以恒的追求目标。

享誉全球的“迪士尼乐园（Walt Disney World）”每年接待着数百万计慕名而来的游客。事实上，迪士尼乐园的成功之处。不仅在于其由高科技所提供的娱乐硬件，更重要的在于其服务质量管理的经验和软件，核心部分是迪士尼的经营理念和质量管理模式，具体包括：给游客以欢乐、营造欢乐氛围、把握游客需求、提高员工素质、完善服务系统等诸要素。该模式不仅适用于娱乐业和度假旅游业，也同样适用于各类服务性企业。

（一）经营理念之一：给游客以欢乐

“迪士尼乐园”含魔术王国、迪士尼影城和伊波科中心等若干主题公园，整个乐园拥有大量娱乐设施，32000 余名员工，1400 多种工作（角色）。如此众多的员工和工种，一年 365 天，每天要接待成千上万的游客，夏季高峰时，气温常达到 36 摄氏度以上，确保服务质量的确不是件易事。因此，必须形成全员管理上的共识，即经营理念和服务承诺。

整个迪士尼经营业务的核心仍是“迪士尼乐园”本身。而该乐园的生命力，

在于能否使游客欢乐。由此，给游客以欢乐，成为“迪士尼乐园”始终如一的经营理念和服务承诺。

许多游客慕名远道而来，在乐园中花费时间和金钱。迪士尼懂得，不能让游客失望，哪怕只有一次。如果游客感到欢乐，他们会再次光顾。能否吸引游客重复游玩，恰是娱乐业经营兴旺的奥秘和魅力所在。其实，游客对欢乐的体验，客观上是对员工们服务质量的一种评价。所以，员工们提供的每一种服务，都是迪士尼服务圈整体的各个“关键时刻”。为了实现服务承诺，迪士尼公司花大力气，对员工工作表现进行评估和奖励。凡员工工作表现欠佳者，将重新培训，或将受到纪律处罚。

迪士尼公司在经营中力求完善，不断改进和提高。任何时候，整个乐园中都有10% ~20%的设施正在更新或调整，以期给予游客新的刺激和欢乐。尽管追求完善永无止境，但通过追求完美的努力，可将工作推进到更高境界和标准。

（二）经营理念之二：营造欢乐氛围

由游客和员工共同营造“迪士尼乐园”的欢乐氛围。这一理念的正向推论为，园区的欢乐氛围是游客和员工的共同产品和体验，也许双方对欢乐的体验角度有所不同，但经协调是可以统一的。逆向推论为，如果形成园区欢乐祥和的氛围是可控的，那么游客从中能得到的欢乐也是预先可度量的。

在共同营造园区氛围中，员工起着主导作用。主导作用具体表现在对游客的服务行为表示上。这种行为包括微笑、眼神交流、令人愉悦的行为、特定角色的表演，以及与顾客接触的每一细节上。引导游客参与是营造欢乐氛围的另一重要方式。游客们能同艺术家同台舞蹈、参与电影配音、制作小型电视片、通过计算机影像合成成为动画片中的主角、亲身参与升空、跳楼、攀登绝壁等各种绝技的拍摄制作等。

员工们的主人角色定位。在迪士尼乐园中，员工们得到的不仅是一项工作，而且是一种角色。员工们身着的不是制服，而是演出服装。他们仿佛不是为顾客表演，而是在热情招待自己家庭的客人。当他们在游客之中，即在“台上”；当在员工们之中，即在“台后”。在“台上”时，他们表现的不是他们本人，而是一具体角色。根据特定角色的要求，员工们要热情、真诚、礼貌、周到，处处为客人的欢乐着想。简而言之，员工们的主体角色定位是热情待客的家庭主人或主妇。

（三）经营理念之三：把握游客需求

为了准确把握游客需求，迪士尼致力研究“游客学”（guestology）。其目的是了解谁是游客，他们的起初需求是什么。在这一理念指导下，迪士尼站在游客的角度，审视自身每一项经营决策。在迪士尼公司的组织构架内，准确把握游客需求动态的工作，由公司内调查统计部、信访部、营销部、工程部、财务部和信息中心等部门，分工合作完成。调查统计部每年要开展200余项市场调查和咨询项目，把研究成果提供给财务部。财务部根据调查中发现的问题和可供选择的方案，找出结论性意见，以确定新的预算和投资。营销部重点研究游客们对未来娱乐项目的期望、游玩热点和兴趣转移。

信息中心存了大量关于游客需求和偏好的信息。具体有人口统计、当前市场策略评估、乐园引力分析、游客支付偏好、价格敏感分析和宏观经济走势等。其中，最重要的信息是游客离园时进行的“价格/价值”随机调查。正如华特迪士尼先生所强调的，游园时光绝不能虚度，游园必须物有所值。因为，游客只愿为高质量的服务而付钱。信访部每年要收到数以万计的游客来信。信访部的工作是尽快把有关信件送到责任人手中。此外，把游客意见每周汇总，及时报告管理上层，保证顾客投诉得到及时处理。

工程部的责任是设计和开发新的游玩项目，并确保园区的技术服务质量。例如，游客等待游乐节目的排队长度、设施质量状况、维修记录、设备使用率和新型娱乐项目的安装，其核心问题是游客的安全性和效率。

现场走访是了解游客需求最重要的工作。管理上层经常到各娱乐项目点上，直接同游客和员工交谈，以期获取第一手资料，体验游客的真实需求。同时，一旦发现系统运作有误，及时加以纠正。研究“游客学”的核心是保持和发挥迪士尼乐园的特色。作为迪士尼公司的董事长，埃尔斯先生时常念叨的话题是：“迪士尼的特色何在，如何创新和保持活力。”

把握游客需求动态的积极意义在于：一是及时掌握游客的满意度、价值评价要素和及时纠偏；二是支持迪士尼的创新发展。从这一点上说恰是游客的需求偏好的动态变化，促进了迪士尼数十年的创新发展。

（四）经营理念之四：提高员工素质

管理者应具备创新能力和高超的领导艺术。领导对未来发展应规划全新的蓝图，并以此激励员工。迪士尼的管理者努力使员工们懂得，这里所做的一切，都将成为世界娱乐业的主流和里程碑。迪士尼制定 5 ~ 10 年中长期的人力资源规划，并每年更新一次。在经营管理中，每年都拨出足够的经费预算，进行人员培训。

明确岗位职责。迪士尼乐园中的每一个工作岗位，都有详尽的书面职务说明。工作要求明白无误，细致具体，环环紧扣，有规可循。同时强调纪律、认真和努力工作。每隔一个周期，严格进行工作考评。统一服务处事原则。服务业成功的秘诀在于，每一个员工对待顾客的正确行为和处事。基于迪士尼“使游客欢乐”的经营理念，公司要求 32000 名员工，学会正确与游客沟通和处事。为此，公司提供统一服务处事原则，其要素构成和重要顺序依次为：安全（safety）、礼仪（courtesy）、表演（show）和效率（efficiency）。游客安全是第一位的。仅与安全相比，礼貌则处于次一等的地位。同样，公司以此服务处事原则，考察员工们的工作表现。

推进的企业文化建设。公司经常对员工开展传统教育和荣誉教育，告诫员工，迪士尼数十年辉煌的历程、商誉和形象，都具体体现在员工们每日对游客的服务之中。创誉难，守誉更难。员工们日常的服务工作，都将起到增强或削弱迪士尼商誉的作用。由游客评判服务质量优劣。迪士尼认为，服务质量应是可触摸、可感受和可体验的，并且游客掌握着服务质量优劣的最终评价权。公司指出，游客们根据事先的期望值和服务后的体验，加以比较评价，然后确定服务质量之优劣。因而，迪士尼教育员工，一线员工所提供的服务水平，必须努力超过游客的期望值，从而使迪士尼乐园真正成为创造奇迹和梦幻的乐园。

（五）经营理念之五：完善服务系统

必须完善整个服务体系。迪士尼乐园的服务支持系统，小至一部电话、一台电脑，大到电力系统、交通运输系统、园艺保养、中心售货商场、人力调配、技术维修系统等。这些部门的正常运行，均是迪士尼乐园高效运行的重要保障。

岗位交叉互补，管理者对园区的服务质量导向有重大影响。管理者勤奋、正直、积极推进工作，员工们自然争起效仿。在游园旺季，管理人员放下手中的书面文件，到餐饮部门、演出后台。游乐服务点等处，加班加点。这样，加强了一线岗位，保证了游客服务质量。与此同时，管理者也得到了一线员工一份新的友谊和尊重。

六、主题公园带来的IP产业衍生的商业机会

国际主题乐园的成功同时也带动了主题公园周边业态的全面成功，依托于主题公园方法论建设的主题小镇、餐厅、酒店等产品，一方面补充了主题公园的服务内容，另一方面也极大地提升了主题公园的盈利能力。基于其强大的游客吸引能力和与粉丝群体线下变现能力，同时借鉴主题公园开发方法论的各类IP衍生的商业机会也在国内迎来了新的发展高潮。

（一）主题小镇/主题公园：IP+小镇/乐园

华谊兄弟在全国多地布局了包括电影小镇、电影世界、电影城和文化城4种产品形态的多个项目。长沙、西昌、郑州等地项目正在建设中，华谊兄弟电影世界（苏州）也正式开工。

华强方特表示近年正在打造中国热门动画片《熊出没》的主题公园。奥飞娱乐已于去年年底在广州开设首家儿童室内乐园——奥飞欢乐世界，融合旗下喜羊羊与灰太狼、超级飞侠、贝肯熊以及萌鸡小队等热门IP，打造“亲子互动+IP场景体验+剧作演艺+主题餐饮+购物”的一站式乐园新体验。

（二）主题酒店：IP+酒店

红纺集团2018年和温德姆集团联手，在青岛推出“辛普森一家产品体验房”。推开房门，从主题颜色到壁纸，从家具到床上用品，可爱的卡通形象便映入眼帘。定制的其他周边产品，从台灯到睡袍，甚至一双小小的拖鞋也是消费者所喜爱的卡通形象。几乎房间的每一个角落都看得到IP形象的融入，内容丰富又个性鲜明。

2017年奥飞娱乐首次授权的主题酒店，如家&奥飞动漫主题酒店也在上海开业。酒店中开设超级飞侠主题楼层、巴啦啦小魔仙主题楼层、贝肯熊主题楼层，每个主题楼层和房间都用相关IP精心打造外，还有IP打造的公共区域，包括喜羊羊美羊羊动漫主题餐厅，以及超多动漫周边产品主题动漫展示区。其理念不仅仅在于住，更在于娱乐。

（三）主题餐厅：IP+餐厅

快餐品牌如肯德基、麦当劳一直以来都有涉及主题餐厅，肯德基在部分门店会随着当期热映电影或话题而改变门店主题，如肯德基年初与中国国家博物馆开起国宝主题餐厅，肯德基和麦当劳 IP 斗法，一个皮卡丘一个小妖王等。

IP+餐饮可以划分为以下几种类型。场景视觉营造：菜品造型，菜品造型上不仅融入 IP 形象，也可以通过增加故事性、角色联系，来体现菜品的主题。门店设计，在店面设计上突出 IP 属性。

独特体验设计：沉浸式情景，以情景设计增加参与感。玩食两不误，突出边吃边玩的互动体验，譬如乐高主题餐厅。角色扮演，通过角色扮演等方式将 IP 形象立体化等。

复合经营：IP 主题餐厅结合餐饮、娱乐、零售等的复合业态。不仅局限于餐饮，IP 周边产品同样创造价值。

（四）主题空间展览：IP+展览

2014 年，北京朝阳大悦城首推“100 哆啦 A 梦秘密道具博览”，将购物中心 IP 授权展推向了高潮，其创造的客流、销售业绩至今很难超越。展览带动朝阳大悦城平均客流提升 40%，周末提升 50%，销售业绩增长 2 倍，在行业也掀起了一股热潮。

从哆啦 A 梦秘密道具展到守望先锋嘉年华，从整容液到吾皇驾到，从“凯迪拉克不朽的梵高——感映艺术大展”到“LINE FRIENDS 丘可驾到全球巡展”，每个 IP 结合之处都给朝阳大悦城带来一阵浪潮。

参考文献

[1] Michael C. Mitchell. 主题公园的规划和主题化 [J]. 主题公园界，2017－09－18.

[2] 林焕杰. 中国主题公园与区域经济 [M]. 北京：经济科学出版社，2013.

[3] 殷航. 解构与重构：主题公园的文化迷失与数字传播 [J]. 江汉大学学报（社会科学版），2017 (2).

［4］叶澜．浅析国内主题公园中的中华文化表达［J］．园林与景观设计，2018.

［5］董观志．旅游主题公园管理原理与实务［M］．广州：广东旅游出版社，2000.

［6］吕勤智，冯阿巧，刘美星．主题公园景观设计中的文化表达研究［J］．哈尔滨工业大学学报（社会科学版），2009（6）.

［7］黎宏宝．我国旅游主题公园的发展与创新［J］．城市问题，2005（6）.

［8］安同良，王文翌，王磊．中国自主创新研究文献综述［J］．学海，2012（2）.

主题公园游客体验的作用及其对游客满意度的影响

埃迪·米尔曼（Ady Milman）*

一、引言

主题公园属于大众文化多维景观，提供一个集实物、图像和创意为一体的空间，包括真实的和虚构的（Browne and Browne，2000；King，2002）。这类当代娱乐型旅游景点尝试营造一个梦幻时空氛围，专注于某个占据主导地位的主题，尽可能增加一些子主题，拥有封闭的地理边界，并在大门处出售入场门票。主题反映在建筑、景观、服饰、游乐设施、表演、美食、促销以及其他游客体验方面。主题主要通过视觉和听觉方式，当然，也通过其他感官方式表达（Milman，2009）。这些文化叙事型标志性景观以故事、书籍、戏剧和电影作品为特色，游客往往可以沉浸其中（King，2002）。

过去几十年，全球主题公园产业取得了相当大的发展。2017 年，全球 25 个主题公园的入园率比上一年增加了 4.7%。主题公园各主要运营商总体增长达到 8.6%，其中主要得益于中国房地产行业的发展，在中国，入园率增长了近 20%。目前中国贡献了各主要运营商总入园率的 1/4 左右。目前主要运营商在全球吸引游客量接近 5 亿人次/年，这一数字比全球所有重大体育联赛的两倍还要多（Rubin，2018）。

从区域视角看，2017 年，亚洲地区入园率增长了 5.5%，主要原因是中国的

---

* 埃迪·米尔曼（Ady Milman），博士，中国主题公园研究院高级顾问，美国中佛罗里达大学（University of Central Florida，UCF）罗森酒店管理学院教授，博士研究生导师，兼任迪克波普大学高级旅游研究所总监。在罗森学院开发了主题公园与景点管理课程，该课程被认为是最优秀的教学与研究方案。该课程结合了迪士尼、环球影城、海洋世界、默林娱乐、贺森家庭娱乐等公司的案例。

上海迪士尼乐园首次全年运营。北美地区入园率增长较稳定，为 2.3%，该地区前 20 大主题公园接待游客量首次超过 1.5 亿人次。2017 年，位于奥兰多的大型主题公园占北美地区游客总量的 1/3，因为这个特大型旅游目的地在迪士尼乐园和环球公园均引入了新的景点。欧洲和中东地区主题公园也有所增长，前 20 大主题公园入园率增长了 3.4%（Rubin，2018）。

目前，知名主题公园品牌本身已经成为旅游目的地。例如，世界各地的迪士尼乐园每年吸引游客量超过 1.5 亿人次（Rubin，2018），进一步证实了，根据地理位置定义，迪士尼乐园已经成了知名的旅游目的地。像奥兰多或加州阿纳海姆这样的旅游目的地通过引入零售、餐饮和娱乐专区以及主题酒店，已经被主题公园的各大元素打上了烙印。此外，一方面主题公园人气持续上升，另一方面许多公园正面临着来自其他娱乐企业的竞争，因此它们将自己的体验产品嵌入免费休闲接待，以增加市场份额和产生辅助经济效益（Clavé，2007；Milman et al.，2012）。这种新的综合商业模式通过鼓励游客留在运营商的经营区域体验与主题公园品牌相关的其他游乐设施（Rubin，2016）。

随着全球主题公园产业业务量稳步增长，持续引进创新技术和保持国际化发展趋势，预计该产业将持续增长。预测还表明，持续增长将归因于城市人口增长、人均 GDP 增长、中产阶级人口增长以及国际旅游支出增长（Rubin，2016）。有学者提出，在 2017 ~2022 年的预测期内，该行业复合年增长率（CAGR）预计将超过 8%，从 2017 年的 531.2 亿美元增长到 2021 年的 727.8 亿美元。然而，市场仍面临着一些挑战，如汇率波动、法规变更、恐怖袭击威胁以及行业的季节性特征等（Technavio，2018）。

不断提高的消费者期望是主题公园产业的一大挑战。在体验经济（Pine and Gilmore，2011）中，消费产品的价值的测量标准不仅包括物质方面，也包括体验的情感因素，为了保持市场竞争力，了解主题公园非常有必要了解影响游客满意度和忠诚度的不同影响因素。

虽然最近有不少研究尝试分析和测量各种变量对游客满意度和重游意愿的影响（Jensen，2007；Ryan et al.，2010；Fotiadis，2016；Manthiou et al.，2016），很少有研究将游客体验建构作为一个整体与其他预测变量区分开来，并专门分析和测量游客体验对游客满意度和重游意愿或忠诚度的特定影响。因此，本文的目的是综述相关文献，确定以主题公园为背景的游客满意度体验式消费影响因素，并基于实证研究和主题公园运营方最佳实践提出一个理论模型，帮助理解游客主题公园游玩体验，并预测其满意度和忠实度以及重游意愿。

二、文献综述

（一）消费者体验的构成要素

要在激烈的市场竞争中获得成功，为游客提供满意的旅游体验至关重要。旅游体验这一概念早在几十年前就已经在研究文献中提出，主要是以真实性为背景（MacCannell，1976；Cohen，1979）。最近发表的文章讨论了影响旅游体验的不同特征和条件，如文化差异（Lee，2001；Bricker and Kerstetter，2006），动机、活动、兴趣和态度（Otto and Ritchie，1996；Volo，2009；Quan and Wang，2004；Uriely et al.，2005），体验的心理实质（Mannell and Iso - Ahola，1987）和体验环境（Binkhorst and Dekker，2009）。针对不同的消费群体提出了不同的体验类型，如到外地度假者（Wickens，2002），城市游客（Page，2002），美食游客（Quan and Wang，2004），运动游客（Bouchet et al.，2004），背包客（Uriely et al.，2002；Noy，2004），文化游客（Prentice，2001）和遗产地游客（Beeho and Prentice，1997）。

然而，旅游体验的构成要素直至近期发表的关于体验式消费的学术论文中才被详细罗列出来。为更好地理解消费者体验，有的学者提出了概念理论，并被广泛引用。他们认为经验是一种较为复杂的现象，应该通过整体分析从多个角度进行研究。他们建议将体验分类为一个网格，由消费者的专注和沉浸程度以及主动和被动参与程度组成。网格产生了四种类型的游客体验：娱乐、教育、审美和逃离现实（Pine and Gilmore，2011）。

施密特（1999，2003）提出，经验可以分为不同的类型，每种类型都有固有的结构和过程。管理者称这些体验类型为战略体验模块，包括感官、情感、思考、行动和关联。感官体验是通过视觉、听觉、触觉、味觉和嗅觉获得的。情感体验吸引游客的内心感受和情绪，在消费过程中产生影响。思考体验吸引寻求创造认知、解决问题体验的高智商人群，这类体验有利于发挥消费者的想象力。行动体验旨在影响肢体体验、生活方式和互动。关联体验包括感官、情感、思考和行动的各个方面，并且超越个人感受，融入与本人、自己的理想自我、其他人、机构或文化相关的体验。

这五大战略体验模块多次在不同背景的学术文献中被提及，并被用作预测态度、满意度、行为和购买意图的影响因素。例如，法拉沙德等（Frarshad et al.，2012）探讨了智能手机行业体验式营销和体验价值之间的关系；陶（Tao，2014）研究了新兵训练营对军事倾向的影响。在旅游接待行业，那笛瑞和谷内（Nadiri and Gunay，2013）调查了时尚咖啡店的顾客体验；格扎里等（Ghazali et al.，2015）详述了动物园的游客体验；宋等（Song et al.，2015）研究了2012年韩国世博会上五大战略体验模块、情绪和满意度之间的关系。

其他研究利用不同概念的研究方法测量旅游接待行业的消费者体验。金和金等（Kim，2010；Kim et al.，2012）用七个经验因素来测量难忘的旅游经历：快乐、意义、新奇、知识、参与、当地文化和新鲜感。在另一项研究中，金（2014）提出，难忘的旅游经历包括“当地文化、各种活动、酒店、基础设施、环境管理、可及性、服务质量、自然地理、地方依恋和地上建筑等”。

霍萨尼和吉尔伯特（Hosany and Gilbert，2010）分析了游客对欢乐度假目的地的情感体验，并确定了三大因素：乐趣、爱和积极的惊喜。李和史密斯（Lee and Smith，2015）开发了一个量表，用于测量游客参观历史遗址和博物馆的体验，包括五个维度：娱乐、文化认同、教育、关系发展和逃离现实。张和霍恩（Chang and Horng，2010）将体验质量定义为“游客对整个体验的情感判断”，由五个维度组成：周边环境、服务提供者、其他游客、游客陪伴和游客自身。

为了更深入地了解游客体验的情感因素，过去20年研究者又提出了喜悦和愤怒两大概念。为了支持这一观点，有学者指出，“关注游客喜悦和愤怒——比满意或不满意更强烈的情绪——可能会有利于更深刻理解游客情绪的发展变化及其对游客行为和忠诚度的影响”（Schneider and Bowen，1999）。尽管针对游客满意度及其与忠诚度和其他业务成果之间关系的大量研究受到质疑（Skogland and Siguaw，2004），游客愉悦这一概念开始出现并代替游客满意度。

虽然这些研究针对体验在旅游或酒店产品消费过程中的作用提供了有价值的见解，但其贡献主要集中于测量特定环境下的游客体验，其普适性可能值得怀疑。虽然所使用的模型和变量是有效的，但是这些量表不够全面，不足以全面测量消费者体验。

（二）游客满意度构成要素

游客满意度是一项重要的战略指标，决定了旅游目的地或景点能否成功。游客满意度是消费者对消费体验之前的期望和所接收产品或服务质量之间的差异的判断（Oliver，1999）。文献中已经详细记录了满意度对创造期望消费者产出的重要性，并且消费者满意度与消费者回购意愿和忠诚度相关（Zboja et al.，2016）。许多关于旅行和旅游的研究也表明，满意度会影响游客再游目的地或景点的可能性（Jensen，2007；Fotiadis，2016；Jarvis and Liu，2016）。

关于游客满意度的评估或预测研究是在不同的环境和场景下进行的，比如养生旅游（Lim et al.，2016）、自然旅游或自然景点（Moore et al.，2015；Jarvis et al.，2016；Pietilä and Fagerholm，2016）或节事活动（Oszdemr and Ostman，2009；Lee and Kyle，2014；Hall et al.，2016）。其他研究涉及博物馆、植物园和动物园（Budruk et al.，2002；Jensen，2007；Nowacki，2009）、文化遗产景点（Jusoh et al.，2015）或特定旅游目的地（Albayrak and Caber，2013）的游客满意度。

一些研究者提出了游客满意度预测理论框架。他们认为，满意度是一个过程，涉及多个干预变量，例如吸引动机、感知质量、现场体验和感知价值（Navrátil and Navrátilová，2012）。然而，满意度并不总是"服务提供商努力的适当指示剂，因为它受到许多独立因子的影响"（Nowacki，2009），例如天气、游客情绪或游客群体的性情特征。

（三）主题公园背景下游客满意度的体验影响因素

游览主题公园被视为一种新兴的享乐主义体验式消费活动或世俗朝圣活动（Crompton and Van Doren，1976；Knox and Hannam，2014）。尽管如此，一些学者认为，个人选择娱乐的动机不仅包括寻求快乐或享乐等驱动因素，也受"寻求真理"如生活的目的和人类的意义等的驱动（Oliver and Raney，2011）。

一些学者和从业人员认为主题公园游客对于优质产品、优质服务的体验要求越来越高，表明他们的体验式消费在关键方面正在持续改进，如排队等候、游乐、娱乐、餐饮服务和商品销售，这些对于创造价值和提高"叫好率"来说至关重要（Hunter，2004）。随着游客的要求越来越高，戴伊等（Dey et al.，2017）认为"今天的游客期望得到惊喜，需要更强烈的刺激才会感到'目瞪口呆'"。因此，以完美质量和贵族式客户服务为中心的客户愉悦感价值观可以提高游客满意度和忠诚度。考虑到主题公园体验具有享乐主义特征，部分研究在主题公园的背景下探讨了消费者愉悦感这一概念（Ma et al.，2013，2017）。这些研究引入了一个模型用于测试愉悦感的行为基础，并使用认知评估理论（CAT）来测试愉悦感的起因和后果。

一些研究明确将游客体验概念用于预测主题公园的游客满意度。派恩和吉尔莫（Pine and Gilmore，2011）或施密特（Schmitt，1999，2003）的体验经济理论在预测主题公园游客满意度时被广泛引用，但没有全面阐述他们所提出的模型。例如，曼希欧等（Manthiou et al.，2016）认识到体验在消费者头脑中产生长期记忆方面的作用。他们的研究证实了体验的整体概念是“游客满意度和回忆的主要预测因素，这就产生了忠诚度”。体验质量对游客总体满意度和行为意向的贡献也得到了其他学者的认可（例如 Kao et al.，2008；Jin et al.，2015）。

其他研究并没有将体验这一概念作为一个整体，而认为主题公园和旅游景区的满意度和忠诚度的影响因素包括有形或无形变量或两者兼有。有形变量包括提供服务的构成要素，例如自然环境、停车、刺激游乐设施、休息区、清洁程度，以及与工作人员和其他访客的人际互动（Johns and Gyimó，2002）。有的研究表明，影响主题公园游客满意度的最重要因素包括员工对公园的了解、过山车的安全性、公园的安全性和门票价格（Milman et al.，2012）。有研究者提出了一个结构模型用于测量马来西亚主题公园游客满意度。他们指出“自然环境与工作人员的互动以及与游客的互动对游客的愉悦感和满意度有显著影响”（Ali et al.，2016）。

吉塞勒和洛克斯（Geissler and Rucks，2011）得出结论：游客评价主题公园主要依据他们的总体体验和价值、乐园的食物质量和多样性，以及公园的清洁程度和氛围。调查发现，受访者对门票价格价值、愉悦感和游客期望的感知是乐园门票价格总体满意度的主要影响因素。斯程等（Scheng et al.，2016）认为娱乐体验、乐园服务、乐园环境、引导信息或娱乐消费是游客满意度的关键影响因素。

有些学者建议，在研究主题公园游客满意度时，主要旅游动机重要程度的评估以及满足这些动机的程度至关重要。他们研究了台湾主题公园，共纳入了六大维度以测量游客满意度，包括“乐园的氛围、刺激游乐设施的存在、拥挤程度、休息场所以及合理的门票价格”。其他满意度影响因素包括重复入园的次数和“游客准备向朋友、家人和其他人推荐主题公园的意愿”（Ryan et al.，2010）。

主题公园运营商经常面临乐园过度拥挤的难题。这对于运营商来说也是好事，因为意味着收入增加，但由于游客长时间排队，这也是一项挑战。布得拉克等（Budruk et al.，2002）的研究得出结论：对拥挤和游客密度的感知、预期拥挤和游客密度程度、对拥挤和游客密度的偏好、实际游客密度以及游客之前在景区的经历等可能会影响游客的满意度。实证研究表明，在选择某个特定的主题公园时，拥挤程度不是最重要的变量。网上评论似乎是最有影响的因素，紧随其后的是门票价格、主题公园的类型、与接待设施的距离以及对儿童的吸引力（Pan et al.，2018）。

另有研究者也提出了可用于预测游客对主题公园满意度的各种无形体验式消费变量。例如，弗提阿迪斯（Fotiadis，2016）指出，通过测量游客在公园游玩每一项活动上所花费的时间得到的参与强度效益指标对游客满意度和重游意向具有显著影响。刑等（Hsing et al.，2014）发现主题公园的服务质量，包括有形资产、可靠性、回应能力、安全性和替代体验对游客满意度有显著影响。靳等（Jin et al.，2015）发现游客的满意度源自积极的体验质量和感知价值以及公园形象。他们介绍了“对自己决定来主题公园游玩满意”和“我选择玩……项目是明智的”等维度，并发现游客满意度对行为意向来说是一个强有力的决定因素。

有学者发现四大体验特征和体验满意度呈正相关，而体验满意度又与体验忠诚度呈正相关。体验特征包括：一是沉浸或“消费者参与消费过程，导致他们忘记时间，只重视消费过程而非消费结果”；二是惊喜或“消费者在使用产品或服务时感受到的新鲜感、特色或独特性”；三是参与或“消费者和产品或服务之间的互动”；四是乐趣或“消费者从主题公园中获得的快乐和愉悦感”（Kao et al.，2008）。比恩等（Bigne et al.，2005）论证了主题公园游客的快乐和兴奋情绪是如何影响游客满意度和行为意图的。

另有研究表明主题公园满意度与有形变量和无形变量均相关。主题公园游客的总体满意度基于“激励因素”，如娱乐、教育活动、社交或更外围的“卫生”因素，如停车、吃饭和洗手间。他得出结论认为，负面的“卫生因素”体验会影响游客对体验的感知质量，从而对游客的满意度产生负面影响（Jensen，2007）。

非常有趣的是，人口社会学变量对主题公园游客满意度水平的影响并不一致（Ryan et al.，2010；Geissler and Rucks，2011；Milman et al.，2012；Jin et al.，2015；Milman and Tasci，2017），也有一些例外情况，例如，思宾克斯等（Spinks et al.，2005）提出游客对景点的满意度可能会因人口统计学特征如游客的出身、性别和年龄而有所不同。人们可能会认为家里有小孩子肯定会产生影响，但事实证明并非如此。

虽然对主题公园背景下“满意度”的测量方法各不相同，但有些研究者使用一个单一的尺度来测量满意度，例如“这次参观（主题公园）的收获值得你们所花的费用吗？你满意吗？”（Geissler and Rucks，2011）。其他研究者使用多种尺度来测量满意度。例如，阿里等（Ali et al.，2016）使用了韦斯特布如克和欧利弗（Westbrook and Oliver，1991）之前提出的四个项目，包括“对自己决定来主题公园游玩满意，选择这个主题公园是一个明智的选择，来主题公园游玩是一件正确的事情，并且感觉主题公园的游玩体验是愉悦的”。

对文献的综述可以得出一些结论。

（1）关于体验式消费的研究，特别是与施密特（1999，2003）提出的战略体验模块相关的研究，使用了“体验”一词，但没有对其做出操作性定义。例如，曼希欧等（2016）测量了四个体验维度（感官、情感、行为和智力），每个维度有三个陈述，但没有明确提出这些陈述。其他研究者在研究工具中采用了可能被认为模糊或不明确的陈述，其有效性或许存疑（Jusoh，2015；程等，2016）。

（2）所使用的方法多样，包括各种理论框架，如重要性—绩效分析（Milman et al.，2012；Cheng et al.，2016）、体验质量（Jin et al.，2015）、推与拉（Ryan et al.，2010），或行为养成过程中的认知—情感风格（Bigné et al.，2005）。除了曼希欧等（2016）提到施密特（1999，2003）的理论以外，文献没有更深入地研究战略体验模块作为主题公园游客满意度或忠诚度影响因素所产生的影响。

（3）一些研究者收集特定主题公园的相关数据（Kao et al.，2008；Ryan et al.，2010；Fotiadis，2016），而还有研究者强调具体的地理位置，但没有提供主题公园的名称（Bigné et al.，2005；Geisler et al.，2011）。

（4）主题公园游客满意度影响因素可以归纳为五个主要预测集群因子：与主题公园产品及其品牌相关的有形变量、与游客情感因素相关的无形变量、构成游客体验一部分的人员如同伴、其他游客和员工。很多研究表明，物有所值和安全保障是满意度重要影响因素，尽管它们可以被解释为有形和无形变量。社会人口和游客行为特征虽然未被一致证明是满意度强大的影响因素，但如上述讨论的一样，被确定属于一个集群因子。表1列出了这五个集群因子。

米尔曼和塔西（Milman and Tasci，2017）最近对美国主题公园顾客进行了一项研究，证实了其中一些集群因子。研究结果表明，物有所值对游客主题公园满意度的影响最大，其次是施密特（2003）提出的“战略体验模块”情感和在亮点公园过夜旅行。更具体地说，如果游客在主题公园过夜，期望从他们最喜欢的主题公园中获得情感刺激并认为自己的旅行有很大价值，这些游客可能比其他游客获得更高的满意度。

表1　关于主题公园游客满意度的游客体验影响因素——示例来自实证研究

构成要素	示例	作者
有形变量	自然环境	琼斯和吉莫西（Johns and GyimÓthy，2002）；阿里等（Ali et al.，2016）；陈等（Cheng et al.，2016）
	停车	琼斯和吉莫西（Johns and GyimÓthy，2002）；杰森（Jensen，2007）
	休息区	琼斯和吉莫西（Johns and GyimÓthy，2002）；瑞恩等（Ryan et al.，2010）
	惊险游乐设施	琼斯和吉莫西（Johns and GyimÓthy，2002）；瑞恩等（Ryan et al.，2010）
	清洁度	琼斯和吉莫西（Johns and GyimÓthy，2002）；吉塞勒和洛克斯（Geissler and Rucks，2011）；杰森（Jensen，2007）
	食品质量	吉塞勒和洛克斯（Geissler and Rucks，2011）；凯欧等（Kao et al.，2008）；杰森（Jensen，2007）
	多样性	吉塞勒和洛克斯（Geissler and Rucks，2011）
	园区服务	陈等（Cheng et al.，2016）
	引导信息	陈等（Cheng et al.，2016）
	拥挤感知和体验	瑞恩等（Ryan et al.，2010）；布德鲁克等（Budruk et al.，2002）
无形变量	氛围	吉塞勒和洛克斯（Geissler and Rucks，2011）；瑞恩等（Ryan et al.，2010）；琼斯和吉莫西（Johns and GyimÓthy，2002）
	娱乐体验	陈等（Cheng et al.，2016）
	娱乐消费	陈等（Cheng et al.，2016）
	全身愉悦	吉塞勒和洛克斯（Geissler and Rucks，2011）；琼斯和吉莫西（Johns and GyimÓthy，2002）；凯欧等（Kao et al.，2008）
	沉浸、参与强度	琼斯和吉莫西（Johns and GyimÓthy，2002）；福蒂亚迪斯（Fotiadis，2016）；金等（Jin et al.，2015）；凯欧等（Kao et al.，2008）
	感知惊喜	琼斯和吉莫西（Johns and GyimÓthy，2002）；凯欧等（Kao et al.，2008）
	产生长期记忆	曼蒂乌等（Manthiou et al.，2016）
	游客对整体体验的期望	吉塞勒和洛克斯（Geissler and Rucks，2011）；
	感知质量	金等（Jin et al.，2015）
	对过山车的感知安全性	米尔曼等（Milman et al.，2012）
	感知安全性和可靠性	米尔曼等（Milman et al.，2012）；辛等（Hsing et al.，2014）

续表

构成要素	示例	作者
人	工作人员对园区的了解	米尔曼等（Milman et al.，2012）
	与工作人员之间的互动	琼斯和吉莫西（Johns and GyimÓthy，2002）；阿里等（Ali et al.，2016）
	与其他游客之间的互动	琼斯和吉莫西（Johns and GyimÓthy，2002）；阿里等（Ali et al.，2016）
	向其他人推荐的意愿	瑞恩等（Ryan et al.，2010）
感知物有所值	对入园门票价格和其他支出感知物有所值	吉塞勒和洛克斯（Geissler and Rucks，2011）；瑞恩等（Ryan et al.，2010）；金等（Jin et al.，2015）；米尔曼等（Milman et al.，2012）
人口学统计特征	游客的出身、性别和年龄	斯宾克斯等（Spinks et al.，2005）

资料来源：笔者绘制。

三、体验作为主题公园游客满意度预测变量的整体作用

考虑主题公园游客体验的核心体验包括惊险、兴奋和愉悦（Bigné et al.，2005；Ryan et al.，2010；Milman et al.，2012；Jin et al.，2015），很明显，主题公园激发了这些影响消费者满意度的情感、情绪和心情。兴奋刺激不仅需要像摩天轮、表演秀、美食和商品这样的实物产品，还对工作人员情绪和总体服务气氛提出要求（Kao et al.，2008；Ali et al.，2016）。另外，对于某些主题公园来说，满足感的影响因素似乎具有独特性。例如，以迪士尼魔法王国为例，包括金钱和情感在内，施密特（2013）提出的体验消费维度关联和行动也影响着受访者的满意度（Milman and Tasci，2017）。

基于现有文献，结合最新的测量主题公园游客体验的整体方法，建议采用以下模型，以更好地理解主题公园游客体验及其对游客满意度的影响。这四个构建成分不是相互独立的，而是相互作用的。例如，像表演秀这样的有形变量可能会产生与情感和情绪相关的无形变量。这些有形和无形的参观因素受表演者和陪同游客等人的影响。

应该谨慎地审查所提出的模型，因为该模型所基于的研究是在不同地理位置

开展的，其参观模式、文化或经济结构等干预变量可能会影响在其他地理环境中所产生的结果。具有不同特征、个性和文化的游客可能对体验式消费因素的重视程度也有所不同，因此，这四个构建成分对主题公园游客总体满意度的影响可能因公园及其地理和文化环境而异，如图 1 所示。此外，根据主题公园所处的社会、经济和政治环境，还可以增加其他重要的构建成分。

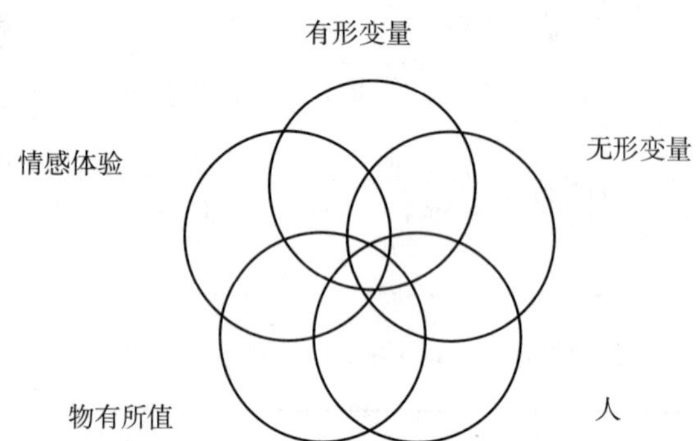

图 1　体验式消费结构模型作为主题公园游客满意度预测因子

资料来源：施密特．游客体验管理：一种与客户链接的革命性路径［M］．纽约：翰威立出版社，2003.

四、设计主题公园游客体验：迪士尼快速通行系统 + 示例

客户体验管理（CEM）是指客户对产品、公司或组织全方位体验的战略性管理过程（Schmitt，1999，2003）。

这一过程涉及各种有形和无形的元素，不同的游客对其可能会产生不同的感知，而且这些元素可能也会因游客而异。综合管理方法假设客户将体验视为一个统一的整体，而不是随机印象的点对点传递。施密特（2003）提出客户体验五步管理框架，该框架侧重于客户需求的多样性，开发了客户联系流程，并在智力和情感上吸引他们。

在北美 20 大主题公园中，6 个迪士尼乐园占了 2017 年总入园率的 55%（Rubin，2018）。多年来迪士尼乐园展示了一个典型的客户体验战略设计和实施过程。例如，沃尔特·迪士尼公司已经将拥挤控制技巧变成了一门科学，迪士尼运营指挥中心的技术人员很清楚过度拥挤、排队时间长以及游客有多恼火。他们的任务是转移人群，让他们更快速地到达娱乐区，这样做能让游客更开心，这样，他们就会经常重游（Barnes，2010）。

主题公园过度拥挤表现在乐园空间区域的拥挤和狭窄，以及需要排长队进入景点、娱乐区和其他服务区如食品和商品销售点。等待队伍是一个由三大因素组成的函数：乐园内游客的数量、游客对某一特定景点或体验的兴趣，以及乐园有效地让游客通过等待队伍的能力。实证研究得出结论：虚拟排队或预订是缓解主题乐园拥挤状况最成功、最广泛采用的策略（Frolkin et al.，2004；洛夫乔伊等，2004）。其他研究得出结论：控制顾客的参观顺序，尤其是当他们的行程较灵活的时候，可能是一个较为有效的拥挤控制策略（袁和郑，2018）。

近年来，科技提升了主题公园的体验，虚拟排队已经成为主题公园在缩短游乐设施和景点游客等待时间或实现零等待方面取得的最新进展。虚拟排队使游客不需要在景点附近排队，游客可以利用等待时间获得其他的体验。几年前，迪士尼投入使用了快速通行+（FP+）系统，可提前预订精选热门主题公园景点的参观时间。进行快速通行预订的游客会被引导到一条等待时间更短的专线（快速通道+入口），而不需要正常排队等待乘车（备用入口）。新的快速通行+系统重新安排和重新分配乐园内的交通流量（Rowan－Kelleher，2016）。将以迪士尼快速通行+体验设计为例来说明施密特（2003）的客户体验五步管理框架，具体如下：

（1）分析游客的体验世界。专家估计奥兰多四个迪士尼主题乐园的日总容量为330000名游客。每个乐园都有特定的最大容量，并设有关闭激活系统。魔法王国估计容量为100000名游客，紧随其后的是未来世界（95000名游客）、好莱坞影城（75000名游客）和动物王国（60000名游客）（Baker，2016）。

客户体验五步管理框架第一步通过分析游客的社会文化背景包括他们的体验需求以及生活方式来了解客户的体验世界。迪士尼管理层意识到游客对排队时长非常敏感。可通过分析游客的酒店预订情况、航班预订情况、历史入园数据、当前天气分析等确定迪士尼主题乐园的接待能力。指挥中心还使用摄像机、计算机程序、数字乐园地图和其他工具提前预测拥堵，并实时采取应对措施（Barnes，2010）。

由视频游戏和智能手机引发的文化转变导致人们越来越不耐烦，人们越来越需要快速获得体验，并且主题公园管理人员也意识到了对即时享受越来越强烈的需求（Barnes，2010；Ryan，2011）。通过引入快速通行+作为缓解排队等候时间过长这一问题的创新手段，迪士尼管理人员将游客的生活方式、兴趣和需求与他们的消费状况联系起来，并最终与他们的品牌联系起来（Schmitt，2003）。

（2）构建体验平台。体验平台是战略与战略实施之间的关键连接点。其是对期望体验的动态、多感官、多维度诠释。快速通行+系统是免费的，持有乐园门票的游客均可以使用。可以通过沃尔特迪士尼世界官方网站或“我的迪士尼体验”移动应用程序在电脑、智能手机或平板电脑终端提前进行体验选择。如果游客已经进入乐园，他们也可以在遍布主题公园的电脑亭进行预订。

快速通行+系统旨在鼓励游客入住迪士尼度假区，提前预订行程，并告知迪士尼他们的个人偏好。住在迪士尼度假酒店的游客在整个游玩期间每天可以进行三次快速通行+预订，可提前60日进行预订。持有乐园门票的其他游客可以提前30日进行快速通行+预订，一天一次。如果客人使用完成了这三次预订，在主题公园游玩期间，还可以额外进行一次快速通行+预订。

大多数快速通行+预订都规定了一小时的窗口时间，在此期间，游客可以进入景点。排队之前，游客必须将魔力手环或射频识别（RFID）票触碰位于快速通行+入口处的读卡器，以验证您是否预订。除了行程预定，客人还可以预订角色问候和表演秀。快速通行+体验平台详细说明了客户可以从产品中获得的价值，并向客户清楚地展示了整体实现主题。体验平台关系着随后的营销和沟通手段以及未来的创新。

（3）设计品牌体验。施密特（2003）认为体验特征和产品美学可以作为游客品牌体验的起点。标牌、徽标、包装或零售空间是重要的体验信息，并且在广告、宣传资料和网络上是虚构的。魔力手环是橡皮圈，内含嵌入式RFID芯片，功能类似于常规RFID乐园门票。魔力手环更实用，因为游客可避免每次进入乐园或使用快速通行+时到处翻找门票（Leap，2018）。

然而，除了具有技术特性，魔力手环还被定位为一种品牌体验。目前，共有八种颜色的魔力手环——粉色、绿色、红色、橙色、黄色、蓝色、灰色和紫色。迪士尼酒店游客和季票持有者在抵达沃尔特·迪士尼世界度假区前也可以订购他们的个性化魔力手环（华特·迪士尼世界，2018a）。魔力手环的体验信息和图像在以品牌体验为特色的迪士尼网站、博客和各种社交媒体渠道都可以查看。

（4）构建游客界面。虽然品牌体验大体上是静态的，但游客界面是动态的、互动的，可能包括与主题乐园员工、自动售货亭、网站或电话应用程序面对面进行交易。所有在乐园佩戴魔力手环的游客均可以进行动态交流，实现动态功能。除了出行和娱乐之外，他们还拥有额外的功能，例如观看自动链接到他们的“我的迪士尼体验”账户的照片和视频，或者在排队和游玩时游客可以看到自己的名字很个性地公布出来。

魔力手环还可以用做度假游客的房间钥匙，甚至可以链接到信用卡，这样游客输入密码后在度假酒店购物可实现一触式付款。

主题乐园体验变得更加身临其境、更加个性化和更具有互动性。界面设计必须同时考虑游客和员工的声音、态度和行为风格等无形元素，并实现长时间的体验一致性，在各接触点之间达到和谐（Schmitt，2003）。该系统增加了迪士尼的营业额，并通过鼓励游客在主题乐园度过更长的时间，削弱他们到其他竞争主题乐园游玩的意愿，有利于更好地配置资源。

（5）通过创新增强游客体验。公司通过创新向游客展示自己是一家充满活力的企业，可持续创造相关的新体验。创新包括可改善游客体验或生活方式的任何因素。快速公司公布 2014 年度十大最佳设计时，迪士尼的魔术 + 体验荣获该年度“体验设计”类第一名（Smith，2014）。

迪士尼继续用产品设计创造独特的创新体验。例如，2018 年，迪士尼的游客有机会定制他们的魔术手环，可以替换中央图标并将其放入不同颜色的魔术手环或者甚至放入一款流行装饰中。该公司还推出了一种新的纯色流行色调，一种新的千年粉色和一种棕色，以《白雪公主和七个小矮人》中的七个小矮人为特色（Jarvis，2017）。创新可以吸引新游客，也可以帮助公司向现有游客销售更多产品从而创造游客资产。在主题乐园景点以及各种在线销售途径出售各种各样的魔术手环设计及其装饰件（沃尔特·迪斯尼世界，2018）。客户体验五步管理框架如图 2 所示。

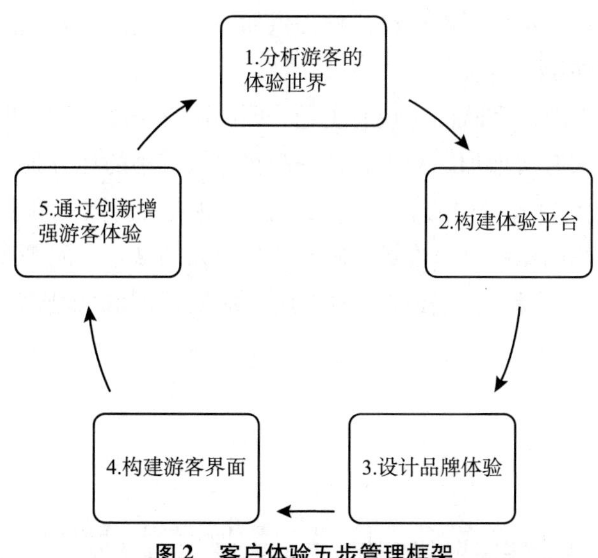

图 2　客户体验五步管理框架

资料来源：施密特．游客体验管理：一种与客户链接的革命性路径［M］．纽约：翰威立出版社，2003.

五、结论和启示

主题公园已经发展成为休闲娱乐场所，吸引了不同类型的游客。每年发布的现有行业数据不能解释行业持续增长中实际体验的驱动因素。

文献表明，并非所有类型的体验都对主题公园顾客满意度产生重要贡献。行业决策者应继续关注游客体验创新，但应仔细考虑将其营销和运营预算的导向。

许多主题公园忽视了安全和稳定感知的重要作用，以及游客体验的无形因素，这些因素可能会产生更强的关联性或环境关系，从而将游客与活动或表演结合起来（Pine and Gilmore，2011）。过去十年，部分研究证实，无形体验对游客满意度的影响最大，因此，主题公园体验设计师应该开发出能够激发情感的体验。

提供过夜住宿的亮点主题乐园日益增多这一全球现象将会被深入研究。米尔曼和塔西（Milman and Tasci，2017）的研究发现，吸引主题公园游客过夜可以提高他们的满意度；然而，这种消费行为可能只适用于那些愿意投入时间和金钱去这些亮点乐园旅游的旅行者。值得一提的是，并非所有的主题乐园都会像佛罗里达的沃尔特·迪士尼世界度假村一样提供如酒店、餐厅等相应的设施和其他旅游和招待服务以便游客过夜。

然而，最近在亚洲和欧洲，现有主题公园的配套设施得到了明显的改善，过夜住宿和营业收入有所增加。最近，这一趋势也被较小的地方公园所采纳，这些乐园通常靠近较大的人口中心，一天之内就可以完成游玩。佛罗里达的乐高乐园、加利福尼亚州的诺特贝里农场和宾夕法尼亚州的赫希乐园等正在采取与亮点乐园相同的策略，并新增了餐厅、零售店、水上乐园和酒店等设施（Negroni，2018）。

参考文献

[1] Ali，F.，Kim，W. G.，Li，J.，& Jeon，H.. Research paper：Make it delightful：Customers' experience，satisfaction，and loyalty in Malaysian theme parks [J]. Journal of Destination Marketing & Management. Available online 6/23/2016.

[2] Barnes，B.. Disney Tackles Major Theme Park Problem：Lines，New York Times，published Dec. 27，2010. Retrieved on 8/24/2018 from https：//www. nytimes.

com/2010/12/28/business/media/28disney. html.

[3] Baker, K.. What is Walt Disney World's theme park capacity? Quora. com. Published 1/4/2016. Retrieved on 8/24/2018 from https: //www. quora. com/What – is – Walt – Disney – Worlds – themepark – capacity.

[4] Beeho, A. J. & Prentice, R. C. Conceptualizing the experiences of heritage tourists: A case study of New Lanark World Heritage Village. Tourism Management, 1997, 18 (2).

[5] Bigné J., Andreu L., Gnoth J. The theme park experience: An analysis of pleasure, arousal, and satisfaction. Tourism Management, 2005, 26.

[6] Binkhorst, E. & Dekker, D. T. Agenda for co-creation tourism experience research. Journal of Hospitality Marketing & Management, 2009, 18 (2–3).

[7] Bouchet, P., Lebrun, A. -M. & Auvergne, S. Sport tourism consumer experiences: A comprehensive model. Journal of Sport Tourism, 2004, 9 (2).

[8] Bricker, K. S. & Kerstetter, D. Saravanua ni naua: Exploring sense of place in the rural highlands of Fiji. In Jennings G R and Nickerson N (eds) Quality tourism experiences. Burlington, MA: Elsevier, 2006.

[9] Browne, R. B. & Browne, P., (eds.). Guide to United States Popular Culture. Bowling Green, OH: Popular Press, 2000.

[10] Budruk, M., Schneider, I. E., Andreck, K. L., & Virden, R. J. Crowding and Satisfaction among Visitors to A Built Desert Attraction. Journal of Park & Recreation Administration, 2002, 20 (3).

[11] Chang, T. Y. & Horng, S. C. Conceptualizing and measuring experience customer's perspective. Service Industries Journal, 2010, 30 (14).

[12] Clavé, S. A. The global theme park industry. Cambridge, MA, CABI, 2007.

[13] Cohen, E. A phenomenology of tourist experiences. Sociology, 1979, 13.

[14] Crompton, J. L., & Van Doren, C. Amusement parks, theme parks, and municipal leisure services: Contrasts in adaption to cultural change. Journal of Physical Education and Recreation, 1976, 47 (8).

[15] Dey, S., Ghosh, S., Datta, B., & Barai, P. A study on the antecedents and consequences of customer delight. Total Quality Management & Business Excellence, 2017, 28 (1–2).

[16] Farshad, M., Kwek Choon, L., & Amir, N. Exploring the Relationship

between Experiential Marketing and Experiential Value in the Smartphone Industry. International Business Research, 2012, 5 (11).

[17] Fotiadis, A. K. Modifying and applying time and cost blocks: The case of EDa theme park, Kaohsiung, Taiwan. Tourism Management, 2016, 5.

[18] Frolkin, A. V., Van der Wyck, F. W., & Burgess, S. Theme – Park Queueing Systems. UMAP Journal, 2004, 25 (3).

[19] Geissler, G. L., & Rucks, C. T. The overall theme park experience: A visitor satisfaction tracking study. Journal of Vacation Marketing, 2011, 17 (2).

[20] Hosany, S., & Gilbert, D. Measuring tourists' emotional experiences toward hedonic holiday destinations. Journal of Travel Research, 2010, 49 (4).

[21] Hunter, P. "Commodity, firmness and delight", Locum Destination Review, 2004, No. 15.

[22] Jarvis, D., Stoeckl, N., & Liu, H. The impact of economic, social and environmental factors on trip satisfaction and the likelihood of visitors returning. Tourism Management, 2016, 52.

[23] Jarvis, E. First Look: New MagicBand 2 Colors Introduced at Walt Disney World Resort. Disney Parks Blog. Posted on December 18, 2017. https://disneyparks.disney.go.com/blog/2017/12/first – look – new – magicband – 2 – colorsintroduced – at – walt – disney – world – resort/.

[24] Jensen, Jan Møller. An empirical investigation of the relationships between hygiene factors, motivators, satisfaction, and response among visitors to zoos and aquaria. Tourism Review International, 2007, 11 (3).

[25] Jin, N., Lee, S., & Lee, H. The Effect of Experience Quality on Perceived Value, Satisfaction, Image and Behavioral Intention of Water Park Patrons: New versus Repeat Visitors. International Journal of Tourism Research, 2015, 17 (1).

[26] Johns, N., and Gyimóthy, S. "Mythologies of a theme park: An icon of modern family life", Journal of Vacation Marketing, 2002, Vol. 8, No. 4.

[27] Jusoh, J., Abd Hamid, & Najib, N. The Expectation and Satisfaction of the First Time and Return Tourists toward the Heritage Attractions in Melaka. Pertanika Journal of Social Sciences & Humanities, 2015, 23 (1).

[28] Kao, Y., Huang, L., & Wu, C. Effects of Theatrical Elements on Experiential Quality and Loyalty Intentions for Theme Parks. Asia Pacific Journal of Tourism Research, 2008, 13 (2).

[29] Kim, J. The antecedents of memorable tourism experiences: The development of a scale to measure the destination attributes associated with memorable experiences. Tourism Management, 2014, 44.

[30] Kim, J., Ritchie, J., & McCormick, B. Development of a Scale to Measure Memorable Tourism Experiences. Journal of Travel Research, 2012, 51 (1).

[31] Kim, J. Development of a Scale to Measure Memorable Tourism Experiences. European Journal of Tourism Research, 2010, 3 (2).

[32] King, M. J. The Theme Park: Aspects of Experience in a Four – Dimensional Landscape. Material Culture, 2002, 34 (2).

[33] Knox, D., and Hannam, K. "The secular pilgrim: Are we flogging a dead metaphor?", Tourism Recreation Research, 2014, Vol. 39, No. 2.

[34] Leap. Disney FastPass + Frequently Asked Questions. Posted on September 30, 2018. Retrieved on 11/9/2018 from https://www.undercovertourist.com/blog/fastpass – plus – mymagic/.

[35] Lee, H. M., & Smith, S. L. A Visitor Experience Scale: Historic Sites and Museums. Journal of China Tourism Research, 2015, 11 (3).

[36] Lee, Y. S. Tourist gaze: Universal concept? Tourism, Culture, and Communication, 2001, 3 (2).

[37] Lovejoy, T. C., Aravkin, A. Y., & Schneider – Mizell, C. Kalman Queue: An Adaptive Approach to Virtual Queueing. UMAP Journal, 2004, 25 (3).

[38] Ma, J., Gao, J., Scott, N., and Ding, P. "Customer delight from theme park experiences: The antecedents of delight based on cognitive appraisal theory", Annals of Tourism Research, 2013, Vol. 42.

[39] Ma, J., Scott, N., Gao, J., and Ding, P. "Delighted or satisfied? Positive emotional responses derived from theme park experiences", Journal of Travel & Tourism Marketing, 2017, Vol. 34, No. 1.

[40] MacCannell, D. The tourist: A new theory of the leisure class. Schocken Books, New York, 1976.

[41] Manthiou, A., Kang, J., Chiang, L., & Tang, L. Investigating the Effects of Memorable Experiences: An Extended Model of Script Theory. Journal of Travel & Tourism Marketing, 2016, 33 (3).

[42] Milman, A. & Tasci, A. Exploring the Experiential and Sociodemographic Drivers of Satisfaction and Loyalty in the Theme Park Context. Journal of Destination

Marketing & Management. Published online 9/13/2017. https: //doi. org/10. 1016/j. jdmm. 2017. 06. 005.

[43] Milman A., Li X., Wang Y., Yu Q. Examining the guest experience in themed amusement parks: Preliminary evidence from China. Journal of Vacation Marketing, 2012, 18 (4).

[44] Nadiri, H., & Gunay, G. N. An empirical study to diagnose the outcomes of customers' experiences in trendy coffee shops. Journal of Business Economics & Management, 2013, 14 (1).

[45] Navrátil, J., Pícha, K., & Navrátilová, J. Satisfaction with visit to tourism attractions. Tourism, 2012, 60 (4).

[46] Negroni C. From Day Trips to Sleepovers: How Regional Theme Parks Are Evolving. New York Times. Published Nov. 6, 2018. Retrieved on 11/6/2018 from https: //www. nytimes. com/2018/11/06/business/regional - theme - parks - growth. html.

[47] Nowacki, M. M. Quality of visitor attractions, satisfaction, benefits and behavioural intentions of visitors: verification of a model. International Journal of Tourism Research, 2009, 11 (3).

[48] Noy, C. This trip really changed me: Backpackers' narratives of self-change. Annals of Tourism Research, 2004, 31 (1).

[49] Oliver, M. B., and Raney, A. A. "Entertainment as pleasurable and meaningful: Identifying hedonic and eudaimonic motivations for entertainment consumption", Journal of Communication, 2011, Vol. 61, No. 5.

[50] Oliver, R. L. Whence Consumer Loyalty? Journal of Marketing, 1999, 63 (4).

[51] Otto, J. E. & Ritchie, J. B. The service experience in tourism. Tourism Management, 1996, 17 (3).

[52] Page, S. J. Urban tourism: Evaluating tourists' experience of urban places. In Ryan C (ed.) The tourist experience. London: Continuum, 2002.

[53] Pan, H., Bahja, F., & Cobanoglu, C. Analysis of U. S. theme park selection and international implications. Journal of Transnational Management, 2018, 23 (1).

[54] Pine, B. J. & Gilmore, J. H. The experience economy: Work is theater and every business is a stage. Boston, MA: Harvard Business School Press, 2011.

[55] Quan, S. & Wang, N. Towards a structural model of the tourist experience:

An illustration from food experiences in tourism. Tourism Management, 2004, 25.

[56] Rowan – Kelleher S. How Disney manages its legendary lines. Fox News. Published June 03, 2016. Retrieved on 8/24/2018 from http: //www. foxnews. com/travel/2016/06/03/how – disneymanages – its – legendary – lines. html.

[57] Rubin, Judith (ed.) 2017. Theme Index: The Global Attractions Attendance Report. Themed Entertainment Association/Economics Research Associates. Retrieved on 6/23/2018 from http: //www. teaconnect. org/images/files/TEA _ 268 _ 653730_180517. pdf.

[58] Rubin, J. (ed.). 2015. Theme Index: The Global Attractions Attendance Report. Themed Entertainment Association/Economics Research Associates. Retrieved on 10/14/16 from http: //www. aecom. com/content/wpcontent/ uploads/2016/05/2015_Theme_Index__Museum_Index. pdf.

[59] Ryan, C., Yeh (Sam) Shih, S., & Tzung – Cheng, H. Theme parks and a structural equation model of determinants of visitor satisfaction—Janfusan Fancyworld, Taiwan. Journal of Vacation Marketing, 2010, 16 (3).

[60] Ryan, T. (2011). Disney Works Its Magic on Wait Times. Retailwire. Retrieved on 11/10/2018 from https: //www. retailwire. com/discussion/disney – works – its – magic – on – wait – times/.

[61] Schmitt, B. Customer experience management: a revolutionary approach to connecting with your customers. New York: Wiley, 2003.

[62] Schmitt, B. Experiential marketing: how to get customers to sense, feel, think, act, and relate to your company and brands. New York: Free Press, 1999.

[63] Schneider, B., & Bowen, D. E. "Understanding customer delight and outrage", Sloan Management Review, 1999, Vol. 41, No. 1.

[64] Skogland, I., and Siguaw, J. A. "Are your satisfied customers loyal?", Cornell Hotel and Restaurant Administration Quarterly, 2004, Vol. 45, No. 3.

[65] Smith, T. Disney's MyMagic + Honored with "Innovation by Design" Award. Disney Parks Blog. Posted on October 17, 2014. Retrieved on 11/9/2018 from https: //disneyparks. disney. go. com/blog/2014/10/disneys – mymagic – honored – with – innovationby – design – award/.

[66] Song, H., Ahn, Y., & Lee, C. Structural Relationships among Strategic Experiential Modules, Emotion and Satisfaction at the Expo 2012 Yeosu Korea. International Journal of Tourism Research, 2015 (3).

[67] Spinks, W., Lawley, M., & Richins, H. Satisfaction with Sunshine Coast tourist attractions: the influence of individual visitor characteristics. Journal of Tourism Studies, 2005, 16 (1).

[68] Tao, S. Experiential marketing and marketing experience: An empirical study of the influence of summer boot camp on military propensity. Military Psychology, 2014, 26 (5-6).

[69] Technavio (2018). Global amusement park market 2018 - 2022. Retrieved on 11/6/2018 from https://www.technavio.com/report/global-amusement-park-market-analysis-share-2018? utm_source = promotional% 20interlinks&utm_medium = remarketing_week_12&utm_cam paign = re-marketing.

[70] Uriely, N., Yonay, Y., & Simchai, D. Backpacking experiences: A type and form analysis. Annals of Tourism Research, 2002, 29.

[71] Volo, S. Conceptualizing experience: A tourist based approach. Journal of Hospitality Marketing & Management, 2009, 18 (2-3).

[72] Walt Disney World (2018a). Unlock the Magic with Your MagicBand or Card. Retrieved on 11/9/2018 from https://disneyworld.disney.go.com/plan/mydisney-experience/bands-cards/.

[73] Walt Disney World (2018b). Walt Disney World Accessories and MagicBand. Retrieved on 11/9/2018 from https://www.shopdisney.com/property/resorts-and-more/walt-disney-world-accessoriesmagicband.

[74] Westbrook, R., & Oliver, R. The dimensionality of consumption emotion patterns and consumer satisfaction. Journal of Consumer Research, 1991, 18 (1).

[75] Wickens, E. The sacred and the profane: A tourist typology. Annals of Tourism Research, 2002, 29.

[76] Yuan, Y., & Zheng, W. (2018). How to Mitigate Theme Park Crowding? A Prospective Coordination Approach. Mathematical Problems In Engineering, Article ID 3138696.

[77] Zboja, J. J.; Laird, M. D.; Bouchet, A. The moderating role of consumer entitlement on the relationship of value with customer satisfaction. Journal of Consumer Behaviour, 2016, 15 (3).

主题公园的传统元素 IP 开发评析

——以华强方特为例

李　彬*

一、研究背景

近年来，中国主题公园的发展方兴未艾，中国主题公园集团占据全球前十大主题公园集团 1/3 的市场份额，且接待量和销售额增长强劲。而自从 2016 年迪士尼乐园进驻中国后，中国的主题公园发展进入了全球化竞争的时代，目前我国主题公园的数量多达 2500 多个，主要分布在长三角、珠三角、环渤海等沿海区域。大量资本涌入主题公园这一产业期望分得一杯羹，其中 70% 的主题公园处于亏损状态，20% 的主题公园勉强持平，大约只有 10% 的主题公园得以盈利（尚光一，2017）。反观强劲进入中国市场的迪士尼乐园，在开园 1 年后就实现了盈利，在中国主题公园发展史上可谓是浓墨重彩的一笔。如此罕见的盈利能力和速度，应当与其内容驱动的运作模式息息相关。迪士尼的 IP 形象已经深入人心，而迪士尼公司在进入中国市场后又采用本土化战略，如根据十二生肖运作的“十二朋友园”，在设计自然景观的时候不断加入中国元素，使得 IP 与中国的市场、人文、价值观相匹配，迎合中国游客的心理。如此接地气的运作手法和独一无二的品牌价值，使得上海迪士尼主题乐园的 IP 效应为企业带来巨额利润。这样成熟的 IP 运作给我们以启发，“内容为王”的主题公园发展时代似乎已经开启。

中国主题公园的发展经历了四个代际：以自然资源为依托的第一代主题公

---

* 李彬，中国主题公园研究院研究员，新西兰怀卡托大学硕士，管理学博士，闽南师范大学商学院旅游管理系副教授，美国中佛罗里达大学访问学者。持有新西兰特许注册会计师、会计师、证券分析师等从业执照。旅居海外 5 年，游历意大利、法国、澳大利亚、瑞士等 30 个国家。2013 年出任福建海源三维高科技有限公司财务总监。为上市公司海源机械、晋江市政府、漳州市旅游局等政府和企事业单位做企业文化和旅游规划的管理咨询。

园，以微缩模型为主的第二代主题公园，以都市娱乐为主的第三代主题公园和以体验为主、具有高科技含量的第四代主题公园（林焕杰，2013）。中国主题公园正在向功能强大、科技含量更高的第四代主题公园转化。但是中国国情和经济发展之复杂性导致各代主题公园在很长时间内仍然会并存，满足不同经济发展地区当地居民的需要。作为主题公园未来发展的方向，第四代主题公园的供给需要很高的科技含量和巨额投资，更需要的是内容挖掘。纵观国外主题公园的发展史，如“环球影城”和“迪士尼”等主题乐园巨头的一贯表现，我们可看到双方在竞争上焦点集中于文化IP资源和商业化运作的较量，也可以说是拥有哈利·波特和任天堂两大IP的环球影城与拥有阿凡达、星球大战两大IP的迪士尼乐园的强力对决。而2020年，投资515.4亿元的环球影城预计于北京盛大开幕，届时将引爆中国第四代主题公园的IP之争。得IP者得天下？面对日益激烈的市场竞争，中国的主题公园何去何从？IP的开发是否是中国第四代主题公园发展的一条路？而路如何走又走向何方？本文将研究视角锁定在第四代主题公园的IP研究热点上，以目前IP开发和运用最为强劲的方特集团为例，以期为第四代主题公园的发展提出一些建议。

二、概述

（一）方特集团发展现状概述

华强方特是以文化为核心，高科技为依托的文化科技主题公园，华强方特已在芜湖、青岛、株洲、沈阳、郑州、厦门、天津、宁波、大同等地投入运营“方特欢乐世界”“方特梦幻王国”“方特东方神画”“方特水上乐园”四大品牌二十余个主题乐园。园区从内容研发、项目落地到后期的内容更新，拥有完全的知识产权，在“方特欢乐世界”和“东方神画”的开发过程中，拥有超过2000多人的原创设计团队。尤其在“东方神画”这一新的主题系列中，方特更是以中国传统文化元素为IP，进行自主研发，结合增加现实（AR）和虚拟现实（VR）技术，诞生了如“飞跃千里江山”“梁祝”“火焰山”等系列的中国传统文化主题体验项目。根据世界主题公园研究机构（TEA&AECOM）在2018年5月发布的《2017年度全球主题公园和博物馆调查指数》中，方特年接待游客累计3849.5万人次，达到22%的增长率，排名蝉联全国第五。方特的发展势头强劲，其全产业链布局和自主研发能力使其获得较好的核心竞争力，在我国第四代主题公园的发展中遥遥领先。

（二）IP 理论研究概述

众所周知，“IP”即 Intellectual Property，即知识产权。而今 IP 不只是知识产权的概念所能覆盖，而更多倾向于文化符号、文化故事或者文化品牌。我国当代文化产业赋予 IP 广泛的定义，IP 可定义为具有高度影响力，并具备再生产、再创造的创意性知识产权，李正良等总结 IP 的定义为“泛指文化产业领域中文学小说、音乐歌曲、影视动漫、电子游戏等方面的内容版权”（李正良，2016）。唐昊、李亦中等认为“IP 是指跨媒介进行内容创作和传播，即运用资本的手段购买和创作小说、形象等知识产权，合法在各个媒介平台上进行内容开发，并运用于电影、电视、网络剧、游戏、图书和动漫等产业，使其呈现立体全面的内容体验”（唐昊，2015）。IP 是通过不同产业共同参与和运作而实现其商品化和服务化的经济价值的。在 IP 经济价值的实现中，许多原本不属于“智慧知识”的属性，也被融入了 IP 的范畴。例如某些历史事件、人物、传说故事等，其产权无从追溯，都可以根据其原型进行二次创作。而有些 IP，则是企业或者个人通过自主研发的，具备有知识产权的人物形象或者故事内容。如《熊出没》系列电视剧、网络文学《盗墓笔记》、好莱坞的漫威电影等。

国内对于 IP 研究的文献较多，以定性研究和案例研究居多，理论研究较少。研究主要包含这三个层面：

一是从文化产业的宏观角度研究 IP 的开发运营。向勇（2016）采用布尔迪厄场域理论对文化资本进行分析，通过“场域共振”的机理推动文化产业的跨界开发，从而推动整个文化产业的联动发展。刘琛（2015）就 IP 的版权价值进行分析，对文化产业的 IP 全媒体开放策略进行了分析。江小妍（2016）等针对泛娱乐的现象，从宏观的角度分析了当前 IP 产业的发展现状，提炼了国内外 IP 产业开发的几种基本模式，并采用 SWOT 分析方法剖析这几种发展模式，对我国 IP 产业发展的未来提出对策建议。

二是从中观的视角对 IP 的商业化开发进行研究。大多数学术成果集中在研究网络文学 IP 热的现状，李丹凤（2015）则针对泛娱乐的现象，对网络文学 IP 热进行分析，提出文学、游戏、影视、周边产品等领域的文化产业联动发展模式。尚光一（2017）对以网络文学为内容源头的 IP 全产业链开发进行分析，认为优质 IP 所具备的资源稀缺性形成了新的市场“蓝海”，且 IP 的开发向集团化运作发展以形成规模效益。知识产权在IP产业链中流转为运营方带来巨大的利润。张秋（2017）则以粉丝经济的角度探讨网络文学的话题属性，以传播学理论分析粉丝社群关系与IP价值增值之间的关系。此外，也有不少文献针对影视剧和电影等原创IP进行研究。如朱永润运用管理学和传播学等理论对网络IP电视剧进行研究，分析IP改编剧对发展进程、开发现状和研究现状的影响，对其知识产权的运作进行了深入剖析（朱永润，2017）。

三是从微观的角度就具体的IP开发个案进行研究。张晓黎（2018）对传统文化《红楼梦》的IP开发进行研究，认为该传统文学可以以影视作品、动漫游戏的改编为主导，向上游文学产品、漫画手作和产业链下游主题娱乐产业和周边衍生品延伸。杨柳（2018）以网络文学《择天记》为例，提出粉丝基数是IP深度开发的基础。优质IP应当注重保护其知识产权，通过多元产业联动的开发模式进行全版权运营。许茜（2017）对好莱坞《漫威》和国产《西游记》电影IP的运营进行比较研究，认为优质IP产业化单有创意是不够的，应当形成系列的工业流程，形成完善的产业链。此外，中国传统文化IP的开发也应当不断地创新，挖掘时代背景下传统故事的新内涵。

主题公园的IP开发属于IP开发全产业链的下游，主题公园的IP理论研究在学术界内尚少。以IP和主题公园为关键词在知网等数据库进行搜索，仅有16篇论文。IP在主题公园中是作为消费符号的意义存在的。IP不仅意指某些文化符号、人物的知识产权，更被赋予了情感性的消费文化意义。例如迪士尼乐园的众多IP，如米老鼠、唐老鸭；又或者方特的熊大、熊二等，就会使人联想到欢乐的童话世界。“消费文化蕴意着梦想、欲望和离奇的想象，它可以引导人们代入角色中，实现或者浪漫或者纯真的情感需要”（费瑟斯通，2009）。大众从耳熟能详的IP符号中获得了情感的慰藉，这种慰藉通过主题公园的科技和设施，架构虚拟的世界实现人们的精神满足。将IP运用于主题公园是较新的研究方向，随着文化IP在主题公园的运用，也必将引发学术界的IP研究热潮。

三、中国主题公园IP热的缘由

（一）国家战略层面的政策支持

2000年以来，我国开始构建文化产业政策体系，从财政、税收、金融、科技创新、土地、人才和产业融合等六个方面大力推进文化产业的发展。一是颁布奠定文化产业作为国家战略性产业的系列纲领性文件，如2009年的《文化产业振兴规划》，首次将文化产业提升到国家战略层面进行部署。二是出台系列推动新兴文化产业发展的政策。2006年《财政部等部门关于推动我国动漫产业发展的若干意见》、2014年《关于推动特色文化产业发展的指导意见》及《关于藏羌彝文化产业走廊发展规划》等文件，提出重点扶持新型文化业态，推动资源流向优势的文化产业类别，优化产业结构。2015年10月《中共中央关于繁荣发展社会主义文艺的意见》中提出要大力发展优秀的网络原创作品，推进网络文学、音乐、微电影、动漫等新兴文化产业类型的繁荣有序发展。国家鼓励传统文艺和网络文艺的创新，涌现了如《大鱼海棠》《大圣归来》等优秀的二次创造动画片；以及如《熊出没》《小鸡不好惹》等原创动漫 IP。三是推动文化产业的跨界融合。2007年《关于加快发展服务业若干政策措施的实施意见》中强调应重点发展旅游、文化、体育和休闲娱乐等服务业。《关于搞活流通扩大消费等意见》中把旅游和文化等文旅结合的消费业态作为新兴产业进行重点培育。2009年《关于促进文化与旅游结合发展的指导意见》提出文化旅游业的发展，应当融合文旅的发展政策，打破部门的藩篱，使文化和旅游成为国民经济的重要推动力。主题公园作为文化与旅游结合的一种重要发展模式，政策的支持为主题公园的 IP 价值开发和运营，主题公园文化产品创新和结构优化提供了保障。

（二）中国自主 IP 商业化价值的实现

在快速消费时代，泛娱乐 IP 通过互联网的病毒式营销，实现了其商业化价值。网络文学作品、动漫作品等 IP 的开发运营发展迅猛，优质 IP 的打造及其商业价值的实现也成了各个产业关注的热点。关于 IP 产业的产出方式，最早是皮耶·布迪厄提出的“场域”理论，即在场域（field）这一社会空间中存在着行动者（agent）和各种组织（organization），场域中的存在者们通过竞争来实现资本最大化，获得文化资源并将其变现成为财富。随后约翰·汤姆森修正了场域理论，他提出场域中的存在者是通过合作行为来进行做到文化商品或者服务的层层增值的（Thompson，2009）。场域中的企业或者个体通过内容创作者的横向合作，或者与供应商、发行商、媒体等机构的纵向合作形成了 IP 的价值链。近年来，中国的自主 IP 商业化价值的实现，就是通过各产业之间紧密的合作而跳脱布迪厄所提出的单打独斗的独立场域而形成的。IP 使得产业的界限逐渐模糊，许多网络原创 IP 从单一的内容形式到形成电视剧、电影、游戏及周边衍生品等多元化的商业网络。自2016年开始，大量的本土原创IP以电视剧、手游等方式推进市场，如改变自游戏的《古剑奇谭》、网络小说改编的电视剧《花千骨》《三生三世十里桃花》《微微一笑很倾城》等。这些成功的IP运作案例，使得资本看到了IP投资的巨大价值和回报，在利益的驱动下，IP开发将持续引领文化旅游产业的发展。

（三）文化资本运作和集团化经营是主题公园IP开发的基础保障

董观志（2000）认为主题公园是集“资金密集、技术密集、服务密集、娱乐密集与风险密集”为一体的旅游产品。纵观世界主题公园的发展历史，成熟的主题公园IP打造无一不是需要通过纵向产业链每个环节的合力运营。通过资本运作，文化IP向商业化资源转换，通过产业化和战略化的进程，文化IP形成了系列文化产品或者文化服务，实现了价值创造和资本增值。主题公园的文化资本运作与传统的资本运作有本质上的区别。传统的资本运作模式是指运营资金在主题公园经营和管理中获利的运营模式，研究重点侧重于主题公园的选择、管理投入与成本控制、价格营销策略和周边产品开发等。而文化资本运作有别于传统主题公园的运作模式，是将IP的内容生产通过文化载体在主题公园中得以实现从而形成经济价值的运作模式。例如运用大型游乐器械、舞台声光电技术、虚拟环境和真实场景的交互作用、以植被街景等环境为载体，开发游客对某一段文化现象或者文化IP的旅游体验。成熟的文化资本运作可以快速挖掘IP文化的高附加值，形成主题公园的核心竞争力。

此外，集团化经营保障了主题公园IP开发和文化产品的拓展升级。众所周知，文化内涵是主题公园的核心与灵魂，而文化IP的战略化开发和产业化运作是需要资金支持的。近年来，在政府投资导向下，大量民营资本进入了主题公园这一市场领域，民营资本具有市场反应快、筹资成本低、生产效率高的特点，其灵活性和市场性为我国主题公园产业的全面升级和文旅产业联动提供了新的发展路径。华侨城集团投资建设四大主题公园项目，形成了“主题公园+房地产”的商业模式；宋城集团则依托杭州特有的传统文化资源（雷峰塔、西湖、白蛇传说等），打造了《宋城千古情》等山水实景演出和舞台剧，形成了特有的“旅游演艺+主题公园”的发展模式；华强方特则依托其强大的动漫研发能力进行系列的内容生产，打造“科技文化+主题公园”的商业模式。成熟的集团化运作保证了文化内容和文化载体的多样化创新，提高了文化IP的影响力和覆盖面。

（四）消费者的体验需求

泛娱乐时代，大众对于 IP 的消费是以体验为主。互联网时代，新旧媒体相互融合，譬如推动一部《盗墓笔记》的原创 IP 电视剧和电影，则带动了手游、目的地旅游、文创产品等周边产品销售。消费者在新型社交媒体上的粉丝经济效应，与虚拟 IP 人物和形象的互动性加深了消费者的体验，甚至将体验实现了跨产业、跨平台、跨媒体的链接。全民娱乐时代下，“泛娱乐”和“互联网 +”使得消费者对成功的 IP 形象十分敏感，并愿意为之付费。例如长隆作为运作成功的娱乐 IP《奔跑吧，兄弟》的录制地，成功引入了大量的游客流量。旅游行业是最为典型的体验性产业，而主题公园又是旅游行业中以体验为主的业态。主题公园通过将文化 IP 融入到旅游产品和服务中，运用科技、景观、光影等表现形式，触及游客的精神世界和想象空间。谢彦君认为旅游体验是一种情感放飞和精神救赎；旅游体验类似一面镜子，游客在“旅游凝视”的过程中，也借由“对象”来认识自我。主题公园按其字面上的意思，就是有主题的公园。而良好主题的开发和运作，自始至终离不开创意，离不开美学和文化的积淀，因此主题公园的产业发展其实也是文化旅游和体验旅游的深化。优质的 IP 形象和成熟的产品打造，乃至细节呈现，将为消费者营造非日常化的意境。例如迪士尼乐园的幻想工程师，深入挖掘迪士尼的人物 IP，通过电影场景和 IP 的动漫人物性格设计各种体验项目。上海迪士尼则招募了 150 名本土的“幻想工程师”，将迪士尼经典人物融入中国传统习俗和庆典的场景设置中，以期给予中国游客触及灵魂的内容体验。消费者的体验需求，倒逼着主题公园进行 IP 内容研发和创新。

四、华强方特的 IP 产业链分析

IP 产业链条中，主题公园是其中 IP 消费价值和生产价值实现的一个方式。IP 通过泛娱乐的开发持续不断地增强和完善其符号含义。因此，如果本末倒置地就主题公园来谈 IP 开发，显然是不够成熟的。一个主题公园，是无法独立完成 IP 的全产业链开发的。IP 可以为消费者提供多元化的娱乐产品，譬如电视剧、舞台剧、电影等演艺节目；小说、服装玩具等消费品；甚至印上 IP 人物形象的泡面、书签等快销品。每一次跨产业的 IP 授权都是对 IP 符号的强化。

IP通过泛娱乐的全产业链的产品开发，实现其商业价值。故而单独从主题公园的运用视野上剖析IP具有先天的不足，因为IP如果没有全产业链的支撑，没有不断创新的内容创新和其他渠道的IP商业化所形成的合力，IP的影响力和吸引力是极为有限的。本文将从华强方特的全产业链来分析IP在主题公园的运用。

从华强方特的产业结构上可以看出其IP全产业链的分布比重。从产业结构来看，华强方特的文化科技主题公园收入是集团公司主要收入来源；紧随其后的为文化内容产品及服务。2017年，华强方特的主题公园占营业收入的比例为73.88%。其中文化科技主题公园建设收入4607.3万元，主要来源于宁波二期、荆州、绵阳等新项目。文化科技主题公园运营收入21.13亿元，主要是厦门东方神话和厦门水公园等项目新园运营良好。文化内容产品及服务的营业收入为10亿元，主要来源于动漫影视和周边的文化衍生品。如新研发的动漫品牌《熊熊乐园》《熊出没之探险日记》以4.75%的收视率创下央视收视率新高；第四部年度大电影《熊出没之奇幻空间》则以5.23亿元刷新了春节档国产动漫电影票房纪录（新旅界，2018）。华强方特的品牌形成本身就是依托动漫IP的产业链发展过程，本文就产业链的不同环节对华强方特IP品牌的打造和运营进行分析（见表1）。

表1　　2017年华强方特盈利状况分析

项目	本期收入金额（元）	占营业收入比例（%）	上期收入金额（元）	占营业收入比例（%）
一、文化科技主题公园	2853986873.45	73.88	3058432116.44	91.03
1. 创意设计	694995895.49	17.99	1268207546.78	37.75
2. 文化科技主题公园建设	46073016.22	1.19	20695694.35	0.62
3. 文化科技主题公园运营	2112917961.74	54.70	1769528875.31	52.67
二、文化内容产品及服务	1003980273.00	25.99	294927404.61	8.78
1. 特种电影	671485364.82	17.38	73428177.26	2.19
2. 数字动漫	217868599.14	5.64	151205779.16	4.50
3. 文化衍生品及其他产品	114626309.04	2.97	70293448.19	2.09
三、其他业务收入	4976118.47	0.13	6520291.77	0.19
合计	3862943264.91	100	3359879813	100

资料来源：华强方特2017年度报告。

（一）上游开发——精心投资制作

1. 方特的 IP 矩阵的发展进程

塑造 IP 品牌是方特 IP 产业化运作成功的关键。一条产业链的起源不可避免的是内容创作，即 IP 创作。这个 IP 可以是一个形象、一个动画片、一本书、一个故事、一个传说。方特以同一 IP 品牌为核心，延伸到了动漫、电影、音乐、游戏、演出、主题公园、衍生品等全方位、多元化的泛娱乐产业格局。

内容创作是华强方特与消费者互动关系建构的开始。2003 年，华强方特成立了华强方特文化科技集团，开始打造自主研发、生产、投资和经营的 IP 人物。方特主题公园最早原创的卡通形象是“嘟噜嘟比”和“嘟噜嘟妮”这一对兄妹小恐龙。而这一原创形象则因为没有深入地进行系列内容创造，最后只能以吉祥物的形态呈现在方特的主题公园中。随着市场经济的繁荣，方特旗下的动漫 IP 创作在 2012 年取得了突破性的进展，喜剧动画片《熊出没》这一动漫节目在全国热播。2014 年，方特动漫提出了“适龄动画”的开发理念，将国民 IP《熊出没》分成面向 0 ~ 3 岁的儿歌《熊熊欢乐颂》、3 ~ 6 岁的《熊熊乐园》、6 ~ 12 岁的《熊出没之叹息日记》。方特不断就内容进行创新，并开拍《熊出没》的系列电影。现如今，《熊出没》进入了美国、意大利、俄罗斯、中东、亚洲、拉美等 100 多个国家和地区，登录索尼、尼克、Netflix、迪士尼儿童频道等国际主流媒体频道平台。该动画片得到了国内外主流网络媒体的关注和推介，打响了中国动漫的知名度（方特官网）。“熊大”“熊二”“光头强”陪伴了中国的一代儿童度过了童年，“熊出没”成了国民级别的动漫品牌。自“熊出没”成功运营后，方特自主研发了系列动漫形象，如“小鸡不好惹”“生肖传奇”“小虫虫有大智慧”系列动漫 IP，也获得了市场的认可。华强方特的原创 IP 矩阵正在日益完善。

此外华强方特也将中国传统的文化元素进行再创造。方特研发了“美丽中国三部曲”，即东方神话、复兴之路和明日中国，以主题公园的形式呈现中国的过去（从古代到 1840 年鸦片战争）、现在（从 1840 年至今）和将来（从现在到未来）。华强方特选取了人们耳熟能详的中国古代文化故事如水漫金山、梁祝化蝶、女娲补天、哪吒闹海等故事，与高科技融合进行主题公园开发。以 2018 年在方特旗下 11 个主题乐园同步上线的“飞越千里江山”为例，该项目以宋代名画《千里江山图》为故事背景，独创“飞行观画”的体验模式。该项目集合了 300

人的数字团队，凭借3D数字技术将中国的青山绿水重新组合，使得游客在360度的球幕影院中切实感受到了中国水墨丹青的美妙意境。优秀的文化资源转换为主题公园的体验项目需要进行产业元素和知识元素的挖掘，方特整合了人力、物力、创意、科技等资源等进行“大制作”，确保了方特主题公园的文化资源体系不断推陈出新（方特官网）。

2. 同业的IP布局比较分析

“品牌资产”概念从营销领域引入旅游目的地管理中，在应用理论研究上取得了很大的进展。IP品牌资产为华强方特的主题公园带来了较高的辨识度，增加了游客对方特主题公园的认知度和忠诚度。本文将采用美国品牌专家大卫（David，2012）的品牌资产测量的四个维度对方特IP品牌资产与业内其他主题公园的IP布局进行分析。

（1）品牌忠诚度。游客的品牌忠诚度是品牌资产中最为关键的一个维度。当游客对某一主题公园的品牌忠诚度较高时，游客重游的意愿更强，并且更加愿意通过口碑营销将该品牌推荐给他人。在当今的粉丝经济下，品牌忠诚度与游客的互动有很大的关系。在各大主题公园中，宋城的IP打造方式使其具备较高的品牌忠诚度。2016年宋城打造了偶像天团的线上IP，旗下的“六间房”作为中国最大的互联网演艺平台，拥有超过29万名的主播，月度活跃用户达到了5621万人，形成了以赠送礼物为主要途径的粉丝社交网络。其O2O互动娱乐的闭环为宋城的主题公园演艺提供了源源不断的原创动力。此外，宋城还通过综艺节目、影视剧拍摄等方式强化宋城主题公园在游客中的品牌效应。方特以其“文化科技+主题公园”的商业模式，长隆以其“主题公园+酒店+马戏”的商业模式、宋城以其“主题公园+演艺”的商业模式，都具备了较好的品牌忠诚度。

（2）品牌知名度。品牌知名度是指主题公园IP品牌为消费者所知晓的程度。品牌知名度主要来源于两个方面：IP品牌的存在时间和持续的创新能力。在IP品牌的持续创新能力上，方特的《熊出没》极具代表性，已经成了爆款的动漫国民IP，无人不知，无人不晓。国内原创IP能与方特抗衡的有长隆集团，长隆在原创IP的开发上时间较短但势头强劲。在长隆野生动物世界繁育出世界唯一存活的熊猫三胞胎成了长隆最具影响力的自有IP。2016年初，“萌帅酷”参演了《功夫熊猫3》，票房超过10亿元，使得长隆的品牌IP人尽皆知。长隆与金鹰卡通联合制作的电视剧《爸爸去哪儿2》《熊猫三胞胎之童话次元大冒险》，获得了收视长虹。此外，长隆打造主题节庆活动，旗下的“大马戏”也成了长隆知名的自有 IP。除去自有 IP 外，长隆作为《奔跑吧，兄弟》《挑战者联盟》《爸爸去哪儿》等综艺节目的拍摄地，以及中国第一档原创动物环保真人秀《奇妙的朋友》的拍摄地，长隆在营销策略上也积极运用明星效应，国内的品牌知名度较高。

3. 品牌的认知度

品牌认知度主要是游客对主题公园产品的分辨能力，对主题公园 IP 品质上的整体印象。就原创 IP 的品牌知名度上，方特的“熊出没”和“东方神画”系列都具有很高的品牌辨识度。非原创 IP 上宋城以其庞大的粉丝群体胜出，可以称为中国线上和线下泛娱乐生态系统中的佼佼者。第二梯队有成都海昌极地海洋公园、大连圣亚等集团企业。与方特相比较，海昌海洋公园作为专注于中国海洋主题公园的领跑者，近几年也不遗余力地打造自有 IP。海昌海洋公园巨额投资周星驰的 3D 魔幻电影《美人鱼》，并将美人鱼 IP 与主题公园相结合。此外，海昌海洋公园自主研发了首部海洋类动漫特种影片《海洋之光》，并以其 IP 故事的主人公为线索，开发了成都海昌极地海洋公园。海昌海洋公园还研发了嗨畅七萌团的 IP 矩阵，深入开发了水母玫朵，美人鱼艾米和北极熊佩左的 IP 角色。但由于其 IP 矩阵中尚未呈现较为杰出的内容创作，使其作品为国民所知。因而其 IP 的品牌知名度较方特弱一些。大连圣亚也十分注重 IP 的开发，在 2014 年该企业提出了全文化产业链的战略规划，以“大白鲸计划”为载体，进行产业链前端的线上文学、动漫 IP 打造，再运用到线下的主题公园，欲形成立体化的 IP 资源体系。同海昌海洋公园遍地开花的 IP 形象打造相比，大连圣亚集中全力塑造大白鲸这一动漫 IP，比较容易形成较高的品牌认知度。但 IP 形象的内容创造是该 IP 品牌资产的价值所在。在未来该品牌是否能杀出重围，创造出具有较大影响力的国民 IP，还有待市场检验。

4. 品牌联想度

品牌联想是游客对主题公园的产品或者服务产生的特殊的情感。如人们想到迪士尼就会联想到米老鼠和白雪公主；想到方特就会联想到光头强、熊大和熊二；想到长隆就会联想到熊猫兄弟；想到宋城，就会联想到宋城千古情的演艺节目。国内的主题公园品牌联想上，方特、长隆和宋城具有较高的联想度。

此外，国内许多单体主题公园也在不遗余力地引入动漫或者传统的 IP 资源，如浙江安吉的 Hello Kitty 主题公园；淮安和济南的西游记主题公园；西双版纳的傣族风情主题公园等。得 IP 者得天下？行业内的 IP 抢夺战已经到了白热化的程度。

5. 中游拓展

（1）华强方特的IP商业化运作渠道分析。方特产业链的中端则是IP故事或者IP形象的多元化商业价值实现渠道。华强方特的IP形象主要通过以下三个渠道进行商业价值拓展。

一是内容的营销发行。方特动漫出品的系列动画片在央视少儿频道、卡酷少儿卫视、嘉佳卡通卫视、优漫卡通卫视、金鹰卡通卫视等全国200多家电视台，爱奇艺、乐视网、搜狐视频、腾讯视频、优酷网、芒果TV、PPTV、百视通等多家新媒体联合播映（方特官网）。

二是主题演艺运用。华强方特借助在自动控制、人工智能、机械设备、影视特技等方面的优势，成功打造“猴王”“飞翔之歌”“孟姜女”等多个令人叹为观止的主题演艺项目，以现代高科技表现手段为核心，集合现代音乐、舞蹈、杂技、武术、戏剧、多媒体等多种艺术要素于一体，呈现气势磅礴，美轮美奂的舞台效果。其中，大型程控矩阵真人舞台表演项目《孟姜女》荣获2015年（国际游乐园及游艺设施协会（IAAPA）“铜环奖”特别颁发的“最震撼人心奖”，大型演艺项目《猴王》摘得2014年IAAPA“铜环奖·最佳现场演出奖”，演艺剧目《在马戏团的日子》获得第八届中国舞蹈“荷花奖”当代舞表演银奖（方特官网）。

三是特种电影运用。华强方特拥有数码电影专业研制机构，深入挖掘中国文化精髓，将多元化特种电影形式和中国古典文化相结合，成功研制了十多类特种电影形式、百余个引人入胜的特种电影项目，已全部应用到方特品牌全系列主题乐园中，并走向世界。自主研发的特种电影系统输出美国、加拿大、意大利等40多个国家和地区，每年配套出口20余部影片。如《九州神韵》采用超大型银屏立体电影系统；《梁山伯与祝英台》则运用全景式AR环境影院呈现；《东南亚飞翔之旅》运用大型悬挂式球幕飞行影院来实现；《魅力戏曲》采用360度环幕立体电影；《牛郎织女》采用室内升降式穹顶影片；《火焰山》则运用抓举式动感轨道车项目（华强方特官方网站）。

从主题公园IP运用的角度来看，内容的营销发行属于主题公园产业的上游，而主题演艺和特种电影则全面运用于华强方特旗下的主题公园运营中。

（2）华强方特的IP项目体验分析。尽力通过文化IP和科技手段，使得游客在短暂的时间内获得充满愉悦的消费过程，并洞察自己的灵魂或者获得内心某种震动，正是新一代主题公园运用文化IP打动消费者的目标。让·鲍德里亚

（2001）在其著作的《消费社会》中指出，现代的顾客消费的不仅仅是商品本身的使用价值，更进一步是消费商品的符号价值和意义。因此，符号价值代替了使用价值登上了现代商业社会的舞台；IP 可以使得游客在主题公园中的体验从感官层面上升到体现自我价值、实现英雄梦想的意识体验，可以使游客得到更好的体验价值。主题公园的体验本身是一场游戏，通过虚拟的场景使得游客在场景中成了他想要成为的那种人，并在游戏中获得了一种新的角色符号。IP 的角色扮演和场景融入，加上 AR、VR 等高科技技术，使得游客能够沉浸在游戏之中，获得旅游体验店巅峰状态“畅爽感受”。“畅爽感受”是在旅游中可以获得的最佳感受，从尼采的“酒神”状态开始，不少学者对旅游体验的巅峰状态进行研究，如马斯洛（2013）认为高峰状态是“一种类似离开真实世界的感受”；而学术界公认的最佳体验状态是米哈里·契克森米哈（2017）所提出的畅爽感受。在这种感受下，人们将注意力完全投入情景之中，并且过滤掉所有不相关的知觉。畅爽状态由“时间感扭曲、自我目标实现、浑然忘我、知行合一、技能与挑战平衡、全神贯注”等维度构成。华强方特竭力开发传统文化，并结合高科技以多种形态的表现形式运用于主题公园中。而这些 IP 项目运营是否成功，则需要获取游客的体验认知，从中分析游客对方特主题公园的满意度。近年来，华强方特的门票很大程度通过在线旅游运营商平台贩售，而游客也越来越热衷于在互联网上进行评价分析，基于互联网的旅游者在线评论数据激增。本文通过对网络上华强方特的门票销售游玩反馈评论，采用词频分析、情感分析等方法分析游客对华强方特的 IP 文化运营的体验感知进行研究。

（二）样本选取

最能体现华强方特 IP 项目的是“东方神画”品牌，该品牌综合了激光技术、立体特效、微缩实景、真人秀、AR 和 VR 等高科技技术设备，开发出“丛林飞龙”“九州神韵”“孟姜女”“七彩王国”“牛郎织女”“决战金山寺”“雷峰塔”“千古蝶恋”“熊出没剧场”等系列项目，目前进驻芜湖、宁波、济南、厦门、长沙五个城市，取得了较好的市场反响。本文从携程截取华强方特“东方神话”的门票售卖评论进行分析。携程网是国内领先的在线旅游平台，用户覆盖率很高，选取了时间在 2018 年 11 月 3 日之前的这五个园区的顾客有效评价共 7448 条。按照景区描述对文本内容进行分类，采用情感分析功能对文本进行情感分析。这样宽口径的数据具有一定的代表性。

（三）研究方法

本文采用内容分析法、词频分析和情感分析等方法对评论进行分析。内容分析法（content analysis）是一种对显性内容进行客观定量分析等的研究方法。在对游记文本进行分析时，美国传播学家伯纳德·贝雷尔森（Bernard Berelson，1952）将其定义为一种客观地、系统地、定量地描述交流的明显内容的研究方法。它是一种将语言表示的文字转换为用定量化统计描述的资料，并将分析的结果用统计数字客观地展示出来，达到对文字“质”的更精确的认识。与基于问卷调查的指标体系分析相比，内容分析更加具备客观性，更能全面地把握游客的心理（王永明，2015）。词频分析（frequency analysis）主要运用于统计网络评论中词语出现的次数，对高频词以动词、名词、形容词等进行分类。而情感分析（sentiment analysis）则是通过对评论中主观性文本、短语中蕴含的情感色彩（褒义或者贬义）进行提炼和归纳，从而判断旅游者在主题公园游玩后的情感倾向。采用情感分析工具可以在大体上把握游客对于华强方特主题公园所展现的情感水平。本文借助 ROST CM6（内容挖掘软件）进行词频分析，通过提取东方神画旅游网络文本评价的高频词汇，作为游客对东方神话主题乐园感知的基础，以此探寻游客的体验感知及情感态度。

（四）研究结果

1. 方特产品 IP 体验感知的词频分析

本文从携程网提取的 7448 条游客对方特东方神话的评价进行词频分析，去掉无效的叹词和连接词等，得出排名前 100 名的高频词，如表 2 所示。

表 2　　方特东方神话评论高频词汇

排序	高频特征词	排序	高频特征词	排序	高频特征词
1	项目（2723）	5	刺激（1465）	9	女娲补天（724）
2	好玩（1688）	6	孩子（1105）	10	适合（653）
3	排队（1559）	7	时间（1036）	11	方便（576）
4	玩的（1534）	8	开心（867）	12	游玩（515）

续表

排序	高频特征词	排序	高频特征词	排序	高频特征词
13	地方（507）	43	特色（195）	73	亲子（108）
14	下次（483）	44	景点（195）	74	木质（103）
15	值得（451）	45	工作人员（191）	75	视觉（103）
16	室内（428）	46	好看（188）	76	好（102）
17	小时（398）	47	朋友（186）	77	飞车（102）
18	体验（395）	48	节假日（184）	78	导游（101）
19	表演（369）	49	牛郎织女（172）	79	早上（100）
20	东方神画（367）	50	园区（170）	80	选择（99）
21	设施（358）	51	下午（167）	81	雨衣（97）
22	丛林飞龙（340）	52	晚上（167）	82	尽兴（97）
23	建议（316）	53	便宜（166）	83	娱乐（95）
24	乐园（297）	54	下来（155）	84	跳楼（95）
25	值得一玩（294）	55	游乐场（154）	85	高科技（95）
26	不多（289）	56	周末（151）	86	性价比（93）
27	效果（288）	57	节目（151）	87	差不多（92）
28	进去（284）	58	遗憾（149）	88	不敢（91）
29	游乐（271）	59	可惜（149）	89	华夏（90）
30	天气（264）	60	决战金山寺（148）	90	票价（90）
31	中国（243）	61	环境（138）	91	有意思（88）
32	室外（230）	62	夜场（135）	92	旅行社（87）
33	演出（229）	63	满意（135）	93	极地快车（85）
34	服务（219）	64	精彩（133）	94	真心（84）
35	大人（218）	65	景区（133）	95	身高（84）
36	孟姜女（215）	66	分钟（128）	96	二次（83）
37	文化（213）	67	下雨（119）	97	旅行（83）
38	门票（211）	68	惊险（119）	98	好几（82）
39	震撼（206）	69	游乐园（115）	99	方特（81）
40	电影（206）	70	老人（113）	100	国庆（81）
41	故事（205）	71	不够（113）		
42	人多（200）	72	游戏（110）		

资料来源：笔者根据数据分析所得。

本文将排序前100的高频词汇作为游客对东方神话主题公园感知内容的基础，将游客评论的内容分为出游伙伴、项目感知、环境和服务、游客情感和时间感知5个主类目，在4个主类目下面再分出7个次类目，最后根据高频特征词汇的所指属性对应归纳到次类目，如表3所示。

表3　　游客体验感知分类

主类目	次类目	部分高频词汇列举
出游伙伴		孩子（1105）、大人（218）、朋友（186）、老人（113）、亲子（108）
项目感知		女娲补天（724）、丛林飞龙（340）、孟姜女（215）、金山寺（148）、牛郎织女（172）、极地快车（100）
环境和服务	景区服务感知	排队（1564）、服务（229）、取票（211）、工作人员（191）高科技（94）、性价比（93）、
	空间环境感知	室内（428）、设施（358）、乐园（297）、天气（264）、室外（230）、人多（200）、园区（170）、景区（133）、下雨（119）、雨衣（97）
游客情感	积极情感	不错（2133）、好玩（1668）、刺激（1465）、开心（867）、值得（451）、震撼（206）、满意（135）、精彩（133）
	消极情感	遗憾（149）、可惜（149）、不敢（91）
时间感知（安排）	出游时间	节假日（184）、周末（151）、国庆（81）
	游玩时间	下次（483）、小时（398）、下午（167）、晚上（167）、周末（151）、夜场（135）、早上（100）

资料来源：笔者根据数据分析所得。

具体词频分析如下：

（1）出游伙伴。出游伙伴高频词主要包括孩子（1105）、大人（218）、朋友（186）、老人（113）和亲子（108）等词，相关评论有“孩子玩得很开心，很适合带孩子去玩”“挺好玩的，带小孩子去特别合适”“大人小孩都能玩”“非常喜欢，下次还会带朋友过去玩”“好玩，震撼，朋友都说很尽兴呢!”“招待朋友，一下子买了7张票”“和女朋友一起去的，里面游乐设施很多，推荐。”说明东方神画的目标群体主要为带孩子的家庭和友人出行，游客对东方神画的出游整体较为满意。

（2）项目感知。受到最多关注的是女娲补天（724）、丛林飞龙（340）、孟姜女（215）、金山寺（148）、牛郎织女（172）、极地快车（100）等。女娲补天的评价大多有“震撼”“特技效果好”等评价；丛林飞龙大多数游客表示十分刺激，如“游玩项目比较多，丛林飞龙还是挺刺激的”。

（3）环境和服务感知。游客的关注度一方面在于景区服务感知，关键词大多为“排队”（1564）、服务（229）、取票（211）、工作人员（191）、高科技（94）、性价比（93）等。游客对于服务大多比较满意，如“服务水准在国内游乐场中较好”“进园工作人员很热情”“服务人员服务到位”等；而电子票可凭二维码取票，网络购票后可刷身份证不取票直接进入等技术，也受到了广泛的好评；大多认为性价比较高，但大多数游客表示排队时间较长，影响了游玩的心情。如“排队时间太长影响效果，我们还有一半多的项目没有完成”“10 点进园，女娲补天排队就需要 4 个小时，其他室内剧场排队也在 2 个小时以上”“基本上时间都在排队”等。排队问题很大程度上降低了游客的体验价值，未来方特可以在排队等候的动线设计上进行改进，营造等候区的故事场景效果，运用智能电子系统手机扫码，进行互动性的有奖竞猜、节目点播甚至是衍生品销售等活动，来降低游客等待的不适感。

（4）游客情。从词频和体验感知的高频词可以看出，游客对于东方神画的产品感知整体属于中等偏上，游客给予了许多积极和正面的情感词汇，包括“不错”（2133）、好玩（1668）、刺激（1465）、开心（867）、值得（451）、震撼（206）、满意（135）、精彩（133）等，说明产品能够给游客带来刺激、开心、值得等心理感受。而部分游客也给出了遗憾（149）、可惜（149）、不敢（91）等词。这部分评价反映了部分游客对体验的满意度不高，认为产品项目达不到游客的预期。代表性的评论如“很好的一次体验！可惜好多项目太刺激，我玩不了！”“价格贵，服务态度也很差，个个都冷冰冰的，总的让人感觉你爱来不来”“由于过去的时候天气不好有些项目玩不了很可惜”“还行吧，过山车，女娲还不错，其他一般般。”“玩乐设施一般吧，很多项目我们小县城都有，刺激项目没敢玩”。

另一个大的关注点是对空间环境的感知，如设施（358）、天气（264）、人多（200）、下雨（119）、雨衣（97）等。从具体评论中统计可以看出，影响游客体验价值的主要是天气因素和等待时间。夏天和雨天都会对户外项目的体验产生影响，室内项目的评价比较客观，大多表示室内项目丰富刺激，不受气候影响。总体而言，方特的优质服务、高科技所带来的感官效果和产品性价比都带来了较好的游客体验。

（5）时间感知。在时间上，游客大多选择时间（923）、小时（398）、下午（167）、晚上（167）、周末（151）、夜场（135）、早上（100）等。从具体评论统计来看，大多数游客认为主题公园的产品较为丰富，需要一天的时间进行游览，建议安排好游览路线。典型评论如“从大早上入园一直玩到闭园”“时间不够没玩”“从早上 9：30 一直玩到晚上 9 点回去”；大多数建议应当早上前往游览，避免周末，如“暑假的周末去，人太多了”；但大多游客喜欢晚上的烟花表演，评论如“晚上有烟火，活动很热闹”“晚上的歌舞表演和烟花很赞”。

2. 情感分析

本文也针对网络游客的点评所给出的分值和情感态度进行整体的评价分析，以得出游客对东方神画的态度。携程网游客点评按照五级分值设置，游客 7448 条评论中的分值所占比例分别为：5657 条评论给予 5 分好评；1306 条评论给予 4 分好评；310 条评论给予 3 分评价；40 条给予 2 分；而 135 条给予 1 分评价（见图 1）。总体而言游客的满意度较高。而根据高频词性所致属性将游客观赏的情感感知按照积极和消极进行划分。积极感知，高频特征词有“不错”“好玩”“刺激”“震撼”“满意”“精彩”“开心”等；然而，在积极感知下，同样存在着消极的感知，如“遗憾”“可惜”“不敢”等。整体而言，积极感知的情感词条占到6198 条，占比 83.22%；而负面的词条占 1250 条，占 16.78%。说明游客对东方神画项目的情感较为正面，如图 2 所示。

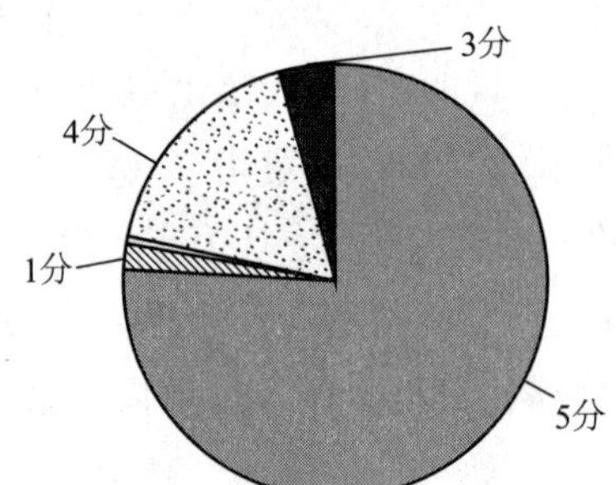

图 1　携程评论分值占比

资料来源：笔者根据数据分析所得。

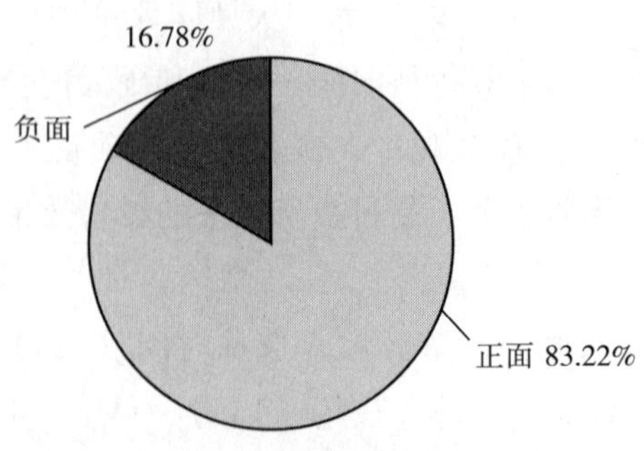

图 2　游客情感分析

资料来源：笔者根据数据分析所得。

3. 语义网络分析

东方神画 IP 产品项目的基本感知，但词频分析无法展现词组之间的内在联系，而语义分析则可以通过图表直观的体现各个词组之间的关系。本文运用 Rost Content Mining 6 软件对游客点评进行分词处理，再根据得出的高频词过滤无意义的词组后，进一步进行特征分析得到矢量网络分析仪（VNA）文件，并通过 NetDraw 软件得出游客对东方神话 IP 产品感知的语义网络图。从图 3 可以看出，语义图围绕着几个核心关键词形成核心层，从这些关键词扩散出去与其他词产生联系，线条越密则代表共现的频率越高。

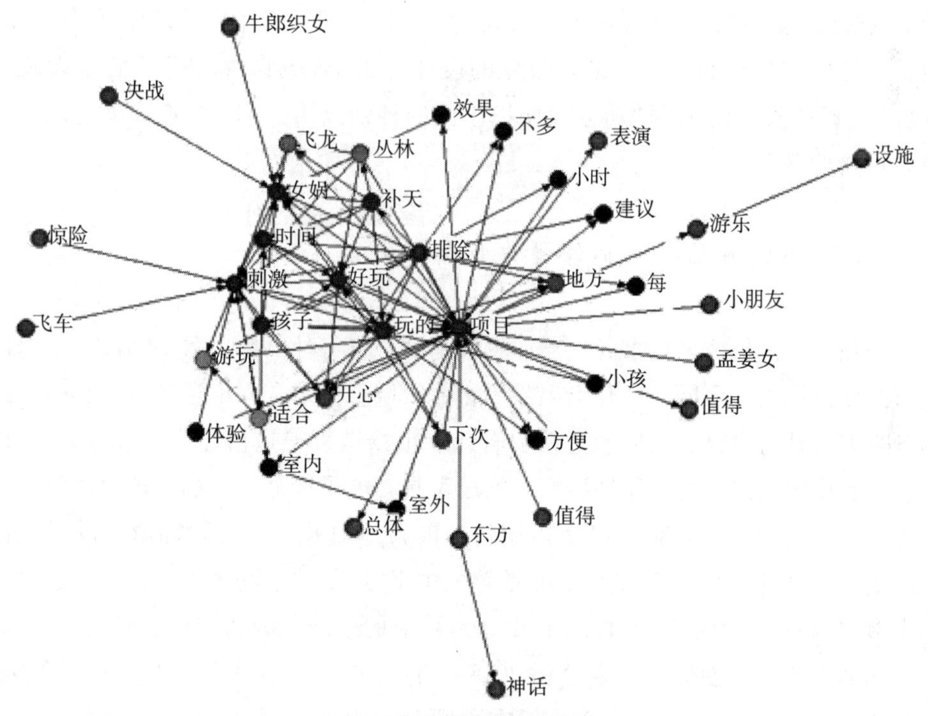

图 3　游客评论的语义网络

资料来源：笔者根据数据分析所得。

游客对方特东方神画的产品感知中，第一层由“女娲补天”“排队”“项目”“好玩”“时间”“刺激”“孩子”等词汇构成，说明游客心目中最具代表性的产品是“女娲补天”，游客普遍反映排队时间过长，而出游以带孩子的家庭群体为主，大多家庭关注孩子是否玩得开心。第二层是游客对第一层的拓展，主要以“丛林飞龙”“开心”“游玩”等为代表的关键词，说明丛林飞龙是在游客心目中为第二具有代表性的产品，而游客的体验普遍玩得很开心，反映出游客对丛林飞龙的游玩态度。第三层则是过渡层，以“效果”“不多”“建议”“体验”“室内”“室外”等关键词为主，反映了游客对室内和室外的项目较为关注。尤其在天气不好或者夏天的时候，游客倾向于选择室内的项目体验。而“建议”也成了游客在第三层的言论重点，说明游客期望在方特可以有更佳的游玩体验。众多的建议与出游的时间有关，如“时间有点紧张，建议别买夜场”“建议早点去，要不好多项目无法体验”；也有对服务和产品提出改进的建议，如“交通不方便，建议方特发免费或者收费的班车”“吃的太贵了，建议外面买点东西再进去”“剧情建议可以再丰富细腻一点”。第四层为边缘层，主要有“表演”“游乐设施”“孟姜女”“牛郎织女”“决战紫禁城”等关键词。说明这类的IP产品开发在游客中不够具备关注点，而不少游客对游乐设施较为关注，给予的评价较为正面，如“游乐设施的设计背景都特别有特色”“游乐设施很到位”“设施安全舒适”“游乐设施以中国的神话故事命名”“游乐设施惊奇冒险，过瘾刺激”。

（五）下游延伸——后续延生空间巨大

华强方特依托成熟的多元化产业发展基础，将特种电影、数字动漫、主题演艺、文化科技主题公园、文化衍生品等相关领域有机结合，广泛开展文化衍生品的自主创意开发设计、品牌授权跨界合作、市场销售渠道搭建，已有涵盖玩具、文具、音像图书出版物、服装鞋帽、家居家具、电子产品、食品、体育用品、手游等二十多类约两万余种产品上市销售，极大地提升了品牌附加值。以《熊出没》的IP形象衍生品运营为例，目前该剧中IP形象的市场销售类别已经达到了二十多类约两万余种产品，形成了IP动漫形象的全产业链（方特官网）。

华强方特的文创衍生品在公司2018年的营业收入中占2.97%的市场份额。虽然华强方特的IP衍生品众多，但在主题公园内其IP衍生品的开发却相对滞后，就主题公园而言，IP衍生品在主题公园内的表现形式和价值实现方式具有多样化：通过如餐饮、住宿等主题服务体验、旅游工艺品和纪念品、配套特色商业和产品，乃至主题式的节庆活动等来实现。首先，华强方特在餐厅和酒店环节上并未深度植入IP人物主题，芜湖方特酒店的“熊出没”主题房采用卡通形象的床品、壁纸等来进行打造，设计感不足。而其他众多园区的餐厅在细节处也未进行主题化的处理，设计感不足。主题餐厅和主题酒店作为主题公园二次消费的重要场所，除了满足游客的饮食喜好外，全面植入该主题公园的文化理念，大到空间环境设计、服务设计、菜品设计；小到纸巾盒、餐具和浴袍等其他配套产品及设施。通过统一的视觉效果和文化氛围，让游客即便在用餐和休息时，也能满足游客的精神消费需求。其次，衍生品的供给，在种类上和特色上都不足，缺乏设计感。主题公园所销售的衍生品在品质上和创意上一定要优于园区外所销售的产品，传递快乐给游客，才能吸引游客购买。最后，方特主题公园衍生品的营销体系不够完善，衍生品的投放区域、宣传力度、智能购买系统等都不尽如人意。主题公园自身也将开放一些区域规划给小商户贩售小吃和玩具，而这些低劣的玩具在很大程度上形成了游客对方特自有衍生品认知的障碍。众所周知，迪士尼的一个气球卖到 60 元，方特在主题公园下游衍生品上还有很大的利润提升空间。

五、主题公园开发的 IP 运用建议

（一）形成自有的 IP 生态圈

目前方特在原创 IP 和传统 IP 主题公园运用和开发上已经取得了很大的进展。但与国外一流的 IP 产业相比较，还有很大的差距。方特可以在未来几十年打造自有的 IP 生态圈。首先，进行 IP 生态圈的战略布局，正如孙子兵法中所述："谋定而后动，知止而有得"。一个完善的 IP 矩阵的形成需要自上而下的布局，需要时间的沉淀。目前，中国主题公园的 IP 开发或者运用都太急于求成，期望在几年期间就能通过资本运作和市场营销迅速获利，这种投机的心态本身是违背市场运作规律的。如美国漫威的英雄影视宇宙 10 年前就铺好人物故事出场顺序，形成了矩阵式的延伸，公司可以十年磨一剑来打磨一个角色，如"蜘蛛侠"从漫画到电影屏幕总共走了 35 年的时间；"复仇者联盟"则经过了 70 年的打磨，一度解散又重生。这样漫长的时间积淀使得 IP 不止成为国民 IP，而且成了全球的 IP。中国想要重新打磨传统 IP，使其在全球的 IP 之争中拥有话语权；又或者想从无到有打造自有的超级 IP，需要时间积淀，需要有全球化视野的布局。其次，IP 生态圈的建构应当发挥协同效应。例如漫威用《复仇者联盟》将几乎所有的旗下的漫威英雄都联系了起来，其故事已经渗透地球的每一个角落，打动了全球不同民族、不同文化、不同年龄的观众。而方特塑造的 IP 仅限于少年儿童，当少年儿童长大后，再重游方特的主题公园，只能说是寻找儿时的回

忆，并不具备足够的吸引力。而传统文化的开发方面，方特很好地还原了传统文化的原貌，但在创意上相对弱一些。目前在方特的东方神画开发上，是以中国传统文化为主，故事上也是选用耳熟能详的故事如《孟姜女》《火焰山》《女娲补天》等。然而，各个主题馆之间的内在并无一定的关联，有些馆如《牛郎织女》《千古蝶恋》这种同类属于爱情题材的故事，在开发手法上即便采用了不同的科技手段和表现形式，也容易因为创新不足而产生视觉和审美疲劳。

（二）精耕细作进行IP上游开发与主题公园运用

主题公园的文化元素挖掘不够深入，影响了游客的体验感受。华强方特的AR和VR运用已经十分成熟，在制作水平上达到了国际水准，但文化内容挖掘可进一步深化。我国上下五千年的历史所形成的丰富素材，本身就是一个取之不尽的资源库。而资源可通过创新化的表达赋予新的娱乐体验。如迪士尼的《花木兰》和《功夫熊猫》，运用中国元素讲述了普通人成长为超级英雄，实现自我价值的故事。中国主题公园的消费群体大多为年轻人和携带小孩的三口之家，他们崇尚个人英雄主义，喜欢表达态度、表达观点。按照老一辈讲故事或者讲历史的叙事化表达来体现传统文化的内容，并不能满足这些新生力量的消费需求。这也是方特开发的产品系列中《牛郎织女》的游客满意度不如《女娲补天》来的高的原因。方特在文化元素挖掘上可以更贴近于新生代的心声，在一定的程度上创新剧情，使得传统的人物形象更加有血有肉，以满足游客的幻想需求。

此外，方特在开发上对地域文化的表达不够完整。方特与迪士尼主题公园的本土化策略不同，采用的是快速复制的发展模式。由华强方特的总部统一对IP人物进行研发，设计系列的主题性产品，随后复制到全国各地的主题公园中。对比全国各地的方特主题公园，园区内的核心项目大多是相同的，如方特梦幻王国的项目主题“逃出恐龙岛”“立体魔幻城堡”等项目，以及东方神画的“水漫金山”“女娲传奇”“九州神韵”等项目，在厦门、株洲、芜湖等地区的主题公园都有重复出现。这种开发模式的规模化效应是十分明显的：一是可以集中资金和精良的团队对文化内容进行深入挖掘；二是通过集团化经营降低采购、运营和内容维护与创新的成本；三是通过复制可以在全国各地快速扩张并在较短时间内获得收益最大化。但是其缺点也是十分显著的，各地区同类型的主题公园项目的高度相似，使得各地区并没有对当地的文化资源进行深入的挖掘和开发，没有体现出区域性的特色，从而导致文化内涵在某种程度上的缺失。与中国主题公园大规模圈地运动相比较，迪士尼公司非常谨慎地进行选址，近 60 年来相同主题类型的公园在全世界只有 5 家。上海迪士尼乐园从申请、立项、规划和建园总共用了接近 10 年的时间，而迪士尼的动漫 IP 形象则不断地创新，IP 体系不断地丰富。主题公园产品的稀缺性不断地刺激消费者的需求，而其在主题公园在场景设置、园区环境、硬件和软件以及衍生品的全产业链上都能不断地给予游客惊喜。

（三）巧妙地运用科技打造 IP 体验价值

主题公园的 IP 内容需要通过科技技术进行呈现，好的科技手段可以为游客提供震撼性的视觉效果。迪士尼主题公园将科技与 IP 的文化合为一体，大有“润物无声”的境界。例如旅游者在体验 4D 的项目时，当荧幕上呈现出草原的影像时，甚至可以呈现出大草原青草味道的嗅觉效果。而以“科技 + 传统文化 IP”为主打的东方神画系列，在科技融合的时候体验感不足，震撼效果因为技术、场景设计等原因体验的满足感大打折扣。方特主题公园的硬件设施不够完善容易导致科技与文化融合的脱节。例如厦门方特的“水漫金山”项目，故事的前端旅游者乘坐着小船，在小桥流水的场景中，沉醉在虚拟投影的宋代街区和现实演员“小青”的人物表演中，具有较好的视觉感官体验。到了关键的“水漫金山”环节，游客则需要下游船排队进入另外一个剧场，在此造景下运用水流冲射给游客造成水漫金山的视觉体验。该环节的表演需要 600 吨的水在计算机控制下奔腾而出，向游客扑面而来。在理论上和程序设计上都具有巨大的心理震撼，而场景打造的不完善大大降低了故事的连续性，也降低了游客的体验感受。

在项目开发中，IP 为魂，故事为载体，而科技为用。魂、体、用应当实现无缝对接，才能创造出沉浸式的体验效果。国内主题公园在 IP 打造上显得有些杂乱无章，开发手法上并没有花费太多心思去琢磨客户的深层需求，讲好故事。一下子就把传统文化用新的方式呈现出来，用全息电影也好，遥感体验装置也好；这里面能够打动顾客灵魂深处的文化元素还不够深刻，并不能一击即中。游客的整个体验应当是延续性的，科技是主题公园满足游客幻想的一个手段，而真正打动游客的，会是通过科技所要讲述的故事。这个故事可能会引起他们的回忆、引发他们的共鸣和认同。而在主题公园这个虚拟场景中放下现实的一切与亲人或者朋友共同创造一个体验，这个体验本身也将成为难以褪色的旧照片，一直会引发游客的回忆。笔者认为，游客体验的全链条可以分为三个部分：一是认知场景。在这个场景中，游客尚未抵达主题公园，但他们已经熟悉了主题公园所运用的 IP

形象，这些 IP 人物满足了游客的情感需求，存在于游客的脑海中，形成了特定的影像。第二部分是虚拟场景。主题公园通过一系列的硬件和软件，将故事搬入高科技体验的场景中。现代的科技技术可以植入现实中不可能实现的元素，可以带你去远古世界，可以深入海底探险，也可以和魔王作战，和精灵嬉戏。第三部分为价值再创场景。价值再创是游客和主题公园一同完成的，游客带着对主题公园 IP 形象现有的认知，通过虚拟场景完成了自我人物设定，将自身代入虚拟的世界里得到了畅爽的体验。然而游客最终可以带回家成为永久记忆的是通过第三部分价值再创实现的，游客在游览当日同谁一起？是与孩子、爱人还是朋友？是一起欢笑还是一起尖叫？喜欢幻想的小男孩和主题公园的熊大留下了珍贵的照片，小情人在千古蝶恋的观影过程中第一次牵手，都是游客经由主题公园梦幻的场景中创造出来的独一无二的体验。主题公园经由高科技的包装，IP 的内容呈现，和环境的设置，同游客进行了个性化的价值再创。最终打动游客的，一定是有灵魂的故事，而不是高科技本身。

主题公园传统元素 IP 的开发，是决定未来主题公园成败的关键。借用人类社会学家费孝通先生的名言来进行总结：“传统是社会累积的经验，文化本来就是传统，不论哪一个社会，绝不会没有传统的”（费孝通，1990）。而瓦德在对日本现代化跨越式发展的研究中也提出，日本的成功将现代的制度和传统完美地结合起来，二者的关系是共生，而非敌对的（R. Ward，1965）。故而，笔者认为，没有那些传统的美学，现代化只剩下一片冰冷的盔甲。主题公园发展亦然，倘若要创造出好的作品，首要是将中华民族的传统文化进行创新，满足国人疲惫生活中的浪漫幻想，通过科技营造出震动灵魂的体验。也只有这样的内容塑造和匠心制作，中国的主题公园才能在全球化的竞争中脱颖而出，才能称得上真正的“生产快乐的乐园”。

参考文献

[1] 尚光一. 网络文学 IP 版权多元化运营分析 [J]. 出版参考，2017 (07).

[2] 林焕杰. 中国主题公园与区域经济 [M]. 北京：经济科学出版社，2013.

[3] 李正良，赵顺. 影视业 IP 热背景下的冷思考 [J]. 电视研究，2016 (02).

[4] 唐昊，李亦中. 媒介 IP 催生跨媒介叙事文本初探 [J]. 民族艺术研究，2015，28 (06)：126 - 132.

［5］ 向勇，白晓晴．场域共振：网络文学 IP 价值的跨界开发策略［J］．现代传播（中国传媒大学学报），2016，38（08）．

［6］ 刘琛．IP 热背景下版权价值全媒体开发策略［J］．中国出版，2015（18）．

［7］ 江小妍，王亮．泛娱乐环境下的 IP 运营模式研究［J］．科技与出版，2016（05）．

［8］ 李丹凤．浅析泛娱乐背景下网络文学的 IP 价值［J］．新闻传播，2015（24）．

［9］ 张秋．粉丝经济视角下的泛娱乐 IP［J］．青年记者，2017（12）．

［10］ 朱永润．基于 4I 原则对网络 IP 改编剧的整合营销分析［D］．北京：北京印刷学院，2017．

［11］ 张晓黎．IP 热背景下《红楼梦》的产业开发［J］．曹雪芹研究，2018（01）．

［12］ 杨柳．网络文学 IP 产业链的开发——以网络小说《择天记》为例［J］．视听，2018（02）．

［13］ 许茜．好莱坞“漫威”与国产“西游记”电影 IP 运营比较研究［J］．岳阳职业技术学院学报，2017，32（01）．

［14］ 迈克·费瑟斯通，消解文化：全球化、后现代主义与认同［M］．杨渝东，译．北京：北京大学出版社，2009．

［15］ John Thompson. Merchants of Culture［M］. Cam-bridge：Polity，2010.

［16］ 董观志．旅游主题公园管理原理与实务［M］．广州：广东旅游出版社，2000．

［17］ 新旅界，华强方特 2017 年年报，http：//mini. eastday. com/mobile/180325172740330. html#，2018.

［18］ 方特官网．［EB/OL］. http：//www. fangte. com.

［19］ David A. Aaker. 管理品牌资产［M］．北京：机械工业出版社，2012．

［20］ 让·鲍德里亚．消费社会［M］．南京：南京大学出版社，2001．

［21］［美］亚伯拉罕·马斯洛．动机与人格（第 3 版）［M］．北京：中国人民大学出版社，2013．

［22］ 米哈里·契克森米哈．心流：最佳体验的心理学［M］．北京：中信出版社，2017．

［23］ Berelson B. Content analysis in communication research［J］. The Library Quarterly：Information，Community，Policy，1952，22（4）.

［24］王永明，王美霞，李瑞，等．基于网络文本内容分析的凤凰古城旅游地意象感知研究［J］．地理与地理信息科学，2015，31（1）．

［25］费孝通，张之毅，云南三村［M］．天津：天津人民出版社，1990：11．

［26］R. Ward.“Japan：the continuity of modernization” political culture & political development ［M］. Princeton University，press，1965.

花卉主题公园的开发与运营研究

郭柏峰*

花卉主题公园是主题公园与休闲农业发展到一定阶段后相互结合的产物，是游客需求、旅游模式与花卉产业转变背景下的新实践。本文以花卉主题公园为研究对象，对其内涵及开发运行进行了系统研究。全文共分六部分：一是绪论部分介绍了花卉主题公园发展的背景，并提出研究的问题；二是结合主题公园与休闲农业的国内外发展概况，系统梳理花卉主题公园的发展历程及相关研究现状；三是对主题公园的相关概念进行了界定并详细介绍了花卉主题公园的内涵、特点、功能及分类；四是通过对花卉主题公园规划层面进行分析，并从总体规划与专项规划两各方面进行了具体讨论；五是对花卉主题公园的营销策划进行了理论分析，并将相关规划研究成果运用到实践项目中，从理论和实践相结合的层面进行了科学论证；六是结论部分，对本文的主要观点进行了总结归纳，以期对我国花卉主题公园的规划与开发运营起到一定的指导。

一、绪论

花卉以其鲜明的色彩、丰富的造型与怡人的气味受到了人们的喜爱，自古以来，人们栽植、欣赏花卉，文人墨客们以花卉作为对象，创造出了丰富的文艺作品，也逐渐形成了多样的花卉文化。同时，随着社会的不断发展，主题公园建设数目持续增长，从单一的游乐型逐渐呈现出多样化的发展趋势，与此同时，休闲农业在新时代的背景下出现与花卉结合的趋势，主题公园与休闲农业结合逐渐出

---

* 郭柏峰，杭州赛石园林集团有限公司董事长，“赛石”品牌创始人，新西兰奥塔哥大学商学院在读博士研究生，浙江大学高级管理人员工商管理硕士（EMBA）。中国花卉协会绿化观赏苗木分会副会长、浙江省工商联园林花木商会副会长、山东省绿化苗木协会副会长。深耕园林行业20余年，在花卉苗木选育、园林景观营造、项目规划设计等方面见解独到，在花木商业模式创新领域具有资深的运作管理经验。在其带领下，赛石园林已经成为享誉行业的知名品牌。

现了花卉主题公园这一新的主题公园业态。近年来，花卉主题公园的建设数目虽然在不断增多，但是仍然有许多花卉主题公园处在勉强维系或亏损的状态（李田，2010），相关理论研究也比较缺乏，因此对花卉主题公园规划的研究对此类公园的建设与相关旅游业的发展有着重要的意义。

生活在经济飞速发展时代的人们正承受着来自生活与工作上的压力，所以在闲暇时间人们需要得到身心的放松，外出观光成为人们放松方式的首选。主题公园具有明显区别于常规公园的环境特征，这种具有鲜明特点的旅游空间更能够满足游客对游玩环境的初步需求。所以主题公园的出现在最开始往往会取得人们的关注。1952 年的荷兰马都洛丹景区的开放，标志着世界上第一个真正意义上的主题公园出现（封云、林磊，2004），之后美国迪士尼乐园在世界各地取得了成功，掀起了国内外建设主题公园的浪潮（王程，2009）。1989 年深圳的“锦绣中国”景区是国内第一个主题公园，其独特的内容与形式吸引了众多游客，并在国内取得了一定的成效（马蕾，2009），国内开始出现建设主题公园的热潮（任丽萍，2012）。然而在主题公园的数目迅速增长的同时，出现了创新性不足，仅仅依靠单一的模仿、复制已有主题公园的主题与设施的问题，同时规划设计不够完善，基础设施建设情况较差，缺少丰富的文化内涵和附加价值，不足以满足人们不断增长的游玩需求，不能持续吸引游客，由于出现亏损而无法保证主题公园的持续运营，有的无法维持而导致关闭。

为解决此类问题，首先要使主题公园满足游客不断变化的需求，主题公园在开始寻求多样化的发展模式，逐渐与花卉结合形成了花卉主题公园。与此同时，物质生活的提高，使人们的精神世界日益丰富，游客的游览需求从走马观花式的粗放型逐渐转变为体验模式，在欣赏美景的同时，游客更加注重游览过程中的体验与经历，通过这样的方式获得精神上的放松与满足。游客的旅游需求更加注重游览过程中内心的感受，需要多元化、个性化的体验。因此，游客对主题公园的需求不再仅限于观赏功能、娱乐功能，还有参与功能、体验功能、教育功能等（任丽萍，2014）。而规划完善的花卉主题公园拥有丰富的花卉主题景观，独特花卉文化内涵，多样的科技设备以及有趣的互动体验，能够满足游客的新需求。

花卉以其鲜明的外在美感、多样的造景方式、丰富的内在文化受到了广大游客的喜爱，越来越多的人们不仅在节假日用花卉相互赠礼，表达心意，在平常生活中也时常用来装点室内外环境。近年来，花卉旅游成了春游四大主题旅游之一（赏花旅游、温泉旅游、登山旅游、海岛度假）。且近几年来随着各地花博园、园博园的开展，花卉景观在增添景观色彩，营造主题景观方面的优势逐渐被人们重视。从国内外的花卉旅游发展历程不难看出，花卉旅游的持续健康发展建立在发达的花卉产业基础之上（向宏桥，2014）。因此，在农业主题公园等新模式的探索下，我国花卉产业的迅猛发展为花卉主题公园的建设提供了良好基础，花卉主题公园的发展前景十分广阔。

二、国内外花卉主题公园发展概况

花卉主题公园是主题公园与休闲农业发展到一定阶段后相互结合的产物，是游客需求、旅游模式与花卉产业转变背景下的新实践。要了解花卉主题公园的发展运行概况，首先需要对主题公园与休闲农业发展与相关理论研究进行梳理分析，其次应立足于两者的发展演变过程，结合花卉主题公园的实践，才能够对花卉主题公园的发展概况进行全面深入认识。

（一）国外发展概况

主题公园与休闲农业发展相互融合产生出新的主题公园业态——花卉主题公园。梳理国外主题公园与休闲农业的发展历程，既能够了解不同阶段主题公园发展的联系，又能够深刻认识花卉主题公园的现实实践。

在主题公园与休闲农业发展的背景下，逐渐产生了多元化的发展趋势，两者发展也逐渐交叉，形成了农业主题公园的形式，在不断的实践中逐渐形成了多样化的发展趋势，与花卉结合之后形成的花卉主题公园随之发展起来。由于花卉主题公园与花卉产业有着密切的关系，所以，花卉主题公园率先从花卉产业发达的国家发展起来，代表国家有荷兰、加拿大、迪拜等。荷兰有着深厚的花卉文化积淀，有着发展花卉主题旅游的天然优势，从而成为世界上第一批出现花卉主题公园的国家。如荷兰的库肯霍夫公园，以荷兰最具盛名的花卉——郁金香为主题，种植了种类多样的郁金香，与其他花卉一同构成了色彩丰富、颇为壮观的花卉主题景观。随着花卉产业在其他国家的不断发展，不同国家出现的花卉主题公园也各具特点：如加拿大布查特花园种植了来自世界各地的奇花异草，利用特色的矿坑地形与世界各地标志性景观布局设置特色主题花园，形成了美丽动人的独特景观；迪拜奇迹花园中种植了郁郁葱葱的 4500 万株花卉，在地面上组成各种绚丽的图案，装点在造型各异的建筑与景观上，形成了蔚为壮观的“沙漠绿洲”景象；新加坡滨海湾花园中以充满科技感的“擎天树”、植物温室与冷室为主体，汇集了来自世界各地的植物与花卉。世界各地的花卉主题公园均以绚丽的花卉景观、合理的规划布局、丰富的活动体验取得了巨大的成功，每年能够吸引大量来自世界各地的游客前来参观，花卉主题公园也在不断发展。

通过上述对花卉主题公园发展情况的介绍可知，国外花卉主题公园最先依托于花卉产业的发展，在花卉主题公园建设取得一定成效之后各个国家也不断建设各具特色的花卉主题公园。但是在理论研究方面，由于花卉主题公园是较为新颖的主题公园业态，而且种类多样，国外研究较少涉及相关理论层面，更多的研究是集中于主题公园与休闲农业的相关实践层面。可见，花卉主题公园相关的理论研究亟须深化。

（二）国内发展概况

分析国内花卉主题公园的发展概况，同样需要对国内主题公园与休闲农业的发展及相关研究进行整理与分析，综合两者发展历程分析出一定的规律，帮助研究花卉主题公园的发展概况。

花卉主题公园是在我国主题公园与休闲农业发展到一定阶段下，不断探索新模式、新发展时相互结合的产物。近几年我国花卉主题公园从经济较为发达的城市的近郊率先兴起，如北京、上海和广州等大城市的近郊，迅速发展，数量不断增加。以北京为例，北京市政府在 2009 年提出“百万市民走进京郊”活动，首批推出了 17 个花卉观光园，并从单一的观光型逐渐发展为综合型的花卉主题公园，如丰台区世界花卉大观园包括了观光、科普、购物、餐饮等功能，同时拥有来自世界各地的花卉植物、现代化的生产技术以及丰富的游客体验活动吸引着广大游客；以珠三角的花卉主题公园为例，如广州香草世界以薰衣草作为重点景观，并设置有玫瑰园、七彩花田等花卉景观以及丰富的游客互动体验项目。随后，花卉主题公园逐渐向国内其他城市发展，如四川成都的三圣花乡，以花卉文化作为主题，运用当地丰富的农业资源，加入花卉文化内涵，建立了具有特色的四季花卉主题景观。

我国花卉主题公园建设的形式多样，不同类型、不同地区的花卉主题公园各具特色，但是从实践建设的规律中能够发现，由主题公园与休闲农业发展而来的花卉主题公园从最初的单一观光功能或主题娱乐功能，发展到度假休闲功能，并正在向综合体验功能不断发展，成为未来花卉主题公园建设的趋势。如今花卉主题公园在我国许多城市的建设数目不断增加，但针对性的研究大多数还停留在花卉观光园等形式的花卉旅游目的地的政策研究，或是对于花卉主题公园植物景观营造方面的商业化模式探讨，针对花卉主题公园规划的研究还较为缺乏。

三、花卉主题公园相关概述

（一）相关概念界定

1. 主题公园

从第一座主题公园出现以来，经过60多年的发展，其内容与形式不断推陈出新，所以对主题公园的概念界定一直没有统一的解释。在主题公园最初出现时，美国国家游乐园历史协会（National Amusement Park History Association，NAPHA）对主题公园的定义是“乘骑设施、吸引物、表演和建筑围绕一个或一组主题而建的娱乐公园”。主题公园在线（theme parks online）将主题公园定义为“公园的面积较大，设置了一个或者多个主题，并围绕相关主题设置特征明显的乘骑设施与吸引游客的标志物”。相关的类似概念是基于当时以迪士尼乐园为代表的主题公园所下的定义，还有观点认为主题公园是“以特定的主题作为基本导向，将连续性的建筑物与相关设施结合，利用娱乐与商品营造幻想氛围的家庭娱乐综合体”。随着主题公园在国内的出现与发展，我国学界对其概念的认识也不断深入，如表1所示。

表1　国内学者和相关机构对主题公园概念的界定

序号	研究者或机构名称	时间	观点或内容
1	保继刚	1994年	主题公园是以一个或多个主题创造特殊环境气氛的人造旅游资源，并此环境氛围来吸引游客
2	楼嘉军	1998年	主题公园是根据一个特定的主题，运用科学化的技术手段和层次丰富的空间活动布置内容，具有娱乐设施、休闲要素和相关服务设施的旅游目的地，主要特点为个性化、多元化，同时投入与价位相对较高
3	吴承照	1998年	主题公园具有明显的商业性，并根据某一主题创设出舞台化氛围的游憩空间
4	董观志	2000年	将主题公园称作旅游主题公园，认为旅游主题公园是能够满足游客的多种休闲娱乐需求，根据不同需求建设的具有主题性游园线索，以及经过合理策划的活动内容的现代旅游目的地

续表

序号	研究者或机构名称	时间	观点或内容
5	吴必虎	2006 年	主题景区即是指以一个或者多个主题为中心，开展一系列的旅游活动、建设旅游设施、包装和整合旅游产品的一种旅游资源组织方式，主题景区是主题公园内涵的延伸与内容的发展，会随着旅游资源的整合而不断扩大产业链
6	林焕杰	2013 年	主题公园是为了满足旅游者的娱乐休闲需求，围绕既定的主题，利用科技、文化等表现手法，通过人工建造的吸引物以营造一系列有特别的环境和气氛的大型现代的休闲、娱乐场所
7	中华人民共和国国家发展和改革委员会	2011 年	主题公园是围绕一个或多个主题元素进行组合创意和规划建设，通过营造主题文化氛围、运用现代科学技术手段、设置多层次的活动内容，集多种娱乐活动、休闲要素以及服务接待设施于一体的旅游文化场所
8	中华人民共和国国家质量监督检验检疫总局和中国国家标准化管理委员会	2013 年	主题公园是以一个或多个特定内容为主题，为游客提供有偿休闲体验与文化娱乐活动的园区，并且投资具有一定规模，以营利为主要目的，实行封闭式的管理

资料来源：笔者根据相关资料整理所得。

虽然不同学者对于主题公园的定义有着不同的观点，但通过对这些观点的整理和总结可以得到主题公园中的几个关键概念：第一，主题公园在具备公园基本特征的基础上拥有一个或多个主题贯穿全园，既满足公园的游赏娱乐功能，又能够提供特色园林景观；第二，主题公园不是天然旅游资源，而是通过人为创造得到的结果；第三，主题公园以营利为目的，具备完善的运营管理的园区，可配套有商业街、酒店等设施。综上，本文将主题公园的概念界定为，以一种或多种元素为既定主题，能够满足游客旅游娱乐休闲需求的，运用现代科学技术手段、营造丰富的主题景观、设置多样的文化主题活动、具备相应服务与接待设施，以营利为目的的人造旅游空间。

2. 花卉主题公园

花卉是植物资源的一个重要组成部分，而花卉的定义则有狭义与广义之分。狭义的花卉仅仅是指具有观赏价值的草本植物，广义的花卉除了有观赏价值的草本植物，还包括草本或木本植物，是观赏植物的统称，以观花植物为主。在花卉主题公园中，取花卉的广义定义，即观赏植物的总称进行研究。观赏性植物具有很高的观赏价值，人们自古以来就以其为对象开展了丰富的审美活动。花卉美可以分为“形态美”“风韵美”“意境美”。

“形态美”主要指花卉的外观带来的审美感受，包括花卉的色彩、形态和气味等。而花卉的“风韵美”是指花卉“形态美”的升华，能够体现花卉的个性与气质。“意境美”是指花卉融入了人的情感与寄托。花卉的客观与主观美感给人们带来了丰富的视觉与情感体验。

综合上述，根据主题公园、休闲农业园、农业主题公园以及花卉的相关概念分析可以得出，花卉主题公园（flower theme park）是农业主题公园的类型之一，是一种以花卉作为主题，开发花卉主题景观，营造公园式游览环境，能够满足游客旅游娱乐休闲需求，运用现代科学技术手段、塑造丰富的花卉主题景观、设置多样的花卉文化主题活动、具备相应服务与接待设施，以营利为目的的人造旅游空间。

（二）花卉主题公园的基本内涵

在花卉主题公园概念明确的基础上，需要对花卉主题公园内涵进行进一步的阐明，经过相关研究，本节阐述了花卉主题公园的特点、功能、分类、发展意义等内容，基于这些相关研究，能够为接下来的规划研究提供基础和依据。

1. 花卉主题公园的特点

基于花卉主题公园的基本概念，可分析出花卉主题公园不同于其他公园的特点。一是公园应当有明确的主题性，突出花卉在公园造景中的重要地位；二是花卉景观应当有观赏性，能够带给游客赏心悦目的观景感受；三是花卉主题公园还应展现出一定的文化内涵，包括花卉植物的文化以及地域文化的展示；四是为迎合游客们对于体验式休闲游览的需求，花卉主题公园应设置多样的活动；五是花卉主题公园应当做到可持续发展，通过盈利维持良好的运营。

（1）公园建设的主题性。鲜明的主题是主题公园核心竞争力的所在。花卉本身具有鲜明的主题特征，因此对于花卉主题公园来说，鲜明的花卉形象认知是其显著的特点。花卉是花卉主题公园的灵魂所在，花卉主题公园中通常设定有一个或多个花卉主题，大量运用观赏植物，以人造景观为主，通过不同的构景手法营造空间。同时，花卉不仅作为观赏植物可加强主题性，还可成为重要的主题元素在公园中重复出现，成为贯穿全园的线路，从而不断强调出花卉主题。

（2）花卉景观的观赏性。花卉主题公园应当满足游客观赏、游憩的需求，花卉本身即是很好的造景元素，园中可以灵活运用花卉丛植、群植、花境等丰富的配植方式营造出不同氛围的景观。一方面不同花卉生态习性差异很大，不同的花卉在不同的环境下形成的景观也有所不同，花卉景观中的景观规划设计的效果往往是在花卉开花的过程中实现的，所以不同的季节形成的景观效果也大有不同；另一方面花卉的色彩鲜艳、丰富，不同花色搭配也会给游人带来不一样的视觉与心理感受。花卉的造景特点更加增添了花卉主题公园中景观的观赏性。

（3）丰富独特的文化性。

花卉主题公园中的文化性会影响到主题公园的可持续发展。第一，花卉主题公园应当展示出花卉独特的文化，渲染出不同的园林意境。选用花卉时，也应当考虑到不同花卉的文化底蕴，在我国悠久的历史文化中，许多花卉被赋予了不同的文化内涵，所以在花卉的选择与搭配时也应考虑到文化因素。如在传统文化中，牡丹是富贵的象征，莲花被视为纯洁与高雅，梅花代表着坚忍与傲骨，这些花卉的文化内涵通过合理的规划，能够使园中的艺术氛围与文化气息达到更高的层次。第二，花卉主题公园中同样能够展示出当地独特的地域文化，对挖掘提取出的文化资源进行整理分析，融入花卉主题公园当中，展示当地独特的文化内涵，带给本地游客强烈的归属感，外地游客崭新的文化体验。

2. 花卉主题公园的功能

花卉主题公园以公园化的环境、鲜明的花卉主题景观与丰富的花卉体验活动为游客提供游憩休闲的空间，能够发挥重要的环境效益、社会效益与经济效益。

（1）科普教育功能。花卉主题公园是观赏性植物展示的平台，而自古以来人们便有在家中、庭院中种植观赏性植物的传统。生活在现代的人们在繁忙的工作之余培育植物时，若不能掌握良好的植物培育知识与技能，无法使得植物生长健康。同时我国的花卉文化历史悠久，在古代的文学作品与艺术创作中，花卉是重要的元素。而花卉主题公园担负着传播花卉知识、发扬花卉文化的责任，向游客传播花卉培育技能，可设置宣传长廊、宣传展牌，并充分利用现代科技手段，通过实物、图片、文字、音频、视频等多样化途径，全面立体地向游客展现花卉文化、花卉生态习性等相关知识，提高人们的花卉知识素养，养成爱护植物、爱护环境的良好习惯，使游客在游览中不仅体会丰富的感官享受，同时也能学到科普知识。

（2）观赏游憩功能。花卉主题公园中应用种类丰富的观赏性植物，通过合理的规划以及不同的配植方式，充分发挥其观赏价值，通过色彩与形状组成带有艺术气息的优美景色，供游人观赏。花卉主题公园的客源主要以周边城市的居民为主。随着社会的快速发展，长期居住在城市的人们生活节奏加快，所以人们在紧张忙碌的工作学习之余，渴望亲近自然、回归自然，而花卉主题公园能够提供给人们亲近自然与观赏花卉景观的场所，优美的环境能有效缓解现代城市中紧张、单调的生活给人们带来的精神压力，使人们消除疲劳，并且拥有区别于一般公园的主题景观，凭借花卉特色主题的优势，能够满足人们寻求多样化的游憩需求，尽情感受花卉景观带来的自然体验与悠闲的氛围。

（3）环境美化功能。花卉主题公园是周边景观效果的重要构成部分，花卉主题公园中大量运用观赏性植物，色彩丰富，形态优美，并会随着季节的变化呈现出不同的景观，给人们的生活环境增添了自然的生机，花卉植物的季相变化能够带来景观视觉变化，可以给人带来时令上的不同景观，感受四季的变化。同时，公园中地形高低变化，与周边城市建筑形成对比，城市的空间层次更加丰富，达到美化环境的艺术效果。

3. 花卉主题公园的分类

在花卉主题公园的建设中出现了各具特色的类型，由于各类花卉主题公园发展演变过程各不相同，其内容与形式均有所差异，而主要功能也各不相同。对花卉主题公园进行合理的分类，有助于进一步的研究分析，根据其发展的趋势对未来花卉主题公园建设提供借鉴。因此，基于上文对花卉主题公园功能的分析，根据各类花卉主题公园的主要功能以及发展历程对花卉主题公园进行如下分类：

（1）植物科普型。此类型的花卉主题公园较为特殊，多数由城市内植物园发展演变而来。最初的植物园以科学研究为主要目的，17 世纪开始皇家或私人不断建立植物园，并引进了种类丰富的植物，其中包括大量花卉，植物园的功能逐渐由单一的科研功能向展览功能演变。随着主题公园的建设热潮逐渐兴起，单纯的科研、展览功能开始逐渐扩展，在经营上引入的主题公园的建设经营理念，以花卉等观赏性为主的植物园结合主题公园成了集植物观赏、科普科研、休闲娱乐多种功能的花卉主题公园，从而带来更多的综合效益。如英国的康沃尔郡伊甸园，由矿坑改造建设了全球最大的生态温室，不仅能够为游客提供观光游览场所，还设置了丰富的科普教育体验活动，伊甸园中汇集了几乎全球的植物，在园内游览时，会被各种观赏性植物包围，同时能够参与到丰富的主题科普体验活动中，如植物种植教学、志愿者活动、亲子俱乐部、学习园艺技巧等。

（2）主题游乐型。此类型的花卉主题公园多数由主题公园结合花卉景观而产生，往往带有早期以游乐设施为主的主题公园的特征，以花卉作为公园造景的主要元素，大面积布置花卉展示、观赏区域，其中设置的活动多数以各种游乐设施为主，花卉作为最主要的布景在园内存在，而与各项活动的相关性不高，活动项目的设置相对固定，花卉布景也基本不会进行更新，所以花卉观赏期较为固定，其他季节主要通过游乐设施吸引游人，此类经营方式无法获得良好的效益，所以此类花卉主题公园也在不断加入更多的体验活动与文化内涵。如位于日本北海道的芝樱公园，每到春末夏初大片的芝樱（也被称为丛生福禄考、针叶天蓝绣球），并在花卉开放时举办芝樱祭等活动，多彩的花田吸引了广大游客，同时在花田中设置了卡丁车赛道等游乐设施供游客娱乐。

（3）生态度假型。此类型的花卉主题公园往往依托于得天独厚的自然资源，拥有大面积的生态园区，并拥有发展较为完善的度假休闲场所等，而花卉主题公园往往作为度假园区中的一个景点，属于度假园区范围内的一部分，并在花卉主题公园中增加各种休闲活动，构建花卉主题公园中完整的游览项目。此类花卉主题公园总体偏向于休闲旅游，花卉与周边自然环境相协调，而体验活动、科普教育等方面的内容相对较为欠缺，其主要目的是为前来度假的游客提供独特的花卉景色，使游客在园区内放松身体、舒缓心情，同时能够丰富度假区内的景观类型。如成都石象湖景区，位于国家级生态示范区成都市浦江县境内，湖水与森林景观与花卉景观相结合，打造了花博园等景区，除了花卉文化外，还有古城历史文化、佛教文化、道教文化与茶香文化，结合森林度假区与丰富的花卉景观形成了景色优美的复合性生态度假区。

四、花卉主题公园的规划

（一）道路交通

道路交通是公园的骨架和脉络，是公园中的重要组成部分之一，具有组织游人参观路线、连接景区、提供散步道等功能，同时园路作为公园景观中的一部分，其景观设计应被设计者重视。花卉主题公园的道路交通系统一方面通过入口的合理设置与外部交通建立便捷的联系，另一方面还担负交通引导与景观功能。同时，园路还能够分隔空间，将整个花卉主题公园划分成不同的区域，所以，在进行道路交通规划的时候，要结合功能区的布置进行规划，主次分明，统筹规划。使游客遵循规划的道路游览时能够到达各个景点，并满足紧急情况疏散、消防安全、公园内部供应等要求，并在此基础上做到线性优美流畅，坡度适宜，形成循环，将游客正确引导到下一个景点。

1. 道路分级

花卉主题公园一般面积较大，所以园路的规格应当有主次之分，同时对于坡度也有一定的要求，具体要求如下：

（1）主要道路。主要道路是花卉主题公园中的主干道，是公园中等级最高的道路，也是全园的骨架，由公园入口连接到各个功能区内部，是绝大部分游人必须经过的道路，主干路还应当满足消防车道的要求以及管理车辆的进入，所以宽度需要达到机动车通行的要求，为 5 ~ 7 米，如果公园面积较大，也可设置为 8 米以上，但也不宜过宽。以平道为主，坡度≤8%，且平曲线半径不得小于 30 米。一般主干道设置为环形。道路两边需要大量绿化，且最好采用高大的乔木，下方可配置灌木，需要注意的是，花卉主题公园中主干道应当能够观赏到大量花卉景观，花卉生长高度普遍不高，所以在进行道路绿化时要注意游人的视线引导，不要让乔木等遮挡游人的视线，种植时需要实际情况进行设计。

（2）次要道路。次要道路等级低于主干道，一半用于辅助连接主干道与各景点，使游人进入主干道无法到达的景观空间，是各个景区的骨架，是主干道不同方向上的分支，也是游客的游览通道，可以游览道路两边的景色。次要道路可通过小型的交通工具，如公园游览自行车，垃圾运输车等，宽度一般在 2.5 ~ 4 米，坡度可比主干道稍大一些，纵坡≤13%，平曲线最小半径不能小于 15 米，道路两边绿化以灌木为主，同时搭配草本植物。

（3）游憩道路。游憩道路的连接功能没有上述两种道路重要，更主要是为游人提供散步空间、亲近自然的机会，可以分散游人进入公园内部。游憩道路的设置可以曲折弯曲，多设置一些变化，使游人有丰富的景观体验，一般宽度为 0.9 ~ 1.5 米，纵坡≤18%，坡度较大的部分可根据实际情况进行设计，如石梯，栈道等，部分地势平坦的区域可作为骑行观赏路线，道路绿化的植物种类丰富。

2. 游线设计

花卉主题公园需要具有明确而流畅的游线，使游客通过规划好的游线顺畅地完成全园的游览过程，主要的游线规划有四种：第一种是环线组织，整个游线能够首尾相连，形成环状。第二种是线性组织，通过道路将主要景点线性串联，首尾分离。第三种是放射性组织，游线为一个中心向周围的景点呈发射状辐射。第四种是树枝状组织：类似于树枝生长的情况，分出次游线连接各个景点。

花卉主题公园中一般采取环线组织，使游客环绕全园观赏到各个景点，其他三种组织方式为辅。在实际应用时，考虑到实际情况进行游线规划方案的筛选，合理安排景点的次序，考虑游客的整体空间感受。

3. 交通方式

花卉主题公园中一般占地面积较大，单纯步行可能会使部分游客感觉疲劳，公园内可为游客提供各种代步方式，不同的交通方式运用的路线各有不同。主要分为高架交通、地面交通和水路交通。有条件的花卉主题公园可以运用空中缆车、空中自行车、高架列车等，兼具交通、观赏功能，给游客提供高空视野，具有别样的体验。地面交通除了步行游览之外，常见方式有游览车、老爷车、小火车等；水路交通可以在拥有大规模水面的园区中设置，提供手动船、脚蹬船、电动船等游览船种类。

如扬州马可·波罗花世界，除去步行游览，还为游人提供了双人自行车、四人自行车、观光小火车等多样的交通游览方式，游客可以根据不同的需求进行选择。

（二）景观设计

花卉主题公园是园林的一种，园林规划中的部分方法可适用于花卉主题公园，但另一方面，花卉主题公园有其特殊的要求。花卉主题公园的景观规划要满足主题性、艺术性、安全性、科学性、特色性的要求，同时应该有完整的景观体系，包括景观点，景观区等，景观规划中要有主次之分，形成完整统一同时多样化的景观效果，不同的景观区需要有不同的主题，围绕主题进行景观的营建，各个景观区的景观需要有所区别，同时也应与总体景观协调，各个景观区由景观节点组成，每个景观区中的景观节点也应有主次之分。进行花卉主题公园景观规划之前，需要根据收集到的基地内部现状进行分析，根据收集到的自然环境情况、城市文化资源等资料确定花卉主题公园的景观节点与特色项目，最后基于功能分区对各个部分进行具体的景观规划设计。主要包括地形、水体、建筑小品、花卉主题的景观规划。

1. 地形景观

地形是景观中承载各个构成要素如植物、道路、建筑等的基础，不同的基地中往往也会呈现出不同的地形特征，地形的功能主要有排水、营造空间、组织交通、营造植物生长环境等。可分为自然地形与人工地形。自然地形是指场地原有的地形，不需要经过人工改造就能够塑造出园林景观；人工地形是指对原有地形进行有目的性的土方填挖，从而为景观规划提供前提。勘查基地整体地势时，以遵从自然为主，减少人工改造的干扰，这样既能够减少园内土方填挖所需的费用，并减少原有环境的破坏。对于基地内部起伏不平的地形需要在规划时合理运用，具有特色的景观经过合理的设计后会形成富有特点、令人印象深刻的景观。

花卉主题公园中地形规划要充分与主题花卉植物景观相结合，从而能够突出花卉主题。在实践中，园区内的地形会有一定的起伏变化，有的较为平坦，起伏微小，花卉植物能够起到增加起伏变化的作用；有的起伏较大，可根据园中原有场地的特点设置矿坑花园或岩石花园等，不仅能够因地制宜，而且能够营造出与众不同的地形景观。花卉植物对地形的影响主要分为以下几个方面：

（1）花卉植物对地形空间的改观。地形能够形成丰富的空间，而植物自身同样也能够产生丰富的空间。在平坦的地形中，规划时若希望能够产生空间的变化，采用填挖土方的方式往往会消耗大量的资源，而利用植物的变化能够对地形缺少变化的情况进行改观。可在平坦处多种植高低不一的观赏性植物，还可通过扩大高处植物与低处植物的高差来控制对地形改观的程度，同时能够利用丰富的花卉植物种类变化强调出花卉主题。在起伏不平的坡地、山地地形中，同样能够用花卉植物对地形进行改观：如果需要加强地形变化的效果，可以在高处种植高大的植物，在低处种植低矮的花灌木与花草等；如果想要缓和地形的变化，利用相反的处理方式，高处种植低矮观赏植物，低处种植高大观赏植物。

（2）花卉植物对地形土壤的稳定。植物能够对土壤起到水土保持的作用，不同的植物对坡地有着具体不同的作用。草本植物能够起到固定土壤的作用，运用色彩丰富的草本花卉，同时还能够起到良好的主题景观效果；灌木有着耐性强的优点，同时能够防范风沙，是保护坡地的优良选择；乔木可以提供地面覆盖，根系能够稳固水土，但是乔木种植要根据具体情况而定。

（3）花卉植物对地形界面的软化。在一些地形变化中可能会出现岩石、挡土墙甚至建筑等硬质界面，在视觉与心理上给人们造成较为不适的感受，利用植物尤其是观赏性植物对其进行界面的软化，能够在提高绿化覆盖率的同时，改善硬质景观带来的不适感。

加拿大布查特花园位于加拿大温哥华岛维多利亚市北 21 千米处，是世界著名的第二大花园，在 100 多年前，这里还是一座开采石灰石的废弃矿坑，属于布查特夫妇。后来布查特夫妇决定对这块破败不堪的场地进行改造，首先对地形进行了恢复，然后开始种植植物，将该地改造成为下沉花园，通过布查特夫妇以及他们子女的努力，才有了如今布查特花园的美景。虽然布查特花园属于家族式花园，但其中的造景方式、花卉主题表达以及经营管理都有一定的借鉴学习价值，尤其是对于地形的改造与利用，能够给花卉主题公园建设一定的启示，经过改造的矿坑成为下沉花园，同时也成了布查特花园中最为著名的主题花园。

布查花园中充分利用了园内地形的原貌，并利用了植物对地形的三种改造作用。首先，通过在低处种植部分高大的植物来缓和了巨大的地形高差，并通过使用大量色彩丰富，造型多样的观赏性植物营造出浓郁的花卉主题氛围；其次，植物在矿坑的生态修复、水土保持中扮演了极其重要的角色，创造出了良好的生态环境；最后，植物的种植很好地软化了原本挖矿留下的不美观的界面，形成了美观的花园景观。

2. 水体景观

水体在公园中是必不可少的部分，在花卉主题公园中同样如此。城市园林中的水体是城市水系的一部分，因此在进行花卉主题公园水系规划时首先应当对城市水系有一定的资料收集与勘探，顺应城市生态环境建设和自然规律，在进行了现场调研的基础上，在场地内着重保护天然水体，在保护的前提下进行适当的开发利用。由于水体受到蒸发、渗漏等因素的影响，水量会有一定的损失，为解决此问题可利用周边河湖供水、地下水、雨水收集、城市供水等。在此基础上采用多样的工程技术与艺术手法营造多样的公园水体景观。

花卉主题公园水体不仅有景观功能，同时还有营造植物生长环境、防洪排涝、提供植物灌溉等功能。水景规划时首先要保证安全性，大面积水域应当在靠近岸边的部分设置浅水区，浅水区的水深不宜超过 1.5 米，深水区应当采取标识提醒等防护措施。水景规划时要注重水景的动静区分，静水能够给人带来安静的感受，平静人们的心情，动水能够给游客带来生机、活泼的景观感受，无论是形态还是水的声音，都能够吸引游客。在花卉主题公园中，既要有开阔的静水，也要有部分动水，给游客带来丰富的水景体验。同时，水景也可结合花卉景观突出花卉主题公园的特色，在岸边种植观赏性植物，并配合部分水生植物，形成丰富的水岸花卉植物景观。在静水中，水面中的观赏植物不宜种植过多，最好不要超过水面面积的 1/3，以免过于拥挤影响水面景观效果；在动水中，如溪流、跌水处，植物与流水动静对比，配以丰富的色彩，能够形成良好的景观效果。

3. 植物景观

植物是园林景观中重要的元素，尤其是对于花卉主题公园来说，植物景观规划是否合理决定着花卉主题公园建设的成功与否，而花卉景观规划又是其中较为关键的部分。

花卉景观规划。花卉景观作为花卉主题公园的主题景观，是花卉主题公园区别于其他主题公园的景观关键性元素，所以花卉主题公园的花卉景观规划的合理美观是决定花卉主题公园吸引力的关键。花卉景观规划需要搭配协调的花卉色彩、营造多变的季相景观、使用多样的造景手法、挖掘丰富的花卉文化。从而提高花卉的观赏功能，加强花卉科普教育功能，展现丰富的花卉文化内涵。

使用合适的主题表达。花卉主题公园最鲜明的特征即园区对花卉这一主题的表达，所以花卉主题应当贯穿全园，并根据从“公园主题”“分区主题”“景点主题”三个逐渐细化的层次，由整体到局部，由概括到具体的关系。第一，公园主题对全园主题的设定有着全局指导性的作用，是整个花卉主题公园最主要的景观概括与表达。如广州花都香草世界是以香草为公园的总体主题，园内种植了大量芳香植物。第二，在花卉主题公园中还应当有着不同的分区，来展现特色的区域景观，各个区域的主题建立在公园主题的基础上。如广州花都香草世界中，分为了“天使花园”“北海道花园”等种植香草植物的区域，同样也有“樱花园”“布鲁斯花园”“七彩花田”等丰富的花卉主题区域。第三，各个分区中有不同的景点，各个景点也是构成花卉主题公园景观的基本单位，景点之间紧密联系，体现出个性的同时也体现了公园景观的整体性。如“布鲁斯花园”中，分为了紫罗兰花园、凤仙花园等景点。所以花卉主题在明确了花卉主题公园的主题层次后，需要利用花卉进行多元化方式表达。部分常见花卉象征意义，如表 2 所示。

表 2　　部分常见花卉象征意义

序号	花卉名称	象征意义
1	菊花	菊花的生命力顽强，是长寿的象征，也象征高风亮节，隐逸飘然。同时白色和黄色的菊花象征哀悼、追思、肃穆
2	腊梅	坚强不屈，孤傲贞洁，浩然正气的象征
3	茶花	可爱与谦让，天真无邪，吉祥美好
4	月季	幸运吉祥，象征美好生活与和平友谊
5	杜鹃	吉祥富贵，被人们认为是鸿运当头象征，思乡爱国，并有一定的爱情象征
6	茉莉	忠贞、纯洁、美丽，象征人们对爱情的忠诚
7	栀子	吉祥如意，纯洁的友情与希望
8	牡丹	富贵吉祥，雍容华贵，繁荣昌盛，国家兴旺，也能象征端庄秀丽，仪态万千的容貌
9	玫瑰	爱情的美好，美丽而具有魅力的容貌
10	迎春	健康长寿，常送给长辈祝愿平安健康，长寿

续表

序号	花卉名称	象征意义
11	虞美人	招财吉祥，象征人素雅美丽，在古代意味着离别、伤感
12	三色堇	好运吉祥，也可象征爱情
13	雏菊	纯洁的爱情，天真的少女，暗恋的情愫
14	向日葵	光荣与忠诚、拼搏、坚强、希望
15	波斯菊	吉祥、幸福，又称格桑花，在藏语中幸福之意，给人们带来好运

资料来源：笔者根据相关资料整理所得。

搭配协调的花卉色彩。在自然界中，花卉的色彩是十分多样的，色彩美是花卉观赏价值中重要的部分。在进行花卉色彩搭配时要注重运用到园林美学的相关理论，尤其是色彩美的相关理论研究。色彩的搭配要做到既有对比也有调和。对比色相搭配的花卉能够产生较强烈的艺术效果，表现出现代、活泼、醒目的感受。能够引起游客的注意，提高注目性，如在绿色草坪衬托下开放的红色郁金香，绽放时与背景绿色形成鲜明的对比，犹如色彩强烈的一幅画。有的花卉同一品种也有许多不同的色彩，在搭配时可分为冷暖色，避免凌乱。邻近色给人的感觉相对比较柔和淡雅，赏心悦目，不同的邻近色之间既有统一相近的部分，也有变化差异的部分，能够形成柔和的过渡，如秋季部分落叶树叶子变黄，如悬铃木、银杏等，而常绿树木叶片依然为绿色，给人以静美，柔和的感觉，但也不单调乏味。协调色一般以红、黄、蓝协调配合，在花卉搭配中运用也十分广泛，远看色彩鲜艳丰富，景色缤纷艳丽，近看时色彩和谐统一。同时，花卉景观的营造除了植物自身以外，蓝天、大地都是色彩搭配中必不可少的部分，在运用时也应当注重这类背景。花卉景观的营造必定会围绕着某一个主题，色彩调和后应当能够衬托出主题，突出主题。

五、花卉主题公园营销策划

花卉主题公园为游客提供新型的旅游观光场所和丰富的主题活动体验需建立在园区能够持续运营的基础上，有许多主题公园由于没有进行合理的园区规划与营销策划，无法获得长期稳定的游客，导致经营不善，长期亏损，最终倒闭。这不仅对公园自身的发展造成不良影响，同时对公园前期的开发投资与园内的资产也会造成浪费。所以为了花卉主题公园乃至更多主题公园实现可持续发展，需要在门票合理定价的基础上进行一定的营销策划。

（一）丰富花卉产品

花卉主题公园需要充分利用“花卉”这一主题进行产品的营销，从而达到盈利的目的。花卉目前已经融入大众现实生活的方方面面，以花卉为主题衍生的各种产品，可根据这些产品与生活的关系将其分为生活类、活动类与文化艺术类，在花卉主题公园中融入各种生活场景，植入花卉衍生产品如表 3 所示，能够为游客带来更加立体的花卉文化体验，从而突出花卉主题公园的主题表达，并带来更多的经济效益。

表 3　花卉衍生产品

序号	类别	种类	衍生产品
1	生活类花卉衍生产品	花卉饮食	花卉蛋糕、花卉糕点、花茶、花酒、花卉菜肴，香草佐料等
		花卉服饰装饰	花卉元素装饰服装、胸花、头花、花环等
		花卉礼品	花卉艺术盆栽、花卉礼盒、花卉香包、花卉精油、花卉香水、花卉标本制作而成的书签、钥匙链等
2	活动类花卉衍生产品	花卉节庆活动	传统节日活动、国际性节日活动、创意花卉节日活动、生日庆典活动、婚礼、纪念活动等
		花卉主题娱乐活动	花灯展览、花车游行、花卉迷宫、花卉主题演出等
		花卉科普教育活动	花卉知识课堂、插花制作、花卉栽植等
3	文化艺术类花卉衍生产品	花卉视觉艺术	花卉绘画、花卉雕塑、花卉工艺品等
		花卉传媒艺术	花卉动画、花卉宣传片等

资料来源：笔者根据现有花卉衍生产品归纳整理所得。

生活类花卉衍生产品主要是指与人们生活紧密相关的花卉产品，如花卉饮食、花卉服饰装饰、花卉礼品等。花卉饮食是指利用花卉的食用价值创造出各种营养丰富、外形美观的食品，如今人们也逐渐推崇“饮食回归自然”，花卉走向餐桌受到大众的欢迎。花卉与服饰、装饰的结合是指花卉图案点缀，以及丰富的饰品中加入花卉的元素。花卉礼品主要是指利用鲜花或干花制作而成的礼物或家庭摆设类物品，这些礼品有的不仅外观精美，还能够散发出花卉独特的香味，沁人心脾。在花卉主题公园中可将其转变为园内主题商品。

活动类花卉衍生产品是指花卉节事活动的各种各样的花卉产品，包括各种花展、花市等所需的产品，应用于花卉欣赏的活动。给人们生活中增添雅兴。

文化艺术类花卉衍生产品包括了花卉视觉艺术与传媒艺术，以多样化的艺术手法结合传媒表现花卉主题，能够为花卉主题公园增添艺术气息与文化内涵。

以上丰富的花卉衍生产品均可在花卉主题公园中进行销售，并结合园区内场地的营造。首先，对于生活类的花卉衍生产品，与游客的生活息息相关，可在商业休闲区建设特色花卉餐饮，并设置门面销售其他衍生产品，对于销售产品的品种进行一定的限定，要能够保证体现花卉主题公园或地域性的特色。其次，对于活动类的花卉衍生产品，更多的是体验类的互动产品，要立足于游客的需求，唤起游客参与互动体验活动的意识，创造出有纪念意义的回忆体验。此类产品可以与全年的各项活动相结合，推出丰富的节事活动，同时也可将场地进行租赁，举办婚礼、生日庆典、毕业典礼、音乐节等丰富的活动，以及园内广告位出租，从而获得一定的收入。最后，文化艺术类的衍生产品主要是为花卉主题公园增加了更多的文化内涵与艺术气息，同时也能够通过销售此类艺术品获得一定的收益。

加拿大布查特花园通过地形的改造与花卉植物的种植营造了丰富的花卉景观，除了门票收入外，布查特花园也提供了许多附加产品来维持园区的运营，包括餐饮、音乐会以及聚会的承办、婚礼庆典等。

（二）树立品牌理念

品牌的树立可以增加花卉主题公园的辨识度、知名度，便于游客记忆，可通过标识（LOGO）或者宣传标语向游客传递诸多相关信息。美国著名营销学家菲利普·科特勒认为，品牌从本质上表达了六个方面的含义。即属性、利益、价值、文化、个性、使用者。就花卉主题公园而言，也可从品牌含义中理解为游客，如图1所示。一是属性，指花卉主题公园给游客带来的花卉景观与花卉主题体验；二是利益，花卉主题公园能够为游客提供休闲观光场所，观赏优美风景、释放工作学习压力等需求；三是价值，花卉主题公园可展现花卉美景，通过自身的品牌传递、发扬花卉文化内涵与花卉示范生产技术；四是文化，花卉主题公园的品牌一定程度上能够体现一定的文化，包括花卉自身的文化内涵，以及特色的地域性文化；五是个性，花卉主题公园不仅要在品牌中突出“花卉”这一个性主题，还需要根据实际建设情况寻找到区别于其他花卉主题公园的特殊个性，如扬州马可波罗花世界以马可波罗为独特的个性标签，广州花都香草世界以香草作为吸引游客的独特定位；六是使用者，即花卉主题公园的目标用户，主要是生活在周边城乡中的居民。由此可见，建立花卉主题公园品牌能够融合游客的多方面感受，传递多维度的意义。

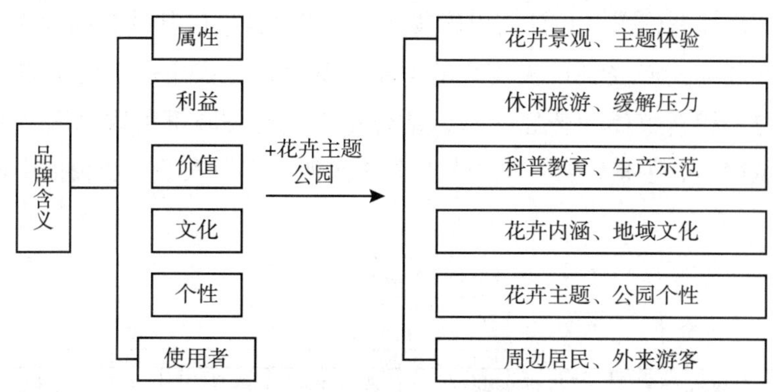

图1　花卉主题公园品牌含义

资料来源：笔者根据相关资料整理所得。

根据花卉主题公园的实际情况，巩固树立特有的品牌理念，有助于游客对公园的进一步统一认识。可设计出富有代表性的商标（LOGO）与宣传语，并在园区内外反复强调加深游客的印象，丰富品牌内涵，可将更多的花卉文化、区域历史文化植入品牌内涵中，从而进一步的提升花卉主题公园的品牌文化与整体主题文化氛围（在本文选取的花卉主题公园案例中，荷兰库肯霍夫公园、加拿大布查特花园、迪拜奇迹花园与扬州马可波罗花世界均有自己的品牌商标）。从作为公园的个性标签向顾客推广，到能够进一步成为品牌标识，不论通过何种宣传方式都能够向外界传递出独特的公园品牌，如若未来要进行进一步的建设与景区的扩张，品牌能够利用已有的影响力带来效益。

（三）加大营销力度

对外宣传是花卉主题公园提高经济效益的重要方式，在宣传中充分体现出花卉主题公园的各项优势所在，从而加大公园的知名度，激发人们出游参观的愿望，从而吸引更多的游客前来参观，带来更多的经济效益。

花卉主题公园的宣传营销也需要与时代发展以及游客需求相结合。随着现代科学技术的不断发展，传统的电视、广播、杂志和报纸等已经不能满足人们接受信息的需求，而互联网等新的传媒方式正在逐渐取代传统的媒介方式。新媒体营销成了重要的宣传模式。新媒体是以数字信息技术为基础的媒体形态，其具有数字化与模拟性、交互性与即时性、超文本与海量性、个性化与社群化等特征。随着时代的发展，新媒体以其信息发布速度快，信息接受即时性高的特点，成为当今宣传营销中重要的部分，新媒体营销包括网络新媒体营销、手机新媒体营销、数字电视新媒体营销以及户外新媒体营销，新媒体营销以其低廉的成本、广泛的应用和健全的模式而受到广大用户的喜爱。所以在花卉主题公园的宣传推广方面，要充分利用新媒体的传媒优势，结合花卉主题公园可采取如图 2 所示的措施，分别从网络、手机、数字电视与户外传媒四个方面入手，加大推广宣传。

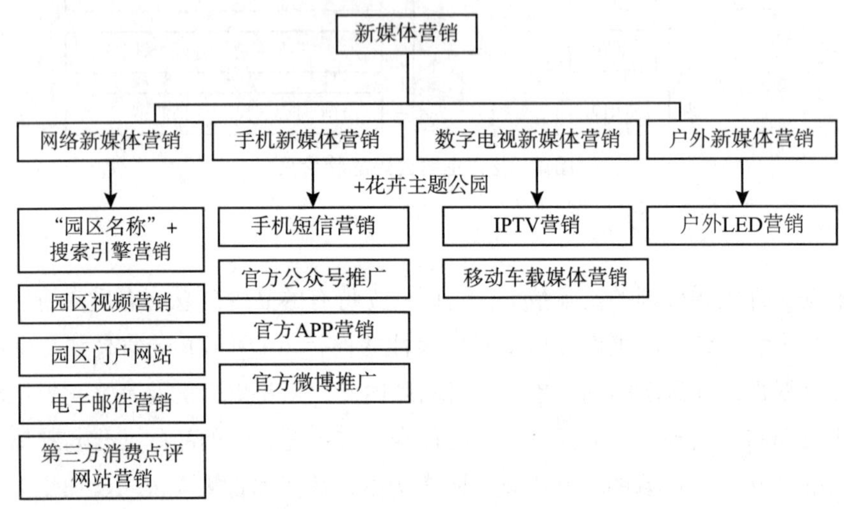

图 2　花卉主题公园新媒体营销

资料来源：笔者根据相关资料整理所得。

（四）提升服务质量

不论是丰富花卉产品、树立品牌理念还是加大营销力度，最终能够持续为花卉主题公园带来效益的仍然是园区本身的软实力，只有不断加强和改善提高服务质量，带给游客良好的旅游体验，才能根本保证花卉主题公园的持续健康发展。首先，除了提供常规性的服务，应当设置人性化、安全性的服务设施，把安全放在平时运营服务最重要的位置，建立有效的监督管理机制与安全问责制度，日常运营时，要保证安全通道畅通无阻。其次，信息应当及时反馈，建立游客反馈与投诉的响应机制，注重对园区内工作人员的服务培训，带给游客良好的服务体验。最后，加强园区科技化服务，如 Wi－Fi 网络的覆盖，即时地图导航，手机扫码学习花卉知识等便捷服务，提高游客的游览体验满意度。

六、结论

现阶段我国出现了主题公园、休闲农业相结合的新型旅游模式，并与花卉相结合形成了花卉主题公园，近年来花卉主题公园的建设在此背景下逐渐增多，但是针对花卉主题公园规划的研究相对较少，因此本文通过案例的调研与分析，总结出了花卉主题公园的建设方法，并与实际项目相结合，对理论进行了进一步的论证。

在理论方面，通过大量文献的收集阅读，梳理了花卉主题公园的相关资料。首先从国内外主题公园与休闲农业的发展概况总结出花卉主题公园的发展概况。开展了对花卉主题公园相关概念的阐述，明确了花卉主题公园的具体含义，以便开展后续的研究工作。基于花卉主题公园的基本概念，对其基本内涵进行理论研究并加以总结，为后期花卉主题公园的规划研究提供了理论支撑。规划研究部分为本文的主体部分，首先从花卉主题公园规划的基本理论进行了总结研究；接着结合国外优秀的花卉主题公园案例以及对国内花卉主题公园实地调研的结果，从规划入手，从整体到局部地对花卉主题公园规划进行了研究，从道路交通规划、景观规划、分期规划、基础设施规划进行了分析，并为未来花卉主题公园的持续运营提供了营销策划研究。以期为其他花卉主题公园提供实践借鉴意义。

参考文献

[1] 李田. 花卉主题公园植物景观设计 [D]. 重庆：西南大学，2010.

[2] 封云，林磊. 公园绿地规划设计 [M]. 北京：中国林业出版社，2004：32.

[3] 王程. 汽车主题公园规划研究 [D]. 长春：东北师范大学，2009.

[4] 马蕾. 主题公园及其规划创意研究 [D]. 南京：南京农业大学，2009.

[5] 任丽萍. 体验经济下上海主题公园娱乐教育项目发展现状及评价研究 [J]. 消费导刊，2014 (9).

[6] 向宏桥. 国内外花卉旅游发展模式研究 [J]. 旅游论坛，2014，7 (01).

[7] 张萍. 北京市丰台区花乡：形成以精神消费为主导的产业结构 [J]. 中国花卉园艺，2015 (19)：26 - 27.

[8] 李云. 论我国主题公园建设与旅游业发展 [J]. 经济问题探索，2003

(12).

[9] 徐春燕．我国主题公园现状及影响因素研究［D］．上海：华东师范大学，2010.

[10] 张军昌．体验经济背景下的民俗文化主题公园规划设计初探［D］．重庆：西南大学，2013.

[11] 保继刚．大型主题公园布局初步研究［J］．地理研究，1994，13（03）.

[12] 楼嘉军．试论我国的主题公园［J］．桂林旅游专科学校学报，1998（3）.

[13] 吴承照．现代旅游规划设计原理与方法［J］．青岛：青岛出版社，1998.

[14] 董观志．旅游主题公园管理原理与实务［M］．广州：广东旅游出版社，2000.

[15] 吴必虎，俞曦，党宁．中国主题景区发展态势分析——基于国家A级旅游区（点）的统计［J］．地理与地理信息科学，2006，22（01）.

[16] 林焕杰．中国主题公园与区域经济［M］．北京：经济科学出版社，2013（05）.

[17] 李洁，杨晓红，桑景拴．草本花卉在园林绿化中的应用［J］．现代园艺，2014（09）.

[18] 程杰．论花卉、花卉美和花卉文化［J］．阅江学刊，2015，7（01）.

[19] 谷丽荣，许先升．园林景观中的园路设计［J］．安徽农业科学，2007（01）.

[20] 吴春燕．坡地植物景观设计初探［D］．重庆：西南大学学位论文，2010.

[21] 周玉明．水生植物造景探讨［J］．苏州科技学院学报（工程技术版），2006（02）.

[22] Philip Kotler. 市场营销新论［M］．北京：中信出版社，2002.

熟悉度对上海迪士尼乐园潜在游客旅游意向的影响

——涉入度的调节作用机制

匡红云*

本文针对上海迪士尼乐园新落地中国内地的现状，建构游客熟悉度和品牌形象与旅游意向（用参观意愿和品牌偏好两个构念测量）的关系模型，分析其作用机理，识别并验证游客涉入在品牌形象与旅游意向关系中的调节作用。根据有无境外迪士尼乐园参观经历将游客分为两组，有经历的称为 Y 组，没有经历的称为 N 组，运用结构方程模型及因子分析方法，通过对 773 位潜在游客的问卷调查数据分析表明：一是经历熟悉对两组游客的参观意愿和品牌偏好都没有预测作用。二是信息熟悉对 Y 组的旅游意向没有直接预测作用，但通过品牌形象的中介作用对旅游意向产生正向间接影响。三是信息熟悉对 N 组的旅游意向不仅有直接正向预测作用，还通过目的地品牌形象的中介作用对旅游意向产生间接影响。四是交互效应分析结果显示，游客涉入在品牌形象对参观意愿的预测作用中起负向调节作用，游客涉入度越低，品牌形象对参观意愿的预测作用越显著。即面临同样的目的地品牌形象，涉入度越低的游客其参观意愿越强烈。研究从自我一致性理论角度对该结果进行了解释，并根据研究结论为游客信息管理和目的地品牌形象管理提供了建议。

2016 年 6 月，盛大开业的上海迪士尼乐园在国内外引起了广泛的关注，该项目是中国改革开放以来服务业领域最大的投资项目之一，其成本的回收必以足够客流量作为支撑。但从长远看，迪士尼的客流量将受到两大重要因素的影响：第一个因素为与其他旅游景点景区的同行业竞争：按距离维度分析远有长三角地区分布密集的各类主题公园；近有市区内的老牌游乐园如锦江乐园、欢

---

* 匡红云，博士，中国主题公园研究院研究员，上海市科技专家库 2019 年度第一批入库专家，上海浦东新区科技发展基金专家（2016 年 1 月至 2017 年 12 月），上海市市场学会会员，美国佛罗里达州立大学高级研究学者，上海第二工业大学旅游管理专业副教授。长期从事旅游品牌战略管理、旅游消费者行为研究、旅游体验研究。

乐谷等；按时间维度分析不久将有八个大型乐园在上海开业或开工建设，如Hello Kitty主题公园、乐高、冰雪世界、东方好莱坞等；近有众多老牌沪上知名景点如东方明珠、外滩、淮海路商业街等，所有这些国内外知名品牌、新旧景点都将与上海迪士尼乐园争夺游客有限的出游时间及参观意向。如何在众多的竞争对手中获得游客的偏爱，进而激发其参观意愿，这值得深思。第二个重要影响因素来自文化差异及认同。虽然迪士尼品牌享有国际知名度，但作为美国文化的代表，迪士尼的娱乐风格及主题内容是否被中国青少年及其以消费决策制定者身份出现的父母等所熟悉和接受尚不明朗。因此，对上海迪士尼乐园潜在游客的品牌熟悉度、品牌态度、参观意愿进行调查研究非常必要。此外，从认知产品到产生情感，进而形成态度、实施购买行为的消费决策模型中，对产品的认识和熟悉是一切后续行为的出发点和基础，尤其对于异质文化产品的购买，熟悉度更是关键。但近年来国内外旅游文献对于熟悉度的关注较为有限，成果较少，对于信息熟悉、经历熟悉与目的地品牌态度、游客行为意向之间相互关系的实证研究更为鲜见。

从熟悉产品到意向参观的决策过程中，有很多因素会对决策结果产生影响，游客涉入是其中受到高度关注的一个变量。已有学者们对购买不同行业产品时认知/情感行为过程中涉入的调节作用进行了实证检验，如有机食品（Tarkianinen and Sundqvist，2009）、软饮及体育服装（Ambroise et al.，2005）、汽车（Xue，2008）、餐饮（Kim et al.，2010）、博彩（Han et al.，2016）、网页设计（Rodriguez-Molina et al.，2015），但对于大型主题游乐公园游客的购买决策过程中涉入作用的研究甚为鲜见。作为需要游客自身高度参与涉入的旅游项目及产品，大型主题游乐园的顾客动机、个性、熟悉度、涉入应该具有不同于其他产品的显著特征。

基于理论研究及实践的紧迫需要，本课题将从以下几方面展开讨论：一是信息熟悉对旅游意向的影响作用机制；二是经历熟悉对旅游意向的影响作用机制；三是对信息熟悉和经历熟悉的预测作用大小进行比较；四是游客涉入在目的地品牌形象和旅游意向之间的调节作用。其中旅游意向以参观意愿和目的地品牌偏好两项指标测量。研究不仅有助于丰富、深化、补充大型主题游乐园游客熟悉度和游客涉入理论，也为迪士尼乐园游客涉入和熟悉度管理及目的地品牌营销提供具体的建议支持。

一、文献述评及研究假设

(一) 熟悉度

消费者对产品的熟悉度被广泛运用于产品分类及消费决策制定上，而对旅游目的地熟悉度的研究直到近年来才开始逐渐获得关注，研究成果积累较少，内容主要涉及熟悉的分类及不同类别对其他变量影响程度大小的比较、熟悉的不同程度对其他变量影响作用大小的比较；熟悉对目的地品牌形象、游客满意、旅行意向等变量的影响；熟悉度的中介及调节作用等。

文献通常将熟悉度划分为信息熟悉和经历熟悉两大类。米尔曼和匹兹曼（Milman and Pizam，1995）认为目的地熟悉度指的是对一个目的地的视觉或精神、心理印象，或者游客的经历，它可以激发参观这些地方的意愿。从该定义中可以看到熟悉度与目的地品牌形象的内在联结，熟悉的过程中目的地品牌形象已然形成，但熟悉程度与目的地吸引力和游客参观意向关系的结论却颇为复杂。欧尔森等（Olson et al.，1986）发现熟悉度与视觉材料主题类型或目的地风景的种类之间存在交互作用，熟悉的地标意味着目的地不再那么激动人心；而对自然风景的熟悉却与更积极的评价相关。麦克凯等（MacKay et al.，1997）认为，不确定性规避的心理对熟悉与目的地品牌形象关系产生影响：最初时更熟悉的将更具吸引力，然后稳定下来（达到拐点），并最终反转为更陌生的更具吸引力；对来自于不确定性规避程度高的文化下的游客而言，高度熟悉的目的地将更具吸引力，然而对目的地太熟悉导致低感知吸引力；对不确定性规避程度低的文化下的游客而言低熟悉度的活动更具吸引力，但对视觉资料完全不熟悉反而代表目的地可能被认为缺乏吸引力。由于中国国家文化属于不确定性规避型，且上海迪士尼乐园刚刚开业，中国大陆游客对该景点处于刚开始了解的状态，尚远未达到熟悉度的拐点，因此提出如下假设：

H1：目的地熟悉对目的地品牌形象有显著正向影响；

H1a：目的地信息熟悉对目的地品牌形象有显著正向影响；

H1b：目的地经历熟悉对目的地品牌形象有显著正向影响。

熟悉度与顾客过去的产品经历强烈相关，许多人使用其过去的经历或行为作为后来决策的启发（Albarracin，2000）。即当人们要做一个决定时，他们通常认为过去某个时间点所做决策可近似被运用于当前，导致他们重复过去的行为，这被称为“熟悉启发”（Tversky et al.，1974）。认知失调理论（Festinger，1957）认为，基于保持一致性及识别出使过去行为合理化的原因的愿望，使得人们更偏爱熟悉的产品。对记忆的积极搜寻及对知识和过去行为的回忆可以减少认知失调。品牌熟悉度反映了消费者品牌经验的程度。熟悉度越高，品牌信息越容易被提取，信息接收者脑海中的联想也越广泛，信息处理也越容易，信息搜寻中消耗的体力脑力成本、大脑处理和储存成本也更低，更容易获得消费者的喜爱；同时该品牌也更可能被保留在顾客决策考虑选择集中，被消费者购买的可能性也越大。何利尔等（Hellier et al.，2003）认为品牌偏好是指“在顾客的考虑选择集中，相对于其他公司指定的服务，顾客喜欢某家公司指定服务的程度”，该定义凸显了相对于竞争者顾客对某公司或其产品服务的偏爱。偏好的产品比其他产品更可能被保留在考虑选择集中，而被保留的可能性越大，被选择购买的可能性也越大。对于旅游目的地而言，即参观意愿越大。米尔曼和匹兹曼（1995）认为目的地熟悉度可激发参观这些地方的意愿；吉尔卡龙（Giacalone，2015）总结了过去的实证研究成果并认为，对品牌的熟悉度显著正向影响消费者购买意愿。基于以上分析提出如下假设：

H2：目的地熟悉对游客的目的地偏好有显著正向影响；

H2a：目的地信息熟悉对游客的目的地偏好有显著正向影响；

H2b：目的地经历熟悉对游客的目的地偏好有显著正向影响；

H3：目的地熟悉对游客的参观意愿有显著正向影响；

H3a：目的地信息熟悉对游客的参观意愿有显著正向影响；

H3b：目的地经历熟悉对游客的参观意愿有显著正向影响；

H4：目的地偏好显著正向影响游客的参观意愿。

（二）目的地品牌形象对游客旅游意向的影响

自我概念（或者自我形象）的研究经历了近百年的历史，起源自心理学领域的“自我”。罗森伯格（Rosenberg，1979）认为，自我概念是“个人对其自身作为客体的看法和感受”，是“人们对自我属性的认知和评价”。早期的研究认为自我概念是单维度的“真实自我概念”，而色吉（Sirgy，1982）认为自我形象是个多维的、包括4个组成部分的构念：实际自我、社会自我、理想自我、理想社会自我。兰登（Landon，1974）认为，自我一致性是自我形象的自然延伸，消费者倾向于选择与自我形象一致的品牌和产品；一致性的程度越高，购买该产品的意向和可能性越大。顾客偏爱选择与他们的自我感知相似的产品和品牌。自我概念和品牌形象的一致性（以下简称"自我一致性"）对品牌态度、游客行为意向产生影响（Sirgy，1982）。很多研究结果支持，自我一致性会对消费行为决策造成影响，如产品偏好、购买意向等，如高和李特文（Goh and Litvin，2000）的研究揭示：认为实际自我和理想自我与新加坡匹配程度越高的游客，对于在新加坡的旅游经历越满意，更趋向于选择与自我形象相一致的旅游地。本文研究所讨论的目的地品牌形象为顾客所感知到的迪士尼品牌形象，其测量实质是顾客自我形象和其所感知到的迪士尼品牌形象的同一性，基于以上所述可推测，如果该感知一致性越高，游客的旅游意向越大，因此本文研究提出如下假设：

H5：目的地品牌形象对游客的旅游意向有显著正向影响；

H5a：目的地品牌形象对游客的品牌偏好有显著正向影响；

H5b：目的地品牌形象对游客的参观意愿有显著正向影响。

（三）游客涉入的调节作用

泽科斯基（Zaichkowsky，1986）认为，涉入度是消费者依据自身需要、价值观和认知而对产品感兴趣的程度。涉入度代表了为购买产品所花费的时间和精力，通常涉入度与消费者学习动机相关，影响信息的处理过程和评价。根据推敲可能性模型（elaboration likelihood model，ELM），当产品涉入度较低时消费者通过外围路径"浅处理"信息，即依据一些简单信息或线索形成判断或态度；而当涉入度较高时，个体投入更多的注意力和努力于一个特定的决策问题，这使得个体对嵌入在品牌信息中的自我形象信息产生了更多的注意，而更多的自我一致性会提高消费者购买的可能性。比尔里、莫里斯和吉尔（Beerli，Meneses and Gil，2007）将过去经历、涉入程度作为调节变量，研究自我一致性与游客游览意向之间的关系并发现：游客涉入程度越高，一致性程度对于游客游览意向的预测力越强。费雪（Fei Xue，2008）对轿车产品的实验研究表明，高涉入情境下顾客的自我概念（通过所欲购买的轿车品牌形象体现）及消费场景因素对于其品牌选择具有直接预测效应，品牌偏好由自我概念——品牌形象一致性的程度决定；而低涉入情境下对品牌的选择却不受自我一致性的影响。本文研究所讨论的目的地品牌形象为顾客所感知到的迪士尼品牌形象，各测项测量及体现的是顾客自我形象与其所感知到的迪士尼品牌形象的一致性，如"参观游玩上海迪士尼乐园能反映我的个人风格"等。由于大型主题游乐园的产品项目大多需要游客的主动参与，且上海迪士尼乐园新近开放，可以预设其能吸引广大民众的高度关注和涉入，结合以上文献基础提出如下游客涉入调节效应的假设：

H6：游客涉入度越低，目的地品牌形象对旅游意向的影响效应越高；游客涉入度越高，目的地品牌形象对旅游意向的影响效应越低。

根据以上假设本文构建如图1的研究框架：

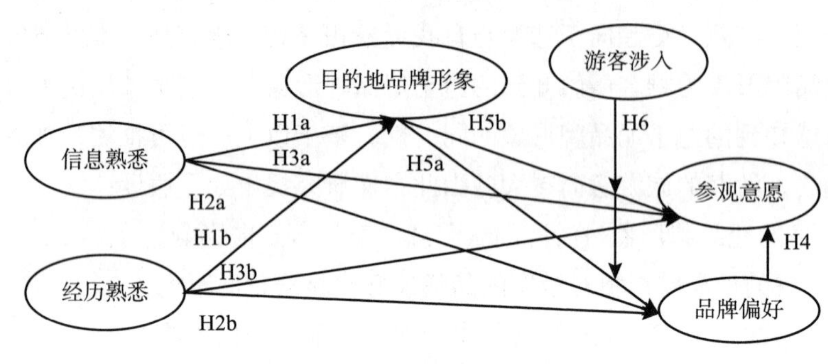

图1 研究框架

资料来源：笔者绘制。

二、研究设计与数据收集

（一）变量测量及问卷设计

1. 信息熟悉及经历熟悉

信息熟悉量表参考高静等（2015）、陈和林（Chen and Lin，2012）以及巴洛格鲁（Baloglu，2001）的设计，运用3个题项进行测量，经历熟悉则用“访问香港及境外迪士尼乐园的次数”（times）进测量。

2. 目的地品牌形象

宏等（Horng et al.，2012）、克耐科里和甘特讷（Konecnik and Gartner，2007）从目的地认知形象角度测量目的地品牌形象，而布等（Boo et al.，2009）的研究中采用了自我形象同一性来测量目的地品牌形象。考虑到本研究发生于上海迪士尼乐园正式开园之前，绝大部分游客没有参观迪士尼乐园的经历，无法考察其对迪士尼品牌的认知形象，因此借鉴及结合色吉和苏（Surgy and Su，2000）、许春晓等（2014）的做法，采用“上海迪士尼乐园很适合我的个性”等

5 个题项测量目的地品牌形象。

3. 旅游意向

结合参考文献（Kim et al. , 2009）及研究目的需要，用参观意愿和品牌偏好两个维度测量旅游意向，采用“未来我还是会去参观上海迪士尼乐园”测量游客参观意愿，采用“与其他景点相比较，我更愿意选择参观上海迪士尼乐园”测量游客品牌偏好。

4. 游客涉入

游客涉入的测量量表有多种，包括单维个人涉入量表（Zaichkowsky，1985），多维消费者参与概况（consumer involvement profile，CIP）量表（Laurent and Kapferer，1985），Zaichkowsky（1994）多维 PII 量表，Mittal 的 RPII（1995）量表等。考虑本次被试主体的情况，本研究结合泽科斯基（1994）的多维 PII 涉入量表并适当借鉴许春晓等（2014）的研究，采用了 3 个题项测量涉入度。

调查问卷的初始题项来自文献，邀请 5 位旅游领域专家对文件初稿内容和措辞进行评价，根据意见删除了语义相近的题项。邀请 50 位旅游及统计专业的学生对修改后的问卷进行预测试检验量表的信度和效度。所有题项总体的相关系数大于 0. 5，克伦巴赫系数介于 0. 915 ~ 0. 932 之间；所有题项的系列 CFA 分析结果表明，多题项维度的 CFA 都只产生了一个因子。因此，初始的 14 个题项都予以保留形成正式问卷。问卷由两部分构成：第一部分为受访者性别、年龄、收入、学历、旅游经历等基本信息；第二部分对游客熟悉度、涉入、旅游意向及迪士尼目的地品牌形象进行测量，所有题项均采用李克特五点尺度法（Likert –5）计量。

（二）上海迪士尼乐园概况

上海迪士尼乐园由华特迪士尼公司和上海申迪集团共同投资建设，其选址位于上海国际旅游度假区核心区域内。总规划范围面积 7 平方公里，已开业的一期项目占地 3. 9 平方公里。上海迪士尼乐园是中国大陆第一家、亚洲第三个，世界第六个迪士尼主题公园，项目包括六大主题园区：米奇大街、奇想花园、宝藏湾、探险岛、梦幻世界、明日世界。上海迪士尼在全球迪士尼乐园中首次以“米奇大街”作为迎宾大道，它又被分为四个街区：欢乐广场、市集区、花园广场、充满艺术气息的“剧院区”。每个街区都带有迪士尼特有的积极乐观氛围。“奇想花园”是专为中国游客设计的，作为全球迪士尼乐园中首个采用花园设计的主题园区，它包括七座风格各异的花园——“十二朋友园”“碧林园”“音悦园”“浪漫园”“幻想曲园”“妙羽园”和“童话城堡园”，分别呈现了亲情、友情与欢乐的主题。“探险岛”园区是全球迪士尼主题乐园中的首例，其原创角色和前所未有的故事情节将使这片园区成为上海迪士尼乐园的特色，而“宝藏湾”是全球迪士尼乐园中第一个以海盗为主题的园区。特别为上海迪士尼乐园打造的全新“明日世界”，展现了未来的无尽可能。尖端的材料、富有想象力的设计、系统化的空间利用，体现了自然、人类与科技的最佳结合。“明日世界”园区所传达的希望、乐观和未来的无穷潜力，正是迪士尼乐园最初的三大主题。受迪士尼动画电影启发而设计的“梦幻世界”是上海迪士尼乐园中最大的主题园区，宏伟壮丽的“奇幻童话城堡”便坐落其中，它不仅是世界上最大、最高、最具互动性的迪士尼城堡，也是上海迪士尼乐园的最高和标志性建筑。在梦幻世界游客经历熟悉的迪士尼故事，这一奇幻的游览体验也是上海迪士尼乐园又一全球首发游乐项目。同时，上海迪士尼乐园不仅包含激动人心的游乐项目和景点，更有精彩纷呈的娱乐演出，如中国的杂技、舞蹈和音乐会等。

（三）数据收集与样本概况

2016 年 4 月 1 日至 5 月 3 日，在上海迪士尼乐园门票预售已经开始、但还未正式开园迎客前采用了两种调查方法进行数据收集，第一种抽样方法由旅游管理专业和统计学本科专业学生在上海市几大主要旅游景区（东方明珠电视塔、外滩、南京路步行街）以及刚刚开放的上海迪士尼乐园小镇进行了街头拦截问卷调查，共发放问卷 400 份，回收 376 份，有效问卷 361 份；抽样方法二：委托市场调研专业网站进行调查，发放问卷 500 份，回收 449 份，有效问卷 412 份。两种抽样方法共得到有效数据 773 份。对两个子样本的人口统计特征分布进行卡方检验，发现两个子样本不存在显著差异，可以合并在一起进行分析。总体样本中曾经参观过香港迪士尼或境外迪士尼乐园（以下简称“有体验者”）的潜在游客数量为 213 人，占比 27.55%；从未参观过任何迪士尼乐园（以下简称“无体验者”）的潜在游客数量为 560 人，占比 72.45%；受访者中男性占 45.67%，女性占 54.33%；年龄主要集中在 18～45 岁，占比 94.57%，35 岁以下占比 81.24%；学历以大专及本科为主，占比 75.16%；无收入者占比 22.77%，月收入为 2000～10000 元的占比为 58.47%；单身者占比 52%，有未成年子女同住者占比 30.04%；来自上海本地的游客占比 52%，江浙地区的占比 12.55%。

三、数据分析与假设检验

（一）信度效度分析

1. 对213份“有体验者（Y）”的分析

使用AMOS 17.0及SPSS 19.0软件对测量模型进行验证性因子分析，以检验问卷中潜变量各项指标的信度、效度。量表的总体Cronbach a值为0.973，大于0.7的标准，各潜变量的Cronbach a值在0.693～0.835之间，组合信度在0.823～0.883之间，测量指标的一致性很强，可靠性较高；各测项载荷在0.544～0.815之间，远大于0.4的标准；平均提取方差（AVE）在0.602～0.628之间，大于0.5的标准。

2. 对560份“无体验者（N）”的分析

使用AMOS 17.0及SPSS 19.0进行信度、效度分析，量表的总体Cronbach a值为0.987，各潜变量的Cronbach a值在0.751～0.856之间，组合信度在0.858～0.897之间，测量指标的一致性很强，可靠性较高；各测项载荷在0.544～0.815之间，远大于0.4的标准；平均提取方差（AVE）在0.635～0.708之间，远大于0.5的标准。以上结果如表1所示。

表1 “有体验者”组（Y）（N=213）与“无体验者”组（N）（N=560）量表信度效度检验结果

构念/题项	克伦巴赫a值		因子载荷		均值		组合信度CR		平均提取方差（AVE）	
	Y	N	Y	N	Y	N	Y	N	Y	N
1. 游客涉入（INV）	0.693	0.793			3.53	3.55	0.823	0.879	0.621	0.708
我很有兴趣去上海迪士尼乐园参观游玩			0.818	0.860	3.55					
我想尽量多地拥有在上海迪士尼乐园游玩的体验			0.855	0.847	3.45					

续表

构念/题项	克伦巴赫a值		因子载荷		均值		组合信度CR		平均提取方差（AVE）	
	Y	N	Y	N	Y	N	Y	N	Y	N
如果去上海迪士尼乐园参观了，我可以很自信地告诉朋友我在那里游玩的经历和体验			0.681	0.816	3.60					
2. 信息熟悉（IFAM）	0.703	0.751			3.25	3.25	0.835	0.858	0.628	0.668
我非常关注并主动搜索过上海迪士尼的相关信息			0.780	0.820	3.2					
亲戚朋友们经常介绍、谈论、推荐上海迪士尼乐园			0.809	0.855	3.11					
我经常在电视、网络、广播、书报等媒体上看到或听到关于上海迪士尼的消息			0.788	0.775	3.45					
3. 目的地品牌形象（DIM）	0.835	0.856			3.22	3.14	0.883	0.897	0.602	0.635
上海迪士尼乐园的形象、风格和游乐项目与我的个性很契合			0.730	0.815	3.23					
亲朋对我去上海迪士尼乐园参观这一行动会表示赞赏			0.777	0.737	3.38					
上海迪士尼乐园的形象与我所感觉到的自我形象很一致			0.797	0.851	3.28					
参观游玩上海迪士尼乐园能投射和反映出“我是谁”			0.793	0.793	2.99					
其他参观上海迪士尼乐园的游客和我有相似之处			0.780	0.784	3.24					
4. 经历熟悉（EXPE）					1.46					
5. 品牌偏好（PREF）					3.23	3.24				
6. 参观意愿（VIN）					3.48	3.58				

（二）模型拟合优度检验

1. 对 213 份“有体验者（Y）”的分析

运用 AMOS 17.0 软件对所建立的结构方程模型进行拟合检验。对于理想拟合度的大小，戈芬、斯图尔伯和包德鲁（Gefen，Straub and Boudreau，2000）认为需要根据惯例或者实践的评估加以确定，而从国际旅游研究实践来看，较为宽松的拟合度标准一般为 2≤CMIN/DF≤5、RMSEA<0.10、GFI>0.80、NNFI>0.90、CFI>0.90、IFI>0.90。运行初始模型后发现 CMIN/DF = 1.972，RMSEA = 0.068，NFI = 0.897，CFI = 0.945，IFI = 0.947，拟合效果一般，根据修正指数 MI 添加 e7 ~ e8 之间连接后继续运行模型发现，CMIN/DF = 1.229，RMSEA = 0.033，NFI = 0.938，CFI = 0.987，IFI = 0.988，模型与数据拟合程度大幅提高且拟合效果较理想，在该模型中各假设检验的结果如表 2 所示。

表 2　“有体验者”组（Y）与“无体验者”组（N）的模型假设检验结果

对应假设	路径关系	标准化路径系数		C. R		P 值		假设检验结果	
		Y	N	Y	N	Y	N	Y	N
H1a	IFAM ⟶IMAG	0.633	0.586	5.665	9.583	***	***	支持	支持
H1b	EXPE ⟶IMAG	0.034		0.511		0.609		不支持	
H2a	IFAM ⟶PREF	0.077	0.269	0.759	4.679	0.448	***	不支持	支持
H2b	EXPE ⟶PREF	-0.037		-0.640		0.522		不支持	
H3a	IFAM ⟶VIN	0.072	0.162	0.679	2.830	0.497	0.005	不支持	支持
H3b	EXPE ⟶VIN	-0.018		-0.295		0.768		不支持	
H4	PREF ⟶VIN	0.175	0.055	2.184	1.231	0.029	0.218	支持	不支持
H5a	IMAG ⟶PREF	0.553	0.363	5.256	6.709	***	***	支持	支持
H5b	IMAG ⟶VIN	0.319	0.435	2.720	7.668	0.007	***	支持	支持
H6a	INV 在 IMAG ⟶PREF 关系中的调节作用							不支持	不支持
H6b	INV 在 IMAG ⟶VIN 关系中的调节作用							反向支持	反向支持

注：* 表示 P<0.05；** 表示 P<0.01；*** 表示 P<0.001，下同。

2. 对560份“无体验者（N）”的分析

运行初始模型后发现CMIN/DF＝3.932，RMSEA＝0.072，NFI＝0.944，CFI＝0.958，IFI＝0.958，拟合效果一般，根据修正指数MI添加e7～e8，e5～e7之间连接后继续运行模型发现，CMIN/DF＝2.409，RMSEA＝0.050，NFI＝0.968，CFI＝0.981，IFI＝0.981，模型与数据拟合程度大幅提高且拟合效果较好，在该模型中各潜变量之间路径系数及假设检验的结果如表2所示。

（三）调节效应分析

采用分层回归模型对数据进行分析，首先对所有相关变量进行共线性检验，各变量方差膨胀因子（VIF）均小于10，意味着多重共线性没有对模型造成重大影响。分别以品牌偏好和参观意愿为因变量，将控制变量（年龄、教育程度、收入、家庭生命周期）、目的地品牌形象（IMAG）和游客涉入（INV）以及二者的交互项（IMAG×INV）作为自变量建立回归模型。“有体验者（Y）”组与“无体验者（N）”组的运行结果如表3所示。

表3 “有体验者（Y）”组（N＝213）与“无体验者（N）”组（N＝560）调节效应计算结果

自变量	因变量：品牌偏好						因变量：参观意愿					
	有体验者（Y）			无体验者（N）			有体验者（Y）			无体验者（N）		
	M1	M2	M3	M1	M2	M3	M1	M2	M3	M1	M2	M3
常量	0.854	－0.166	－1.063	1.178	0.431	0.421	1.46	0.204	－3.895	1.386	0.878	－0.47
IMAG	0.750	0.513	0.805	0.642	0.375	0.378***	0.551	0.258	1.591	0.675	0.492	0.976
INV		0.456	0.718		0.422	0.425		0.562	1.762		0.287	0.675
IMAG×INV			－0.082			－0.001			－0.376***			－0.135**
调整 R^2	0.263	0.334	0.333	0.215	0.298	0.296	0.157	0.285	0.329	0.261	0.302	0.314
F值	16.116	18.724	16.106	31.669	40.458	34.616	8.881	15.053	15.866	40.394	41.242	37.635
调节效应	不显著			不显著			负向显著			负向显著		
样本量	213	213	213	560	560	560	213	213	213	560	560	560

四、结论

（一）对于“有体验者”

1. 熟悉度对旅游意向的影响

可以看出，对“有体验者”而言，对其购买意向产生直接影响作用的只有目的地品牌形象和目的地品牌偏好两大构念，两者共同解释了参观意愿24.5%的变异。经历熟悉对游客的目的地品牌形象感知没有产生任何影响。这意味着重复游览次数的多少与游客对目的地品牌的偏爱和下一次参观意愿之间并没有直接关系。是否由此推论管理方并无必要努力提高游客忠诚度及增加回头客呢？答案是：“需要在进一步的研究中以游览过上海迪士尼乐园的游客为抽样对象再加以检验”。因为本次研究抽样对象的“旅游经历”仅限于境外迪士尼乐园，它们的文化及品牌特征体现与上海迪士尼乐园有很大不同，所以可能导致这些过去的参观经历和知识联结没有在个体对新对象的认知、情感形成过程中被启动或发挥作用。信息熟悉对购买决策虽没有直接影响，但通过目的地品牌形象的中介作用对参观意愿产生0.202的间接影响效应，通过目的地品牌形象的中介作用对品牌偏好产生0.347的间接影响效应；且信息熟悉解释了目的地品牌形象40%的变异（$\beta=0.633$，$P=0.000$）。这意味着其他条件不变的情况下信息熟悉每增加一个单位将引起目的地品牌形象提高0.633个单位，且间接引起其参观意愿增加0.202个单位，品牌偏好提高0.347个单位。与上海的其他旅游景点相比，对境外迪士尼乐园的参观经历和信息熟悉会通过迪士尼的品牌形象使游客对上海迪士尼乐园产生品牌偏爱，并进一步激发其参观意愿。“有体验者”的信息熟悉对于游客后续的情感体验和购买决策产生重要影响，是需要管理方给予关注的重要变量。

2. 游客涉入的调节作用

游客涉入不对目的地品牌形象→品牌偏好关系起调节作用，但对目的地品牌形象→参观意愿关系起反向调节作用。

（二）对于“无体验者”而言

1. 熟悉度对旅游意向的影响

对“无体验者”而言，对其购买决策有直接预测作用的为信息熟悉和目的地品牌形象两大构念，它们共同解释了游客参观意愿33%的变异。目的地品牌形象对参观意愿有0.43的直接效应。信息熟悉不仅对参观意愿有显著直接正向影响（β=0.16，P=0.005），还通过目的地品牌形象的中介作用对参观意愿产生0.254的间接正向影响，总影响系数为0.414，这与杨杰等（2009）对熟悉度与旅游意向关系的研究结果一致。同时，信息熟悉不仅对目的地品牌偏好有显著直接正向影响（β=0.27，P=0.000），此外还通过目的地品牌形象的中介作用机制对目的地品牌偏好产生0.218的间接作用，总影响系数为0.488；同时，信息熟悉对目的地品牌形象有0.59的直接效应，且解释了目的地品牌形象34%的变异，信息熟悉对潜在游客的目的地品牌形象认知和情感有重要影响，是一个关键的预测变量。综上可知，无论对于“有体验者”还是“无体验者”，信息熟悉对于游客的认知知、情感、后续购买行为意向都会产生重要作用。

2. 游客涉入的调节作用

游客涉入不对目的地品牌形象→品牌偏好关系起调节作用，但对目的地品牌形象→参观意愿关系起反向调节作用。

关于游客涉入的调节效应检验结果显示，无论游客有无事先参观体验，涉入都不对目的地品牌形象→品牌偏好关系起调节作用，假设不被支持。但与费雪（Fei Xue，2008）对顾客选择轿车品牌的影响因素研究比较后发现，本文研究结论与费雪的结论具有内在一致性。费雪的研究设计以涉入度等于4.47为中位数分割点（采用里克特七点量表），将被试拆分为高涉入和低涉入两组，涉入度低于4.47的被试组顾客品牌选择不受自我概念一致性的影响，而高于4.47涉入度的被试组品牌选择受自我一致性影响。本文研究中“有体验者”组和“无体验者”组的涉入度均值分别为3.53和3.55，都低于4.47，属于费雪研究中的低涉入度组，因此涉入度不对目的地形象→目的地品牌偏好关系发生调节作用是与费雪的结论一致。当涉入度较低时消费者依据简单的线索形成对目的地的判断和态度，对嵌入在品牌信息中的自我形象信息等却并不产生注意，目的地形象此时不具有预测作用。

以上对两组游客的研究结论可以从图 2、图 3 直观地表示。

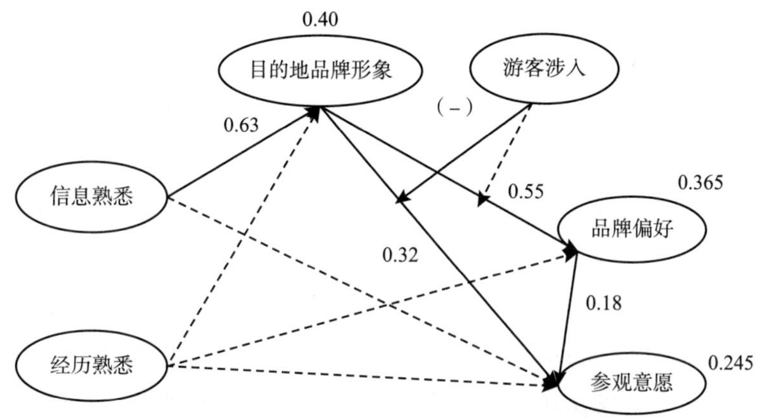

图 2 “有体验者”组的最终研究模型

注：图中实线表示该路径系数显著；虚线表示该路径系数不显著。

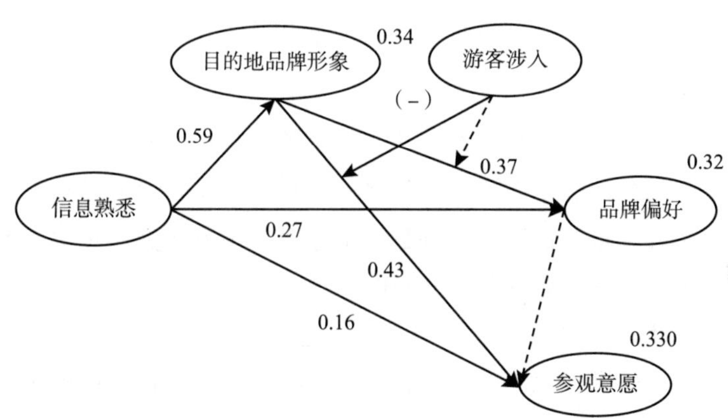

图 3 “无体验者”组的最终研究模型

注：图中实线表示该路径系数显著；虚线表示该路径系数不显著。

五、研究启示

第一，信息熟悉对参观意愿的总影响作用对“无体验者”而言为 0.414，远大于“有体验者”组中信息熟悉对参观意愿的影响（总效应为 0.202 且只包括间接效应），这意味着毫无体验者对关于迪士尼的信息较为敏感，且对这些信息的熟悉将严重影响其购买决策。而上海迪士尼乐园新落地中国内陆，绝大部分潜在游客都属于“无体验者”，因此，迪士尼的管理方应该采用多种媒体渠道及线上线下结合的方式让消费者接触、了解到上海迪士尼的信息，进行密集和大量的信息投放、提升潜在游客对上海迪士尼乐园的熟悉程度，促成其参观意愿的生成，这对于提升迪士尼的游客流量、扩大其市场占有率是非常关键的。

第二，在与同行对手的竞争中，获取潜在游客对迪士尼的品牌偏好有助于增加客流量（β=0.175，P=0.055），而游客品牌偏好变异的36.5%来自目的地品牌形象（β=0.55，P=0.000），即品牌形象每提高1个单位将引起游客品牌偏好增加0.55个单位；此外，目的地品牌形象还对“有体验者”的参观意愿有直接影响（β=0.32，P=0.007），总计起来目的地品牌形象对参观意愿的直接、间接影响共达0.419，即品牌形象每提升1个单位将导致参观意愿增加0.419个单位，这从另一个角度充分证明了树立、传播与游客自我概念一致性更高的目的地品牌形象对提升游客重游意愿、增加顾客回头率的重要性，目的地品牌形象需要乐园管理方予以高度关注和重视。目的地品牌形象建设除了要基于游乐产品的固有特征、功能属性及个性而突出某些形象特色外，还要结合考虑目标客户所在的文化圈、自我概念、自我认知、价值观、旅游动机等来确立媒体沟通中推出的目的地品牌形象。

第三，无论游客有无事先参观经历，游客涉入都对目的地品牌形象→参观意愿关系起反向调节作用，即游客涉入度越低，目的地品牌形象对参观意愿的影响效应越高；游客涉入度越高，目的地品牌形象对参观意愿的影响效应越低。初看之感觉本次研究结论和比尔里等（Beerli et al.，2007）的结论相反，但究其实质却是一致。比尔里认为自我一致性与游客游览意向呈正向关系，涉入程度越高，所发现的自我一致性就越高，该一致性程度对游览意向的预测力也越强。而本文研究对象为来自异质文化的休闲娱乐产品，涉入度越高，游客将发现产品中的文化差异越大，传统中国文化下的自我概念和迪士尼品牌美国文化个性的不一致性也越清晰，通过购买旅游产品来体现、表达自我的可能性也越低，可以归纳为涉入度越高时迪士尼品牌形象对参观意愿的影响越低，该现象后面的本质却仍然是自我一致性对游览意愿的正向影响及涉入度对该影响的正向调节作用。本文研究结果并不意味管理方要限制游客的涉入程度，而是应该在乐园的营销战略中凸显不同文化所共同推崇的价值观，如乐观、诚信、希望等优秀品质，强调上海迪士尼产品中创新采用的中国元素，引起中国游客的共鸣，提升迪士尼产品与中国游客自我形象的一致性，以达到促进参观意向的最终结果。

参考文献

[1] 高静，徐长乐，刘春济．熟悉度对旅游目的地游客满意度评价的影响研究——基于到访西安的中西方游客比较［J］．华东经济管理，2015，29（2）．

[2] 许春晓，莫莉萍．旅游目的地品牌资产驱动因素模型研究——以凤凰古城为例［J］．旅游学刊，2014，29（7）．

[3] 杨杰，胡平，苑炳慧．熟悉度对旅游形象感知行为影响研究——以重庆市民对上海旅游形象感知为例［J］．旅游学刊，2009，24（4）．

[4] A. Beerli，G. Meneses，S. M. Gil. Self-congruity and destination choice［J］. Annals of Tourism Research，2007，34（3）.

[5] Albarracin，D. & Wyer，R. S. The cognitive impact of past behavior：influences on beliefs，attitude and future behavior decisions［J］. Journal of personality and social psychology，2000，79.

[6] Ambroise L.，Ben S. S.，Bourgeat P. et al. The impact of brand personality on attitude and commitment towards the brand［C］. In：Proceedings of the 32nd International research seminar in marketing，marketing communications，and consumer behavior，La Londe de Maures，France，2005.

[7] Baloglu，S. An investigation of a loyalty typology and the multidestination loyalty of international travelers［J］. Tourism Analysis，2001，6（1）.

[8] Boo S.，Busser J.，Baloglu S. A Model of Customer – Based Brand Equity and its Application to Multiple Destinations［J］. Tourism Management，2009，30.

[9] Chen C. C.，Lin Y. H. Segmenting mainland chinese tourists to Taiwan by destination familiarity：A factor-cluster approach［J］. International Journal of Tourism Research，2012，14（4）.

[10] Festinger，L. A theory of cognitive dissonance［M］. Evonston，IL：Row，Peterson，1957.

[11] Giacalone D. Frost，M. B. Bredie，W. L. Pineau，B. Hunter，D. C. Situational appropriateness of beer is influenced by product familiarity［J］. Food Quality and preference，2015，39.

[12] Gefen，Straub & Boudreau. "Structural Equation Modeling and Regression：Guidelines for Research Practice［J］. Communications of the Association of Information Systems（4：7），August，2002.

[13] Goh, H. K. and Litvin, S. W. Destination preference and self-congruity [C]. Travel and Tourism Research Association Annual Conference Proceedings, San Fernando Valley, CA, 11 – 14, June, 2002.

[14] Heesup Han, JungHoon (Jay) Lee, Jinsoo Hwang. A study of brand prestige in the casino industry: The moderating role of customer involvement [J]. Tourism and Hospitality Research, 2016.

[15] Hellier P. K., Geursen, G. M. Carr, R. A., Richard, J. A. Customer repurchase intention: a general structural equation model [J]. European journal of marketing, 2003, 37 (11/12).

[16] Horng J. S., Liu C. H., Tsai C. Y. Understanding the impact of culinary brand equity and destination familiarity on travel intentions [J]. Tourism Management, 2012, 33 (4).

[17] Kim W., Ok C. and Canter D. D. Contingency variables for customer share of visits to full-service restaurant. International Journal of Hospitality Management, 2010, 29 (1).

[18] Landon, L. E. Self concept, ideal self concept, and consumer purchase intentions [J]. Journal of consumer research. Vol. 1, Sept, 1974.

[19] Laurent G., Kapferer J. Measuring consumer involvement profiles [J]. Journal of Marketing Research, 1985, 22 (1).

[20] MacKay. K. J., Fesenmaier D. R. Pictorial element of destination in image formation [J]. Annals of Tourism Research, 1997, 24 (3).

[21] Maja Konecnik, William C. Gartner. Customer – Based Brand Equity for a Destination [J]. Annals of Tourism Research, 2007, 34 (2).

[22] Milman, A. & Pizam, A. The role of awareness and familiarity with a destination [J]. Journal of Traval Research, 1995, 33 (3).

[23] Mittal, B. A Comparative analysis of four scales of consumer involvement [J]. Psychology and Marketing, 1995, 12 (7).

[24] M. J. Sirgy & C. Su. Destination Image, Self – Congruity, and Travel Behavior: Toward an Integrative Model [J]. Journal of Travel Research, Vol. 38, May, 2000.

[25] Olson, J., J. Mc Alexander & S. Roberts. The impact of the visual content of advertisements upon the perceived vacation experience In tourism services marketing: advances in theory and practice [C]. W. Joseph, L. Moutinho and I. Vernon, eds,

1986: 260 – 269. Cleveland OH: Cleveland state university.

[26] Rosenberg, M. , Conceiving the self, Basic Books, New York, 1979.

[27] Rodriguez – Molina, Frias – Jamilena, Castaned – Garcia. The contribution of website design to the generation of tourist destination image: The moderating effect of involvement. Tourism Management, 2015, 47.

[28] Sirgy, M. J. Self-concept in consumer behavior: a critical review [J]. Journal of consumer research. Vol. 9, December, 1982.

[29] Soon – Ho Kim, Hye – Sook Han, Stephen Holland and Byon K. Structural Relationships Among Involvement, Destination Brand Equity, Satisfaction And Destination Visit Intentions: The Case of Japanese Outbound Travelers [J]. Journal of Vacation Marketing, 2009, 15 (4).

[30] Tversky A. , Kahneman D. Judgement under uncertainty: Heuristics and biases [J]. Science, 1974.

[31] Xue Fei. The moderating effects of product involvement on situational brand choice [J]. Journal of Consumer Marketing, 2008, 25 (2).

[32] Zaichkowsky J. L. Measuring the involvement construct [J]. Journal of consumer research.

[33] Zaichkowsky J. L. The Personal Involvement Inventory: reduction, revision, and application to advertising [J]. Journal of Consumer Research, Vol. 12, December, 1994.

中国户外无动力乐园创新模式

李慧华　谭　亮　孙　恬*

一、发展之路：从无到有，野蛮生长的创变30年

自1978年中国开始改革开放以来，随着中国经济的高速发展，物质生活水平的大幅提高，中国户外无动力儿童游乐场行业发展也从无到有，目前已发展成一个年产值上百亿元的行业。

无动力乐园的初始形态，起源于欧美国家的“户外儿童游乐场”（outdoor playground），历史最早可以追溯到1868年，美国波士顿的一所公立小学建立了第一个室外儿童游乐场。

“无动力游乐”在中国作为一个正式概念首次被提及，是在2011年12月30日，由中华人民共和国国家质量监督检验检疫总局和中国国家标准化管理委员会共同发布的《GB/T 27689 2011 无动力类游乐设施儿童滑梯》国家标准，2012年6月1日起正式实施。从此，中国结束了无动力类游乐设施无国家标准的历史，并第一次在国家层面正式为无动力类游乐设施确定名称和定义。无动力类小型游乐设施是指不带电动、液动或气动等任何动力装置的，由攀爬、滑行、钻筒、走梯、荡秋千等功能部件和结构、扣件及连接部件组成的，主要适用于3～14周岁儿童娱乐用的游乐设施。

* 李慧华，上海季高游乐设备集团有限公司总裁，“季高兔窝窝”亲子乐园品牌创始人，从事无动力亲子游乐行业近20年，无动力类游乐设施行业资深专家，曾参与中国《GB/T 27689－2011 无动力类游乐设施儿童滑梯》及《GB 19272－2011 室外健身器材安全标准》的起草工作。谭亮，上海季高游乐设备集团有限公司策划总监，毕业于华东师范大学，长期从事旅游规划行业观察研究。孙恬，上海季高游乐设备集团有限公司策划总监，英国谢菲尔德大学硕士研究生，季高集团研发负责人，长期从事儿童乐园专项研究。

二、中国无动力乐园的发展阶段

(一) 20世纪八九十年代——起步

20世纪80年代，标志着与无动力儿童游乐场起步的两个重要事件就是，相关行业协会的成立。1986年，中国玩具和婴童用品协会（前身叫“中国玩具协会”）成立，经国务院国有资产监督管理委员会和民政部批准，2011年6月起正式更名为中国玩具和婴童用品协会。1987年8月1日，中国游艺机游乐园协会成立。在中国，那个年代根本没有人知道什么是无动力类游乐设施，也没有现代意义上的真正无动力类游乐场，那个年代的孩子，玩的更多的是自制玩具和自然、互动类游戏，比如滚铁环、丢沙包、打弹弓等。前面所说的两个行业协会，所涵盖的行业和产品范围也没有明确规定是否包含无动力类游乐设施。通常情况下，无动力类游乐设施相关生产厂家和相关行业公司通常会参加由中国玩具和婴童用品协会主办的每年一届的“中国玩具和婴童用品展”和中国游艺机游乐园协会主办的每年两届的“中国国际游乐设施设备博览会”（CAE），以展示自己的产品与服务。

作为中国目前最大，也是中国起步最早的无动力类游乐设施生产基地，20世纪八九十年代，温州市永嘉县桥下镇一大批企业开始生产制造和销售无动力类游乐设施，当年的创业品牌，如今均已发展成为中国国产无动力游乐设施的知名品牌，如“奇特乐”“万德”“凯奇”“永浪”等（排名不分先后），企业规模也从创业之初的家族作坊式生产发展成如今的规模化生产，年产值均早已过亿元。

2006年7月，温州市永嘉县桥下镇被中国玩具协会授予“中国教玩具之都”称号（2009年6月顺利通过复评）。

(二) 21世纪初期——发展、普及

进入21世纪，中国无动力游乐设施行业进入高速发展期，行业生产厂家也逐步实现生产规模化，从最初完全模仿欧美品牌，到逐步开始自主研发，产品线从无到有，市场范围从经济最发达的珠三角、长三角和环渤海经济圈开始延伸到中国内陆地区，甚至深入到乡镇。同时中国制造的无动力类游乐设施开始进军海

外市场，如今，在全球各大洲，中国制造已无处不在。

随着行业的高速发展，与无动力类游乐设施相关的国家标准和行业标准也逐步出台。2003 年 3 月 5 日发布，2003 年 8 月 1 日开始实施的《GB 6675 - 2003 国家玩具安全技术规范》；2011 年 9 月 29 日发布，2011 年 10 月 1 日开始实施的《GB 19272 - 2011 室外健身器材的安全通用要求（替换 2003 版）》；2011 年 12 月 30 日发布，2012 年 6 月 1 日开始实施的《GB/T 27689 - 2011 无动力类游乐设施儿童滑梯》，2017 年 9 月 29 日发布，2018 年 4 月 1 日开始实施的《GB/T 34272 - 2017 小型游乐设施安全规范》等。其中，《GB/T 27689 - 2011 无动力类游乐设施儿童滑梯》和《GB/T 34272 - 2017 小型游乐设施安全规范》虽然为国家推荐标准，但标准参考了欧盟 EN 1176 - 1：2008、EN 1176 - 3：2008 相关标准，标准水平已达到国际水平。《GB 19272 - 2011 室外健身器材的安全通用要求（替换 2003 版）》国家强制性标准，很多标准要求不仅达到国际水平，部分甚至超过国际标准要求。国家和行业标准的出台，极大地推动了产品质量标准和行业发展水平。

（三）21 世纪 10 年代——变革、创新

最近几年来，随着互联网的高速发展，信息化时代的到来，行业从业者以及使用投资方、设计方、研究机构等获取信息的渠道和速度大幅加快，欧美先进的产品研发理念和游乐场设计理念迅速在中国市场普及和接受，游乐场设计师们也同样开始关注儿童的行为和心理，针对儿童的不同需求，儿童游乐场的种类和功能越来越丰富，立足儿童，设计更加安全、更具挑战性、趣味性，以及对儿童身心发展更适宜的游乐环境，为孩子创造真正适合他们健康成长的游乐空间。

共融游乐场、儿童友好型城市（社区）、干湿分区结合理念、拯救自然缺乏症、冒险乐园、全年龄游乐场等各类先进的游乐场设计理念纷纷应用到无动力儿童游乐场的设计和实施中，同时，无动力户外儿童游乐场与景观、空间和环境的结合，以及游乐场相关的人性化设施设计与配置（如遮阴遮阳、洗手台、休息座椅、垃圾筒、自行车停靠架、挂衣挂包架、母婴室、无线 WIFI 和电源插座等），这些都均以成为评估一个游乐场是否成功、受孩子和看护者欢迎的重要因素。

三、中国无动力乐园的现状

中国作为全球第二大经济体，随着中国二胎政策的全面放开，人们物质生活

水平提高，消费意识也不断提升，以及政府和人们对儿童的重视程度加强，中国与世界各国交流、经济往来、文化融合度越来越高，欧美许多无动力游乐设施世界顶级品牌纷纷也进入中国市场，中国无动力类游乐设施行业和欧美行业领先品牌交流也愈发频繁，中国行业也不断地向欧美行业领先品牌学习和总结，与欧美行业差距也在逐步缩小，无动力类游乐设施市场潜力巨大，市场容量呈井喷式发展趋势。虽然有诸多利好因素，但仍有许多制约行业发展的不利因素急需解决，最重要的有以下两点：

（一）无动力类游乐设施强制性国家标准急需出台

虽然无动力类游乐设施行业在 2012 年 6 月 1 日开始实施《GB/T 27689 - 2011 无动力类游乐设施儿童滑梯》，2018 年 4 月 1 日开始实施《GB_T 34272 - 2017 小型游乐设施安全规范》国家安全标准，但遗憾的是，此标准为国家推荐型标准，而非强制认证。这导致了行业生产企业对国家标准不够重视，严重的甚至视而不见，产品随意生产，缺乏质量和安全意识，最严重的是造成了行业门槛过低，家族作坊式生产模式仍普遍存在，市场上也充斥着大量不符合安全标准和粗制滥造的产品，这对行业主要使用人群儿童人身安全造成巨大的隐患。解决的根本办法就是出台强制性国家标准，加强行业监管，提升行业准入门槛和整体水平。

（二）行业知识产权保护急需加强

中国无动力类游乐设施行业起步至今，从最开始的模仿美国领先品牌，直至今日仍未逃脱模仿欧美的怪圈。国内大企业模仿欧美，国内小厂家模仿国内大企业，这样的后果就是中国产品严重缺乏创新，缺乏核心技术，国内品牌产品风格、款式千篇一律，同质化竞争极其严重，最终直接变成了同质化下的价格竞争。造成这一切的原因均是对知识产权的不重视，以及法律保护不足，导致模仿、抄袭的违法成本极低甚至为零，这也使得很多厂家根本不愿意投入人力和资金进行研发创新。

一个行业的发展，离不开政府和行业协会的支持与推动，以及行业标准的制定与监督执行。同样，需要企业的自律与情怀，为了中国儿童拥有一个更美好和快乐的童年，为了中国无动力类游乐设施行业的健康、有序和快速的发展，我们仍需共同努力。

四、时代之变：迎潮而上，迈向时代舞台的正中央

在21世纪第二个十年即将结束的今天，中国经济与城市化进程经过30年左右的高速发展，整体增速已经呈现出逐步放缓的趋势，对增长质量的高追求已经成为新时代宏观经济的发展目标。与此同时，中国户外无动力乐园发展的大环境也随着时代的发展产生了巨大变化。这种变化就如同音乐、灯光、布景的改变，会影响舞台角色一样，将会影响并推动中国户外无动力乐园产品与产业本身发生重大的改变与调整。

（一）文化旅游产业市场空间巨大，户外无动力乐园引领细分市场的供给侧改革

2018年3月中华人民共和国文化和旅游部正式组建，业内戏称“诗和远方终于在一起了”。国家机构改革的这一重要行动，传递出国家近十年来对文化旅游产业融合发展的支持力度越来越大。从《国民休闲旅游纲要2013－2020》颁布实施，到《“十三五”旅游业发展规划》将旅游业定位为幸福产业和国民经济战略性支柱产业。随着中国经济发展、国民收入提高，旅游行为已然大众化。2017年，中国国内旅游市场游客规模达50亿人次，中国居民国内旅游总花费达4.6万亿元，国内旅游市场正大放异彩。

从行业趋势看，中国的旅游业总量不断放大的同时，增速出现放缓的苗头并进入新的发展阶段，但是市场空间仍然是巨大的，国民旅游的需求持续旺盛，同时也对产品和服务提出了更高的品质要求。对比中国和全球的旅游人次收入、旅游收入和GDP方面，还是领跑于经济总量的增长，同时旅游人次和收入的增长也明显高于全球的平均水平，国民消费的意愿强劲，但是消费决策日趋谨慎。“80后”“90后”等新一代消费者逐渐成为消费主力，他们出游观念前卫，品质消费意愿强；此外，政治、社会文化、技术等环境利好，在以上各方面因素综合作用下，中国亲子游市场已经占据了非常重要的地位，行业统计数据显示，2018年“十一”小长假，亲子出游市场规模已经占到了国内旅游市场近30%的比重。

然而，因为新的亲子出游客群有信息更新快、见多识广、知识素养高、对服务要求高等显著的群体性特征，所以过去20年来建设落地并取得一定成功的存量旅游产品已经逐渐不能满足新世纪亲子家庭日渐拔高的品位和更加复合性的需

求。季高集团所倡导打造的户外无动力乐园产品，因其高颜值、高品质、强体验、多功能、离城近、生态佳等优点，已经逐渐成为亲子家庭周末节假日出游的热门选择。

（二）人口结构调整带来巨大改变，户外无动力乐园天然契合亲子出游市场热点

随着二孩政策的全面放开，中国家庭的结构和消费方式也正在经历一场重塑。统计数据显示，2018 年新生儿出生数量比 2017 年新生儿出生数量少 200 多万。但是新生儿中二孩出生数的占比已经达到了 51%。到 2018 年，全国新出生人口达到了 1500 万人。中国的“90 后”人口达到了 1.75 亿人，年龄在 19～29 岁之间，已经全面进入适婚年龄，并且大部分已处在适宜生育的年龄阶段。他们普遍高学历、高眼界，没有经历过物资匮乏的年代，所以呈现出显著的“重体验、重品质、追新潮”的消费特征。中产阶级崛起、旅游消费升级、二胎政策开放的叠加效应催生出庞大的亲子游市场，“带娃出游”已成为旅游市场的主流消费趋势。数据显示仅 2018 年上半年，就有近 40% 的亲子家庭用户出游超过 3 次。[①]

从百度搜索指数我们可以发现，2017～2018 年，“亲子游”话题的搜索量在时间上呈现出明显的分散特性。不再仅仅集中于 7 月、8 月份的暑假期间，3 月、4 月份的搜索量同比增长接近 30% 和 70%，由此可见，随着亲子出行的不断普及，错峰出行、日常出行、周末出行已经成为亲子游的常态，甚至在全年的时间跨度下都能保持相当的热度。展现了亲子游市场对文旅消费的强大拉动力。

从消费习惯上看，呈现出如下几个新特征：

（1）由以孩子为中心，发展到合家欢。这一现象在“90 后”受访者和一二线城市的父母之中尤其流行。他们认为在携带年幼的孩子出游时，在认同以孩子的需求作为消费决策的关键依据的同时，认为家长在出游过程中的需求也应该得到尊重，甚至希望有亲子双方共享的产品形式，能够让双方都从出游行为中有所收获。

（2）认为带孩子出来玩，花钱不是问题。近五成的受访者表示，全年的亲子出游活动花费的金钱在人均 5000 元左右，甚至有 18% 的消费者每年亲子出游的人均消费超过了 10000 元，只有不到 20% 的消费者表示这一数据在 3000 元以下。[②]

（3）幼儿家庭以休闲为主，大童家庭以游学为主。带着 0～3 岁孩子的家庭，

---

① 国家统计局发布 2018 年全年中国人口数据，2019 年 1 月 21 日。

② 艾瑞咨询《2019 年中国亲子出行生态、影响力研究报告》，艾瑞研究院，2019 年。

更倾向于选择风景优美的乡村、农家乐与海岛。4～12 岁的年龄区间里，更倾向于选择具有文化科普类、修学体验和动植物认知等产品。更多追求“寓教于乐”，在玩中学，收获知识与快乐两不误。

在这样的市场需求与消费行为特征之下，季高集团倡导以“创享玩美时光”的理念打造的户外无动力乐园产品恰好能够最大限度地契合所有需要，一是通过位于城市近郊优良生态环境中的乐园，用最低的时间成本解决城市亲子家庭平时户外活动时间短，缺少对自然的认知与接触的问题；二是在通过国际进口的专业游乐设备满足儿童的游乐天性之外，通过专项课程的设置满足寓教于乐的学习需求，同时关注到父母休闲的需求，为家长设计活动和课程，以保证孩子玩乐的同时，爸爸妈妈也能得到休闲放松和舒适体验。

（三）城市化与逆城市化浪潮叠加出现，户外无动力乐园必将融合城乡发展空间

根据国家统计局数据统计显示，到 2018 年，中国的城市化水平（城镇化率）达到了 59.58%，接近 60%。相比 1978 年中国城市化进程刚刚起步时的 17.9%，增长了 42 个百分点。虽然在短短的 40 年间取得了这样的发展成就，但是距离发达国家 75% 的城市化水平依然有 15% 左右的发展空间。

在中国的城市化率不断提升的同时，也暴露出一些片面追求城市面积扩张、城市人口规模增长的发展弊端：城市公共空间较少、城市绿地率较低、城市污染严重、城市人口密度过大等。这些都导致了在广大城市中，适合亲子活动的户外空间十分稀缺。周末节假日，大量的亲子家庭涌入公园绿地、博物馆、游乐场、商业购物中心等空间，导致这些场所人流密度非常大，作为使用者的亲子家庭在其中并未收获良好的消费体验。久而久之，城市里长大的孩子已经不知道如何与户外的自然环境和谐相处，这也是他们童年中巨大的遗憾。

这样的现实需要，在中国的一、二线城市居民之中已经开始催生出逆城市化的思潮，伴随各大城市汽车保有量的快速提升，人们开始涌入城市周边的乡村、农场、郊野公园、森林公园等生态空间中。但是，由于市场需求的发展速度已经大大超过了城市周边户外产品的更新速度，整体产品呈现出两个极端：要么采取保护性开发的策略，好山好水好无聊；要么采取急功近利的开发方式，过度迎合市场的诉求，产品呈现出粗糙、丑陋与经营上不可持续。

在这样城市化与逆城市化浪潮交相作用的发展环境之下，可以与自然环境深度融合的户外无动力乐园就将天然的承担起满足市场需要的作用，一方面，以高

标准、高颜值、现代感、设计感体现城市化带来的理性之美，并将其导入城市核心区之外的生态空间；另一方面，以环保节能的无动力性能、高参与度的游乐方式与生态空间的形态可通过主题性设计实现高度融合，从而更加充分地将自然之美提供给城市消费人群加以体验。

以季高集团在成都郫都区多利桃花源项目为例，将无动力乐园项目与萌宠乐园、帐篷营地酒店、蔬菜景观化种植有机融合，既提供了高低错落的景观效果，又提供了安全可靠的玩耍乐趣。在这里，来自成都中心城区的家庭和孩子，通过游戏与课程接触了田野、亲近了小动物、获得了知识、交到了朋友，起到了非常良好的示范效应。

（四）国家全面提高产业发展的质量要求，户外无动力乐园被赋予更多产业功能

从2016年开始，国家开始培育以产业发展为驱动力的特色小镇，国家、省、市三级都设立了相应的评选标准与扶持资金。2017年，田园综合体作为中国乡村产业发展的创新模式得到国家层面的倡导与推广。国家所倡导的这两种方式，即有别于城市空间的发展，又在某种程度上可以看作是城市思路的延续——通过产业导入驱动区域发展，从而全面提升中国乡镇的发展质量、改变中国乡镇的发展面貌。

然而，进入2019年，以成都秀丽东方、北京洼里乡居楼、北京蟹岛度假村等休闲农业项目因为土地合规问题接受有关部门查处，被迫部分拆除或关停整顿。与此同时，全国范围内特色小镇地产化、产业发展空心化的新闻不时见诸媒体。从这样的现象不难看出，在全国范围内土地政策监管日益严格的今天，管理者希望达成的目标是土地空间的精细化开发与高效益开发，这样的目标恰恰有赖于产业要素的有效植入与长效发展。

摆在投资者与管理者面前的解决方案只有两个：一是结合当地产业基础或资源条件，将单一产业发展到极致，形成独特的竞争性壁垒，然后通过贯通产业链环节，吸纳更多的产业要素和产业人口，最终提升区域发展质量。二是通过引领性的产业要素——例如文旅产业与休闲产业要素的导入，先将消费人流与产业人口导入，再搭配不同的业态共同形成完整的产业融合发展闭环。第一个方案需要较长的过程，第二个方案则更注重产业要素之间的匹配与整合。

从这个角度来看，季高集团等国内顶尖专业服务商倡导的户外无动力乐园作为文旅产业与休闲产业的新业态，对城市人口有非常强烈的吸引力，完全有条件作为城市近郊的特色小镇与田园综合体产业解决方案的启动性项目引入，通过将

亲子游乐与当地的生态环境与民俗文化的融合表达，将城市消费客群引入城市近郊的乡镇空间，同时也引入各种合作业态，形成立足乡村、服务城市、提升环境、导入资本、增加就业、传承文化的平台与载体，真正助力产业融合与城乡融合的实践。

（五）投资者对户外无动力乐园的要求从出形象到能挣钱，行业进入新运营时代

从投资建设端来看，在过去20年里，中国户外无动力乐园的投资者主要分为两大类：第一类是政府及政府所属的开发公司，他们普遍将户外无动力乐园视为一般市政公园的配套设施，或者用于土地一级开发过程中，为区域熟化提供的配套产品。从规模体量上来看，这一类型的户外无动力乐园占地面积一般不超过1万平方米，投资总量很少超过1000万元。第二类是大型房地产开发企业，相对于大型住宅地产项目的前期投资而言，户外无动力乐园具有投资轻、落地快、形象美等显著的特点，非常适合作为大型住宅项目的示范产品与配套产品，既能吸引人流，培育潜在业主；又能服务已经入住的业主，因此大受此类房地产开发企业的青睐。

然而，在这个发展阶段里，以上两类投资者对户外无动力乐园的经营指标都没有盈利性要求。往往将其包含在市政公园的范围内，由物业公司或者园林管理部门进行日常维护，由财政拨款来解决运营成本的问题。或者大型房地产开发企业的土地溢价所得已经完全能够轻松覆盖户外无动力乐园的建设投资与运营成本。

2015年以来，逐渐有以户外无动力乐园为亮点产品的休闲农庄和度假村在该单项产品的运营上实现了轻投入与快回收。一旦有先行者获得成功，后来者便蜂拥而至。一时间，成都、北京、广东等省市有众多类似项目纷纷上马。在这一波发展浪潮之中，少部分进场早、发展快的项目实现了快速盈利。但是仍有大多数项目因为内容缺少创新、运营管理粗放而导致投资失败。目前，无论是政府及政府所属开发公司，还是大型房地产开发企业，都对户外无动力乐园提出了“运营打平盈利，不要持续投入”的新目标。

市场的变化，必然引发供给侧改革。以季高集团为引领的少数国内顶尖无动力乐园供应商，率先顺应时代潮流，跳出原有综合设备供应商的格局，将策划、设计、落地实施、运营管理与投资等产业要素进行整合，形成了全产业链级别的贯通与控制，不仅能够更好地设计与建设专业化的户外无动力乐园，更能够从运营端口开源节流，想方设法通过经营策略，丰富乐园产品的盈利方式、提升客单价，成功地满足市场对于户外无动力乐园的新要求。

（六）功能时代已经没落，IP时代已经开启，户外无动力乐园将拥抱IP谋求跃升

党的十九大报告指出中国社会的主要矛盾已经转变成为“人民日益增长的美好生活需要和不平衡不充分的发展之间的矛盾”。从国家统计局的数据统计可以看出，中国大多数省会城市的人均 GDP 已经超过 1 万美元，一线二线城市甚至几年前就达到了这一发展水平。

从社会经济发展的规律来看，当人均 GDP 超过 1 万美元的时候，人们对于产品的需求，必然从单纯的功能角度满足实用需求提升到从文化与品牌角度满足精神需求。纵观各种消费品行业的发展历程，大到住宅、汽车等耐用消费品，小到手机、电脑、服装、食品等快速消费品领域，都遵循着这一发展规律。

中国文旅产业的发展也正处于这一规律的作用之下，经历了从 30 年前的资源主导时代到 10 年前的市场主导时代再到目前的 IP 主导时代。以上海迪士尼乐园项目为榜样，IP 作为高度聚合价值的载体，通过持续性的培育与传播，将线上与线下打通，将产品价值与消费需求接驳，将企业产品与服务通过特点鲜明、系统完善的形象与行为整合成为价值网络，从而得以积累和放大。

户外无动力乐园作为新兴的文旅产品，传统的依赖于标准化设备而实现的“钻、荡、爬、滑”四大基本功能已经远远不能满足消费者的需要。以季高集团为引领的户外无动力乐园行业，正在通过不同的主题策划、外形设计、概念延展、功能融合、空间交叠等方式，组合出各种具有鲜明 IP 特质的无动力亲子游乐体验包，同时，季高兔窝窝、长沙贝拉小镇、松鼠部落等产品 IP 也正在努力借助市场力量进行价值培育与传递。未来户外无动力乐园，将逐渐深入的借鉴世界著名主题公园打造的手法与理念，开创出一条新的产品 IP 之路。

五、创新之路：双向赋能，五大新场景创享新模式

（一）新场景之“户外无动力乐园+教育”，理念突破、空间突破与课程突破

户外无动力乐园是将儿童室内教育与户外教育连接起来的有价值的场所。户

外无动力乐园将游乐设施充分地与自然场地结合，能够激发儿童的求知欲、创造性和独立能力。户外无动力乐园的发展除了与时俱进的不断更新游乐设备、丰富游乐主题外，还应该从另一个角度回归教育，通过与研学教育、营地教育、自然教育等多元的方式，与教育深度融合创新性发展，重视儿童综合素质教育。

（1）突破传统教育理念，寓教于乐。运动技能、空间感和创造力是儿童教育中最为重要的几个方面，而户外无动力乐园为培养这些能力提供了最佳条件。户外无动力乐园与教育的融合，将打破传统教育方式的弊端，针对不同年龄段儿童的特点，将枯燥的学校和家庭教育变得生动有趣，将儿童引入主动学习和创造探索中去，提高儿童的身体素质、身体协调性、创新能力及社交能力，从而寓教于乐。

（2）构建户外研学体系，研发课程。户外无动力乐园与教育的融合作为一种开放的教育方式，没有系统性的深度学习课程，户外无动力乐园只是停留在表层的儿童益智游乐，不能充分发挥其教育功能。通过有针对性地构建素质教育类、自然类、地理类、体验类等多种类型的活动课程，实现研学课程的主题化、系统化，从而实现户外无动力乐园与教育的深度融合。

作为目前国内户外无动力乐园在教育领域的先行项目，“长沙贝拉小镇”不断创新，将儿童训练、游乐的规划与场地地理资源充分融合，同时针对 3～15 岁儿童自主研发五大类儿童素质训练课程，促进儿童综合素质全面发展，打造大型寓教于乐主题性户外无动力乐园。

（二）新场景之“户外无动力乐园 + 乡村”，强势导流、乡村再造与城乡共荣

户外无动力乐园不仅是一个独立的儿童乐园，更是未来很多综合体项目的核心业态中必不可少的内容，也是区域引流的重要工具。随着亲子旅游市场的深度开发，打造系列个性化、情感化、休闲化、教育化的乡村亲子旅游产品，促进乡村旅游新发展，户外无动力乐园与乡村融合发展的乡村旅游新业态应运而生。

（1）带动区域经济发展，助力乡村振兴。户外无动力乐园的亲子属性（家庭出行、停留时间较长等）将带动乡村旅游其他要素的发展，如餐饮、亲子住宿、农业休闲等，从而带动当地村民参与到旅游业态中，发展乡村旅游经济，助力乡村振兴发展。

（2）创新利用乡村资源，彰显当地特色。充分挖掘当地乡村文化元素，结合

乡村环境，创新利用乡村的农作物、旧物、农业生产工具等乡村资源，通过抽象创意包装，融入现代游乐理念，把户外无动力乐园打造成强参与度的乡村游乐产品，从而提升乡村的吸引力和体验性。

（3）突出户外自然探索，丰富游乐体验。“自然、随性、淳朴、简约”是乡村亲子游最大的优势。在户外无动力乐园产品设计中，与乡村户外自然教育基地相结合，针对不同年龄段孩子的特点，设计符合他们心智发育需求的益智型乡户外游乐设施，并将课堂知识与乡村自然相融合，引导孩子在玩乐中探索知识、快乐学习，丰富乡村游乐体验。

（4）打造乡村社交平台，扩大亲子社交圈。乡村亲子游中家长期望之一是通过旅行孩子能够融入乡村，认识更多同龄伙伴。户外无动力乐园的强互动性可以作为家庭亲子社交基地和平台，同时建立家庭、学校与乡村之间的联系。

以季高成都郫都区红光镇多利桃花源项目为例，项目以3000平方米的无动力游乐园为载体，配合周边高端文化精品酒店、田园帐篷营地、国际萌宠乐园、一米菜园都市农场等产品。共同组成了一个具有鲜明乡村特色和强大引流能力的产品包。在本项目的创意之中，深度融入了多利农庄“从田园到餐桌”的有机农业种植理念与品牌优势，分为六个小组团，分别通过游乐体验表述了有机农业种植过程中的水环境、土壤改良、生物育肥、种子培育、生产管理及果实筛选等六大工艺流程，受到了企业的高度认可。

（三）新场景之“户外无动力乐园+景区”，业态创新、运营创新与产品迭代

在中国文旅行业高速发展的背景推动下，户外无动力游乐设施因自身特性（游戏、互动、交流等）在主题乐园、景区等领域中扮演的角色逐渐加重。户外无动力乐园与景区的融合发展可以丰富传统景区游玩项目，有助于活跃景区游玩氛围，增强景区二次消费。

（1）丰富景区游玩项目，升级游乐体验。户外无动力乐园与传统景区游乐项目的区别在于主动娱乐和被动娱乐。传统景区的游玩项目游客没有选择如何活动的权力，而无动力设施例如秋千、滑梯，玩法种类多样，因玩要者不同年龄、不同心情、不同时段，可以创造出各种玩法，升级玩要者的游玩体验。

（2）构建社交游玩氛围，提升重游率。户外无动力设施能激发儿童和其他使用人群自身的运动天性，在游玩过程中加入互动、互助和共同达成目标的元素，通过激发玩要者内心的成就感和自信，促进游客之间的互相挑战、竞争和交流，

从而构建一个覆盖人群社交的游玩氛围，吸引顾客多次游玩。

以季高集团为成都蓝光水果侠乐园内植入的无动力游乐区为例，引入了国内最先进、当时四川区域内前所未有的进口设备，同时结合水果侠乐园自身的文化特色与市场定位，打造了非常具有吸引力的大型组合设备，园区开业以来，已经累计接待游客量 70 万人，成为蓝光水果侠项目最具特色与人气的主题片区。

（3）“小、轻、新”投入，常换常新。户外无动力乐园因其投资小、体量轻（对土地性质无要求）、产品新，较快的落地周期和极强的主题性，有助于传统景区快速实现内容更新，常换常新。

（四）新场景之“户外无动力乐园+度假”，目的地升级、氛围营造与深度体验

根据市场最新数据显示，“80 后”家庭群体大多有带孩子出游度假的需求，更加关心儿童设施与服务等相关问题。在这类需求刺激之下，国内亲子度假市场迅速升温，针对亲子客群的“度假+乐园”形态的文旅产品层出不穷。户外无动力乐园与度假的融合可以提供满足全年龄层次共同参与游玩的亲子度假产品，构建生态型寓教于乐的家庭户外度假中心，打造家庭亲子一站式“轻度假”目的地。

（1）营造度假地场景氛围，延长游玩时间。根据不同年龄段对儿童活动空间及内容进行不同的设计，充分利用无动力设施设备的结合，通过不同区域不同的主题来营造场景氛围，为大人及儿童提供场景沉浸式游乐体验，增强消费者黏性，最大强度增强顾客的停留时间和复购次数。

（2）强化零距离亲子体验，促进亲子互动。在度假区域户外无动力乐园中，实施零距离亲子体验计划，设计以儿童为核心带动家长和孩子互动的游乐设施设备，提升家长的参与度，实现亲子互动。

（五）新场景之“户外无动力乐园+IP”，IP 资源变现、主题升级与运营掘金

中国儿童乐园市场进入自由行时代，越来越强调乐园的品质与深度，强调个性化、差异化的游乐体验。户外无动力乐园逐渐在游玩项目上实现主题化，但内容缺乏更好的包装。作为儿童户外游乐和家庭互动项目，户外无动力乐园与整体

文创IP的创新融合发展，应用全年龄层喜闻乐见的IP进行有效包装，或者融合自身文化、地域去新创IP、制造故事，乐园里有了IP主题，也就代表乐园有了灵魂人物，从而打造独一无二的亮点和特色，实现乐园与IP的共赢。

（1）因地制宜，增加IP的线下价值。一方面与知名IP融合，乐园凭借知名IP自身吸引力获得流量，带动乐园人气；主题IP与游乐设备的融合可以更好地增加IP落地与变现途径。另一方面是与新创IP融合，在户外无动力乐园的设计中不再是单一的设备配置，通过融合地域文化新创IP，可以帮助游乐园打造品牌，凸显主题，达到差异化效果。因地制宜地选择与IP的融合发展，逐步发展整体文创产业，形成产业链，实现IP的线下价值与乐园的共赢发展。

（2）深入融合，实现更好的内容包装。IP与乐园的融合不仅仅应该是在设备外观上结合IP形象，更应将IP的文化内涵融入到乐园中去，将IP的故事足够深地融入，充分发挥出IP优势。一方面是硬性融合，即在设备场景营造方面与IP故事内容相结合，注重立体空间的布置，呈现IP故事视觉效果。另一方面是软性融合，即让IP角色人物参与到户外无动力乐园的各项活动中去，如由IP角色带领儿童参与游玩，讲解乐园故事活动线索等。

六、未来之光：变成生活，四个梦想即将照进现实

随着市场环境、消费者需求与设备和技术的不断发展，户外无动力乐园也将呈现出全新的发展态势，以求始终契合时代发展的浪潮。季高认为，在未来的5~10年时间里，中国户外无动力乐园将面临如下几个巨大的机遇与挑战。

（一）中国户外无动力乐园将逐渐固化成为一种“生活方式”载体

未来5~10年，中国乡村振兴的大力发展与城市化进程逐步放缓的效应将逐渐叠加，城乡的边界进一步的淡化与模糊。中国户外无动力乐园将日益成为一种生活方式——在空间上，更充分地融入城乡交融区域的大型社区片区整体的发展。在时间上，更加日常化。每到周末节假日，甚至平时天气条件好的清晨与傍晚，人们都会自发的出现在户外无动力乐园里面，在这里通过互动娱乐的方式，接触自然、休闲放松、接受专项教育培训、开展趣味体育比赛……这里将成为中国人亲子社交关系的重要“场景”。

（二）中国户外无动力乐园将日益成为多元业态综合发展的“黏合剂”

有人流，就有现金流；有人流，就有信息流；有人流的地方，就是各类业态争先恐后扎堆的地方。中国户外无动力乐园本身强大的引流能力，不仅满足了需求端不断增长的亲子家庭休闲度假需求，更在供给端为“新零售、新教育、新度假、新体育、新餐饮、新美业”等多种新业态提供了精准到达线下客户群体的渠道和方式。

以中国户外无动力乐园为关键吸引物，在其周边布局主题酒店、文创零售、儿童教育培训、青少年体育培训、亲子主题餐饮、文化娱乐乃至养生美容等多种新兴业态，将共同形成一个全新的“亲子家庭休闲综合体”与以往依托城市中心大型室内空间不同，它将户外自然、生态、低租金、低能耗等优点充分发挥出来，将极大地改善消费者的使用体验。

（三）中国户外无动力乐园的样貌，将越来越凸显“主题化”特色

回顾中国户外无动力乐园 30 年来的发展历程，形式从无到有、规模从小到大、功能从简到繁、地位从配套设施到核心业态，如此这般的变化，无不说明了中国户外无动力乐园始终伴随着市场与消费者需求的变化应运而变。

未来 5 ~ 10 年，中国消费者的“口味”将成为全世界最挑剔和最难以满足的，中国户外无动力乐园假如仅仅满足于解决“功能性”需求，会变得越来越不合时宜。这时候，如何通过使用体验、文化融合、理念传达、IP 与品牌的占位等方式满足使用者的“心理性需求”，必将成为决定企业与行业生死存亡的问题。

“主题化”的过程，恰恰是能同时满足使用者“功能性需求”与“心理性需求”的重要方式。通过户外无动力乐园，讲述一个打动人心的故事、创造一处奇幻纷呈的主题场景、开展一次寓教于乐的课程……

“主题化”将通过景观营造、设备包装、交互技术的深度融合，以乐园为“舞台”、以管理运营者为“导演”，以使用者为“演员”，每一次都带来触动心灵的体验，久而久之，就能将文化、理念、IP 与品牌深深植入一代又一代的消费者心里。

（四）中国户外无动力乐园将日益成为重要与精准的线上流量入口

5G 技术在中国，正在以超乎普通民众想象的速度快速推进。在触手可及的未来，5G 技术的快速普及，会实现物与物、人与物之间非常便捷的互联。中国户外无动力乐园因其锁定的核心消费客群——以少年儿童为核心的亲子家庭客群是最舍得花钱、最善于学习、最拥抱未来的客群。通过乐园内运用技术与设备和游玩方式的融合，能够轻易地把这个核心客群从线下乐园导入到线上移动互联网端口，从而形成非常精准的市场策略。

通过乐园设备与服务的快速迭代、充分运用线上到线下（O2O）思维来对资源进行整合，就能够相对便捷地形成庞大、高黏性、稳定的优质流量。基于这样的流量入口，会诞生出更多不可思议的商业模式与爆款产品。我们只需要做好准备、拭目以待，迎接新时代的到来。

参考文献

[1] NYC Parks. History of Playgrounds in Parks [ED/OL]. https://www.nycgovparks.org/about/history/playgrounds.

[2] 翟静. 美国儿童户外游戏场的演变 [J]. 美术教育研究，2011 (8).

主题公园在文化与旅游融合发展中的实践

印小强*

随着时代的变迁、科技的进步，主题公园也较诞生之初有了颠覆性的变化，特别是在文化和旅游部成立之后，新一轮围绕文旅深度融合的发展趋势已逐步呈现。作为国内主题公园的先行者和领航者，我们结合自身发展，总结出了一套适合于国内主题公园特性的发展模式，并通过对过往经验的检视传承以及发展理念的蝶变创新，不断谱写着主题公园民族品牌蓬勃发展的新篇章。本文也将通过对主题公园发展过程中的相关经验的分析解读，探究国内主题公园的开发运营之道。

文化为魂，旅游为体，旅游作为文化的显性载体，为文化的传播推广、弘扬传承起到了极强的推动作用，而旅游业的发展也随着文化元素的浸入得到进一步的提质与增速，从单一的自然景观、游乐园，到富有文化内涵、主题特色的综合型度假区，这样一种发展过程实际也是文化与旅游深度融合的过程，两者都得到了充分的彰显与展示。下面将通过对国内主题公园发展历程的回顾，以及当前主题公园市场现状的分析，结合恐龙园集团自身的发展实践，进一步深度剖析中华恐龙园的打造及运营模式，探索和研判未来文旅项目发展趋势。

一、国内主题公园发展历程综述

中国的旅游发展主要经历了四个阶段：第一个阶段主要是依赖“自然风光、

---

* 印小强，恐龙园文化旅游集团股份有限公司董事、首席营运官、副总裁，长期从事常州中华恐龙园景区的全面经营管理工作，系统构建了其运营管理体系、服务提升系统、经营创新模式、科学用工模式和员工培训系统，坚持用运营品质撬动市场蓝海，不断赢得消费者口碑，他坚持创新引领，不断用品牌开创文旅行业标杆。在恐龙园集团外拓业务推进过程中，全程参与主持了多个主题公园、文化古镇的研策、设计、建设、运营及市场的各项筹备工作及建成后的全面经营管理工作，并负责多个委管类项目的顾问咨询、技术支撑和运营指导工作，具有系统的文旅项目开发理论体系支撑和丰富的文旅项目实操运营经验。

历史文化”的观光型旅游；第二个阶段主要表现为，随着体验经济的来临，微缩景观、民俗文化村、游乐园出现并盛行；第三个阶段主要体现在互联网 + 旅游、观光旅游 + 休闲度假游 + 深度体验游、自由行 + 自驾游全面兴起；第四个阶段主要表现在，优秀的景点景区持续开发，市场细分也愈发明显，旅游娱乐化、娱乐多元化的趋势日渐明显，智慧旅游和全域旅游时代已经来临。

在这样的宏观发展趋势下，国内旅游的特征已经十分明显，优质的自然和人文资源让文旅开发具备了先天优势，风情体验逐渐成为城市旅游的重要因素，世界超级 IP 陆续抢滩中国，文化古镇凭借特有的历史底蕴也在受到游客和投资者青睐，全域旅游成了新时期旅游开发的新常态，国际潮流户外产品也在推动着国人生活体验方式的进一步革新，而作为中国旅游发展的核心参与者和见证者，国内主题公园更是异军突起，伴随着旅游市场的进一步成熟完善，以及游客对优质旅游产品诉求的不断增加，经历着由小到大、由单一到复合、由重游乐到重主题的快速发展。

（一）1978 年底至 1989 年 9 月的 10 年：主题公园萌芽阶段

这一时期，文化并未成为主题公园开发的核心要点，各地主要还是以机械游乐园和设置游乐项目的市政公园为代表，如广州的东方乐园、北京石景山游乐园等。与此同时，旅游与影视结合也成了国内主题公园的另一种模式，1983 年北京的“大观园”和 1984 年河北正定的“荣国府”在作为电视《红楼梦》的拍摄基地后，进而向多功能发展形成了新的旅游地，随后正定县投资兴建的“西游记宫”再度在全国掀起了兴建此类主题化公园的狂潮。

（二）1989 年 9 月至 1997 年 9 月的 8 年：主题公园快速发展阶段

在这个阶段，文化已逐步开始浸润到主题公园开发的过程中去，主题公园已经突破以往单纯依靠机械游乐项目、缺乏文化内涵支撑的缺陷，许多主题公园通过挖掘地方文化，采用科技手段和文化包装产品，导入大型娱乐节目表演和动态参与项目，实施标准化管理，取得了成功。其中，1989 年 9 月深圳“锦绣中华”的成功开业，标志着中国主题公园的诞生。“锦绣中华”是中旅集团参照荷兰小人国的创意，采用微缩景观的方式，选取我国有典型代表性的名胜山水、古迹民俗进行高度提炼和再创造，形成 80 个微缩景点。其丰厚的文化底蕴，精心设计和科学有效的经营管理使其一推出就获得了巨大的成功，开业一年多就收回了 1

亿元的投资。紧接着，中旅集团又推出了“中华民俗文化村”“世界之窗”两个景区，也取得了极好的经济效益和社会效益。随后产生了北京的“世界公园”、无锡的“太湖影视城”、上海的“环球乐园”、江苏的“苏州乐园”等一大批大型主题公园。

（三）1997 年 9 月至 2005 年的 8 年：主题公园规范化发展阶段

以深圳华侨城上市为标志，这一时期的主题公园由于经受了前两个阶段的曲折与反复，开始注重对项目自身文化内涵的深度挖掘和有效转换，并逐步进入规范化、理性化的发展阶段。投资方在投建前的总体论证和市场调研也更科学，对建成后的经营管理以及产品后期发展也有预先详细的分析与安排。因此，这一阶段诞生的主题公园多为精品，例如深圳的“欢乐谷”、常州的“中华恐龙园”、番禺的“香江野生动物世界”等，推出后受到市场的欢迎；同时，经过市场残酷竞争生存下来的一些主题公园加强了产业化的规范运作。

（四）2006 年至今：中国主题公园的品牌化发展阶段

进入到 21 世纪以来，特别是 2006 年以后，中国现代主题公园发展迅速。这一阶段，主题公园在中国发展的产业环境开始成熟，市场得到有效培育，文化与旅游的已经走向深度融合，并成为引领行业发展的关键要素。中国民族品牌也得到有力发展，以长隆集团、华侨城集团、华强方特集团、恐龙园集团等一批本土企业开始全面拓展全国市场，全国旅游市场呈现了百花齐放、百家争鸣的火热场景，民族品牌也得到了进一步的锤炼。同时，“旅游 + 地产”的模式助推了主题公园的开发热潮，同质化的主题公园数量激增，为国内主题公园市场的持续性发展埋下了隐患。

二、文旅融合下的国内主题公园市场发展现状分析

随着文化与旅游部的成立，国内旅游市场的需求和规模显著提升，与此同时，我国主题公园行业也随着整体旅游业的繁荣而不断发展壮大，已经形成了数量众多、类型多样的总体格局。目前，全球十大主题公园集团中的中国主题公园集团所接待的游客总量已经占全球游客总量的 1/4，据 AECOM 发布的《2017 中

国主题公园发展报告》显示，至2025年，我国主题公园的接待量将达3.69亿人次，年化平均增速达到6.05%。然而，也确实要看到，在国内主题公园“遍地开花，繁花似锦”的背后，机遇与挑战并存。

（一）硝烟四起，红海已至

一方面，华侨城、方特、长隆、恐龙园等国内知名主题公园品牌通过全国范围的高效布局，已初具规模；另一方面，随着文化旅游产业被日渐看好，诸多房地产和商业“大鳄”带着“靠主题公园撬动地产”的愿景，也纷纷高调加入。与此同时，从三年前上海迪士尼度假区对外营业，到今年北京环球影城试运营，两大国际知名乐园品牌的入驻，使得中国民族主题公园品牌与国外旅游大鳄已进入正面交锋阶段，由此带来的对中国本土优质文化IP的开发挖掘也愈发迫切。

（二）市场分布区域的差异化明显

目前国内主题公园的数量多达2700个，从分布区域来看，这些主题公园主要分布在长三角、珠三角、环渤海等区域。从分布现状上看，主题公园是从东到西呈三级阶梯式分布，东部沿海数量较多且规模较大，西部数量少且规模较小。总而言之，因为主题公园客源市场与周边地区常住和流动人口数量紧密相关，同时主题公园高投入、高消费的特点使其深受腹地社会经济的影响，所以导致我国规模适中且品质较高的主题公园均“扎堆”在东部沿海区域。

（三）主题特色鲜明的优质文旅产品鲜有出现

主题公园数量繁多、类型众多，目前已知的主题公园类型涵盖了历史、生态、人文、科学、游乐及影视等不同大类。然而，类型虽然众多，但目前大部分主题公园仍然缺乏核心的主题诉求，没有鲜明的精神主旨及文化，现在的主题体现主要还是依靠外部的造型包装，配合如出一辙的娱乐设备，并没有深挖文化，提供独一无二的服务和体验，“换汤不换药”已成为当下中国式主题公园的通病。

（四）多元化的产业链亟待成型

公开数据显示，迪士尼乐园和环球影城作为主题乐园典型的成功代表，60%的收益均来自衍生商品，两者的共同点是创造了丰富多彩的文化内容，并将其进一步管理和整合，造就强大的IP衍生产业链，逐步开拓服饰、出版物、音乐剧、玩具、食品、教育、日用品、电子类产品等一系列消费品。反观国内主题公园，普遍衍生产品收益占比不高，类似常州中华恐龙园衍生产品收益占总收入超过三成的已属于业内标杆，究其原因，虽然国内大部分主题公园也花重金聘请“外脑”设计卡通形象和商品，但是并没有针对形象进行完整的塑造、传播以及产业链开发，且产品创意缺乏亮点，导致品牌形象无法深入人心，很难得到消费者内心认同，从而不能很好地带动和刺激园内二次销售。而像迪士尼这样拓展到园外的体验店就更难以存活了，较低的二次销售单价直接影响依靠门票为主要收入的主题公园的利润表现。

三、优质国内主题公园在文旅融合发展中的实践解析

在对主题公园四个发展阶段的梳理解析中不难发现，国内旅游市场的蓬勃发展始终离不开主题公园的有力助推，而从文旅融合到产城融合，一座主题公园带动城市产业转型升级更是屡见不鲜。以江苏常州为例，从20年前的一座制造业名城转型成为一座“以恐龙闻名全国”的旅游明星城市，正是文旅融合下优质主题公园助推城市发展的最好印证，从一馆（中华恐龙馆）到一园（中华恐龙园），再到一城（环球恐龙城），近20年来，通过一系列“恐龙”主题的品牌、产品的裂变、集合，以及对总结提炼的“24H12M80Y”开发理论进行实践应用（即以游客需求为核心，为游客提供全天候、全季节、全年龄的文化旅游产品），使单一的景点逐步发展成为常州城市名片、一站式旅游目的地——环球恐龙城。这样一种“无中生有”的发展模式，实际上也为在当前文旅融合的大背景下，致力于发展主题旅游的城市提供了很好的样板和借鉴，而在这样不断发展的过程中，之所以能让产品始终保持常变常新、活力十足，归纳起来主要是以下八个方面的核心经验。

（一）研策先行，做好主题公园特色化打造的顶层设计

优秀的主题公园一定有优秀的策划设计，而策划设计是否优秀的关键就在于

是否能把握住主题公园的核心竞争力。对于真正意义上的主题公园，特色化的体验方式是拥有很强的引导性，甚至代入感的。结合恐龙园前期策划设计及运营管理经验来看，“打造沉浸式体验产品”一直是主题公园的核心命题，游客的体验并不是盲目的，园区内部通过环艺包装、故事串联、演艺路秀、节庆活动甚至最基本的服务人员的互动，与游客形成情感的体验式交互，营造一个与普通游乐场完全不一样的沉浸化观感与体验。而围绕这一点，诸多成功运营的主题公园都已很好地体现了主题公园的实践理念，即“以文化和体验为灵魂，以策划和设计为支撑”。

1. 文化铸魂

文化作为主题公园策划设计的切入点，其本身包罗万象，可以是自然科普、社会人文的方方面面，而文化本身也并不一定是独立存在，甚至可以是多种文化的结合。因而，需要结合实际情况，通过对项目所在区位、已有的文化资源等进行挖掘和梳理，首先筛选出具有潜在市场吸引力的文化点，然后对其进行细致的研究和分析，从而决定最适合该项目的文化内容，即所谓的“核心文化”。优质的核心文化必须具备三方面特征：一是引领性，即在众多可选择的文化线索之中最具代表性；二是独特性，即其转化后的产品在市场上相对独特甚至是唯一；三是传播性，即大众接受度，过于冷门或生僻的文化，并不利于产品的前期转化和后期推广，因此，必须考虑受众的整体接受度。

2. 体验为本

中国旅游已经走过了 30 多年，如今的游客早已不再满足于走马观花式的旅游，而是渴望深度体验、沉浸其中。对于主题公园而言，产品的定位与策划只是设计初期的一小步，更具能量与创意价值的，还在于如何通过环境的营造、角色的扮演、情感的代入，构建一种沉浸式的游玩体验与互动方式，而目前市场上，对于这一层次的策划往往是缺失的。初级阶段的体验是点状的和分离式的，而更高层次的沉浸式体验是块状的和融合状的，因此在策划设计阶段所表达的“体验”载体将贯穿整个主题公园，既有主题科普、主题游乐、主题商业、主题演艺和主题环艺，同时也要将管理设施、服务设施和媒体设施融入其中。纵观整个国内主题公园的现状来看，设备堆砌型的乐园居多，即乐园有余而主题不足；还有一些乐园虽有“主题”意识，但流于表面，缺乏转化落地。因此，谁能在沉浸体验上突出重围，谁就能抢先占领市场，在核心文化内容已经提炼出的前提下，策划设计阶段的一个重要工作，就是对文化进行产品转化，使其能够落地到主题公园的每一个体验项目、每一个环艺包装、每一个服务人员，项目和设备是承载着故事和氛围的，然后通过整体氛围的营造，引导调动游客的情绪，让游客完全沉浸于所设定的环境之中，置身其中，全身心融入，成为其中的一部分，享受这个氛围。

3. 思维支撑

所有的体验元素及体验方式，将在主题公园内形成一个庞大的体验系统，然而这些软硬件设施并非庞杂无序，而是在理论体系的指导下，通过创意策划设计进行有机分类并排列组合。经过近 20 年的探索与发展，中华恐龙园形成了一整套独创的主题公园开发建设及经营理论体系。通过主题公园“5 +3 开发模式”，将环艺、演艺、游乐等要素合理布局，通过“球豆理论”将产品进行功能互补，组合化运作，同时通过“AB 矩阵”让文化内容与体验方式一一对应，精准落地等。

除了以上的指导理论外，主题公园的策划设计在坚持科学与合理的基础上，尤其要特别重视可行性和精准落地性，这些都离不开四个思维的指导：一是市场思维，为策划指明方向。即以市场为导向，策划设计满足并引领市场需求的产品，这就需要较高的战略视野和格局以及对市场的精准判断。二是运营思维，为策划提供支撑。即以经营为助力，分析并推导出合适的业态策划和产品分布，最终采用具有针对性的业态配比和经营模式去促成主题公园策划设计的精准落地。三是规划思维，为策划实现落地。即以规划为依托，严格根据全面布局和地形现状，从而使策划能够精准落地。四是投资思维，为策划分清主次。即以投资为红线，将有限的投资利用最大化、合理化，有的放矢做优核心产品，同时又兼顾游客体验效果的最大化。

（二）环艺包装，营造沉浸式体验氛围

环艺包装犹如为主题公园梳妆打扮，在设计之初就应明晰并顺应一个确定的主题，主题 IP 是主题乐园包装的灵魂所在，可以体现出主题公园的别具一格。在这么多年恐龙园环艺包装的实践中，核心就是要围绕 IP 去打造一个沉浸式的虚幻世界，让游客仿佛就身处在故事之中，一个远离城市的乌托邦。

1. 加强环艺与主题 IP 的融合

环艺设计要根据主题公园的主题，分析用什么主题 IP 最能良好地融合、呈

现环艺包装效果，依托主题的热门 IP，挖掘潜力，打造有趣味、美观、特色，能给游客留下深刻印象的主题环艺项目形象。国内也有很多成熟的大 IP，可为什么其形象落地后这么不理想，问题往往出在没有很好地得到运用体现和环艺真正融合。

2. 用主题环艺营造独特的异域氛围

在主题乐园“沉浸式娱乐”的组成部分中，环艺承载着乐园主题氛围及世界观营造的主要作用，环艺包装的主旨需要还原故事，这里还原故事是把现实中的环艺营造成主题故事描述中的样子，还原一个真实主题世界。行业龙头迪士尼与环球影城每个项目区的环艺包装都是为了讲述其故事建造的，是故事的一部分。使游客进入园区能马上沉浸在其设定的故事背景中，所以他们的包装无时无刻在提醒你到了另一个奇妙的异域世界。

3. 提高环艺施工品质，确立精品标准及意识

用匠心“淬炼”环艺，主题环艺从创意、方案、深化、施工图、工程模型大小样到施工，犹如一个十月怀胎的过程，充满挑战，每个环节都需要追求完美，真实落地，才能最终呈现品质感的作品。迪士尼施工往往都是 3 ~ 5 年，设计的时间之长更是难以想象，这才是梦想工程师的作品，而国内很多主题乐园的建造都遵循时间就是金钱的原则，结果显而易见，就如同一份精心制作的菜肴和一份快餐一样毫无可比性。除了时间，设计时就让落地产生了很大的偏差，由于人员、分工、态度等问题，很多设计师项目现场参与度不高，闭门造车，设计上只有个大概，很多的细节根本不去推敲，再加施工方的不专业，原本设计精致的细节，十去八九，最终没有任何品质。

4. 丰富环艺表现手段，增加互动体验性

受制于技术和投资，很多地方都无法做到尽善尽美，但主题乐园在沉浸感上可以更进一步提升，除了视觉、听觉，在触觉、嗅觉、味觉、感觉上面也可做到逼真，并与娱乐演艺融合，增加互动体验游乐内容，游客可以是故事中的一员，全园即是一个大型全景演出，让游客成为主题公园环艺形象的一部分。

5. 重视和加强环艺设计把控，做到效果与投资的平衡

环艺设计阶段不光要考虑方案的效果，还要把控其落地性，在环艺设计美观之余，还需要考虑其成本造价，不能被华丽的效果图所蒙蔽，在深化阶段，应该一寸一寸地去推敲，对材料的选择与成本控制做权衡，在3D模型中模拟游客，在游客的视觉焦点，可以用重金着重去打造，而在不可及、不可视的地方，巧做少做，甚至对设计中大型的构筑物、装置都要和设计公司琢磨推敲、优化方案；在这个阶段所耗费的心神和后期节约的成本是成正比的，最终使设计方案在满足效果的同时能经济落地。

（三）商业塑品，做精做特主题商品销售

主题公园要想长久的、可持续的发展，一定离不开优质的主题商业，它即是配套，也是乐园的扩展元素，是能够延续游客在园内的娱乐体验。主题乐园内的商业在为游客提供商业服务的同时，使游客产生直接的消费游乐，已逐步发展成为大型主题公园最主要的盈利板块和体验延伸，必须在主题公园开发初期就予以重点考量和设置。

1. 提升商业的主题化、特色化和品质化

提高主题公园项目的IP吸引力以及文化内涵，把更多有内容的IP变成衍生品，或者做成有吸引力的餐厅，餐厅和主题公园内的项目是相通匹配的，要做到人见人爱，必须提高它的吸引力，产品的体验价值是说服顾客购买产品的重要因素。为将顾客对于普通商品的消费转化成“难忘的体验”，需要在商品的生产和宣传中加入心理感染的元素，来增强消费行为的体验特性。让游客在体验项目的过程中，余兴未尽时更多地消费。

2. 营造主题商业氛围

主题氛围的营造方式可通过建筑景观、主题活动举办、引入特色业态商户等方面营造。这些营造方式，让消费者在消费、游览的过程中获得视觉、触觉、听觉、味觉四大感官的满足。加强音乐渲染主题气氛，好的音乐能使人心情愉悦，消费者就愿意在商业项目内多逗留一些时间，最终促进其营业额；也有些项目，已经将音乐升华成了自己的标志及符号。同时，商业的演艺化运营，在互联网商业不断打造各类主题销售节日的情况下，实体商业更需要组织各类小型的活动，通过演艺活动的带动，创造各类文化节日热点，形成个性、主题化的商业，起到持续吸引人流的作用。

3. 融合多功能业态

体验型旅游商业其本身就是旅游体验的一部分，零售、餐饮、演艺业业态可

以相互融合，商品零售店中可出现部分特色餐饮，在游客就餐的餐厅有不同类型的演艺活动。例如迪士尼米奇套餐的商品元素，就餐时的儿童经典 IP 活动体验，使顾客在集零售、餐饮、娱乐为一体的商业活动中享受到美好的体验。公园对比商场，场景更主题化、体验度更佳，不应该将商店孤立。店铺与主题公园需要形成无缝对接，将公园作为一个大商场，所有的一切贴合消费者需求，以体验带动消费，通过游玩延长停留时间，能够为公园消费创造更多商机。活动植入、商店主题化、商品故事化、购买情境化，通过各种方式，发挥公园的场景优势，增强商店的体验和娱乐，从而达到销售目标。

（四）演艺助力，强化互动与体验结合

主题演艺在丰富景区及旅游地的文化内涵、提升旅游地形象、提高旅游地经济收益，以及促进旅游业的发展方面发挥着重要作用。通过白加黑演艺演出的结合，将乐园的氛围推向极致，也让游客在情景式的演艺表演中增强对主题公园品牌的认同感和喜爱，是景区内不可或缺也最能出彩的核心要素，在文化的深度浸润下，演艺产品也在不断迭代和提升。

1. 注重解读，强化演艺创作普适性

旅游演艺作品需要思考如何处理好当地对优秀文化传承的需要与游客快乐的需要，这就涉及如何处理演艺作品的投入与演艺解说的投入之间的关系。目前，我国大多数旅游演艺都关注到了作品的投入，而在作品的解说方面略有欠缺。因为很多游客对旅游演艺或者传统地方文化是不熟悉的，很多旅游消费者在出行前往往没有真正为旅游做好准备。在这种情况下，如果没有解说，游客可能就无法理解演艺所表达的内容和文化底蕴。在消费者行为研究中有一个说法，离开了消费者的视线，就等于离开了市场。具体到旅游演艺中，就是要抓住游客的眼睛，让产品在游客心目中保有持续的印象。

2. 注重体验，让演艺产品与游客情感共鸣

注重体验，构建与消费者的心灵桥梁成了贯穿其中的核心，旅游演艺亦是需要如此。随着经济、文化水平的提高，游客早已不再满足传统意义上的旅游演艺产品，他们更要求有“体验”，他们不是被旅行社硬拉过来、安排过来看演出的人群，他们需要自己参与进来，要使得每一项都让演艺贯穿其中，体验带有主题标识的环境、文化、餐饮、游乐等，激起每一位游客的情感共鸣。

3. 注重内容，打造核心原创演艺品牌

旅游演艺在今天说到底就是一场“内容＋体验”的夺位战，那么对于旅游演艺行业来说该如何将体验与内容相融，打造超级IP呢？以中华恐龙园为例，原创IP《艾琳世界》通过园区六大区域、四大惊悚鬼屋、全天30多场万圣演出，将恐龙园打造成了一座600亩的万圣实景。2019年，再度升级并推出第二季《艾琳世界·战火重燃》，同样给游客们带来了惊喜的体验。在艾琳世界，每一位游客已不是旁观者而是参与者，诚如其所言，园区内的路秀表演，惊悚鬼屋都为游客留下了神秘的线索，更有晚间舞台大型演出为游客揭晓最终谜底，游客从进园起就化身为“赏金猎人”，成为艾琳世界中的一员，参与到整个活动中来，这种服务式演艺极好地拉近了与游客的距离，真正地实现了从荧幕到现实，从线上到线下，从游、餐、商多角度让演艺真正渗透体验的可能。

4. 注重研发，引入潮流演艺形式

体验式演出，是近些年出现的一种“舞台”演出形式。在这样的演出中，“舞台”不再是仅限于演员活动的场所，观众不再只是坐在座位上，一不许说话二不许动，而是传统的镜框式舞台被摒弃，舞台与观者之间的“第四面墙”被打破，观众与演员一起被带入演出环境和剧情当中，甚至成为演出中的一员。美国著名的浸入式演出《不眠之夜》、先锋鼻祖谢克纳的环境戏剧作品《想象O》都属这类演出，面世以来广受观众好评。体验式演出通常焦点多元、特性多变，即使面对同一个演出场景，一百名观众会有一百种理解和解读。在体验至上的当下，品牌想要突出重围，不妨尝试把商品作为“道具”，服务作为“舞台”，环境作为“布景”，让消费者在获得物质满足的同时，也能获得精神上的愉悦与美好回忆。

（五）做精宿品，尽享景区溢出价值红利

随着主题公园产品形式的多元化和内容的丰富化，主题公园游已从最初的一日游衍生为二日游、三日游，相应的也派生出了对于住宿的需求。同时，游客对优质宿类产品需求也逐步增加，主题公园住宿产品已经由最初的满足基本住宿需求，演变发展成为带有主题特色的住宿产品，如澳门的威尼斯人酒店、上海迪士尼玩具总动员酒店、广州长隆熊猫酒店等都以鲜明的主题特色打动人心。实际

上，结合恐龙园景区实践来看，以恐龙人俱乐部酒店为例，得益于其自身的主题特色以及在景区的独特区位，不但能够充分享受景区溢出的价值红利，更依托自身主题特性成为景区特色体验的一部分，所以，景区特色宿类产品必须作为景区的核心盈利设施进行考量打造。

1. 设计体验景区化

现代人类热衷于对恐龙的探索与研究，年轻一代以及他们的孩子都是伴随着恐龙的故事长大。恐龙人俱乐部酒店设计紧扣恐龙主题文化，从公区的恐龙主题元素体验式科技活动、博物馆、侏罗纪风格的大堂，以及门牌、壁灯造型，再到六大主题客房，无不融入恐龙元素，尤其是霸王龙洞穴房和翼龙巢穴房，让很多游客单单为了一间客房的体验就慕名而来。

2. 异业整合灵活化

恐龙园商圈的主题酒店、非标宿类产品层出不穷，激烈的竞争在所难免。作为官方主题酒店，全方位整合环球恐龙城现有资源。比如，夏季酒店客房打包冰雪王国产品，冬季打包温泉产品，提供特快入园通道，酒店住客在园内消费享有餐饮和购物 8 折优惠等，紧紧抓住游客的需求，提供最具特色和含金量的产品，让产品更具吸引力和竞争力，从而在“红海”中脱颖而出。

3. 主题服务个性化

恐龙人俱乐部酒店的客群主体为亲子家庭，孩子开心则父母开心，孩子满意则一家人都满意。从一个小小的恐龙形状提示标识，到绣有恐龙图案的浴袍、儿童牙具，再到空气净化器、婴儿车租借、亲子课堂、卡通造型点心等，都是针对亲子家庭提供的个性化服务体验。在客人离店的时候，酒店会赠送孩子恐龙玩具，在旅程即将结束的“关键时刻”再添惊喜，留下美好的回忆，并通过这样的方式让客人传播给更多的消费者，提高酒店知名度。

4. 推广维度多元化

现在各行各业都已经过了“酒香不怕巷子深”的年代。因此，多维度的市场推广是酒店获得更多市场份额的必要手段。酒店打通了几乎全部的亲子合作平台，通过平台的特定资源，将酒店特色传递给家庭。例如爸妈营、麦淘亲子、驴妈妈等。另外，恐龙园官网的宣传与导入对酒店的推广起到事半功倍的作用。酒店是中华恐龙园的官方酒店，把恐龙园作为旅游目的地的客人对官方酒店的信任度相对更高。酒店与各大在线旅游（OTA）合作，注重线上排名与口碑，推动酒店的曝光率和预订转化率。线下渗入当地高档社区、学校和培训机构，让更多的人了解和推荐酒店。

5. 推陈出新常态化

任何一个企业的成功与员工是分不开的。恐龙人俱乐部酒店鼓励员工不断学习，走可持续发展的道路。在恐龙园集团健康生活，快乐工作，和谐创业的文化指引下，员工开展部门内不同岗位与不同部门之间交叉培训，获得新的知识与技能。推陈出新，例如，根据游客的喜好，适时调整大堂吧商品，出台售卖奖励政策等，带来了营收和利润的业绩翻番；通过对已预订客人的房型介绍，客人愿意加价升级到更具特色的主题房型，客人满意，员工得到奖励，酒店当然获得了更多的收益。

（六）品牌布局，实现价值和收益的最大化

当前，国民对文化、休闲娱乐的消费需求不断扩大与细分，文化与旅游结合的需求也越来越大，如今各类主题公园竞争在进入白热化的同时，新一批主题公园如雨后春笋般继续刷新国内主题公园的体量，而商业综合体的娱乐化、休闲化、服务化的升级，让市场的选择更加繁多，竞争愈加激烈，品牌战略也已成为主题公园的核心战略。

1. 红海突围，品牌战略布局全国

在愈加激烈的竞争中，中华恐龙园通过恐龙 IP 内核的衍生和拓展，励志将恐龙园品牌推向全国，经过 18 年的开拓创新，由一馆到一园到一城，从无到有，创新求变，抢占国内恐龙主题乐园第一品牌。伴随交通的发展、休闲度假时代的来临，中华恐龙园全国战略进一步升级。利用全国大交通媒体覆盖全国重点省市，以精准性的媒体覆盖目标市场客群；华东地区也多以交通媒体为主，配合创意的策划传播性活动，打造事件营销话题。利用恐龙 IP 与江苏、安徽的 450 家肯德基、北京的 110 家必胜客、华北的 66 家真功夫达成合作，打造恐龙主题餐厅，开创了主题公园与餐饮品牌跨界合作的新纪元。结合原创恐龙主题爆笑打击秀《疯狂恐龙人》全国巡演，创新“科研展销”的推广模式，将中华恐龙园的品牌和恐龙 IP 传递至全国乃至全球各地。打造中国文化旅游的民族品牌。

2. 科技助力，智慧化提升景区游客体验

随着智能手机的普及和移动网络的便捷，游客自主购买的习惯越来越明显，散客电商化的趋势势不可挡。在实践中，一方面加大在线 OTA 平台的曝光和资源投放来扩大品牌的渗透率，另一方面加大新技术的深入运用，提高用户体验。在系统端也经历了从无系统操作到门票产品电子化、销售渠道自动化的票务系统集成；再到资源、系统、营销全面整合的一体化电商平台——趣周边；通过技术平台的搭建向产品端和销售端双向整合，形成以产品中心系统为核心，向线下连接票务系统、景区餐商系统、酒店资源系统，向线上接入销售渠道、搭建自营电商平台、构建全民营销网络的 O2O 旅游平台；通过系统的不断迭代，整合更多样化的产品，并排列组合出更个性化的产品序列以匹配用户个性化的需求，而销售端的整合则助力景区搭建起了一张更为广阔的销售网络；截至目前，借由系统化运作，已为消费终端和渠道合作商提供了数百种产品组合，并整合了近千家合作渠道，形成了一整套用户游前服务体系。

3. 借势引流，深度挖掘平台流量

（1）专属产品置换特殊流量。每个平台都有自己的固有客户标签，例如携程——商务客、高端客，同程——大学生、低价客，途牛——长途旅游、跟团游，马蜂窝——旅游攻略、小资等等，了解该平台客户属性后针对不同平台，设计专属产品，既能高效利用平台资源进行目标人群宣传，更能有效提高产品销量。

（2）紧密合作细分平台。每个行业除了综合平台外，都会有细分平台，在线旅游同样如此。马蜂窝原来一直是以提供优质的用户原创内容（UGC）攻略为主，2017 年涉足门票板块，在 2018 年世界杯期间投入了巨大的市场宣传资源，希望加大吸粉力度，争取购票客户，借势进行了全面合作，以门票、游记合作为突破口，恐龙园成为马蜂窝第一家直签的 5A 景区。通过与马蜂窝的合作，恐龙园在马蜂窝的点击量在三个月内有了 500% 的增长。

（3）全平台流量思维。打破固有思维，与平台方全部门联动合作。深入平台内部架构，用最小的成本就会撬动最大的流量资源。2018 年重点加强华东以外在线旅行社（OTA）落地分公司的合作。用有限的特殊产品资源切入在线旅行社在华东以外的酒景、机票版块的合作，有效地对恐龙园进行宣传曝光和销售引流，且逐渐形成了良性循环。

4. 科教融合，恐龙科普研学体系初步建立

在“全国战略”的引领下，伴随着“走出去”的拓展步伐，扎根恐龙文化，结合恐龙科普这一鲜明主题，也在不断地践行研学旅行的创新，力求打造“没有围墙的学校”。2017 年常州中华恐龙园以极具鲜明特色的恐龙主题研学产品吸引了来自全国各地的学生，共计接待全国研学团 1 万多人次，其中来自武汉的研学团队就近 7000 人次。而在 2018 年，这一数据也在持续提升，仅武汉一地的研学旅行学生团队已达 13000 人次。①

（七）聚焦 IP，打造形象内容体验衍生一体化产业链

IP 是一种文化核心竞争力的体现，也是文化要素的具体表现方式，文化和旅游部的成立标志着基于文化的旅游开发已经上升到国家意志，旅游承担起了文化复兴的重任。其实对于旅游而言，文化起到的作用也是决定性的。文化能够为文旅项目的策划规划提供依据，为文旅项目的施工建设、建筑单体形态提供系统支撑，为文旅项目运营期间的游客与市民提供生活方式。而文化作为无形的内涵，在整个文旅项目开发直至运营过程中，都能通过一种形式去体现，那就是 IP。

1. 重视 IP，构建核心生存之道

业界经常会将国内的主题公园与迪士尼进行对比，但对比的维度无外乎就是迪士尼的 IP，大量具有全球影响力的形象 IP。但这些 IP 只是一个外在表现。迪士尼本身承载了一种文化属性，那就是梦幻、快乐、普世的一种价值观。任何一个在迪士尼乐园中出现的形象，即便是杰克船长，他传递的也是一个快乐的海盗形象。而国内，以恐龙园为例，他正是以恐龙及其衍生的文化内涵为核心竞争力，构建了一个欢乐的恐龙王国，这个王国里所有的元素，都被 IP 化，而且这些 IP 并非一成不变的，基于“恐龙”这一文化母题，立足恐龙王国世界观和社会体系的变化，“恐龙 IP 体系”也是不断发展，迭代创新的。

2. 打造 IP，围绕主题形成核心产业链

自 2007 年起，常州恐龙园股份即开启打造原创 IP 的发展之路，先后创作了《恐龙宝贝之龙神勇士》《小龙甜品工坊》《米多龙》等多部原创动画，并通过在

---

① 资料来自中华恐龙园景区公司经营数据。

央视及各卫视平台的播出，积累了“人缘”。恐龙宝贝因其可爱的形象和搞怪、调皮的个性而深受粉丝喜爱，以它们形象开发的衍生产品受到了市场欢迎。2014年，中华恐龙园亲子互动体验区“恐龙宝贝梦幻庄园”建成开放，整个区域将动画片中的梦幻场景和可爱恐龙搬到了现实中，创意性地实现了IP的落地。恐龙园股份逐步形成了“形象—内容—衍生品—体验”的主题公园文化产业链发展模式，并通过这样一条产业链放大了景区的文化和体验价值。

3. 迭代IP，文科融合中定制特色产品

互动性强的文科融合项目已成为趋势。常州中华恐龙园先后推出了梦幻庄园科技互动区“伊萨利卡城”、4D影片《翼龙骑士》、大型多媒体魔幻剧《库克传奇》等一系列原创文科项目，通过AR、VR、绿幕、体感互动等科技手段优化IP体验。目前，已在对“侏罗纪雨林区”进行区域升级改造，通过定制具有代表性的IP形象及故事线，融合智能仿生机械、多媒体展示技术、表演等方式，还原出真实的侏罗纪雨林，将恐龙文化发挥到某种极致，将恐龙文化衍生的IP体系渗透占地仅600亩的“恐龙王国”。

（八）创新研发，开拓文娱产业新蓝海

随着文旅融合的进程进一步加快，文化旅游的细分市场正在逐渐形成，娱乐消费开始越来越多地出现在商业综合体、社区综合体以及文化创意园区。以恐龙园集团自主研发打造的“恐龙人俱乐部——家庭娱乐中心（family entertainment center）”为例，它从硬件升级、消费升级、内容升级到服务升级，从内容研发到技术的更新迭代，推动了人与人之间的社会关系、改变了人们的生活方式，逐步开启娱乐业新的体验和新的互动方式，也开辟了文化旅游和娱乐产业的新蓝海。

1. 研发为根，常变常新是“FSEC”可持续发展的技术保障

与当下千篇一律的海洋池淘气堡、儿童戏水、室内机械设备等配置相比，恐龙人俱乐部研发引进了高尔夫、保龄球、真人CS等时下流行的运动元素，所有的运动模块都被赋予娱乐的概念，亲子、趣味、神秘、欢乐各大主题集结，将运动的时尚和时尚的运动完美结合。例如高尔夫运动从室外搬到了室内，在充斥着炫酷荧光特效的侏罗纪世界场景中，体味着一种完全与众不同的新鲜感。加之主题特色鲜明，VR体验、娱乐K歌、互动桌游、电子竞技、棋牌娱乐等功能齐备的轰趴派对模块、史前侏罗纪主题的特色餐厅模块，以及密室逃脱、主题鬼屋等

满足年轻人追求刺激、展现自我的探秘历险模块，全新的家庭运动娱乐中心华彩呈现。

2. 落地为本，有人气会赚钱的恐龙人俱乐部才是业界关注的焦点

在业界，“起个大早，赶个晚集”甚至于“还没开始就已经结束”的案例比比皆是，究其原因，把“理想照进现实”考验着很多企业的项目落地能力。多年来，恐龙人俱乐部以“团队”为基础，以“品牌”为前提，围绕项目研发、规划设计、工程施工、主题营造、文科融合、演绎服务、门店经营、智慧信息等八大运营保障能力，形成了包括品牌服务管理输出、文化娱乐项目的策划规划、主题设计开发、内容生产、互动娱乐技术应用以及社交娱乐服务在内的一系列新兴娱乐业务体系，在全面推进家庭运动娱乐中心走向全国的同时，开创了引领人与人之间的社会关系、消费行为、生活方式的全新体验型商业模式。

3. 运营为魂，灵活多变、主题突出的多元化业态整合经营方式是客流保障

恐龙人俱乐部（FSEC）打造了集主题餐饮、休闲娱乐及互动体验等多种业态于一体的青年社交互动平台。常州旗舰店运营一年以来，举办各项企业团建、主题派对、生日定制及青年联谊等活动逾四百场，已累计服务青年逾 40 万人次。大大丰富了青年群体的精神生活，满足了文化娱乐需求。而作为另一个主打的核心项目，恐龙人大师课堂则打开科普知识的宝库。结合新颖的授课方式把“玩中学、学中玩”发挥到极致，感知、体验、尝试成了让孩子们飞起来的翅膀。灵活多变、主题突出的多元化业态整合经营方式让恐龙人俱乐部的产品始终保持着浓厚的市场感召力和吸引力，也是恐龙人俱乐部稳定客流和长期可持续发展的保证。

4. 速拓为策，加速抢占全国新兴市场

依托于恐龙人俱乐部强大的自我“造血”功能，其自主研发的具有独立 IP 的亲子互动体验模块“恐龙人探索中心”已在上海浦西第一高楼玉兰广场开业，通过使用大量的亲子“黑科技”，让父母和孩子一起“拼手速”的恐龙拼接、恐龙科普知识抢答、瞬间感受地震、火山喷发、冰河世界的恐龙大灭绝、探究生命起源的环幕互动科技、“恐龙来了”声音秀场、近距离观察恐龙蛋孵化全过程等，一个个看似绝无可能的体验，在科技的作用下变成了爸爸妈妈和孩子们全情投入的体验环境。相较于传统体验产品，“恐龙人俱乐部”系列产品能将项目收益点扩张到整个产业链，一个标准版产品全年可产生客流 40 万人次，结合其灵活多变的选址和自带流量的属性，有力地为商圈带来人气，助推区域价值提升。

四、文旅融合下的模块化发展趋势

在多年的对外服务输出、产品投拓过程中我们也发现，大型旅游度假区具有投资体量大、规模大、区域影响力强的特点，但在实际的实施落地过程中，受限于土地政策及资金状况，较难进行高效的落地，投入的人力和精力也较多；而小型的文旅产品虽然投入少，但受限于其规模，难以对区域进行赋能，不足以担当带动区域整体开发的“月亮工程”，无法对区域经济产生显著的带动作用。因而，结合多年在文旅板块的运作经验，形成了一套适合新时期文旅融合发展的产品开发理念，即模块理论。

模块，是指一个大功能模块能够划分成若干个小功能模块，而每个小功能模块又能独立实现自身功能，归纳起来就是，每个模块能分能合，组合则成为大模块、拆分则成为小模块，对于文旅产品来说，大模块是指都市主题旅游区、生态闲养度假区、大型文化科创园区等一些投资体量大、规模大、影响力大的聚合类项目，诸如上海迪士尼旅游度假区、江苏常州环球恐龙城、广州长隆旅游度假区等。相应的，小模块则是指主题酒店、家庭娱乐中心、演艺中心、奥莱工厂折扣店、中小型水乐园、温泉 SPA、运动公园、创客中心等，投入少、规模小、易复制的小体量产品，既可以作为一种补充，自由的配置于各类大模块产品中，也可作为独立的产品通过其自身的运营产生效益，这就是大小模块理论。在此的基础上，我们不断探索、研究、实践以及沉淀后，形成了模块理论 2.0 版本，即顺应现在文旅产业发展的特性，打造集“文”“旅”“商”“娱”“秀”“康”“养”“教”“宿”“创”业态于一体的中模块产品。

文：小至一个创意的萌发，大到对传统文化的提炼转化，是文旅产品开发的基础和灵魂。

旅：作为文化表现力的载体，是文化得以展现并体验的关键。包含各类文化旅游设施、主题育乐公园和科普科创中心等各类旅游、休闲和度假景点项目。

商：既是对中模块内产品进行丰富的重要支撑，也是将景区的溢出价值转化为经济效益的最好载体。包含各类潮流购物、奥莱工厂折扣店、创意集市、创意生活馆、美食天地、精品超市等。

娱：有效提升本地人群体验和消费黏性的关键要素。包含家庭娱乐中心、院线、酒吧、KTV 等。

秀：满足文艺精品需求，中小规模、到达率高的主题演艺剧场。包含演艺秀、主题巡游、小剧场演出等。

康：传统与时尚交融的新一代运动健身中心。包含各类户外、运动、健身等。

养：满足现代城市人生活快节奏的“work-out”类养生产品。包含各类疗养中心、水疗 SPA、足浴和美体康养设施等。

教：科普教育、亲子教培以及面向成人的文化艺术教培产品。包含国际幼儿园、成长中心、幼教事业、教培产业等。

宿：主题化、精品化、目的地化的住宿类产品。包含各类主题酒店、温泉酒店、特色民宿客栈等。

创：既是文创孵化区，也是科创转化区，更是青年创业集聚区。包含科技园区、办公楼宇、创客空间等。

而通过不同模块项目的灵活组合，让中模块产品具备了可大可小，大小组合；半开半合，开合自如；室内室外，内外兼顾；有持有售，持售结合的特性和优势。可大可小，大小组合，即可根据市场及投资需求，对不同模块进行针对性选择和组合，从而确定整体项目规模和综合效应的大小，以满足不同地区、区域的开发需要；半开半合，开合自如，即区域内既有类似封闭式主题公园等景点，也有敞开式的文创园区和商业街市等项目，并通过客群人流的有效引导放大综合价值，同时，部分项目可根据需求灵活考虑封闭或敞开运营；室内室外，内外兼顾，即通过室内外空间的有效规划和连通，既满足消费者亲近自然的需求，也避免阴雨天气造成的不便，这样无论应对何种天气，都有相应的产品应对顾客，确保了项目效益的稳定和持续；有持有售，持售结合，即对核心物业进行自持，以满足长远需要，也对部分非核心物业进行销售，从而有效回笼资金，缓解投资压力。

五、结语

2019 年初，一座坐落在沪宁高速上的恐龙主题服务区正式建成开业，也标志着“恐龙创意文化”这一母题向交通领域进行了延展，它所迸发出的这种活力正是主题公园强大生命力的另一种展现。开园超 18 年的中华恐龙园在 2018 年营收已超 5 亿元，而整个环球恐龙城旅游度假区接待游客超千万，这种辐射带动效应及影响力已远远超出主题公园设计之初的预想。所以，可以看到，只要做好顶层设计、运营管理、创新研发和品牌维护，优质的主题公园是完全可以实现区域发展的带动作用的，也会为整个区域、整个城市进行赋能，也必将成为城市的靓丽名片。同时，在模块理论的引领下，本着项目立意高、业态策划新、投资开发实、运营管理优的原则，打造这样一座中模块产品既能解决一直以来困扰文旅的“重资产”投入问题，也能使得不同业态、不同类型的小模块产品得以整合，实现模块效益的最大化，真正顺应创新、协调、绿色、开放、共享五大发展理念，让优质的土地、自然资源发挥其最大的价值，引领文化旅游产业走出一条可持续发展之路。

参考文献

[1] 文化和旅游部政府门户网站 . 2018 年旅游市场基本情况 [R/OL]. (2019 - 02 - 12) . https://www.mct.gov.cn/whzx/whyw/201902/t20190212_837270.htm.

[2] 中华人民共和国文化和旅游部 . 2018 年文化和旅游发展统计公报 [R/OL]. (2019 - 05 - 30) . http://zwgk.mct.gov.cn/auto255/201905/t20190530_844003.html? keywords =.

[3] TEA/AECOM. 2017 TEA/AECOM Theme Index and Museum Index [R]. 2017.

主题公园的创新发展与投资运营

王旭光　李昌霞[*]

中国主题公园虽然起步晚，但在旺盛的需求和巨大的市场空间下，主题公园投资热在中国持续多年且方兴未艾。伴随休闲时代的来临和消费升级趋势，游客对主题公园的品质化、特色化、互动性、体验感提出了更高的要求。然而中国主题公园在快速发展的同时，也面临着产品同质化严重、投资回收和盈利能力的挑战。对此，本文以海昌海洋公园的创新发展模式为例，从产品战略、IP 文创、轻资产、资本支出法则四个方面探讨中国主题公园的升级和创新发展之道。

随着中国休闲经济的迅速崛起，主题公园进入规模化扩张与产品服务双升级的新阶段。近五年，国际知名的主题公园品牌相继进入中国市场，对整个主题公园行业带来良性冲击的同时，也催逼行业快速迭代。为应对日益激烈的竞争，各大主题公园更加注重品牌塑造、品质提升、产品创新和运营精细化。持续创新与内涵式发展成为整个行业都在努力探索的课题。迪士尼、环球影城等优秀国际大牌企业的发展经验来自资本实力及完整成熟的 IP 产业链。国内本土品牌企业基因、发展历程和环境与国际企业都有所不同，通过深耕区域市场、在运营实践中成长，也摸索出了自己的发展之道。

中国的主题公园经过二三十年的发展，大致形成了几大细分领域：以华侨城为代表的景观器械类主题公园，以宋城为代表的演艺类主题公园，以方特为代表的文化科技娱乐型主题公园，以及以海昌和长隆为代表的海洋主题公园。

海昌海洋公园作为中国最大的海洋主题公园运营商，中国旅游二十强企业，也是首家在香港联交所主板上市的主题公园运营商，已在国内环渤海、长江沿线、海南多地投资开发运营了 11 个不同类型的主题公园和 23 个轻资产项目，是

---

* 王旭光，海昌海洋公园控股有限公司董事会成员、执行董事、行政总裁，并兼任大连海昌集团有限公司董事局主席。曾在中国建设银行任职 16 年，具有很强的宏观把控能力和敏锐的市场眼光。2007 年 2 月加入海昌，负责海昌海洋公园战略决策制定及全面管理工作。李昌霞，海昌文旅事业部联席首席执行官、海昌文旅院院长，北京大学人文地理硕士。拥有 15 年综合文旅及主题公园开发规划、产品设计及管理经验。曾任 AECOM 中国区经济规划副总监，主持过国内数十个景区、旅游度假项目的规划开发。

唯一一个全国布局的海洋公园运营商。海昌具备强大的生物保育能力，现有10万只海洋生物，1000人的护理团队，20万平方米的国内最大水体总量，年游客量已近两千万人次。海昌海洋公园历经20年，由地方性企业逐渐发展成为全国性企业，在产品开发、运营管理、发展模式上有诸多创新，其实践经验对中国主题公园有一定的借鉴意义。

一、中国主题公园需求端的特征与变化

（一）主题公园行业需求总量

我国主题公园虽起步较晚，但市场潜力较大。基于2017年的14亿人口，中国主题公园人均访问量为0.13次，预计到2020年将增加到0.16次。根据AECOM发布的2018年《中国主题公园项目发展预测》报告，2017年美国主题公园人均访问量达0.65次，为中国2020年水平的4倍（如图1所示），预示着中国主题行业仍有持续增长的空间。

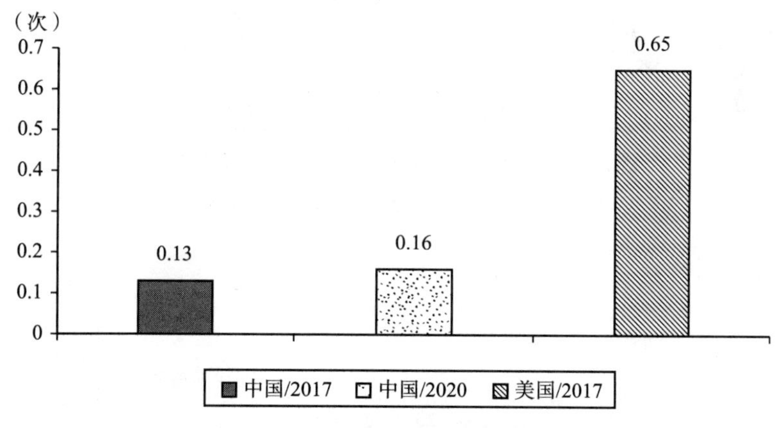

图1　主题公园人均访问量对比

资料来源：AECOM发布的2018年《中国主题公园项目发展预测》。

据国家统计局数据，中国16岁以下的儿童已近4亿人，占全国人口的35%，其中独生子女占1/3以上。此外，随着新型城镇化的推进，未来将有更多儿童来到城市，城市儿童的消费市场具有巨大的潜力，亲子游也是主题公园的核心推动力。

中国主题公园的游客量也在保持稳步快速增长，增速明显高于国外，如图2所

示。自1993年起，主题公园游客量增速逐渐超过主题公园数量的增速。中国主题公园的年平均游客量也从近100万人次提高至2017年的150万人次。2008～2018年，中国主题公园游客量每年平均增长13%，预计该市场将持续快速增长至2020年。中国主题公园游客总量现今已达到近1.9亿人次。到2020年，预计游客量将达到2.3亿人次，据前瞻产业研究院提供的《中国发展模式与投资战略规划分析报告》预计，到2020年中国主题公园市场规模将达120亿美元，相比之下，美国主题公园市场规模到2020年则为90亿美元，如图3所示。

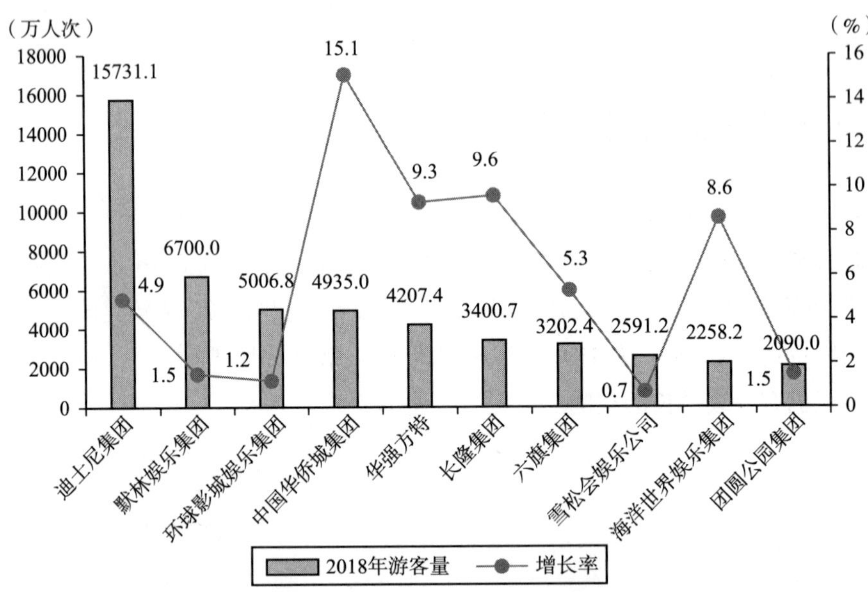

图2 2018年全球十大主题公园游客量及增长率

资料来源：AECOM&TEA联合发布的《2018全球主题公园和博物馆报告》。

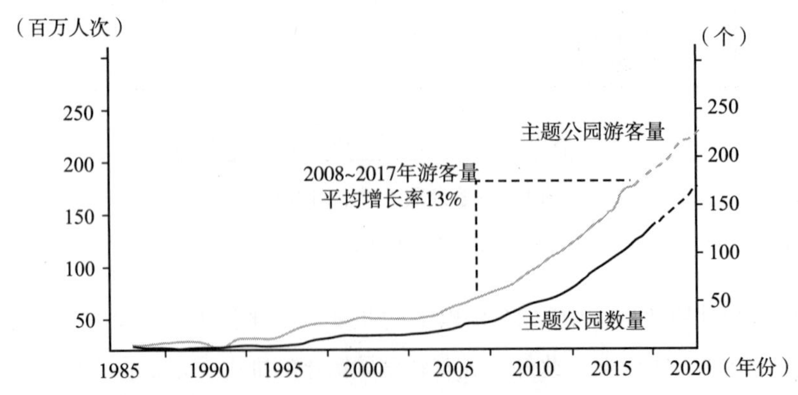

图3 1985～2020年中国主题公园游客量及数量增长趋势

资料来源：AECOM发布的2018年《中国主题公园项目发展预测》。

（二）休闲时代的游客需求变化

伴随着休闲时代来临，人们对美好生活的向往决定了对旅游服务品质有更高的期待。从旅游市场和游客需求的特征来看，呈现出“一轻三高”的趋势。“一轻”指年轻化，“80 后”“90 后”“00 后”约 5.42 亿的人口，已成为主题公园消费的主要客群。以海昌的项目为例，此类主力消费人群的统计数据占到 69%。“三高”则指高频次、高品质、高颜值。第一高频次，2018 年中国人均出游频次达到 4.1 次；第二高品质，游客对品质和服务的需求越来越高，尤其是对于成长型娱乐、文化创意和科技互动产品的需求越来越高。第三高颜值，是指对设计精细化、时尚化、科技化和沉浸式体验要求越来越高。

因此精致的美食、沉浸互动的科技娱乐、定制游等深度参与的体验产品越发受市场欢迎。上海迪士尼的“加勒比海盗——沉落宝藏之战”因其沉浸式体验成为最受欢迎、满意度最高、重游次数最多的项目。海昌海洋公园的特色产品“海底夜宿”一票难求；大连发现王国电音节场场爆满；上海海昌海洋公园中的双球幕影院以全息投影展示海洋生命的沧桑巨变，创造了极佳口碑。

二、中国主题公园供给端的发展与挑战

（一）中国主题公园的发展趋势

1. 投资热度持续不减

中国主题公园投资建设正处于快速发展期。2018 年以来，国内新落地的主题公园数量达数十家，总投资约 3000 亿元，华侨城、海昌、万达、复星、圣亚等国内主流品牌企业均有新乐园开园。2019 年则有无锡万达文旅城、武汉世贸嘉年华、草海万达城主题乐园、太湖龙之梦乐园、南京欢乐谷等多个主题乐园计划开业。2020 年，北京环球影城、重庆六旗乐园将计划开门纳客。另外，南京山水六旗主题乐园项目也于 2018 年开建，总投资 350 亿元，计划 2024 年建设完成，如表 1 所示。

表1　　2017~2018年新开业的投资过百亿主题公园

项目名称	投资方	投资金额（亿元）	时间
广州长隆旅游度假区（五座主题公园）	长隆集团	200	2017.02
加菲猫主题乐园	美国六旗娱乐集团	300	2017.05
长沙恒大童世界	恒大集团	120	2017.01
诸暨山海经主题乐园	嘉视年华影视制作有限公司、华风投资咨询有限公司	1000	2017.08
青岛东方影都万达乐园	融创中国	500	2018.04
南京万达茂东方文化主题乐园	万达集团	150	2018.06
南宁方特东盟神画	华强方特集团	100	2018.08
海口长影环球100奇幻乐园	长影集团	380	2018.12

资料来源：根据相关资料整理所得。

2. 布局逐渐向三四线城市下沉

从投资区域来看，国内主题公园的投资经历了由一、二线城市向三、四线城市转变的过程。早期的主题公园投资主要集中在一线城市，如深圳、北京、上海等地。随着主题公园投资商开始攻城略地，二线城市如成都、杭州、武汉、长沙、郑州等地也开始纷纷建设主题公园。部分条件较好的三、四线城市也开始建设主题公园，并取得了一定的成功，如常州、泰安、芜湖、珠海等地。此外，主题公园投资区域还存在由沿海向内陆发展的趋势，从最开始的东南沿海逐步向内陆推进，这与我国区域经济发展水平也是紧密相关的。可以看到，中国未来主题公园分布除了华东地区外，华中、西南地区将成为主题公园最多的区域。

3. 国际品牌持续布局，加快市场洗牌与成熟

2018年4月，上海迪士尼乐园的“玩具总动员”园区开放，使上海迪士尼成为迄今扩建速度最快的迪士尼度假区。2019年1月23日，上海迪士尼宣布新增“疯狂动物城”园区，建造计划于2019年下半年启动。同时，迪士尼曾明确表示，继上海项目之后，“第七个主题公园”有望落地中国。

北京环球影城投资规模高达414亿元，远超上海迪士尼的总投资340亿元。北京环球主题公园及度假区项目一期计划2020年建设完成。

六旗在中国联手山水文园集团布局三地共11个乐园，包括浙江山水主题小

镇六旗乐园、重庆山水主题小镇六旗乐园、南京六旗乐园群，计划分别于2019年底、2020年和2021年投入运营。作为重庆六旗项目的“先锋”，重庆山水主题小镇——六旗乐园数字体验园已于2018年12月28日开放。

国际品牌的进入加剧了中国主题公园市场的竞争，同时也将淘汰一批无特色、运营能力不足的企业，优胜劣汰，推动中国主题公园行业的成熟化、规范化以及运营标准的提升。

4. IP化小型室内乐园发展迅速

除大型的主题公园外，中国出现一批创新性的中小型室内娱乐产品，2018年默林分别在上海和北京开出了“惊魂秘境”和“大城小像”，“惊魂秘境”作为多元化沉浸式剧情体验主题娱乐场馆，同时是亚洲首家，也是全球第10家惊魂密境景点。“大城小像”用交互式微缩场景结合和沉浸式声光特效讲述北京的千年故事，成功吸引了家庭客群和年轻客群。中国的室内主题场馆和乐园领域还处于蓝海，市场潜力巨大，国内已有多家企业开始进入这一领域。例如世茂集团在上海开设的Hello Kitty和蓝精灵室内乐园、上海世嘉JOYPOLIS、乐高探索中心、深圳的芬麦阿狸儿童探索博物馆等，都是家庭娱乐中心（FEC）不断进阶并与IP文化相融合的新物种。

（二）中国主题公园面临的挑战

1. 产品主题特色不足，同质化竞争严重

目前我国的主题公园却存在着严重的同质化现象。很多投资商在缺乏前期市场调查，不考虑地缘特点与文脉的情况下，盲目跟风投资一些当红题材的主题公园。造成了重复建设、资源浪费、客源市场分割紊乱、过度竞争等结果。

国内目前现有的主题公园中，无明显主题类公园占比53%，由主打器械类骑乘设施的公园组成。有明显主题类公园占比47%。据统计，全国各种“西游记宫”类的主题公园50多个，各类民俗村达40个，各种文化城多达上百个，以游乐设施为主题的乐园更是不计其数。

国际经验显示，具有明显主题的公园整体表现优于无明显主题的公园。但是设计、建造和运营具有特定主题的公园比没有主题的公园更具挑战性。主题是主题公园的创意源泉与活的灵魂。主题定位是否切合市场、是否新颖直接决定了主题公园的运营成败。

2. 运营困难，盈利模式单一，投资回收期长

目前国内过半的主题公园还在为盈利而努力。中国社科院旅游研究中心研究员魏小安表示，“目前国内主题公园投资在5000万元以上的有300家左右，其中有一定品牌知名度、有良好经营业绩的主题公园只占比10%。”

较为典型的是此前一心想赶超美国迪士尼乐园的苏州“福禄贝尔科幻乐园”倒闭，广州番禺飞龙世界、上海环球乐园、广州东方乐园、杭州未来世界纷纷关门。这些主题公园投资不小，但开业后缺乏生存能力，昙花一现。2016~2018年中国主题公园行业亏损面情况及资产负债比率如表2、表3所示。

表2　2016~2018年中国主题公园行业亏损面　单位：%

年份	亏损面
2016	65.2
2017	65.7
2018	65.5

资料来源：中研普华产业研究院《主题公园盈利能力分析及主题公园亏损面分析》，2019年1月。

表3　2016~2018年中国主题公园行业资产负债比率　单位：%

年份	资产负债比
2016	44.7
2017	44.2
2018	44.8

资料来源：中研普华产业研究院《主题公园盈利能力分析及主题公园亏损面分析》，2019年1月。

主题公园属于重资产行业，前期开发建设和期间运营都需要大规模的投资，回收周期长，高度依赖企业的运营能力和业绩。这一点从反映运营特点的总资产周转率方面表现更明显，2016~2018年中国主题公园行业总资产周转率平均（采用算术平均法计算）约为0.35，如表4所示，属于典型的重资本投入行业，这在根本上决定了主题公园企业每年都需要持续投资并投入较高的运营成本，才能保持或增强竞争力和正常业务经营。在高资金需求、大规模高质量人才需求和回收期长的多重压力下，纯旅游型的重资产模式扩张也变得异常艰难。

主题公园运营难的另一个原因，来自相对单一的盈利模式。迪士尼乐园每年的收入30%来自门票，30%来自购物，还有40%的其他收入。而中国大多数主

题公园的收入80%以上来自门票，对比迪士尼存在明显的差距，例如东京迪士尼乐园的游乐设施、商店、餐饮等的配比基本是1∶1∶1的结构。

表4　2016～2018年中国主题公园总资产周转率　单位：%

年份	总资产周转率
2016	0.35
2017	0.36
2018	0.34

资料来源：中研普华产业研究院《主题公园盈利能力分析及主题公园亏损面分析》，2019年1月。

真正的主题公园是具有文化内涵、先进硬件以及到位的软性服务。如果收入80%以上来自门票，衍生产品和其他盈利渠道的开发很薄弱，单一的盈利模式本身就隐含着风险，这也是中国大多数主题公园亏损的重要原因。国内外主题公园盈利模式对比如图4所示。

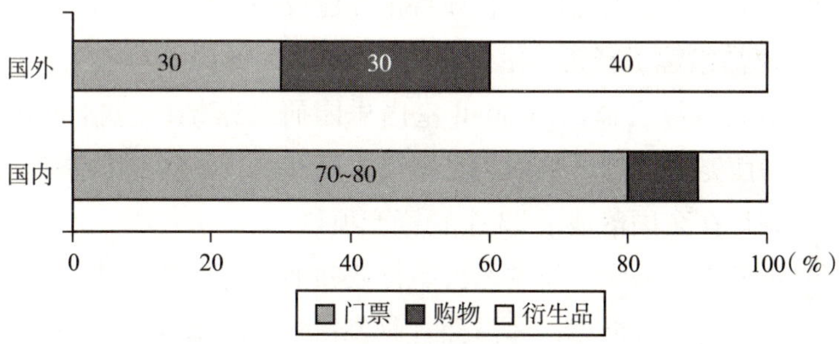

图4　国内外主题公园盈利模式对比

资料来源：根据前瞻产业研究院发布数据整理。

三、海昌海洋公园的创新实践

（一）海昌海洋公园发展历程：扎根海洋，求实创新

1. 由地方性企业走向全国性行业龙头

20世纪末，海昌凭借着对旅游休闲发展趋势的认识和理解，开始进入了旅游行业。

2002 年，大连老虎滩海洋公园极地馆开园，首次把北极的白鲸、海象等近 200 余种珍稀海洋动物引进中国，采用了当时最先进的展示形式和最生动的表演方式，成功地建设了当时“世界最大、中国唯一”的极地海洋动物馆，使中国的海洋主题公园建设水平上了一个大的台阶。

2007 年 7 月 12 日，老虎滩海洋公园成功地成为国家首批 5A 级景区。

随后 2009 年重庆加勒比海水世界开业，2010 年海昌旅游集团（以下简称海昌）成立，并先后在成都、天津、烟台、武汉布局海洋公园。

2012 年，海昌入围全球十大主题公园运营商之一。

2014 年，海昌海洋公园控股有限公司于香港联交主板挂牌上市。

2018 年，上海海昌海洋公园建成开业成为海昌一大转折点，海昌拥有第一个世界级旗舰式海洋公园。

2019 年 1 月，三亚海昌梦幻海洋不夜城开业，作为海昌第二个旗舰式项目。三亚项目开创全国首个沉浸式文旅商业综合体，并以开放式和主打夜间经营模式，为中国文旅提供了打造夜消费、夜经济的经验。另外，郑州海昌海洋公园作为中原地区唯一的大型主题公园综合项目正在建设中。

2019 年，海昌组建了轻资产平台“海昌文旅”，致力于海洋公园的管理输出以及十余个城市商业综合体的 In Mall 室内乐园研发落地，包括都市精品水族、家庭育乐中心和萌宠公园等，从而满足城市家庭和亲子游客日常高频次休闲娱乐的需求。目前共计在全国落地了 23 个轻资产项目。

海昌能逐步发展成为海洋类主题公园行业领袖，主要依托两点核心基础：一是为海昌强大的生物保育能力，海昌拥有业界领先的动物专业护理团队，具备先进的保育技术和繁育技术，2020 年亚洲海洋生物资源保有量有望实现世界第一。二是为坚持不断的创新发展，围绕海洋文化主题，从第一家极地馆、第一家珊瑚馆、欢乐剧场、第一家鲸鲨馆到第一家世界级项目、第一家开放式商业综合体再到中小型室内娱乐产品，海昌一直致力于引领中国海洋主题公园的发展。

2. 突出的盈利能力，可持续性的运营发展

从主题公园的发展周期来看，可采用主题公园“三段论”进行分析。第一个是孕育期。资本的投入期，这个周期是判断主题公园成败占到 70% 以上的因素。更需要关注的是可研市场定位、产品定位、规划设计、工程建设和运营筹备。主题公园在这一发展的阶段，已经是一个庞大的系统工程，基本上属于资本密集型、劳动密集型、产业密集型、创意密集型产业，是决定主题公园后期运营成本和绩效非常关键的影响因素。第二个是开业后的头一两年，市场培育期，这期间是对运营的品质服务、营销推广的考验。第三个是保鲜期，开业两年以后的持续运营期，这一阶段关键考验是改造提升、更新换代、技术革新、品牌提升。将国内的主题公园用此生命周期“三段论”分析来看，大部分主题公园项目经过2～3年的热闹，然后就断崖式的下跌，大概只有8%左右能够保持基本平稳上升的曲线，2%左右能够实现明显的再增长。

目前只有迪士尼这类企业能够达到几十年高速增长的超A类。海昌海洋公园属于8%比例中的稳步增长类型。根据海昌海洋公园公开的年报数据，自2013年以来，公园营业收入、公园收入、门票收入等均保持稳步增长，其中门票收入从2013年的8.32亿元，增至2018年的15.87亿元。

2018年海昌海洋公园整体营收比例增长27.9%，2016～2018年连续三年的复合增长率达22.2%。公园运营收入毛利率49.8%，较上一年有所下降，原因是三亚和上海的两个项目开园的时间比较短，所以对整体的毛利率水平有所影响。实际上，海昌存量的大多数项目毛利率基本在50%以上，如表5所示。

表5　2018年海昌大部分存量项目毛利率情况

项目	青岛极地海洋公园	成都极地海洋公园	武汉极地海洋公园	天津极地海洋公园	大连老虎滩海洋公园	大连发现王国主题公园
毛利率（%）	76.67	60.16	55.05	58.67	32.77	35.85

资料来源：海昌财报公告。

另外，自2013年以来，公司非门票收入占比逐年增长。2013年，门票收入占比高达85.11%；2017年门票收入占比已经缩小至73.13%，2018年中期的门票占比继续减至72.58%。五年多时间，公司非门票收入占比增加了近13个百分点（如表6所示）。

表6　2013～2018年海昌海洋公园收入结构情况

年份	营业收入（百万元）	公园收入（百万元）	门票收入（百万元）	门票占比（%）
2018年（中期）	659.3	614.9	446.3	72.58
2017	1680.22	1617.2	1182.7	73.13
2015	1416.8	1295.8	1049.2	80.97
2013	1378.3	978.3	832.6	85.11

资料来源：海昌财报公告。

（二）海昌海洋公园的创新发展实践

海昌海洋公园能逐渐走向全国，保持稳定的业绩增长，与其专注的发展战略有关，包括产品创新、IP 打造、轻资产输出与投资决策等各方面的经验。

1. 产品创新与跨界

从产品层面，海昌特别关注产品的创新与跨界，持续引领海洋文化的不断升级。海昌明确了三大创新产品体系战略，分别为微观层面的十个创新单品，中观层面占地 10 万～13.3 万平方米的海洋文娱综合体，以及 26.7 万～33.3 万平方米的 Hi－Club 海洋文化主题度假区。这三大产品体系体现了海昌的核心竞争力。

第一大类产品为 Hi－Club 海洋文化主题度假区，以海昌目前的旗舰式项目——上海海昌海洋公园为代表。上海海昌海洋公园占地面积 29.7 万平方米，建筑面积 24.5 万平方米，包含了五大主题展区，六大动物展馆，三个大型海洋动物表演剧场，另有两个高科技影院，十余项大型游乐设施，以及一个海洋主题的度假酒店。该项目在多个产品点上做到了国内首创甚至世界一流水平。

第二大类产品为海洋文娱综合体，以三亚海昌梦幻不夜城项目为代表，定位是全国首个沉浸式文旅商业综合体，占地面积 23 万平方米，建筑面积是 6.8 万平方米，是一座集文化旅游、休闲度假、娱乐体验、创新商业于一体的沉浸式海洋文娱综合体，并助力海南省打造国际旅游消费中心。同时，海昌也在湖南、广东等地的三四线城市打造 10 万～13.3 万平方米中小规模海洋主题微度假目的地。

第三大类产品为室内主题娱乐产品，面积约在 1000～2000 平方米，投资 2000 万元以内，包括萌宠乐园、家庭育乐中心（family edutainment center，FEC）水母馆、错觉艺术馆、海洋餐厅、海洋科技馆、Mini 水族俱乐部等。部分成品已相继在不同的城市落地开业。2018 年 7 月 14 日在苏州丰隆中心开业落成了首个海昌萌宠 park，到 2019 年将在全国落地开业五个项目。另外落地项目还有海昌天津、成都项目里的梦幻水母馆、海昌发现王国的 6000 平方米的 FEC 酷乐迷你世界，三亚项目里的冒险岛等。比起动辄几十亿元投资的主题公园而言，这类小而美、小而精的室内乐园可以像细胞一样灵活布局、快速落地，快速回收投资，快速推陈出新，单店盈利能力较强。

2. 自主原创 IP 产品体系

在自主 IP 方面，海昌不断完善扩充以“七萌团”为核心的 IP 产品体系，也包括七萌团的关联 IP：水木精灵“玫朵”和美人鱼“艾米”。这些 IP 的出现不仅仅给海洋文化类 IP 做了市场补充，也对于国内主题公园的自有 IP 开发积累了经验。

海昌在 2017 年初明确制定了自主 IP 中长期发展“369”战略规划：以三年市场培育、六年快速扩张、九年深化发展为目标；从“孵化—产品—推广—授权”逐步构建海昌海洋文化 IP 体系，实现从线上表情包、动画，到线下绘本、衍生商品、舞台剧，直至主题餐饮、酒店、授权业务等 IP 全产业生态链，形成矩阵式和体系化的 IP 构建。

目前海昌的七萌团 IP 在园内主题公共景观、建筑包装、游乐设备、商店、餐饮、酒店、导视系统、4D 影片、广宣等维度深入应用，400 余个 SKU 原创衍生商品于海昌海洋公园内上市，屡创销售佳绩，各指标排名园内第一。园外也正在推出快闪、临展、周边商品授权等业务。

3. 轻资产输出模式

海昌在海洋主题娱乐领域深耕 20 年，在国内亲子市场、产品创新和运营方面不断积累经验，目前已成立海昌文旅作为海昌海洋公园轻资产业务布局的新平台，通过联合参股、管理输出咨询、租赁经营等多种模式，把更多优秀的、新颖有趣的海洋文旅项目带到全国各地。

海昌的重资产项目分布在上海、三亚、大连、青岛、天津、成都、重庆、武汉等 10 个城市，轻资产业务则更进一步将海洋文化和产品深入拓展到三、四线城市更广阔的地域。截至 2019 年 7 月，海昌文旅在全国拓展的轻资产项目共计 23 个，累计合同金额近 5 亿元，已开业的管理输出项目均运行良好。

海昌另一项重要的轻资产业务为中小型自营 In Mall 室内乐园，包括前面提到的萌宠乐园、mini 水族、FEC、海洋精品娱乐馆等单体产品。这类单品更多地以“娱乐 + 教育 + IP”相结合的强互动、高黏性产品，实现“文旅商”多维融合，为中国千万都市家庭提供近在咫尺、常来常新的 FEC，让海洋文化成为人们触手可及的生活方式。此外，海昌也开展了以生物资产输出管理及 IP 形象授权及定制开发等相关业务。

4. 资本支出的管理法则

从资本支出管理的法则上，海昌将支出投入必要性、互补性和话题性项目，以持续更新吸引游客重复、高频到访为目的，关注创新项目、开拓投资渠道。具体而言，海昌资本支出遵循以下四大原则：

第一，非改不可的项目，主要因为安全、生命周期和运营效率而影响到运营的项目。

第二，投资少、见效快的项目，把握时下热点和资源整合能够快速提升收益。

第三，能够分流延时创收的项目。

第四，弥补市场空白的项目。

海昌海洋主题公园按照资本开支法则，维护性的资本开支大概占到了营业收入的7%～9%。每年通过不断的资金分配调整与平衡，兼顾全国范围内的10个存量项目升级改造的需要，按照提升方向，控制和优化投资结构，以盈利为方向，分期投入。

盈利方式方面，除门票收入外，海昌海洋公园通过不断升级改造，更新产品，完善服务，提升游客体验满意度和价值感。例如，增加夜宿及夜场巡游、动物触摸与喂食互动、动物知识科普展示、演艺产品创新打造等元素，提升园区内部业态丰富度，也促进园区二次消费。

四、中国主题公园升级思考：基于海昌模式与经验

全球的主题公园行业，都以迪士尼等国际知名品牌作为学习及案例研究的对象。英国默林娱乐和美国六旗娱乐，主要是通过跨国并购形成规模化的主题公园和旅游景点，再进行资源整合，从而形成具备规模经济优势的专业旅游经营集团。迪士尼是以动漫、影视制作为先导，通过并购等方式获得网络媒体的传播渠道，以特许经营等方式在全球开发主题公园和相关衍生品，拓展出纵向产业链，且以主题公园为中心，横向整合房地产、邮轮、旅游等业务。

迪士尼等知名企业在产品、运营、管理服务等方面虽能给到一定的借鉴点，但国内主题公园起步较晚，一方面大多数企业没有跨过并购或者扩张的资本条件，另一方面迪士尼成功的最核心因素IP来源于其在电影、电视、游戏等各行巨大的投资和完整成熟的产业链合作，在迪士尼乐园受欢迎前便已有了足够优质的铺垫，这都是中国主题公园不具备的先决条件。

海昌海洋公园作为中国本土民营企业，逐渐从大连走向全国，由传统的海洋馆走向世界级旗舰式海洋公园，由重资产发展走向轻重并举发展。作为中国本土企业，曾和中国其他海洋公园一样经历了多重困难，但通过自身的摸索逐渐走出了一条创新之道，对中国主题公园行业一定的借鉴意义。

（一）厚积薄发，先重后轻

主题公园，在成功地做好重资产项目之前，很难直接做到轻资产。动辄数亿元投资，不管是国企还是民企，都有资金使用成本和压力。轻资产和重资产模式是相对而言，从来没有优劣之分。主题公园的重资产模式具有资源自主权和专业门槛，只要定位准确加上扎实的运营能力，长期获得的收益是可观的，且不易被复制。从海昌的发展实践来看，重资产项目的成功，成了轻资产业务拓展的基石和品牌保障。海昌在向轻资产转型之前已沉淀了五大核心优势，一是积累了的行业最先进的产品与技术能力；二是在全产业链的服务能力，海昌已积累了十余个重资产全流程成本管控、建设运营经验；三是具备一定的投资实力，特别是对中小型项目的参股能力；四是海昌海洋公园拥有每年 2000 万人次的客流量，业已形成的品牌及平台优势显而易见；五是 IP 文创的衍生与开发能力。正是因为深耕市场 20 年，海昌在这 5 大方面的积累和沉淀，才能对轻资产业务形成有力的支持。因此，轻重结合的模式并不是每个企业都能轻易复制的。只有强劲的重资产作后盾和标杆，推广轻资产业务才有说服力、可信度。

（二）客流客单两手抓，寻找业绩增长点

中国主题公园市场未来的十年，其驱动其实是双重的，一方面是游客量的驱动，另一方面是客单上升的驱动。后者可能比前者更为重要。中国部分主题公园目前还有一定的入园人次增长，海昌目前约为 6% ~8% 的入园人次增长，并且淡旺季差在弥补正增长的趋势，所以入园人次量还是需关注的。另外重复体验、用户黏性、产品和服务消费，是整个行业都在追求的方向。

提高客单，核心是捕捉区域市场。主题公园在推会员制、年卡，包括迪士尼也推出了季卡，海昌也在做年卡客户，在一些能够辐射到城市核心人口的项目中做一些家庭的内容，比如在青岛，用家庭的、文化的、科技互动的、体验式的东西增强黏性，并且这些产品还在不断地更新。另一方面 IP 是增强用户黏性的重要手段，可以通过 IP 来提升二消收入。

（三）关联开发和平台模式，实现多维盈利

主题公园发展，必须围绕主题发挥关联带动的优势，构建多维盈利模式。主

题公园本身就是以文化为脉络，以经济为手段，以文化旅游为产品的文化—经济—旅游的综合体，是一个关联性大、综合性强的产业。因此，主题公园必须改变以门票收入为主的单一的盈利手段，延伸与完整产业链的角度构建多维的盈利模式。

海昌的经验启发我们，主题公园对其他产业的关联带动，体现在三个方面：客群关联、产业关联和平台型模式。

客群关联主要指同类型客群的产品开发，例如，海昌不同规模的系列产品，主要聚焦亲子客群，也正是由于具备足够量的客群基础，深刻理解和掌握亲子客群的生活方式和诉求，从而由海洋主题公园向 FEC、萌宠乐园等都市室内乐园方向拓展。

产业关联主要指的是以旅游产业、餐饮产业、房地产产业、酒店连锁产业等旅游六要素的相关服务产业，这些产业与主题公园之间并没有直接的上下游关系，但是通过彼此之间的消费供求，形成直接或者间接的服务关联。海昌通过产业关联和平台型模式，横跨主题公园、酒店业、休闲商街、消费品等多个业务领域，增强了企业的综合实力。

平台型模式主要指以聚客力和主题公园空间为基础，引入餐饮、会晤、综艺、演艺、知名 IP 等优质品牌方，联合打造主题公园的多重附加功能，放大场所价值。

因此，主题公园的多元的盈利体系的构建各方面通过整合与提升相关产业链，在有效降低对门票依赖性的同时，实现利润最大化与持续性的保值增值。

（四）挖掘内涵，持续自我更新

主题是主题公园的灵魂，创新则是主题公园的生命。要在竞争日趋激烈的主题公园乃至整个旅游市场中站稳脚跟，关键是要确立、挖掘和营造好主题公园的文化内涵。在各类主题公园中，刺激的游乐园注重的是感官体验文化，以影视剧、卡通漫画等场景模拟的主题公园强调的是 IP 文化，海洋公园展示的是海洋文化。主题文化虽不同，但绝不能是肤浅粗俗的噱头，而是要深耕、浸润其中。通过赋予主题公园深刻而丰富的文化内涵，有效地传递核心价值和品牌，形成游客对主题公园的情感记忆和品牌忠诚。

以海昌海洋公园的实践经验来看，海昌始终以海洋文化为根本，在产品和服务层面从科技、文化、互动、体验、服务、科普等方面进行融合创新，在项目模式上面，积极探索开放式文旅商业街和夜间经济的发展模式，不断追求创新升级。

参考文献

[1] 郑瑜. 国内主题公园运营效益影响因素分析 [J]. 纳税, 2019 (19).

[2] 江鑫. 文旅融合背景下文化元素如何助力主题公园的运营——以济南方特东方神画为例 [J]. 人文天下, 2019 (10).

[3] 马芮. 东京迪士尼运营现状与影响因素研究 [D]. 上海: 华东师范大学, 2017.

[4] 蒋涛. 基于全生命周期的海洋公园规划设计方法研究 [D]. 天津: 天津大学, 2017.

[5] 马勇. 我国主题公园投资策略及其盈利模式 [J]. 旅游规划与设计, 2016 (01): 14-15.

[6] 郭美娜. 布迪厄文化资本理论视角下的文化品牌研究——以华强方特文化品牌为例 [J]. 艺术科技, 2019, 32 (07).

[7] 2018 全球主题公园和博物馆报告 [R]. AECOM&TEA, 2019.

[8] 中国主题公园项目发展预测 [R]. AECOM, 2018.

[9] 闵选寿. 对大众休闲时代休闲旅游的几点思考 [J]. 旅游纵览 (下半月), 2017 (11).

[10] 席思伟. 娱乐型主题公园游客满意度提升策略研究 [D]. 南昌: 南昌大学学位论文, 2018.